Russian
Stage One

A Soviet-American
Collaborative Series

Г. Битехтина, Д. Дэвидсон, Т. Дорофеева, Н. Федянина

РУССКИЙ ЯЗЫК

этап первый

УПРАЖНЕНИЯ И КОММЕНТАРИИ

Под редакцией Д. Дэвидсона

KENDALL/HUNT PUBLISHING COMPANY
4050 Westmark Drive   Dubuque, Iowa 52002

G. Bitekhtina, D. Davidson, T. Dorofeyeva, N. Fedyanina

RUSSIAN

stage one

EXERCISE AND REFERENCE BOOK

Series Editor: Dan E. Davidson

KENDALL/HUNT PUBLISHING COMPANY
4050 Westmark Drive   Dubuque, Iowa 52002

Edited by Svetlana Nikolskaya
Translated by Dan E. Davidson and Vladimir Korotky

CONTENTS

Analysis & Commentary

P R E F A C E

The Exercise and Reference Book is the second volume of *Russian: Stage One*. It is intended primarily as a workbook and reference source for use outside of class, but it may also be used to supplement classroom activities. This volume is rigorously controlled in terms of dosages of functions, language data, levels of difficulty, and vocabulary to correlate structurally and thematically with the corresponding lessons of the main volume of the text. It provides material for teacher-directed drill sessions, written homework assignments, laboratory work (including specialized work in Russian phonetics and intonation), and interactive computer drill and practice. The volume also includes comprehensive review assignments (including practice tests) for each of the sixteen units of *Stage One*.

Exercises

The Exercises are arranged by unit and follow the established structure of the textbook. They provide supplementary training materials for each of the three subsections of the text: presentation, phonetics, and reading. Practice exercises in this volume support the development of commonly used speech models as well as models which are known to present problems for English speakers of Russian. Practice with difficult lexicon, word combinability, and verbal aspect is emphasized. Phonetics exercises further support the active models of the presentation section with special emphasis on stress patterns, word rhythm, palatalization, voiced and devoiced consonants, vowel reduction, and intonational patterns. Supplementary microdialogues may be used to augment or replace those exemplified in the main textbook. Finally the phonetics section provides a version of the basic text of each unit with syntagms (breath groups) and intonational contours marked both to aid students in reading aloud and in improving listening comprehension of taped versions of the texts (available on institutional cassette set).

A further set of exercises provides formation drills for oral, written, or computer-mediated practice in basic sounds, verbal morphology and certain mechanically difficult syntactic patterns (subjectless sentences, number government, time expressions).

Finally, attention is directed to the Written Exercises for General Review which conclude each set of unit exercises. These materials should give the learner (and teacher) a good sense of how well the material of each unit has been mastered from the point of view of functional language, active speech models, structure, and vocabulary. Before attempting to test the materials of each unit, students should take sufficient time to review their performance on each review assignment and clarify any points which have required correction by the teacher. As a general rule, written assignments in *Stage One* should be done in longhand (Russian cursive) and/or on a computer with all word stresses and intonational centers clearly marked. A missing stress mark at the beginning level is as incomplete a rendition of the Russian word as an incorrect stress mark in speaking.

Reference Section

The reference portion of the volume consists of unit-by-unit structural commentaries (which are cross-referenced throughout the first volume of *Stage One*), a composite reference on Russian phonetics and intonation (also cross-referenced throughout), six appendices for quick reference, an index to the commentaries, a Russian-English vocabulary, and an English-Russian vocabulary for all of Stage One.

The Analysis and Commentary section is a concise practical Russian reference grammar. It presents the basic structure of Russian with special emphasis on the contrastive analysis of Russian and English. In many cases the explanations and their arrangement have been based on relatively recent work by American and Soviet linguists in the description of contemporary standard Russian. In all cases, however, only those theoretical insights which have proven themselves to be of practical value for the learner have been incorporated into the commentaries. In view of the limited number of contact hours available for elementary language learning at most American colleges and universities (120 to 150 hours for the standard two-semester course), it is suggested that *a maximum amount of the class time be devoted to practical training and exercises from the basic units of the Textbook* ("Presentation and Preparatory Exercises", "Conversation" and "Reading"); the commentaries are recommended for use by the students outside the classroom. In this way, the teacher should, as a rule, be able to limit grammar presentations in class to brief treatments of topics and to such additional reinforcement as students need.

Experience in the teaching of *Russian: Stage One* has shown that students and teachers alike are willing to accept a certain degree of abstraction in notational systems or in grammatical explanations themselves, provided the result is a more economical description of the grammar. The more systematic a student's command of the basic patterns of the language becomes, the more confidence and control s/he acquires in manipulating language structures at all levels. Memorization and repetition are important processes in learning any language, but they need not replace logical analysis of those patterns in the language which are of a clearly predictable nature. Two examples from the present Textbook will illustrate the point. The description of the Russian sound system in terms of its *basic sounds* (see especially Analysis to phonetics and Unit I) provides the most economical approach to Russian pronunciation and spelling, as well as to Russian inflection and word-building. Analysis by basic sounds reveals that there are but three endings for the genitive plural of Russian nouns, whereas explanations based on the spelling system alone may discover as many as 8-12 seemingly separate endings. For this reason students are urged to pursue the transcription and pronunciation exercises throughout, paying particular attention to the functions of the 10 Cyrillic vowel letters and to the spelling of the consonant "jot".

Just as the student's ability to discern the five basic vowels and the consonant "jot" can streamline considerably the process of learning Russian pronunciation and spelling, so also is the mastery of Russian verb morphology simplified by studying each form of a given verb in terms of an underlying *single basic stem*. Virtually all approaches to the Russian verb presuppose some notion of a *stem*, something less than a complete word, to which an *ending* (actually no less of an abstraction) is added. The present course follows the analysis of Roman O.

Jakobson in positing a single basic stem for each Russian verb (except for a group of fewer than 20 irregular verbs). The pedagogical virtue of the approach lies in its providing the learner with an empirical basis for predicting any and all changes which occur in a verb stem (whether familiar or unfamiliar) when it is combined with an ending.

The one-stem analysis is introduced together with the first occurrences of verbs in Unit II and continues throughout the remaining fourteen units of the text. The earliest units focus on mastery of the rules for adding present tense, past tense, and infinitive endings to stems. Beginning with Unit V, the stem is further analyzed in terms of root and verb *classifying suffix*. The appearance of non-past tense forms for stems in -*i*-, -*e*-, -*a*- and -*ova*- permit the introduction at this point of the key concepts of *conjugational type* (first or second), *consonant alternation*, and *shifting stress*. Teachers are urged to devote sufficient time in Unit V to in-class analysis of a variety of verb stems, so that each student should have an adequate opportunity to demonstrate an ability to analyze stems in terms of these three basic conjugational processes. Unit VI marks the addition of two new classes of non-suffixed stems: syllabic obstruents in *d* and *t* and the syllabic resonant group in -*oj*-. These are followed in Units VII and VIII by suffixed stems in -*ej*- and -*avaj*-. The stem *móg*- is treated essentially as irregular because of the stress shift in non-past forms; for practical reasons, teachers may also prefer to treat **бра́ть** as tentatively irregular, until a larger number of the non-syllabic -*a*-types have been mastered. By the end of Unit XVI all suffixed types and most non-suffixed types have been introduced and activized to some degree. Students should be encouraged early on to make use of the Summary List of All Russian Verb Types (see Appendix VI) in order to relate each new verb class learned to the overall system of Russian verbs; some teachers prefer to make reference to the Summary List and its rules when correcting homework or test assignments. Finally, students have occasionally found it useful to maintain a cumulative inventory of verbs learned from each class, especially for the non-productive classes.

Verbs are listed in the final vocabularies both as basic stems and as infinitive forms. Since all necessary conjugational information is contained in the basic stem, the infinitive form is shown only for purposes of cross-referencing with vocabularies and dictionaries, for which the infinitive is the conventional citation form. Irregular verbs in Russian are few in number and are itemized in the final section of the Summary List: Inventory of Irregular Verbs. It is essential that irregular verbs be carefully examined and practiced in both oral and written work: students should be able to point out the particular features of an irregular verb which make it anomalous and non- predictable. Some irregular verbs will require memorization of only two stems, others will require memorization of three or more forms. The student who has mastered the principles of Unit V should be able to spot the two irregular forms **хо́чешь, хо́чет** (from * *xota*-?) in the otherwise ordinary looking *e*-verb **хоте́ть**. Throughout the text irregular verbs are clearly identified: they are given in the *infinitive form only* and labeled: **взять** *irreg.*, **бы́ть** *irreg.* Full conjugations of these irregular verbs for active use are to be found in the appropriate unit of the Analysis and in the Appendix, while irregular verbs for passive use are given only in the Appendix.

What has been said concerning the teaching of the verbal system can be applied to work in the nominal system just as well. Attention is directed early on to the summary tables for noun declension and stress contained in the appendices to the Analysis. It is common knowledge that Russian morphology represents one of the greatest barriers to fluency in Russian for speakers of

English. For that reason, it is highly recommended that students work through all the formation practice drills during the course of the year, for only in this way will the student gain the kind of automatic, subconscious control of Russian morphology associated with native-like fluency.

The phonetics commentary provides general instructional and some explicit audio-articulatory background information for learners and teachers who combine listening and imitation techniques with a more conscious mastery of Russian phonetic articulations. The Russian phonetic system is described in contrast with the English language.

At the end of the Reference section are composite bilingual vocabularies for *Stage One*. The Russian-English Vocabulary contains approximately 1,200 words; those words indicated by an asterisk in the unit vocabularies are omitted. The Russian-English Vocabulary is constructed according to the same principle as each individual unit vocabulary. Boldface type indicates active vocabulary (approx. 700 words), whereas non-bold indicates passive. The Russian-English Vocabulary is based upon Russian texts and models contained in the textbook; the English-Russian vocabulary includes vocabulary essential for the translation passages in the textbook and the exercise book.

Vocabulary entries include key information on case government, stress patterns, and basic stems for all Russian verbs. Stress indexation is explained fully and itemized in Appendix III; all items are presumed to be type "AA" unless otherwise indicated. The unit number indicates the location of the first occurrence of each vocabulary entry. Monosyllables are distinguished as stressed (до́м, я́) or unstressed (на, не).

The Russian Alphabet

Cyrillic Letter	Name of Letter	Cyrillic Letter	Name of Letter
А а 𝒜𝑎	á	П п 𝒫𝑛	pé
Б б Бб	bé	Р р 𝒫𝑝	ér
В в Вв	vé	С с 𝒞𝑐	és
Г г Гг	gé	Т т 𝒯𝑚	té
Д д 𝒟𝑔	dé	У у 𝒴𝑦	ú
Е е ℰ𝑒	jé[1]	Ф ф 𝒫𝜑	éf
Ё ё Ё𝑒	jó	Х х 𝒳𝑥	xá
Ж ж Жж	žé (zhé)	Ц ц 𝒰𝑐	cé (tse)
З з 𝒵𝑧	zé	Ч ч 𝒴𝑐	čá (cha)
И и 𝒰𝑖	í	Ш ш 𝒰𝑙	šá (sha)
Й й 𝒰𝑖	i krátkoje "short i"	Щ щ 𝒰𝑐 𝑐	ščá or š':a (shcha)
К к 𝒦𝑘	ká	ъ	tv'órdij znák "hard sign"
Л л 𝒜𝑙	él'[2]	ы / ь	jirí / m'ágkij znák "soft sign"
М м 𝒜𝑙	ém	Э э 𝒟𝑒	é oborótnoje "reversed e"
Н н 𝒩𝑛	én	Ю ю 𝒥𝑜ю	jú
О о 𝒪𝑜	ó	Я я 𝒥𝑎	já

[1] j + e, where j ("jot") corresponds approximately to the English "y" in "yellow".
[2] For the sign ', see the footnote on p. 439.

ABBREVIATIONS

abbr., abreviation
acc., accusative
adj., adjective
colloq., colloquial
comp., comparative
conj., conjunction
dat., dative
deg., degree
f., feminine
fut., future
gen., genitive

IC, intonational construction
imp., imperfective
imper., imperative
indecl., indeclinable
inf., infinitive
instr., instrumental
interrog., interrogative
irreg., irregular
m., masculine
n., neuter
nom., nominative

p., perfective
parenth., parenthetic
part., particle
pl., plural
pred., predicate
prep., prepositional
pron., pronoun
sing., singular
subj., subject
superl., superlative

E X E R C I S E S

ANALYSIS & COMMENTARY

RUSSIAN-ENGLISH DICTIONARY

ENGLISH-RUSSIAN DICTIONARY

E X E R C I S E S

Unit 1

Practice Exercises

I	Э́то Анто́н.	— Кто́ э́то? — Э́то А́нна.
	Э́то А́нна.	— Что́ э́то? — Э́то до́м.

1. *Answer the questions.*

    1. Кто́ э́то?
       А́нна, Анто́н, ма́ма, му́ж, жена́, сы́н.
    2. Что́ э́то?
       заво́д, апте́ка, до́м, авто́бус, маши́на, ваго́н, ка́сса.

2. *Ask questions and answer them.*

    Кто́ э́то? Что́ э́то?
    Са́ша, Ма́ша, ко́мната, окно́, ко́шка, кни́га, жена́, соба́ка, газе́та.

II	А́нна до́ма.

3. *Complete the sentences. Use the words* та́м, ту́т, до́ма. *Write out the sentences.*

    Model: Заво́д та́м.

    1. До́м ... . Са́д ... .   4. Авто́бус ... . Маши́на ... .
    2. Анто́н ... . А́нна ... .   5. Ма́ма ... . И сы́н ... .
    3. Апте́ка ... . Магази́н ... .   6. Газе́та ... . Кни́га ... .

4. *Complete the sentences, using the pronouns* о́н, она́, оно́. *Pay attention to intonation.*

    Model: Э́то А́нна. Она́ до́ма.

    1. Э́то ма́ма. ... до́ма.   5. Э́то заво́д. ... та́м.
    2. Э́то окно́. ... та́м.   6. Э́то ка́сса. ... та́м.
    3. Э́то до́м. ... ту́т.   7. Э́то Ива́н. ... до́ма.
    4. Э́то ваго́н. ... ту́т.   8. Э́то А́нна. ... до́ма.

III

— Кт́о т́ам?
— Т́ам А́нна. (— А́нна.)
— Чт́о т́ам?
— Т́ам зав́од. (— Зав́од.)

5. *Answer the questions, using the words in brackets. Write out your answers.*

Model: — Чт́о зд́есь? (апт́ека)
        — Зд́есь апт́ека.

1. Чт́о зд́есь? (магаз́ин, ќасса,
   инстит́ут, зав́од)
2. Чт́о т́ам? (д́ом, с́ад, маш́ина)
3. Кт́о ́это? (м́уж, жен́а, с́ын)
4. Чт́о ́это? (ш́апка, газ́ета, письм́о)

5. Кт́о зд́есь? (м́ама, с́ын)
6. Чт́о зд́есь? (с́ад, инстит́ут)
7. Кт́о т́ам? (соб́ака, ќошка)
8. Чт́о т́ам? (письм́о, кн́ига)

IV

́Это н́аш д́ом.
́Это н́аша м́ама.
́Это н́аше окн́о.

6. *Read and translate.*

This is my room. That is your room. Here is my window. There is your window. Here is my car. There is your car. This is my wife. This is my son. My son is here. Your son is there.

7. *In each sentence use consecutively the pronouns* м́ой, тв́ой, н́аш *and* в́аш *in the required form. Write out the sentences.*

Model: ́Это тво́я кн́ига.

́Это д́ом. ́Это с́ад. Д́ом т́ут, с́ад т́ам. ́Это маш́ина. Маш́ина зд́есь. ́Это м́ама. ́Это с́ын. ́Это ќошка. М́ама д́ома. С́ын д́ома. Ќошка т́ам.

8. *Supply continuations. In each sentence use consecutively* м́ой, тв́ой, н́аш, в́аш, т́ут, т́ам, д́ома. *Write out the sentences.*

Model: — Чт́о ́это? — ́Это д́ом. ́Это м́ой д́ом. ́Он зд́есь.

1. — Чт́о ́это? — ́Это маш́ина.
2. — Чт́о ́это? — ́Это окн́о.
3. — Чт́о ́это? — ́Это с́ад.
4. — Кт́о ́это? — ́Это м́ама.

5. — Кт́о ́это? — ́Это с́ын.
6. — Кт́о ́это? — ́Это м́уж.
7. — Кт́о ́это? — ́Это жен́а.

9. *Ask questions. You have failed to catch what your interlocutor has said. You want to make sure.*

Model: — Это мо́й сы́н.   — Это мо́й до́м.
                — Кто́ э́то?   — Что́ э́то?

1. Это моя́ маши́на.   5. Это моя́ жена́.
2. Это на́ш до́м.   6. Это на́ша ма́ма.
3. Это на́ш сы́н.   7. Это мо́й са́д.
4. Это на́ша ко́шка.   8. Это мо́й му́ж.

10. *Supply the required pronoun. Write out the sentences.*

1. Это мо́й до́м. ... жена́ та́м.
2. Это тво́й до́м. ... ма́ма до́ма. ... окно́ та́м.
3. Это ва́ш до́м. ... до́м здесь. Это ... окно́.
4. На́ш до́м ту́т. Это ... окно́. Здесь ... са́д. Та́м ... ко́шка.

V
— Где́ А́нна?
— А́нна до́ма.

11. *Answer the questions. Use the words* ту́т, та́м, здесь, до́ма.

Model: — Где́ письмо́?
                — Письмо́ та́м.

1. Где́ магази́н?   5. Где́ Зи́на?
2. Где́ ка́сса?   6. Где́ ма́ма?
3. Где́ институ́т?   7. Где́ Анто́н?
4. Где́ апте́ка?

12. *Answer the questions. Use the words* здесь, та́м, до́ма.

Model: — Где́ ва́ш му́ж?
                — О́н здесь.

1. Где́ ва́ш сы́н?   4. Где́ ва́ша маши́на?
2. Где́ ва́ш до́м?   5. Где́ твоя́ ша́пка?
3. Где́ ва́ш институ́т?   6. Где́ твоя́ соба́ка?

13. *Ask questions and answer them. Use the words given below.*

Model: — Где́ тво́й сы́н?
                — Мо́й сы́н до́ма.

маши́на, до́м, му́ж, жена́, окно́, соба́ка.

VI — Э́то А́нна? — Да́, э́то А́нна.
— Не́т, э́то не А́нна. Э́то Ни́на.

14. *Answer the questions. Write down your answers.*

Model: — Э́то апте́ка? — Да́, э́то апте́ка.
— Не́т, э́то не апте́ка. Э́то магази́н.

1. Э́то магази́н?   5. Э́то авто́бус?
2. Э́то институ́т?   6. Э́то ко́шка?
3. Э́то заво́д?   7. Э́то соба́ка?
4. Э́то газе́та?

15. *Answer the questions.*

Model: — Э́то твоя́ ша́пка?
— Да́, моя́.
— Не́т, э́то не моя́ ша́пка.

1. Э́то ва́ша ко́мната?   4. Э́то ва́ше окно́?
2. Э́то ва́ш до́м?   5. Э́то твоя́ соба́ка?
3. Э́то ва́ша маши́на?   6. Э́то ва́ша ко́шка?

16. *Answer the questions. Use the words* институ́т, магази́н, заво́д.

Model: — Э́то магази́н?
— Не́т, апте́ка.

1. Э́то заво́д?   3. Э́то ко́шка?
2. Э́то апте́ка?   4. Э́то институ́т?

17. *Change the sentences, as in the model. Write them out.*

Model: Та́м заво́д. Та́м заво́ды.

1. Зде́сь ваго́н, та́м ка́сса.   5. Та́м газе́та.
2. Ту́т магази́н.   6. Та́м маши́на.
3. Э́то авто́бус.   7. Апте́ка та́м.
4. Э́то институ́т. Э́то студе́нт.   8. Э́то кни́га.

Phonetic Exercises

1. *Listen and repeat.*

а, о, а-о, о-а;
у, у-о, о-у, а-о-у, у-о-а;
э, а-э, э-а
ма, му, мо, ми-мо, ма-мо;
фа, фу, фо, фу-фо, фа-фо;
ам, ум, ом, эм, ум-ом, ам-ом, ам-эм;
аф, уф, оф, эф, уф-оф, аф-оф, аф-эф

па, пу, по, ка, ку, ко;
ап, уп, оп, ак, ук, ок;
па-ап, пу-уп, по-оп;
ку-ук, ко-ок, ка-ак, как
на, ну, но, ан, ун, он, эн;
на-ан, ну-ун, но-он;
са, су, со, ас, ус, ос, эс;
та, ту, то, ат, ут, от;
та-ат, ту-ут, то-от

2. (a) *Read the words. Underline the devoiced consonants. Represent the words in phonetic transcription.*

зу́б, но́ж, го́д, заво́д, са́д, ю́г, авто́бус.

(b) *Spell these words. Write them out.*

[за́път], [га́с], [му́ш], [зу́п], [су́п].

3. (a) *Read the words. Mark the stress. Group the words according to the stress patterns.*

Model:

это   оно́   газе́та   институ́т

апте́ка, ка́сса, магази́н, заво́д, кни́га, соба́ка, моя́, твоё, ко́шка, на́ша.

(b) *Write the words in longhand.*

[машы́нъ], [majó], [тваја́], [жына́], [спас'и́бъ], [пис'мо́], [акно́], [мъгаз'и́н], [на́шы].

4. *Read aloud. Pronounce each sentence fluently. Pay attention to intonation.*

1. — Кто́ э́то? — Э́то мо́й сы́н Са́ша.
2. — Кто́ э́то? — Э́то на́ши студе́нты: / Анто́н и Ната́ша.
3. — Что́ э́то? — Э́то на́ш институ́т.
4. — Что́ э́то? — Э́то магази́н.
5. — Где́ зде́сь апте́ка? — Апте́ка та́м.
6. — Где́ Ка́тя? — Ка́тя до́ма.
7. — Где́ моя́ кни́га? — Во́т она́.
8. — Где́ зде́сь вхо́д? — Вхо́д зде́сь. — А где́ вы́ход? — Вы́ход та́м.

5. *Read aloud. Pay attention to intonation.*

1. — Анто́н до́ма? — Да́, / до́ма.

2. — Ма́ша здесь? — Да́, / здесь.

3. — Здесь вхо́д? — Да́, / вхо́д.

4. — Здесь вы́ход? — Да́, / здесь.

5. — Э́то апте́ка? — Да́, / апте́ка.

6. — Э́то институ́т? — Не́т, / не институ́т.

7. — Э́то ва́ша газе́та? — Да́, / моя́.

8. — Э́то твой сы́н? — Да́, / сы́н.

9. — Э́то твоя́ кни́га? — Не́т, / не моя́.

6. *Ask questions and answer them.*

Model:　— Э́то Анто́н? — Да́, / Анто́н.

　　　　— Не́т, / не Анто́н.

Ма́ша, А́нна, ма́ма, Москва́, магази́н, апте́ка, институ́т, заво́д, кни́га, газе́та, студе́нты.

7. *Read the questions and answer them.*

1. Э́то ва́ша маши́на?

2. Э́то твоя́ газе́та?

3. Э́то твой му́ж?

4. Э́то ва́ши кни́ги?

5. Здесь вхо́д?

6. Здесь вы́ход?

7. Э́то ва́ш институ́т?

8. Э́то ва́ш институ́т?

Formation Practice

1. *The following group of Russian words are given in basic sounds. Rewrite each word in Cyrillic.*

banán, vagón, Bóston, Antón, kássa, Moskvá, Ánna, móst, oknó, zavód, zúb, gáz, kóška, Dón, Tóm.

2. *Rewrite each of the following words in Cyrillic.*

já, mojá, mojó, pójezd, máj, vojná, tvój, sojúz, stojít, mojí.

3. *Express the following words in basic sounds.*

юг, каюта, Джéйн, твоя́, твоё, тайгá, Ивáн, музéй.

4. *Express the following words in basic sounds.*

Кáтя, Зи́на, сы́н, спаси́бо, оди́н, газéта, институ́т, здéсь, кни́га, нéт, письмó, тётя, ты́, э́та, э́ти.

5. *Rewrite each of the following words in Cyrillic.*

d'én', ijún', d'ét'i, n'án'a, etáž, ós'en', ut'úg, n'ébo, kot'ónok.

6. *Express the following words in basic sounds.*

вáша, вáше, вáши, нáше, нáши, оши́бка, шéсть, шу́ба, маши́на, шáпка.

7. *Rewrite the following words in Cyrillic.*

vagóni, k´áša, noží, vášó[1], vášu, váši, Máša, Máši, dušój, Mášu, šápki.

8. *Form the plurals of each of the following nouns or noun phrases. (See Analysis I, 5.1, 6.3)*

Model: вагóн — вагóны

(a) автóбус, кáсса, магази́н, институ́т, газéта, студéнт, кóмната, завóд;
(b) аптéка, студéнтка, бу́ква, мáма, тётя, маши́на, собáка, гóд;
(c) письмó, окнó, здáние, оши́бка, музéй, бумáга, кóшка, áтом;
(d) моя́ кóмната, нáш институ́т, вáше окнó, твóй вагóн, нáш завóд, моё письмó, вáша оши́бка, нáша мáма.

Written Exercises for General Review

1. *Write out the following words in Cyrillic (longhand).*

inogdá "sometimes", *visokó* "high".

2. *Express the following words in basic sounds.*

этáж "floor", музéй "museum".

---

[1] Note that the dieresis form of basic *o* (ё) is not spelled unless it is under stress. Hence the Cyrillic letter **e** may be ambiguous: стенá "wall", *st'ená,* but женá "wife" *žoná.*

3. *Compose dialogues based on the following situations. Mark stress and intonational centers throughout.*

(1) You are standing in front of a residential building with an acquaintance named Ivan. Inquire whether the building is his home. Give both an affirmative and a negative reply. In his negative reply Ivan indicates that his house is over there.

(2) You discover a piece of children's art and decide to find out from its author (Sasha) what is depicted in the work: first get the child's attention, then include in your dialogue several questions which Sasha can answer with Yes or No. Express your thanks at the end.

4. *Translate. Mark stress and intonational centers throughout.*

1. This is my book. These are your books.
2. Those are our newspapers. Are these your newspapers?
3. "Is your wife here? Where is your wife?" "Here she is. This is my wife."
4. Is that your newspaper?
5. "Is that your son?" "Yes, that's my son."
6. "Where is your aunt?" "Here she is."
7. This dog is mine. Is that your cat?
8. Here's our museum.
9. "Who is he?" "He is a student." "Who are they?" "They are students."
10. My wife and your wife are here. My students are here.

Unit 2

Practice Exercises

I Антóн рабóтает.

1. *Complete the sentences. Write them out.*

1. Я рабóтаю тýт. Ты́... Óн... Онá... Мы́... Вы́... Они́...
2. Я отдыхáю дóма. Ты́... Óн... Онá... Мы́... Вы́... Они́...

2. *Complete the sentences. Write them out.*

Model: Áнна рабóтает, и я́ рабóтаю.

1. Áнна рабóтает, и онá ... .
2. Я отдыхáю, и они́ ... .
3. Йра отдыхáет, и мы́ ... .
4. Нйна отдыхáет, и вы́ ... .
5. Ивáн рабóтает, и ты́ ... .
6. Зйна рабóтает, и мы́ ... .
7. Я рабóтаю, и вы́ ... .

II	— Чья́ э́то маши́на?
	— Э́то **его́ маши́на.**

3. *Ask questions and answer them. Write down the answers. Use:* сестра́, бра́т, сы́н, му́ж, жена́, дру́г.

Model: — Кто́ э́то? — Э́то моя́ подру́га Ка́тя.

— Э́то твоя́ подру́га? — Да́, э́то моя́ подру́га.

— Э́то ва́ша подру́га? — Не́т, э́то моя́ сестра́.

4. *Complete the sentences. Write them out. Use* та́м, зде́сь.

Model: Э́то моя́ газе́та, ва́ши газе́ты та́м.

1. Э́то моё письмо́, ...
2. Э́то моя́ ка́рта, ...
3. Э́то мо́й каранда́ш, ...
4. Э́то А́нна. Зде́сь её ко́мната, ...
5. Э́то Ни́на и Анто́н. Э́то и́х маши́на, ...
6. Э́то Ви́ктор. Э́то его́ кни́га, ...

5. *Change the sentences, putting the nouns and the pronouns in the plural. Write out the sentences.*

Model: Э́то ва́ша газе́та. Э́то ва́ши газе́ты.

1. Э́то на́ша маши́на.
2. — Где́ зде́сь ка́сса? — Ка́сса та́м.
3. — Та́м заво́д? — Да́, заво́д.
4. — Зде́сь институ́т? — Да́, институ́т.
5. — Где́ зде́сь магази́н? — Магази́н та́м.
6. Э́то ва́ше письмо́.
7. Э́то мо́й студе́нт.
8. Э́то тво́й каранда́ш.
9. — Где́ ка́рта? — Она́ зде́сь.
10. — Чья́ э́то ру́чка? — Моя́.

6. *Write out the sentences, supplying the pronoun* его́, её *or* и́х.

Э́то Ива́н Анто́нович. Э́то ... до́м. Э́то ... ко́мната. Э́то ... жена́ Ни́на Ива́новна. ... ко́мната та́м. Э́то ... сы́н Ви́ктор, ... ко́мната зде́сь.

7. *Ask questions and answer them. Use consecutively the pronouns* его, её, их; мой, твой, наш, ваш *in the required form. Write out the sentences.*

Model: — Это карандаш. Чей это карандаш? — Это его карандаш.

1. Это дом.   8. Это собака.
2. Это сад.   9. Это сестра.
3. Это брат.   10. Это машина.
4. Это сын.   11. Это шапка.
5. Это газета.   12. Это ручка.
6. Это книга.   13. Это письмо.
7. Это комната.

Model: — Это карандаши. Чьи это карандаши? — Это наши карандаши.

1. Это книги.   4. Это портфели.
2. Это машины.   5. Это столы.
3. Это письма.

8. *Ask questions and answer them. Write out your answers.*

Model: — Что (or кто) это? | дом, машина, комната, ручка, газета,
       — Это карандаш. | книга, шапка, письмо, сын, брат,
       — Чей это карандаш? | сестра, мама
       — Это мой карандаш.

Model: — Это ваш карандаш? | его, её, их;
       — Нет, не мой. | мой, твой, наш, ваш.
       — Чей это карандаш?
       — Это его карандаш.

9. *Write out the sentences, supplying the pronoun* его, её *or* их.

1. Это Антон. Это ... дом. Там ... машина.
2. Это Нина. Это ... мама. Это ... сестра и брат.
3. Это Виктор Иванович. Это ... сын Антон. Это ... жена Анна Ивановна. Там ... комната.
4. Это Нина и Иван. Это ... дом. Там ... машина. Это ... сын Виктор. Это ... комната.
5. Это Зина. Это ... книга. Там ... газеты и письма.

III Тóм хорошó говори́т по-ру́сски.
К а́ к Тóм г о в о р и́ т по-ру́сски?

10. *Answer the questions, using the words* грóмко, хорошó, плóхо, бы́стро. *Write out the answers.*

    1. Кáк Рóберт говори́т по-ру́сски? Кáк óн понимáет по-ру́сски? Кáк óн читáет по-ру́сски?

    2. Кáк Зи́на говори́т по-англи́йски? Кáк онá читáет по-англи́йски?

    3. Кáк отвечáли студéнты? Кáк они́ читáли? Кáк они́ говори́ли по-ру́сски?

11. *Supply continuations. Use the words* по-ру́сски, по-англи́йски; хорошó, плóхо, бы́стро, грóмко. *Write out the sentences.*

    Model: Антóн читáл. А́нна читáла. Они́ читáли по-англи́йски. Они́ хорошó читáли по-англи́йски.

    1. Я́ говори́л.
    2. Ты́ читáла.
    3. Студéнт отвечáл.

IV Днём А́нна **рабóтает.**
К о г д а́ онá р а б ó т а е т?
А́нна рабóтает **днём** и́ли **вéчером?**

Вéчером Ви́ктор **читáл.**

12. *Supply continuations. Write out the sentences. Use* вчерá, ýтром, вéчером, днём.

    Model: А́нна читáет. Ýтром онá читáла.

    1. Сегóдня Антóн рабóтает.   4. Они́ отдыхáют.
    2. Ни́на отдыхáет.   5. — Вы́ рабóтаете? — Дá, я рабóтаю.
    3. Мы́ читáем.

13. *Supply continuations, using the required verbs. Write out the sentences.*

    Model: — А́нна, вчерá ты́ рабóтала? — Нéт, не рабóтала. Вчерá я отдыхáла.

    1. — Антóн, вчерá ты́ рабóтал? — Нéт, не рабóтал.
    2. — И́ра, лéтом ты́ отдыхáла? — Нéт, не отдыхáла.
    3. — Ивáн Ивáнович, вчерá вы́ рабóтали? — Нéт, вчерá я́ не рабóтал.
    4. — Ни́на Ивáновна, зимóй вы́ рабóтали? — Нéт, зимóй я́ не рабóтала.
    5. — Антóн и И́ра, сегóдня ýтром вы́ рабóтали? — Нéт, не рабóтали.

14. *Answer the questions.*

Model: Áнна рабóтала ýтром и́ли вéчером? — Онá рабóтала ýтром.

1. Ни́на отдыхáла днём и́ли вéчером?
2. Джóн читáл ýтром и́ли днём?
3. Кáтя отдыхáла лéтом и́ли зимóй?
4. Ви́ктор Ивáнович рабóтал сегóдня и́ли вчерá?
5. Áнна Ивáновна рабóтала сегóдня ýтром и́ли вчерá вéчером?

15. *Complete the answers. Write them out.*

1. — Ктó сегóдня рабóтал? — Антóн и Ви́ктор...
2. — Ктó сегóдня ýтром читáл? — Áнна...
3. — Ктó вчерá вéчером читáл? — Зи́на и Кáтя...
4. — Ктó вчерá отдыхáл? — Мы́...
5. — Ктó ýтром не рабóтал? — Антóн...
6. — Ктó сегóдня днём не отдыхáл? — Áнна и её сестрá...

V   Г д é   р а б ó т а е т   Áнна?
Áнна **рабóтает тáм.**
Áнна **рабóтает в институ́те.**

16. *Answer the questions.*

Model: — Э́то магази́н. Гдé рабóтает И́ра?
          — И́ра рабóтает в магази́не.

1. Э́то аптéка. Гдé рабóтает Ни́на?
2. Э́то институ́т. Гдé рабóтает Áнна?
3. Э́то Москвá. Гдé живёт Ви́ктор?
4. Э́то Ленингрáд. Гдé живёт Вéра?
5. Э́то Ростóв. Гдé жилá Зи́на?
6. Э́то Я́лта. Гдé отдыхáл Ивáн?
7. Э́то Вашингтóн. Гдé живёт Джóн?
8. Э́то Нью-Йóрк. Гдé рабóтает Мáйкл?
9. Э́то шкóла. Гдé рабóтает Мэ́ри?
10. Э́то дóм нóмер двá. Гдé живёт Ди́к?

17. (a) *Read aloud.*

1. — Гдé ты́ живёшь? — Я́ живу́ в Ки́еве.
2. — Гдé живёт твóй брáт? — Óн живёт в гóроде.
3. — Гдé вы́ живёте лéтом? — Лéтом мы́ живём в Ростóве.
4. — Э́то мóй брáт и сестрá. — Гдé они́ живу́т? — Они́ живу́т в Ленингрáде.

(b) *Ask questions and answer them. Write out your answers.*

Model: — Э́то ва́ша сестра́? Где́ она́ живёт? — Она́ живёт в Москве́.

1. Э́то ва́ш дру́г?
2. Э́то ва́ш бра́т?
3. Э́то ва́ша подру́га?
4. Э́то ва́ш профе́ссор?
5. Э́то Ви́ктор Петро́вич и его́ жена́?
6. Э́то Ви́ктор и Анто́н?

18. *Change the sentences. Write them out.*

Model: Кни́га лежи́т на столе́. Кни́ги лежа́т на столе́.

1. Ру́чка лежи́т в портфе́ле.
2. Каранда́ш лежи́т в портфе́ле.
3. Газе́та лежи́т на столе́.
4. Слова́рь лежи́т на по́лке.
5. Письмо́ лежи́т в столе́.
6. Ша́пка лежи́т на по́лке.
7. Ка́рта лежи́т на по́лке.

19. *Compose new dialogues on the pattern of the one given below, using the following words.*

Model: — Ро́берт, где́ моя́ ру́чка?
        — Она́ лежи́т на столе́.

1. кни́га, газе́та, каранда́ш, слова́рь, письмо́, ша́пка;
2. портфе́ль, сто́л, по́лка.

VI Анто́н — студе́нт. Кто́ о́н?

20. *Compose new dialogues on the pattern of the one given below, using the following words. Write out your dialogues.*

Model: — Э́то ва́ш бра́т? Кто́ о́н?
        — О́н инжене́р.

1. дру́г, сестра́, подру́га, сы́н, му́ж, жена́, ма́ма, оте́ц;
2. адвока́т, вра́ч, био́лог, журнали́ст, матема́тик, фи́зик, фило́лог, экономи́ст, перево́дчик, социо́лог.

21. *Answer the questions. Write out your answers.*

Model: — Ва́ш бра́т — хи́мик? (био́лог)
        — Не́т, о́н не хи́мик. О́н био́лог.

1. Ва́ша подру́га — хи́мик? (фи́зик)
2. Ва́ш му́ж — инжене́р? (матема́тик)
3. Ва́ша ма́ма — фило́лог? (исто́рик)
4. Ва́ш бра́т — студе́нт? (вра́ч)

5. Ва́ша сестра́ — социо́лог? (перево́дчик)

6. Ваш дру́г — экономи́ст? (адвока́т)

7. Ва́ш оте́ц — адвока́т? (журнали́ст)

22. *Supply continuations, using the words* шко́ла, больни́ца, институ́т, заво́д. *Write out the sentences.*

Model: Áнна Ива́новна — матема́тик. Она́ рабо́тает в шко́ле.

1. Ве́ра Серге́евна — инжене́р.   5. Моя́ сестра́ Дже́йн — хи́мик.

2. Мо́й дру́г Серге́й — исто́рик.   6. Мо́й бра́т Джо́н — фи́зик.

3. Никола́й Петро́вич — биолог.   7. Пётр Ива́нович — экономи́ст.

4. Ни́на Ива́новна — вра́ч.   8. Мо́й дру́г Ро́берт — социо́лог.

Phonetic Exercises

1. *Read aloud. Pay attention to the pronunciation of the sounds* [р], [р'].

ири-ри; ире́-ре; ирю́-рю; ры-ри; ра-ря; ру-рю, ро-рё; три, дри, тре, дре.

рабо́тать, ра́ньше, ру́чка, вчера́, го́род, бра́т, дру́г, подру́га, ка́рта, бы́стро, сестра́, спра́ва, напро́тив, но́мер, ве́чер, три́, говори́ть, ря́дом, слова́рь.

2. *Read aloud. Pay attention to the pronunciation of the sound* [ч].

ичи-чи, иче́-че, че, ча, чо, чу, че́й, чьи́, чья́, чьё, о́чень, чита́ет, четы́ре, сейча́с [с'ича́с], по́чта, вра́ч, Ива́н Ива́нович, Пётр Серге́евич.

3. *Read aloud. Pay attention to the pronunciation of the sounds* [л], [л'].

шко́ла, по́лка, пло́хо, сто́л, сту́л, жи́л, жила́, жи́ли, ле́том, лежи́т, больни́ца, сле́ва, по-англи́йски, портфе́ль, говори́л, говори́ли, рабо́тал, рабо́тали, отдыха́л, отдыха́ли.

4. *Read aloud. Pay attention to the pronunciation of the unstressed syllables.*

хорошо́, говори́т, каранда́ш, инжене́р [инжын'е́р], рабо́тает, не рабо́тает, отдыха́ет, не отдыха́ет, понима́ет, не понима́ет, о́чень хорошо́, не о́чень хорошо́, хорошо́ говори́т, о́чень хорошо́ понима́ет.

5. *Read aloud. Pay attention to intonation.*

1. — Э́то твой бра́т?

   — Не́т, / э́то мо́й дру́г.

   — Э́то его́ маши́на?

   — Да́, / его́.

2. — Ты́ рабо́таешь, Ни́на?

   — Да́, / рабо́таю.

   — А твой бра́т рабо́тает?

   — Не́т, / о́н не рабо́тает.

3. — Что́ вы де́лаете?

   — Я́ чита́ю.

   — А что́ де́лает Анто́н?

   — О́н отдыха́ет.

   — А́нна, / ты́ то́же чита́ешь?

   — Не́т, / я́ не чита́ю.

4. — Э́то её сестра́?

   — Не́т, / подру́га.

   — Э́то её бра́т?

   — Да́, / бра́т.

5. — Где́ мо́й слова́рь?

   — Зде́сь.

6. — Зде́сь больни́ца?

   — Да́, / больни́ца.

   — Зде́сь больни́ца?

   — Да́, / зде́сь.

7. — Вы́ говори́те по-ру́сски?

   — Да́, / говорю́.

   — Вы́ хорошо́ говори́те по-ру́сски?

   — Не́т, / пло́хо.

   — Ва́ша жена́ то́же говори́т по-ру́сски?

   — Да́, / она́ о́чень хорошо́ говори́т.

8. — Джо́н чита́ет по-неме́цки?

— Да́, / о́н хорошо́ и бы́стро чита́ет по-неме́цки.

— Вы́ то́же хорошо́ чита́ете по-неме́цки?

— Не́т, / не о́чень.

— Вы́ хорошо́ говори́те и понима́ете по-неме́цки?

— Не́т, / я́ говорю́ и понима́ю о́чень пло́хо.

9. — Вы́ говори́те по-англи́йски?

— Да́, / я́ сейча́с говорю́ по-англи́йски.

10. — Вы́ сего́дня рабо́таете?

— Да́, / рабо́таю.

— А вчера́ вы́ рабо́тали?

— Не́т, / не рабо́тала. Вчера́ я́ отдыха́ла.

— А что́ вы́ де́лали?

— Я́ чита́ла.

11. — Вы́ отдыха́ли ле́том?

— Да́, / ле́том.

— А я́ отдыха́л зимо́й.

6. *Read each prepositional phrase as a single unit. Pay attention to the pronunciation of unstressed syllables.*

в шко́ле [фшко́л'и], в больни́це [вбал'н'и́ць], в столе́ [фстал'е́], в портфе́ле, в Москве́, в Ло́ндоне, в Ки́еве, в Оде́ссе, в институ́те [вынст'иту́т'и], в гости́нице, в го́роде, в кварти́ре, на по́чте, на по́лке, на столе́ [нъстал'е́].

7. *Read and reply.*

Model: — Вы́ рабо́таете в шко́ле?

— Да́, / в шко́ле.

1. Джо́н, вы́ рабо́таете в институ́те?
2. Вы́ живёте в Москве́?
3. Ва́ш оте́ц рабо́тает в больни́це?
4. Вы́ живёте в гости́нице?
5. Журна́л лежи́т на столе́?
6. Вы́ отдыха́ли в Оде́ссе?
7. Ва́ша сестра́ рабо́тает в шко́ле?
8. Джо́н живёт в Ло́ндоне?
9. Тво́й дру́г рабо́тает в магази́не?

8. (a) *Read fluently.*

до́м но́мер пя́ть, до́м но́мер ше́сть, кварти́ра но́мер се́мь, кварти́ра но́мер во́семь, до́м но́мер де́вять, кварти́ра но́мер четы́ре.

(b) *Read and reply.*

Model: — Вы́ живёте в до́ме но́мер оди́н?

           — Да́, / в до́ме но́мер оди́н.

1. Вы́ живёте в до́ме но́мер три́?
2. Джо́н живёт в до́ме но́мер четы́ре?
3. Э́то до́м но́мер пя́ть?
4. Апте́ка в до́ме но́мер ше́сть?
5. Вы́ живёте в кварти́ре но́мер де́сять?
6. Шко́ла в до́ме но́мер де́вять?
7. Ка́тя живёт в кварти́ре но́мер се́мь?
8. Джейн живёт в ко́мнате но́мер во́семь?
9. Э́то авто́бус но́мер пя́ть?

9. *Read aloud.*

хи́мик, фи́зик, исто́рик, био́лог, фило́лог, матема́тик, журнали́ст, студе́нт, студе́нтка, инжене́р, профе́ссор [праф'е́сър], социо́лог, металлу́рг, экономи́ст;

спаси́бо, извини́, извини́те, здра́вствуйте [здра́ствуjт'и], здра́вствуй, до свида́ния [дъсв'ида́н'jь], скажи́те [скажы́т'и], скажи́те, пожа́луйста [пажа́лъстъ].

10. *Read and reply.*

Model: — Вы́ фило́лог?

           — Да́, / я фило́лог.

1. Ва́ш оте́ц — профе́ссор?
2. Джо́н — студе́нт?
3. Тво́й дру́г — инжене́р?
4. Вы́ фи́зик?
5. Ка́тя — хи́мик?
6. Ва́ш бра́т — матема́тик?
7. Пётр Петро́вич — журнали́ст?
8. Ва́ша ма́ма — вра́ч?

11. *Read aloud. Dramatize the dialogues. Compose similar dialogues.*

1. — Здра́вствуй, Джо́н!

    — Здра́вствуй, То́м!

— Ка́к живё²шь, Джо́н?

— Спаси́бо. Хорошо́.¹

— Ты́ тепе́рь живёшь в Бо́³стоне?

— Не́т,¹ / я́ живу́ в Нью-Йо́рке. Здесь живёт мо́й бра́т. Я́ ту́т отдыха́ю. Живу́ в гости́нице.

— Твоя́ жена́ то́²же зде́сь?

— Не́т,¹ / она́ до́ма, в Нью-Йо́рке.

— Где́ ты́ рабо́²таешь, Джо́н?

— Я́ рабо́таю в газе́те. Я́ журнали́ст. А ты́ рабо́таешь в больни́³це?

— Да́,¹ / в больни́це.

— А твоя́ жена́ рабо́³тает?

— Не́т,¹ / сейча́с не рабо́тает. Она́ ра́ньше рабо́тала в шко́ле. Она́ матема́тик.

— А кто́ тво́й бра́²т?

— О́н фи́зик. Рабо́тает в институ́те.

2. — Скажи́²те, пожа́луйста, / где́ гости́ница «Москва́²»?

— Гости́ница «Москва́» в це́нтре.

— А где́ зде́сь метро́²?

— Метро́ во́н та́м, спра́ва.

— Спаси́бо.¹

— Пожа́²луйста.

3. — Алло́²! Э́то Ната́³ша?

— Да́.¹

— Здра́²вствуй, Ната́ша! Э́то Серге́й говори́т.

— Здра́²вствуй, Серге́й!

— Ната́²ша, / Ви́ктор до́³ма?

— Не́т.¹

— А где́² о́н? В институ́³те?

— Я не зна́ю. Ка́к ты́ живёшь, Серге́й?

— Спаси́бо. Хорошо́. До свида́ния, Ната́ша.

— До свида́ния, Серге́й.

12. *Situations.*

(1) You want to find out where House No. 5, the hotel, pharmacy, store are. Ask a passer-by.

(2) You have run into a friend you haven't seen for a long time. Ask him (her) what he (she), his wife (her husband), your common friends does (do) and where he (she, they) lives (live). Tell him (her) about yourself.

13. (a) *Listen to the text.*

(b) *Listen to each sentence and repeat during the pause.*

(c) *Read the text aloud with the correct intonation and at a normal speed.*

Серге́й Ивано́в и его́ семья́

Серге́й Ивано́в — студе́нт. О́н исто́рик. Его́ оте́ц — Ви́ктор Петро́вич Ивано́в. О́н то́же исто́рик. Ра́ньше о́н рабо́тал в институ́те. Сейча́с о́н рабо́тает в газе́те «Изве́стия». О́н журнали́ст.

Его́ ма́ма — А́нна Ива́новна. Она́ вра́ч. Она́ рабо́тает в больни́це.

Его́ сестра́ Ка́тя — студе́нтка. Она́ био́лог.

Серге́й и его́ семья́ живу́т в го́роде. Они́ живу́т в Москве́. Серге́й — москви́ч.

Э́то и́х до́м. Они́ живу́т в до́ме но́мер се́мь. Напро́тив Москва́-река́ и Кре́мль.

Ря́дом мо́ст. Сле́ва магази́ны. Спра́ва апте́ка.

Э́то и́х кварти́ра. Они́ живу́т в кварти́ре но́мер три́.

Зимо́й они́ живу́т в Москве́. Ле́том они́ отдыха́ют в дере́вне.

14. *Dramatize the above text. Imagine you are Sergei Ivanov. Your new acquaintance is asking you questions about yourself and your family.*

Formation Practice

1. *Rewrite each of the following verb stems in Cyrillic.*

Model: *govor'í* — говори́-

znáj-, otdixáj-, rabótaj-, ži̊̌v-[1]*, čitáj-, d'élaj-, pon'imáj-, ležá-, izv'in'í-.*

2. *Mark each of the verb stems in Exercise 1 with a "C" if the stem ends in a consonant, and "V" if the stem ends in a vowel. Now do the same for the following group of unfamiliar verb stems.*

ве́ри-, вспомина́й-, вспо́мни-, рисова́-, ги́бну-, гуля́й-

3. *Add the first-person singular ending (-y) to each of the following basic stems. State in each case whether augmentation or truncation of the stem element occurs. (See Analysis 1.4.)*

жи̊в-, зна́й-, лежа́-, говори́-

4. *Supply complete present tense conjugations for each of the following stems. Write out each form in basic sounds, then in Cyrillic. (Remember that there is automatic softening of any paired consonant before first conjugation -'o-.)*

отдыха́й-, рабо́тай-, жи̊в-, извини́- (II conj.)

5. *Supply present tense, past tense and infinitive forms for each of the following basic stems. Indicate in each case the type of juncture involved:* CV, VC, CC, VV. *(See Analysis 1.1, 1.2, 1.3 and 1.4.)*

(a) *слу́шай-* "listen", *у́жинай-* "have supper", *говори́-* II "speak", *ста́н-* "become";
(b) *лежа́-* II "be lying", *плы̊в-* "swim", *понима́й-* "understand", *жи̊в-* "live".

6. *Supply present tense, past tense and infinitive forms for each of the following basic stems. These stems are for practice only and need not be learned at this stage.*

ду́й- "blow", *стро́и-* II "build", *горе́-II* "burn", *opá-* "yell", *ду́май-* "think", *толкну́-* "push".

---

[1] ˣ indicates shifting stress. (See Analysis 1.5.)

7. *Use each of the following nouns in a prepositional phrase with* **в** *"in" or* **на** *"on". (See Analysis 4.0, 4,1). The index B after a noun indicates that the stress falls on the ending. (Refer to* Commentary Appendix: Stress Patterns in Russian Nouns.)

магазин, журнал, аптека, гостиница, Киев, книга, Нью-Йорк, Бостон, стол В, Ялта, окно В, учебник, Ленинград, Москва В, школа, дом, Рига, институт, больница, письмо В, Ростов, квартира, газета.

8. (a) *Rewrite the words expressed in basic sounds in Cyrillic.*

   (b) *Express the words given in Cyrillic in basic sounds.*

(a) jábloko	dóbrije	(b) Европа	чай
b'il'ét	pál'ec	Украина	растёт
árm'ija	nášo	щи	тот
g'erój	váši	свадьба	полы
d'iván	p'ilót	энергия	Ильи
ps'ix'iátr	pol'ót	Софья	гость
ijúl'	pol'jót	шина	Байкал
		еда	

Written Exercises for General Review

1. *Supply all forms of the present and past tenses and also infinitives for each of the following three basic stems. Write them out in Cyrillic (longhand). Mark stress.*

   slúšaj- (слушай-) "listen", *um'éj- (умей-)* "know how to do (smth.)", *udal'í (удали-)* II "remove"

2. *Translate. Mark stress and intonational centers throughout.*

1. "Anna, what do you do in the summer?" "In the summer I work." "Where do you work?" "I work in Leningrad." "Where do you live now?" "I live in Apartment No. 3." "Where did you live?" "I lived in Odessa."

2. "Anton, where do you live now?" "I live in Kiev. And you?" "I lived in Kiev, too. Now I live in Moscow." "Where do you work?" "I work at School No. 8."

3. "Tell me, please, Victor, where is my journal?" "It was (lying) on the shelf yesterday. I don't know where it is now."

4. My mother is a journalist. She works at a newspaper. My brother is a biologist. He works at an institute in Moscow. In the summer he vacations in Yalta. My sister, Alla, reads German very well. She works at a school.

Unit 3

Practice Exercises

I	Э́то **но́вый до́м.** К а к о́ й э́то д о́ м?

1. *Make up phrases, using the words given below.*

ру́сский ...	био́лог, вра́ч, газе́та, журна́л, письмо́, журнали́ст,
ру́сская ...	исто́рик, инжене́р, кни́га, матема́тик, профе́ссор,
интере́сный ...	студе́нт, фами́лия, фи́льм, филоло́г, хи́мик,
интере́сная ...	го́род, окно́.
интере́сное ...	

2. (a) *Compose sentences, using the words given below. Write them out.*

Model:

— Како́й э́то магази́н?	— Кака́я э́то ко́мната?	— Како́е э́то окно́? — Э́то большо́е окно́.
— Э́то но́вый магази́н.	— Э́то хоро́шая ко́мната.	

гости́ница, больни́ца, зда́ние, институ́т, кварти́ра, сто́л, по́лка, письмо́.

(b) *Change the sentences you have composed, as in the model. Write them out.*

Model:

— Каки́е э́то магази́ны?	— Каки́е э́то ко́мнаты?	— Каки́е э́то о́кна? — Э́то больши́е о́кна.
— Э́то но́вые магази́ны.	— Э́то хоро́шие ко́мнаты.	

3. *Make up phrases, using the words given below.*

(а) но́вый, большо́й ...	го́род, гости́ница, по́лка, шко́лы, зда́ние,
ста́рая, ма́ленькая, плоха́я ...	портфе́ль, кварти́ры, больни́ца, до́м;
ста́рое, ма́ленькое ...	
но́вые, больши́е, хоро́шие ...	

(b) ... до́м, ... писа́тель,
   ... ко́мната, ... зда́ние, ... окно́,
   ... ко́мнаты, ... гости́ницы,
   ... журна́л, ... кни́га

большо́й, краси́вый, ма́ленький, ста́рый, ру́сский, америка́нский, англи́йский, неме́цкий, францу́зский, плохо́й, хоро́ший, но́вый, интере́сный.

4. *Answer the questions. Write down your answers.*

Model: — Э́то но́вый журна́л?
           — Не́т, э́то ста́рый журна́л.

1. Э́то интере́сная кни́га?
2. Э́то краси́вый го́род?
3. Э́то ста́рые газе́ты?
4. Э́то но́вый портфе́ль?
5. Э́то больша́я гости́ница?
6. Анто́н — хоро́ший инжене́р?
7. Петро́в — молодо́й профе́ссор?
8. Э́то краси́вое зда́ние?

интере́сный — неинтере́сный
краси́вый — некраси́вый
хоро́ший — плохо́й
но́вый — ста́рый
большо́й — ма́ленький
молодо́й — ста́рый

5. *Complete the sentences. Use the words* до́м, маши́на, го́род, семья́, студе́нтка, вра́ч, университе́т, подру́га, зда́ние, гости́ница, окно́, портфе́ль, инжене́р. *Write out the sentences.*

1. Э́то но́вая ... .
2. Ленингра́д — краси́вый ... .
3. Э́то на́ш ста́рый ... .
4. Э́то о́чень краси́вое ... .
5. Зде́сь живёт хоро́шая ... .
6. Ви́ктор — молодо́й ... .
7. Ве́ра — хоро́шая ... .
8. Зде́сь рабо́тает моя́ хоро́шая ... .
9. В ко́мнате большо́е ... .
10. Э́то но́вая больша́я ... .
11. Э́то плохо́й ста́рый ... .
12. Зде́сь живёт молодо́й ... .

6. *Complete the sentences. Use the adjectives* большо́й, краси́вый, ма́ленький, хоро́ший, но́вый, ста́рый, интере́сный, англи́йский, францу́зский, неме́цкий. *Write out the sentences.*

1. Э́то ... го́род, зде́сь ... зда́ния.
2. Э́то ... ко́мната, нале́во ... сто́л и ... сту́л. Напро́тив ... по́лка.
3. Э́то ... портфе́ль. В портфе́ле лежи́т кни́га, ... ру́чка и ... каранда́ш.
4. Э́то Ви́ктор. Ви́ктор — мо́й ... дру́г. Э́то его́ ... маши́на. В маши́не лежи́т его́ ... портфе́ль, ... газе́ты и ... журна́лы.
5. Э́то до́м № 5. Зде́сь живёт моя́ ... подру́га Йра. Йра — инжене́р. Её сестра́ — ... вра́ч и её му́ж — ... вра́ч. Они́ ... врачи́.
6. Э́то гости́ница «Москва́». Э́то ... гости́ница. Э́то о́чень ... зда́ние. Зде́сь сейча́с живёт мо́й ... дру́г.

7. *Supply the required adjectives. Write out the sentences.*

    1. Здесь лежат французские книги, ... журналы, ... газеты.

    2. На полке лежала книга и ... журнал.

    3. Здесь живёт ... семья, там живут ... студенты.

    4. Здесь работает ... инженер, там работают ... инженеры-химики.

    5. ... студенты говорят по-русски, ... журналисты говорят по-английски, ... инженеры говорят по-немецки.

8. (a) *Answer the questions, using the adjectives* новый, старый, большой, маленький, хороший, плохой, красивый. *Write out the questions and the answers.*

    Model: — Какая это гостиница?

                — Это новая гостиница.

    1. Какой это дом?   4. Какие это журналы?

    2. Какое это здание?   5. Какая это газета?

    3. Какая это библиотека?   6. Какие это книги?

    (b) *Ask questions and answer them. Use the words:* ручка, карандаш, город, семья, стол, стул.

II   Этот дом новый.
Тот дом старый.

9. *Read and translate. Analyze the structure of the sentences. Underline the subject once and the predicate twice.*

    Это русский студент.   Этот студент русский.

    Это русская студентка.   Эта студентка русская.

    Это русские студенты.   Эти студенты русские.

                                 Эти студенты читают.

    — Что это?

    — Это журнал. Это французский журнал. Вчера этот журнал лежал на столе. Сегодня он лежит на полке.

    — Это ваш журнал?

    — Нет, это не мой журнал. Я не читаю по-французски. Это французский журнал.

10. *Complete the sentences, using the word* это *or the pronouns* этот, эта, это, эти. *Write out the sentences.*

    1. — Кто ...? — ... наш новый инженер. — ... инженер работает здесь? — Да. — ... инженер говорит по-русски? — Да.

    2. — Кто ... ? — ... Анна. Она студентка. Здесь лежат её книги. Вчера ... книги лежали в портфеле. Сейчас ... книги лежат на стуле.

11. *Ask questions and answer them. Use the words given below. Vary your questions. Write out the questions and answers.*

Model: — Э́то интере́сный журна́л? — Э́тот журна́л интере́сный?
— Да́, интере́сный.
— Не́т, неинтере́сный.

1. го́род, кни́га, кварти́ра, библиоте́ка, зда́ние, авто́бус, маши́на;
2. но́вый — ста́рый, хоро́ший — плохо́й, интере́сный — неинтере́сный, краси́вый — некраси́вый.

III	Когда́ отдыха́ла А́нна? А́нна **отдыха́ла в а́вгусте.**

12. (a) *Read the text and translate it.*

Зимо́й и ле́том на́ша семья́ жила́ в СССР. В январе́ мы́ жи́ли в Москве́. В феврале́ мы́ жи́ли в Ленингра́де. В ма́рте мы́ жи́ли в Ки́еве. В апре́ле и в ма́е мо́й бра́т рабо́тал в Росто́ве. Мы́ та́м отдыха́ли ле́том: в ию́не, в ию́ле, в а́вгусте. В сентябре́ мо́й оте́ц рабо́тал на заво́де в Ри́ге. И мы́ та́м жи́ли. В октябре́ и в декабре́ мы́ жи́ли в Москве́.

(b) *Answer the questions in accordance with the text. Write down your answers.*

1. Где́ жила́ семья́ ле́том и зимо́й?
2. Когда́ они́ жи́ли в Москве́, в Ленингра́де и в Ки́еве?
3. Когда́ бра́т рабо́тал в Росто́ве?
4. Когда́ семья́ отдыха́ла в Росто́ве?
5. Когда́ оте́ц рабо́тал на заво́де в Ри́ге?
6. Где́ они́ жи́ли в октябре́ и в декабре́?

13. *Complete the sentences, using the words in brackets. Write out the sentences.*

1. О́н рабо́тал в шко́ле в январе́, ... (февра́ль, ма́рт, апре́ль, ма́й).
2. Они́ жи́ли в Москве́ в ию́не, ... (ию́ль, а́вгуст, сентя́брь).
3. О́н рабо́тал в библиоте́ке в октябре́, ... (ноя́брь, дека́брь).

14. *Answer the questions. Write out your answers.*

Model: — Вы́ отдыха́ли в ма́е?
— Не́т, я́ отдыха́л в ию́не.

1. Вы́ жи́ли в Ри́ге в апре́ле?
2. Вы́ рабо́тали в шко́ле в сентябре́?
3. Вы́ рабо́тали на заво́де в декабре́?
4. Вы́ отдыха́ли в Ки́еве в феврале́?
5. Вы́ жи́ли в Ленингра́де в октябре́?
6. Вы́ отдыха́ли в ию́ле?

IV   Áнна рабо́тает **в э́том институ́те.**

15. *Complete the sentences, using the words on the right. Write out the sentences.*

1. Я́ живу́ <u>в э́той ко́мнате.</u>		
2. Они́ живу́т в	кварти́ра	
3. Она́ живёт в	гости́ница	
4. О́н рабо́тает в	шко́ла	
5. Вы́ рабо́таете в	больни́ца	

1. Мы́ живём <u>в э́том до́ме.</u>		
2. Они́ живу́т в	го́род	
3. О́н рабо́тает в	музе́й	
4. Она́ рабо́тает в	институ́т	
5. Они́ рабо́тают	теа́тр	

16. *Amplify the statements and answers, using the pronouns* мо́й, тво́й, на́ш, ва́ш, э́тот, то́т.

Model: Журна́л лежи́т на по́лке. — Журна́л лежи́т на мое́й по́лке.

1. Газе́та лежи́т на столе́.
2. Журна́л лежи́т в портфе́ле.
3. — Где́ моя́ кни́га? — Здесь, на по́лке.
4. — Где́ мо́й портфе́ль? — Та́м, в ко́мнате.
5. — Где́ живёт Серге́й Никола́евич? — Здесь, в до́ме.
6. — Где́ рабо́тает Ири́на? — В шко́ле.
7. — Где́ ва́ш слова́рь? — Та́м, на столе́.

17. *Complete the sentences, using the word* э́то *or the pronoun* э́тот, э́та, э́то, э́ти *in the required forms.*

1. — Что́ ... ? — ... гости́ница. — Кака́я ... гости́ница? — ... хоро́шая но́вая гости́ница. Ле́том я́ жи́л в ... гости́нице.
2. — Что́ ... ? — ... но́вый журна́л «Спу́тник». ... журна́л интере́сный.
3. — Что́ ... ? — ... общежи́тие. ... общежи́тие но́вое и большо́е. Америка́нские и сове́тские студе́нты живу́т в ... общежи́тии.
4. — ... тво́й портфе́ль? — Да́, мо́й. Где́ лежа́л ... портфе́ль? — В ... столе́.

18. *Complete the sentences. Write them out.*

1. — Где́ лежи́т журна́л? — Журна́л лежи́т на	тво́й сто́л	
— А кни́ги? — Кни́ги лежа́т	моя́ по́лка	
2. — Где́ живёт Ви́ктор? — Ви́ктор живёт в	э́та кварти́ра	
— А Серге́й? — Серге́й живёт	та́ ко́мната	
3. — Где́ рабо́тает ва́ш бра́т?		
— Мо́й бра́т рабо́тает	э́та шко́ла	
— А сестра́? — Сестра́ рабо́тает	э́тот институ́т	

4. — Где́ живёт ва́ш дру́г? — О́н живёт ... .　　　　э́тот го́род
　　— А где́ о́н жи́л ра́ньше? — О́н жи́л ... .　　　та́ дере́вня
5. — Где́ живёт ва́ша соба́ка?
　　— Она́ живёт в ... .　　　　　　　　　　　　на́ш до́м
　　— А где́ живёт ва́ша ко́шка?
　　— Она́ живёт в ... .　　　　　　　　　　　　моя́ ко́мната
6. — Где́ лежи́т ва́ша ша́пка? — Она́ лежи́т на ... .　э́та по́лка
　　— А где́ лежа́т ва́ши кни́ги?
　　— Они́ лежа́т на ... .　　　　　　　　　　　　мо́й сто́л

19. *Answer the questions. Write down your answers.*

Model:　　— Где́ живёт Ни́на? (на́ш до́м) — Ни́на живёт в на́шем
　　　　　до́ме.

1. Где́ живёт О́ля? (на́ш го́род)
2. Где́ живёт Серге́й? (э́та гости́ница)
3. Где́ живёт Ната́ша? (э́та дере́вня)
4. Где́ рабо́тает Ви́ктор? (на́ш институ́т)
5. Где́ рабо́тает Ни́на? (э́тот магази́н)
6. Где́ рабо́тает Ната́ша? (на́ша шко́ла)

20. *Answer the questions. Write down your answers.*

Model:　　— Где́ моя́ кни́га? — Она́ в твоём портфе́ле.

1. Где́ мо́й журна́л? (тво́й сто́л)
2. Где́ мои́ кни́ги? (твоя́ ко́мната)
3. Где́ ва́ша ру́чка? (мо́й портфе́ль)
4. Где́ её бра́т? (на́ш институ́т)
5. Где́ ва́ша газе́та? (мо́й сто́л)
6. Где́ на́ш учи́тель? (ва́ша шко́ла)

21. *Compose sentences similar to the ones given below. Use the words in brackets. Change the pronouns accordingly. Write down your sentences.*

1. Мо́й дру́г живёт в э́том го́роде . (дере́вня)
2. Анто́н рабо́тает в э́той больни́це . (институ́т)
3. В ма́е моя́ сестра́ жила́ в на́шем до́ме . (кварти́ра)
4. Мои́ уче́бники лежа́т на э́той по́лке . (сто́л)
5. Ра́ньше мы́ жи́ли в э́той гости́нице . (до́м)
6. Ра́ньше о́н рабо́тал в э́том музе́е . (шко́ла)

22. *Answer the questions, using the words in brackets. Write down your answers.*

Model: — Где́ лежа́т кни́ги и журна́лы? (э́та/та́ по́лка; э́тот/то́т сто́л).

— Кни́ги лежа́т на э́той по́лке, журна́лы лежа́т на то́м столе́.

1. Где́ рабо́тают Анто́н и Ве́ра? (э́та/та́ шко́ла)
2. Где́ живу́т ва́ш бра́т и ва́ша сестра́? (э́та/та́ кварти́ра)
3. Где́ вы́ отдыха́ли в ию́не и в а́вгусте? (э́та/та́ дере́вня)
4. Где́ лежа́т газе́ты и журна́лы? (э́тот сту́л, э́та по́лка)
5. Где́ рабо́тает ва́ша подру́га и её сестра́? (э́тот до́м, э́та гости́ница)
6. Где́ вы́ жи́ли ра́ньше и где́ вы́ живёте сейча́с? (э́та/та́ кварти́ра, э́тот/то́т до́м)

V   Анто́н **хо́чет рабо́тать** в э́том институ́те.

23. *Answer the questions.*

1. Сего́дня я́ хочу́ отдыха́ть. А вы́?
2. Ты́ хо́чешь говори́ть по-ру́сски?
3. Она́ хо́чет чита́ть. А вы́?
4. В а́вгусте мы́ хоти́м рабо́тать. А вы́?
5. Вы́ хоти́те жи́ть в дере́вне?
6. Они́ не хотя́т зде́сь рабо́тать. А вы́?

24. *Change the sentences. Write them out.*

Model: Пётр зде́сь рабо́тает.
Пётр хо́чет зде́сь рабо́тать.

1. Я́ зде́сь живу́.
2. А́нна рабо́тает в э́той шко́ле.
3. Она́ ле́том отдыха́ла в дере́вне.
4. Мы́ живём в го́роде.
5. Га́ля рабо́тает на по́чте?
6. Они́ хорошо́ говоря́т по-ру́сски?
7. Вы́ говори́те по-францу́зски?
8. На уро́ке студе́нты отвеча́ют по-ру́сски?

25. *Supply the verb* хоте́ть *in the required form. Write out the sentences.*

1. Я́ ... жи́ть в э́том до́ме.
2. О́н ... говори́ть по-англи́йски.
3. Мы́ ... чита́ть по-францу́зски.

4. Они ... рабо́тать в э́том институ́те.
5. Вы ... рабо́тать в э́той библиоте́ке?
6. Ты ... жи́ть в э́том го́роде? Ра́ньше ты ... жи́ть в дере́вне.

26. *Supply continuations, as in the model.*

Model: Ви́ктор рабо́тал в музе́е. Ра́ньше о́н рабо́тал в э́той шко́ле.

1. Ни́на живёт в кварти́ре но́мер 5. Ра́ньше   э́та гости́ница
   она́ жила́ ... .   э́та кварти́ра
2. Бори́с сейча́с живёт в Ки́еве. Ра́ньше о́н ... .   э́тот го́род
3. А́нна рабо́тает в шко́ле. Ра́ньше она́ ... .   э́та библиоте́ка
4. Инжене́р Ивано́в рабо́тает на заво́де.   э́тот институ́т
   Ра́ньше о́н ... .   э́та больни́ца
5. Ве́ра Ива́новна — вра́ч. Она́ сейча́с не
   рабо́тает. Ра́ньше она́ ... .
6. Я́ хочу́ рабо́тать в э́том институ́те. Ра́ньше я́ ... .

27. *Change the sentences to the past tense.*

1. Она́ отдыха́ет ле́том.
2. Зимо́й она́ рабо́тает в институ́те.
3. Они́ живу́т в Москве́.
4. — А́нна Петро́вна, где́ вы́ рабо́таете? — В больни́це.
5. — Ни́на, где́ ты́ живёшь в Ленингра́де? — В гости́нице «Москва́».
6. — Ве́ра, где́ вы́ хоти́те отдыха́ть ле́том? — В Ки́еве.

28. *Supply the required forms of the verbs.*

1. — Ро́берт, вы́ хоти́те хорошо́ говори́ть по-ру́сски?
   — Да́, ... А вы́, Мэ́ри?
   — Я́ то́же хочу́ ... по-ру́сски. Я́ пло́хо ... по-ру́сски.
   — А кто́ хорошо́ ... по-ру́сски?
   — Джо́н. О́н бы́стро ... по-ру́сски.
2. Джо́н хорошо́ говори́т по-ру́сски. О́н бы́стро ... по-ру́сски. Я́ то́же
   хочу́ ... по-ру́сски. Я́ пло́хо ... по-ру́сски.

Phonetic Exercises

1. *Read aloud. Pay attention to the pronunciation of the relevant sounds.*

[л']: апре́ль, февра́ль, ию́ль, писа́тель, фами́лия, факульте́т, фи́льм,
большо́й;

[р']: дере́вня, исто́рия, сигаре́ты, респу́блика, прия́тно, сентя́брь,
октя́брь, ноя́брь, дека́брь;

[ш]: шестóй, хорóший, дéвушка, этáж [итáш];

[ц]: столи́ца, страни́ца, францýз, немéцкий, совéтский [сав'éцк'иј], нéмец, америкáнец;

[ч]: человéк, четвёртый, учéбник, хóчешь, хóчет, хочý.

2. *Read aloud. Pay attention to the pronunciation of the unstressed syllables.*

дерéвня [д'ир'éвн'ъ], деся́тый, писáтель [п'исáт'ил']; дéвушка, жéнщина [жéн'щинъ], мáленький [мáл'ин'к'иј], здáние [здáн'ијь] молодóй [мълáдóј], факультéт [фъкул'т'éт], человéк [чилав'éк], респýблика [р'испýбл'икъ], фами́лия [фам'и́л'ијъ], физи́ческий [ф'из'и́чиск'иј], францýженка [францýжънкъ], познакóмьтесь [пъзнакóм'т'ис'], интерéсный [ин'т'ир'éсныј], америкáнец [ам'ир'икáн'иц], библиотéка, университéт, биолóгия [б'иалóг'ијь], общежи́тие [апщижы́т'ијь], упражнéние [упражн'éн'ијь]; аудитóрия, лаборатóрия [лъбъратóр'ијь], хи́мия — хими́ческий, фи́зика — физи́ческий, истóрия — истори́ческий, биолóгия — биóлог — биологи́ческий [б'иълаг'и́чиск'иј], филóлог — филологи́ческий [ф'илълаг'и́чиск'иј].

3. *Read the phrases fluently.*

шестóй этáж, четвёртый автóбус, деся́тая страни́ца, седьмóе упражнéние, молодóй человéк, молодáя жéнщина, краси́вое здáние, хими́ческий факультéт, хими́ческая лаборатóрия, истори́ческий факультéт, филологи́ческий факультéт, биологи́ческий факультéт, Москóвский университéт, совéтские студéнты.

4. *Read aloud. Pay attention to speed, rhythm and intonation. Compose similar dialogues.*

1. — Э́то Москóвский университéт. Э́то нóвое здáние.

— Какóй э́то факультéт?

— Филологи́ческий.

— Э́то аудитóрия?

— Дá, / э́то аудитóрия нóмер шéсть. Сейчáс здéсь америкáнские студéнты.

— А ктó э́та молодáя жéнщина?

— Э́то и́х профéссор.

— Они́ говоря́т по-рýсски?

— Да́, / по-ру́сски.

— Э́то то́же аудито́рия?

— Не́т, / э́то библиоте́ка.

— А э́то како́е зда́ние?

— А э́то студе́нческий клу́б.

— А что́ та́м?

— Там студе́нческое общежи́тие.

— А где́ физи́ческий факульте́т?

— Физи́ческий факульте́т во́н та́м, спра́ва.

2. — Э́то хоро́ший фи́льм?

— Да́, / о́чень хоро́ший.

— Э́то америка́нский фи́льм?

— Не́т, / англи́йский.

3. — Э́то интере́сная кни́га?

— Да́, / о́чень интере́сная.

4. — Скажи́те, пожа́луйста, / где́ седьмо́й авто́бус?

— Не зна́ю.

5. — Где́ но́вый журна́л?

— Я́ не зна́ю. Зде́сь ста́рые журна́лы.

5. *Read the questions and answer them. Pay attention to the intonation of the questions.*

Model: — Э́то истори́ческий факульте́т?

      — Да́, / истори́ческий факульте́т.

1. Э́то филологи́ческий факульте́т?

2. Э́то физи́ческий факульте́т?

3. Э́то биологи́ческий факульте́т?

4. Э́то студе́нческий теа́тр?

5. Э́то студе́нческое общежи́тие?

6. Э́то хими́ческая лаборато́рия?

7. Э́то аудито́рия но́мер де́сять?

8. Здесь сейчас америка́нские студе́нты?

9. Они́ говоря́т сейча́с по-англи́йски?

10. Э́то сове́тские студе́нты?

6. *Situations.*

You think (but you are not sure) that you are in front of the history (philosophy, biology) department, the student club, Room No. 8, the dormitory. Ask somebody to make sure.

7. *Read aloud. Pay attention to the intonation of the questions with the conjunction и́ли.*

1. Вы́ живёте в Москве́ / и́ли в Ленингра́де?

2. Вы́ отдыха́ли ле́том / и́ли зимо́й?

3. Э́то америка́нские / и́ли сове́тские студе́нты?

4. Э́то физи́ческий / и́ли хими́ческий факульте́т?

5. Э́ти студе́нты говоря́т по-ру́сски / и́ли по-англи́йски?

6. Ва́ш оте́ц — инжене́р / и́ли вра́ч?

7. Э́тот фи́льм хоро́ший / и́ли плохо́й?

8. Вы́ фило́лог / и́ли био́лог?

9. Вы́ живёте в э́том до́ме / и́ли в то́м?

10. Вы́ хоти́те говори́ть / и́ли чита́ть по-ру́сски?

8. *Read. Make the syntagmatic division, intonational centers and the types of ICs.*

1. Вы́ хоти́те отдыха́ть в а́вгусте и́ли в сентябре́?
2. Вы́ фи́зик и́ли хи́мик?
3. Вы́ говори́те по-англи́йски и́ли по-неме́цки?
4. Вы́ америка́нец и́ли англича́нин?
5. Э́та кни́га интере́сная и́ли не́т?
6. Вы́ рабо́таете на заво́де и́ли в институ́те?
7. Вы́ живёте в Ки́еве и́ли в Росто́ве?
8. Э́та маши́на америка́нская и́ли неме́цкая?

9. *Read aloud. Pay attention to speed, rhythm and intonation. Dramatize the dialogues. Compose similar dialogues.*

1. — Скажи́те, пожа́луйста, / здесь филологи́ческий / и́ли истори́ческий факульте́т?

— Истори́ческий.

— А где́ филологи́ческий факульте́т?

— Напро́тив.

— Спаси́бо.

2. — Скажи́те, / э́то студе́нческое общежи́тие / и́ли студе́нческий клу́б?

— Э́то клу́б.

— А где́ общежи́тие?

— Общежи́тие во́н в то́м зда́нии.

— Спаси́бо.

— Пожа́луйста.

3. — Ка́тя, / э́то интере́сный фи́льм / и́ли не́т?

— Не́т, / неинтере́сный.

— Э́то америка́нский фи́льм / и́ли англи́йский?

— Англи́йский.

4. — Дже́йн, / вы́ америка́нка / и́ли англича́нка?

— Я́ америка́нка.

— А ва́ша подру́га?

— Она́ ру́сская.

5. — Скажи́те, пожа́луйста, / библиоте́ка в э́том зда́нии / и́ли в то́м?

— В то́м.

— А что́ в э́том зда́нии?

— Зде́сь студе́нческое общежи́тие.

— Спаси́бо.

— Пожа́луйста.

6. — Вы́ отдыха́ли в Я́лте / и́ли в Ки́еве?

— В Я́лте.

— Ле́том / и́ли зимо́й?

— Ле́том. А когда́ вы́ хоти́те отдыха́ть?

— Ле́том и́ли о́сенью.

7. — Вы́ живёте в э́том до́ме?

— Не́т, / я живу́ во́н в то́м до́ме.

8. — Скажи́те, / библиоте́ка на э́том этаже́ / и́ли не́т?

— На э́том.

— Спаси́бо.

10. *Ask questions and give answers to them.*

You want to find out:

(1) whether Victor lives in Moscow or in Kiev;

(2) which department (physics or chemistry) is located in the building you have entered;

(3) when your friend will have his vacation (in June or July);

(4) whether your new acquaintance is Russian or English;

(5) whether the film under discussion is worth seeing;

(6) whether the person you have been introduced to is a biologist or a philologist.

11. *Read. Pay attention to the intonation of enumeration.*

Студе́нты отдыха́ют в ию́не, / в ию́ле / и в а́вгусте.

Студе́нты отдыха́ют в ию́не, / в ию́ле / и в а́вгусте.

Студе́нты отдыха́ют в ию́не, / в ию́ле / и в а́вгусте.

В э́том зда́нии физи́ческий, / хими́ческий / и биологи́ческий факульте́ты.

В э́том зда́нии физи́ческий, / хими́ческий / и биологи́ческий факульте́ты.

В э́том зда́нии библиоте́ка, / студе́нческий клу́б, / студе́нческий теа́тр / и физи́ческая лаборато́рия.

В э́том зда́нии библиоте́ка, / студе́нческий клу́б, / студе́нческий теа́тр / и физи́ческая лаборато́рия.

В э́том зда́нии библиоте́ка, / студе́нческий клу́б, / студе́нческий теа́тр / и физи́ческая лаборато́рия.

Я говорю́ по-ру́сски, / по-неме́цки, / по-францу́зски / и по-англи́йски.

Я говорю́ по-ру́сски, / по-неме́цки, / по-францу́зски / и по-англи́йски.

12. *Read. Pay attention to intonation.*

Ма́рк Тве́н — америка́нский писа́тель.

Ма́рк Тве́н — / америка́нский писа́тель.

Ма́рк Тве́н — / америка́нский писа́тель.

Серге́й Ивано́в — студе́нт.

Серге́й Ивано́в — / студе́нт.

Серге́й Ивано́в — / студе́нт.

Дже́йн Сто́ун — америка́нка.

Москва́ — столи́ца СССР.

Москва́ — / столи́ца СССР.

Москва́ — / столи́ца СССР.

Эрмита́ж — / э́то музе́й в Ленингра́де.

Эрмита́ж — / э́то музе́й в Ленингра́де.

МГУ́ — / э́то Моско́вский госуда́рственный университе́т.

Анто́н Петро́в — / журнали́ст.

Его́ жена́ Ве́ра — / инжене́р.

13. *Read. Dramatize the dialogues. Compose similar dialogues.*

1. — Скажи́, пожа́луйста, / что́ э́то тако́е?
   — Э́то но́вое зда́ние МГУ́.
   — Что́ в э́том зда́нии?
   — В э́том зда́нии аудито́рии, / лаборато́рии, / библиоте́ка / и

студе́нческий теа́тр.

— А что́ в э́том зда́нии?

— Общежи́тие. Зде́сь живу́т ру́сские, / америка́нцы, / не́мцы, / францу́зы.

2. — Ка́тя, / кто́ э́то?

— Э́то мои́ друзья́: / Джейн, / Серге́й / и Оле́г.

— Они́ студе́нты?

— Да́, / они́ студе́нты МГУ́. Джейн — / био́лог. Серге́й и Оле́г — / исто́рики.

— Джейн — америка́нка / и́ли англича́нка?

— Джейн Сто́ун — / америка́нка. Серге́й и Оле́г — / ру́сские.

3. — Познако́мьтесь, пожа́луйста, / э́то мо́й дру́г Ви́ктор Петро́в.

— Здра́вствуйте, Ви́ктор. О́чень прия́тно. Ле́на Семёнова.

4. — Ка́к ва́с зову́т?

— Та́ня. А ва́с?

— Джо́н.

— О́чень прия́тно. Вы́ студе́нт?

— Не́т, / я́ не студе́нт, / я́ журнали́ст. А вы́?

— А я́ студе́нтка.

— Вы́ фило́лог?

— Да́, / я́ фило́лог.

— Вы́ ру́сская?

— Да́. А вы́?

— А я́ америка́нец. Ка́к ва́ша фами́лия, Та́ня?

— Рома́нова. А ва́ша?

— Кре́йн.

— Где́ вы́ живёте, Джо́н?

— В Нью-Йо́рке. Сейча́с я́ живу́ в гости́нице «Национа́ль».

14. (a) *Listen to the text.* (b) *Listen to and repeat the sentences with the correct (marked) intonation.* (c) *Read the text aloud at a normal speed.*

Ка́тя, Серге́й и и́х друзья́

Э́то на́ши знако́мые, / Ка́тя и Серге́й Ивано́вы. Они́ студе́нты. Ка́тя — био́лог. Серге́й[3] — / исто́рик. И́х друзья́ то́же студе́нты. Оле́г Петро́в — исто́рик. Джейн Сто́ун[3] — / био́лог. Ка́тя[4], / Серге́й[4], / Оле́г[4] / и Дже́йн — / студе́нты МГУ. Ка́тя и Серге́й — москвичи́[4]. Оле́г и Дже́йн[4] — / не москвичи́. Оле́г ра́ньше жи́л в Магнитого́рске. Та́м рабо́тает его́ оте́ц. Магнитого́рск[4] — / э́то большо́й го́род в СССР.

Дже́йн Сто́ун — америка́нка. В Аме́рике она́ жила́ в Детро́йте. Детро́йт[4] — / большо́й го́род в США.

Сейча́с Оле́г и Дже́йн живу́т в общежи́тии МГУ. В сентябре́ Дже́йн жила́ в гости́нице. Та́м жи́ли америка́нцы[4], / не́мцы[4], / францу́зы. Они́ не говори́ли по-ру́сски. Друзья́ Дже́йн жи́ли в общежи́тии. Она́ то́же хоте́ла жи́ть в общежи́тии. Сейча́с она́ живёт в общежи́тии. Зде́сь она́ мно́го говори́т по-ру́сски.

Э́то но́вое зда́ние МГУ. Оно́ о́чень большо́е. Зде́сь аудито́рии[4], / лаборато́рии[4], / больша́я библиоте́ка[4], / геологи́ческий музе́й[4], / студе́нческий клу́б[4], / магази́н[4], / по́чта. Общежи́тие то́же в э́том зда́нии. Сле́ва хими́ческий факульте́т[3] / и биологи́ческий факульте́т. Ря́дом большо́й са́д[3] / и краси́вый па́рк. Спра́ва физи́ческий факульте́т. А та́м стадио́н[3] / и други́е зда́ния. Та́м истори́ческий факульте́т[3], / экономи́ческий факульте́т[3] / и филологи́ческий факульте́т. Моско́вский университе́т[3] — / э́то большо́й студе́нческий го́род.

15. *In the text, find* (a) *the sentences of the* Ка́тя — био́лог *type and read them with and without the syntagmatic division, using different types of ICs* (Ка́тя[3-4] — / био́лог. Ка́тя — био́лог[1]); (b) *the sentences containing lists. Read them with different types of ICs.*

16. *Situation.*

Imagine you have visited the Soviet Union and met Katya, Sergei and their friend. Speak about them and about Moscow University. Compose a dialogue based on the text.

Formation Practice

1. *Combine the nouns* портфéль *and* рýчка *with the adjectives given below. Mark stress in each word. Pay close attention to spelling with stems ending in* **к** *or* **ш**. *(See Analysis 1.1.)*

старый, маленький, большой, красивый, хороший, плохой.

2. *Write down all forms of the cardinal and ordinal numerals from 1 to 10. Practice pronouncing both cardinal and ordinal numerals. Memorize them. (See Analysis 2.0.).*

3. *Write down noun phrases consisting of the following nouns and each of the ordinal numerals from 1 to 10.*

Model: журнáл — пéрвый журнáл, вторóй журнáл, трéтий журнáл, etc.

дóм, ýлица, здáние.

4. *Use each of the following noun phrases in a prepositional phrase with* **в** *or* **на**. *(See Analysis 5.0.)*

моя квартúра, нáш стóл В, твóй гóрод, вáша библиотéка, э́тот дóм, тá больнúца, мóй институ́т, твоё письмó, нáша шкóла, тóт магазúн, э́та кнúга, э́тот бáнк, вáш журнáл, нáша гостúница, нáш учéбник, э́тот стýл.

5. *Form plurals from each of the following noun phrases. (See Analysis 8.0.)*

нáш теáтр, э́тот музéй, мóй товáрищ, нáша дерéвня, тóт писáтель, э́тот францýз, э́тот геóлог, тá дéвушка, нáше здáние, вáша лаборатóрия.
мóй дрýг, вáш сы́н, тóт человéк, твóй брáт, мóй стýл, вáш мýж, нáш ребёнок.

6. *Use each of the following nouns in prepositional phrases with* **в** *or* **на**. *(See Analysis 7.0.)*

стóл, магазúн, общежúтие, музéй, газéта, кафетéрий, гóрод, здáние, дерéвня, лаборатóрия, журнáл, А́нглия, Росśия, цéнтр, Амéрика, аудитóрия.

7. *Rewrite the words expressed in basic sounds in Cyrillic and express the words given in Cyrillic in basic sounds. Contrast the structure, pronunciation and spelling of the three words in each set.*

lót, l'ót, l'jót; zovú, r'ev'ú, v'jú; glazá, n'el'z'á, druz'já; ну́, меню́, свинью́; да́та, Ка́тя, stat'já; živom, живём, живьём; му, m'u, семью́; Светла́нка, pol'ánka, италья́нка; domá, вре́мя, s'em'já; éra, mе́ra, премье́ра.

8. *Supply present tense, past tense and infinitive forms for each of the following basic stems. Mark stress in each.*

де́лай-, слы́ша- II, *обе́дай-, лежа́-* II, *жи̌в-*

Written Exercises for General Review

1. *Supply all forms of the present and past tenses and also infinitives for each of the following two basic stems.*

*govor'í (говори́-)*II, хоте́ть (irreg.)

2. *Translate. Mark stress and intonational centers throughout.*

1. "Tell me, please, what is your name?"

   "My name is Edward. And what is your name?"

   "Sergei. Are you an American?"

   "No, I am English. And you?"

   "I am Russian. Where do you live?"

   "Now I live in the student dormitory in Moscow."

   "Are you a student?"

   "Yes, I am."

2. "Do you work in the library?"

   "No, I work in the laboratory in that building. Do you also work in the laboratory?"

   "No, I work in this museum. My brother wants to work in the laboratory."

3. In June, July and August my family vacationed in Yalta.

4. My father is an American. He is a physicist and has worked in Boston, Berlin and Moscow. He speaks English, German and Russian.

5. Jane lived in Moscow in April and May. She lived in the dormitory. There she spoke Russian a lot and now she speaks Russian very well. Her friends also lived in the dormitory.

Unit 4

Practice Exercises

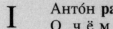

I   Антóн **расскáзывал о Москвé.**
     О ч ё м р а с с к á з ы в а л Антóн?

1. *Read and translate.*

> Вéра — истóрик. Онá мнóго читáет об Итáлии и Фрáнции. Вадúм тóже мнóго читáет. Óн биóлог. Óн читáет о прирóде. Óн мнóго говорúт о прирóде и погóде. Óн мнóго расскáзывает о рабóте.

2. *Answer the questions. Write down your answers.*

1. О чём э́та кнúга? (теáтр)
2. О чём э́та статья́? (музéй)
3. О чём э́та лéкция? (прирóда)
4. О чём расскáзывал вáш брáт? (мóре)
5. О чём говорúли вáши подрýги? (концéрт)
6. О чём говорúли ýтром студéнты? (семинáр)

3. *Read and translate.*

1. — Познакóмьтесь. Э́то Вадúм Соколóв.
   — Óчень прия́тно. А́ня мнóго говорúла о вáс.
2. — Вóт интерéсная кнúга «Москвá и москвичú». Ты́ знáешь о нéй?
   — Дá, вчерá Олéг говорúл о нéй.
3. — Óля, Вéра, мы́ сейчáс говорúли о вáс.
   — О нáс?
   — Дá, мы́ говорúли о лéкции, о профéссоре Петрóве и о вáс.
4. — Вóт журнáл «Москвá», пéрвый нóмер.
   — Мáша говорúла о нём. Э́то óчень интерéсный журнáл.

4. *Supply responses.*

Model: — Э́то мóй дрýг Николáй.
             — Óчень прия́тно. Олéг мнóго говорúл о вáс.

1. Э́то моя́ подрýга Нúна.   4. Э́то инженéр Николáев.
2. Э́то Антóн. Óн фúзик.   5. Э́то студéнтка Вéра Пáвлова.
3. Э́то худóжник Петрóв.

5. *Supply continuations.*

Model: Это Óля Лóмова. Я говорил о ней.

1. Это Николáй Рýдин.
2. Это Пáвел и Сергéй.
3. Это студéнты-филóлоги.
4. Это Áня Рóгова.
5. Это адвокáт Вáнин.

II   Áнна расскáзывала **о нóвом фильме.**
О к а к ó м ф и л ь м е расскáзывала Áнна?

6. *Complete the sentences, using the phrases in brackets in the required form. Write out the sentences.*

1. Нина и Кáтя говорили о нóвой библиотéке ... (интерéсная книга, студéнческая газéта).
2. Вадим и Олéг говорили о студéнческом теáтре ... (францýзский журнáл, нóвый стадиóн).
3. Журналист расскáзывал о Москвé ... (Москóвский университéт, Третьякóвская галерéя).
4. Кáтя вспоминáла о пéрвом урóке в сентябрé ... (студéнческая прáктика, хорóший концéрт).

7. *Answer the questions. Write down your answers.*

Model: — Гдé вы живёте? (этот нóвый дóм)
          — Я живý в этом нóвом дóме.

1. Гдé óн рабóтает? (наш исторический музéй)
2. Гдé они живýт? (эта стáрая гостиница)
3. Гдé они отдыхáют? (эта небольшáя дерéвня)
4. Гдé онá живёт? (этот большóй дóм)
5. Гдé онá жилá рáньше? (это студéнческое общежитие)
6. Гдé они рабóтают? (этот нóвый институт)

8. *Complete the sentences, using the words in brackets in the required form. Write out the sentences.*

1. Вéчером мы говорили о ... (рýсский теáтр).
2. Моя мáма рабóтает на ... (большóй завóд).
3. Лéтом мы жили в ... (небольшóй гóрод).
4. Óн расскáзывал о ... (Большóй теáтр).
5. Мои родители живýт в ... (небольшóй дóм).
6. Мóй брáт рабóтает в ... (этот институт).
7. Студéнты говорили о ... (студéнческая газéта).

9. *Answer the questions. Write down your answers.*

    Model: — Ва́ша кварти́ра на пе́рвом этаже́?
               — Не́т, мы́ живём на девя́том этаже́.

    1. Ви́ктор живёт в тре́тьей кварти́ре?
    2. Вы́ живёте на пя́том этаже́?
    3. Ва́ш бра́т рабо́тает в пе́рвой больни́це?
    4. Ва́ша статья́ на деся́той страни́це?
    5. Англи́йский язы́к бы́л на второ́м уро́ке?

10. *Compose similar sentences, using the words given below. Write down your sentences.*

    1. Ва́ша кни́га лежи́т <u>на то́й по́лке.</u>

    ва́ш сто́л, мо́й портфе́ль, э́тот сту́л, твоя́ ко́мната.

    2. Они́ жи́ли <u>в Москве́.</u>

    Ленингра́д, Ки́ев, Украи́на, Ерева́н, Кавка́з, Ри́га, Ура́л, се́вер, ю́г, восто́к, за́пад.

    3. О́н рабо́тает <u>в э́той гости́нице.</u>

    э́тот заво́д, э́та шко́ла, э́тот теа́тр, э́тот институ́т, э́та больни́ца, э́тот магази́н.

11. *Complete the sentences, using the words in brackets. Write out the sentences.*

    1. О́н расска́зывал о Ленингра́де, ... (Ки́ев, Кавка́з, Во́лга).
    2. — Аня спра́шивала обо мне́ и́ли о Ви́кторе? (Ве́ра, Вади́м, Ни́на)
        — Она́ спра́шивала ... (ты́, о́н, она́, они́).
    3. Я́ вспомина́л о моём бра́те, ... (мо́й дру́г, мо́й сы́н, на́ш го́род, на́ш до́м).
    4. Мы́ говори́ли о на́шей рабо́те, ... (ва́ша кни́га, твоя́ статья́, ва́ша семья́, э́та де́вушка).
    5. Ва́ля расска́зывала об э́той дере́вне, ... (э́тот фи́льм, э́тот писа́тель, э́та библиоте́ка, э́та же́нщина)

12. *Supply the pronouns* мо́й, тво́й, на́ш, ва́ш *in the required form. Write out the sentences.*

    1. Ви́ктор, мы́ сейча́с говори́ли о тебе́. Я́ расска́зывал о ... до́ме и ... рабо́те.
    2. Э́то ва́ша кни́га? Ве́ра мно́го говори́ла о ... кни́ге.
    3. — Э́то твоя́ соба́ка, Ка́тя? — Да́, моя́. — Серге́й сего́дня расска́зывал о ... соба́ке.
    4. Э́то на́ша шко́ла. Мы́ ча́сто вспомина́ем о ... шко́ле.
    5. Ва́ш музе́й о́чень интере́сный. Мы́ ча́сто говори́м о ... .

13. *Answer the questions. Write down your answers.*

    Model: Где́ сейча́с А́ня? (рабо́та) — А́ня сейча́с на рабо́те.

    1. Где́ сейча́с Серге́й? (семина́р)
    2. Где́ сейча́с Ни́на? (уро́к)
    3. Где́ сейча́с Оле́г? (заво́д)
    4. Где́ сейча́с Джейн? (по́чта)
    5. Где́ сейча́с Серге́й? (институ́т)
    6. Где́ сейча́с О́ля? (шко́ла)
    7. Где́ сейча́с Бори́с? (университе́т)
    8. Где́ сейча́с Джейн? (гости́ница)
    9. Где́ сейча́с А́нна? (магази́н)
    10. Где́ сейча́с Ни́на? (больни́ца) Где́ сейча́с Ната́ша? (стадио́н)

14. *Answer the questions. Write down your answers.*

    Model: — Что́ тако́е Со́чи? (Кавка́з) — Со́чи — э́то го́род на Кавка́зе.

    1. Что́ тако́е Магнитого́рск? (Ура́л)
    2. Что́ тако́е Му́рманск? (се́вер СССР)
    3. Что́ тако́е Льво́в? (за́пад СССР)
    4. Что́ тако́е Владивосто́к? (восто́к СССР)
    5. Что́ тако́е Полта́ва? (Украи́на)
    6. Что́ тако́е Ташке́нт? (юг СССР)
    7. Что́ тако́е Тбили́си? (Кавка́з)

III	Ви́ктор **чита́ет**, а А́нна **слу́шает**.
	Студе́нты **не говори́ли**, а то́лько **чита́ли** по-ру́сски.
	Они́ **чита́ют** по-ру́сски хорошо́, **а говоря́т** пло́хо.
	Ле́том Ви́ктор **снача́ла** рабо́тал, **а пото́м** отдыха́л.

15. *Compose similar sentences, using the words given below. Write down your sentences.*

    1. Анто́н — инжене́р, а Ви́ктор — био́лог. Ви́ктор не инжене́р, а био́лог.

       врач — писа́тель, фи́зик — матема́тик, хи́мик — адвока́т, худо́жник — писа́тель

    2. Ка́рин живёт в Ло́ндоне, а Ва́ля в Москве́.

       Пари́ж — Ленингра́д, Филаде́льфия — Ки́ев, Рим — Ри́га, Монреа́ль — Ерева́н

    3. Ве́ра понима́ет по-англи́йски хорошо́, а говори́т пло́хо.

       по-неме́цки, по-ру́сски, по-францу́зски; чита́ет — говори́т; мно́го — ма́ло

4. Ка́тя расска́зывала о ру́сском писа́теле, а Ве́ра о францу́зском.

ру́сский — францу́зский фильм; англи́йский — неме́цкий худо́жник; интере́сная — неинтере́сная статья́

16. *Complete the sentences. Write them out.*

1. Зи́на рабо́тает в шко́ле, а ... .
2. Андре́й живёт на се́вере, а ... .
3. Я сего́дня не рабо́тал, а ... .
4. Ве́ра хорошо́ понима́ет по-ру́сски, а ... .
5. То́м говори́т по-англи́йски, а Оле́г ... .
6. Я чита́л сего́дня о ру́сском худо́жнике, а ... .
7. Сего́дня я ма́ло рабо́тал, а вчера́ ... .
8. У́тром мы рабо́тали, а ... .
9. Серге́й не фило́лог, а ... .
10. Валенти́на Ива́новна не вра́ч, а ... .
11. Он чита́ет бы́стро, а ... .
12. Я живу́ не в го́роде, а ... .

IV Он (не) зна́ет, { кто́ э́тот челове́к.
где́ рабо́тает А́нна.
когда́ рабо́тает А́нна.
ка́к рабо́тает А́нна.
како́й э́то институ́т.

17. *Supply responses. Write down the questions and responses.*

Model: — Ты́ не зна́ешь, где́ рабо́тает Никола́й?
— Зна́ю. Ве́ра говори́ла, где́ рабо́тает Никола́й. Он рабо́тает на э́том заво́де.

1. Ка́тя, ты́ не зна́ешь, како́й э́то институ́т?
2. Андре́й, ты́ не зна́ешь, когда́ рабо́тает апте́ка?
3. Кто́ зна́ет, како́й э́то го́род?
4. Кто́ зна́ет, где́ сейча́с Пётр?
5. Йра, ты́ не зна́ешь, како́й э́то теа́тр?

18. *Change the sentences. Write them out.*

Model: Ты́ не зна́ешь, где́ живёт Никола́й? Ты́ не зна́ешь, в како́м го́роде живёт Никола́й?

1. Ты́ не зна́ешь, где́ рабо́тает Ири́на? (институ́т, шко́ла, больни́ца, магази́н, гости́ница)

2. Вы́ не зна́ете, где́ живёт адвока́т? (до́м, кварти́ра, у́лица)

3. Вы́ не зна́ете, где́ ле́том отдыха́ли студе́нты-исто́рики? (го́род, дере́вня, ме́сто)

19. *Complete the sentences. Write them out.*

Model: Я́ не понима́ю, о чём они́ говоря́т.

1. Я́ не зна́ю, ... (говори́ть)
2. Я́ не слу́шал, ... (расска́зывать)
3. Я́ не понима́ю, ... (чита́ть)

20. *Translate.*

1. We know where Katya and Sergei Ivanov live. They live in Moscow.

2. "Do you know where Oleg Petrov used to live?" "Yes, I do. [He used to live] in Magnitogorsk".

3. "I don't know when Katya was on practical training. Do you know where she was on practical training?" "No, I don't."

4. Sergei was talking about how he vacationed in the summer.

5. "Do you know what theater that is?" "It is the Bolshoi Theater."

6. Do you know at what institute Pyotr works?

7. "What are they talking about?" "I don't understand what they are talking about. They are talking very fast."

21. *Ask questions and answer them. Write down both the questions and the answers. Find out the name of a street, institute, hotel, museum.*

Model: — Скажи́те, пожа́луйста, кака́я э́то у́лица?
               — Э́то Лесна́я у́лица.

Usage of the Verbs **вспомина́ть, расска́зывать, гуля́ть, пла́вать**

22. *Complete the sentences. Use the underlined verbs in the required form.*

1. О́ля и Ва́ля <u>расска́зывают</u> о Кавка́зе. О́ля жила́ на Кавка́зе. Она́ ча́сто ... о Кавка́зе. Ва́ля ... о мо́ре. Ты́ то́же жи́л на Кавка́зе. О чём ты́ обы́чно ... ? Мы́ не́ были на Кавка́зе. Мы́ ... о Москве́.

2. Ле́том студе́нты бы́ли на пра́ктике. Они́ ча́сто <u>вспомина́ют</u> о пра́ктике. Ви́ктор ... о го́роде Но́вгороде, ... о Ленингра́де. Они́ ..., ка́к они́ рабо́тали и отдыха́ли. Мы́ то́же бы́ли на пра́ктике в дере́вне. Мы́ ..., ка́к мы́ та́м жи́ли. А ты́ где́ бы́л ле́том? О чём ты́ ...?

3. Э́то Ленингра́д. Э́то Ле́тний са́д. Зде́сь лю́ди отдыха́ют: они́ <u>гуля́ют</u>, чита́ют. Я́ то́же ча́сто ... зде́сь. Обы́чно мы́ ... зде́сь у́тром. Ви́ктор обы́чно ... в друго́м ме́сте. А вы́ где́ отдыха́ете? Где́ вы́ гуля́ете?

4. Ле́том мы́ отдыха́ем в дере́вне. Та́м мы́ гуля́ем, <u>пла́ваем</u> в реке́. Мо́й дру́г о́чень хорошо́ ..., а я́ пло́хо ... . Я́ хочу́ ... хорошо́, и ле́том я́ мно́го ... . Мы́ ... у́тром, днём и ве́чером.

23. *Translate.*

This is the Volga. The Volga is a very beautiful river. In the summer we lived in that house. Opposite is the Volga. On the right is a village. On the left is a school. Previously my sister lived in that village. She worked at that school. Now she works in the city. We lived in that village in July and August. We vacationed there. We often lived in the village.

Phonetic Exercises

1. *Read aloud. Pay attention to the pronunciation of the relevant sounds.*

[л]: ма́ло, пла́вала, пла́вал, была́, бы́ло, бы́л;

[л']: биле́т, роди́тели, гуля́ть, гуля́ли, самолёт, галере́я, Кре́мль;

[р]: гора́, рабо́та, се́вер, пассажи́р, у́тро, до́брый, друго́й, бы́стрый, страна́;

[р']: мо́ре, рисова́ть, рестора́н;

[ч]: ча́сть, снача́ла, ве́чер, ничего́ [н'ичиво́], рабо́чий, москвичи́, москви́ч, обы́чно;

[щ]: това́рищ, това́рищи, же́нщина [же́н'щинъ];

[ц]: це́нтр, у́лица, конце́рт, танцева́ть [тънцава́т'], ле́кция;

soft consonants: ме́сто, пе́ть, весно́й, статья́, пла́вать, бы́ть.

2. *Read aloud. Pay attention to the pronunciation of unstressed syllables.*

— — ´ восто́к, пото́м, весно́й, места́;

— ´ — пла́вать, мо́ре, ла́герь, за́пад, ма́ло, мно́го;

— — ´ — пого́да, рабо́та, снача́ла;

— — — ´ пассажи́р [пъсажы́р], самолёт [съмал'о́т], танцева́ть, небольшо́й, ничего́, рестора́н [р'истара́н], рисова́ть, хорошо́;

   ◡́ — —   до́брое [до́бръјъ], ле́кция [л’е́кцыјъ], о́сенью [о́с’ин’ју], пра́ктика;

   — ◡́ — —   расска́зывать [раска́зывът’], роди́тели;

   — — ◡́ —   некраси́вый, интере́сно [ин’т’ир’е́снъ], иностра́нный, галере́я [гъл’ир’е́јъ];

   — — — ◡́ —   неинтере́сный

3. *Read aloud. Pay attention to the stress in the plural forms.*

до́м — дома́, са́д — сады́, гора́ — го́ры, ме́сто — места́, мо́ре — моря́, страна́ — стра́ны, река́ — ре́ки, го́род — города́.

4. *Read each prepositional phrase as a single unit.*

о пого́де, о теа́тре, об институ́те [абынст’иту́т’и], об Аме́рике [абам’е́р’ик’и], о ни́х, обо мне́, о Большо́м теа́тре, о на́шем университе́те, о физи́ческом институ́те [аф’из’и́чискъм ынст’иту́т’и], в большо́м но́вом до́ме на деся́том этаже́ [итаже́], в седьмо́й аудито́рии, в Моско́вском университе́те, в хими́ческой лаборато́рии, в студе́нческом общежи́тии, в университе́тском клу́бе; на се́вере, на рабо́те, на Украи́не.

5. *Read aloud. Pay attention to speed, rhythm and intonation.*

1. — Анто́н, / в како́й аудито́рии бу́дет ле́кция? В пя́той / и́ли в шесто́й?

— Ле́кция бу́дет в шесто́й аудито́рии.

— На како́м этаже́ шеста́я аудито́рия?

— На пе́рвом.

2. — Где́ вы́ рабо́таете, Ви́ктор Петро́вич?

— В Моско́вском университе́те. А вы́?

— А я́ в хими́ческом институ́те.

3. — Вы́ бы́ли в Большо́м теа́тре?

— Не́т, / не́ был. Джо́н бы́л. О́н мно́го расска́зывал о Большо́м теа́тре.

— А в Третьяко́вской галере́е?

— В Третьяко́вской галере́е мы́ бы́ли.

4. — Вы́ бы́ли ле́том на Украи́не[3] / и́ли на Кавка́зе[2]?

   — На Кавка́зе[1].

5. — Вы́ живёте в э́том[3] до́ме, Ната́ша?

   — Не́т[1], / я́ живу́ во́н в то́м большо́м до́ме[1].

   — А где́ живёт Джо́н[2]?

   — О́н живёт в университе́тском общежи́тии[1].

6. *Answer the questions.*

1. Вы́ живёте до́ма и́ли в студе́нческом общежи́тии? Где́ живу́т ва́ши това́рищи?
2. Вы́ живёте в большо́м го́роде и́ли в ма́леньком?
3. Вы́ бы́ли в Сове́тском Сою́зе?
4. Вы́ бы́ли в Моско́вском университе́те? Вы́ чита́ли о нём?
5. Вы́ бы́ли в Большо́м теа́тре?

7. *Read the questions and answer them.*

1. Ва́ш дру́г рабо́тает[3] в Моско́вском университе́те?
2. Ва́ш дру́г[3] рабо́тает в Моско́вском университе́те?
3. Ва́ш[3] дру́г рабо́тает в Моско́вском университе́те?
4. Ва́ш дру́г рабо́тает в Моско́вском[3] университе́те?
5. Ва́ш дру́г рабо́тает в Моско́вском университе́те[3]?

8. *Read aloud. Pay attention to the intonation of sentences containing antitheses.*

Весно́й Ната́ша была́ на пра́ктике в Ри́ге[3], / а ле́том отдыха́ла на ю́ге[1].

Весно́й Ната́ша была́ на пра́ктике в Ри́ге[3], / а ле́том отдыха́ла на ю́ге[1].

Весно́й Ната́ша была́ на пра́ктике в Ри́ге[4], / а ле́том отдыха́ла на ю́ге[1].

Мо́й оте́ц — рабо́чий[3], / а бра́т — инжене́р[1].

Мо́й оте́ц — рабо́чий[3], / а бра́т — инжене́р[1].

Мо́й оте́ц — рабо́чий[4], / а бра́т — инжене́р[1].

Джо́н — фило́лог[3], / а его́ дру́г — матема́тик[1].

Джо́н — фило³лог, / а его́ дру́г — матема́тик.

Джо́н — фило⁴лог, / а его́ дру́г — матема́тик.

Сего́дня мы́ бы́ли в Кремле́, / а вчера́ в Большо́м теа́тре.

Сего́дня мы́ бы́ли в Кремле³, / а вчера́ в Большо́м теа́тре.

Сего́дня мы́ бы́ли в Кремле⁴, / а вчера́ в Большо́м теа́тре.

В э́том зда́нии филологи́ческий факульте́т, / а в то́м — студе́нческое общежи́тие.

В э́том зда́нии филологи́ческий факульте³т, / а в то́м — студе́нческое общежи́тие.

В э́том зда́нии филологи́ческий факульте⁴т, / а в то́м — студе́нческое общежи́тие.

9. *Read aloud. Pay attention to speed, rhythm and intonation. Compose similar dialogues.*

1. — Ната²ша, / кто́ ва́ши роди́тели?

   — Мо́й оте́ц — журнали³ст, / а ма́ма — вра́ч.

   — А бра́т и сестра⁴?

   — Они́ студе́нты. Бра́т — фило³лог, / а сестра́ — био́лог.

2. — Вы́ хорошо³ чита́ете и говори́те по-ру́сски?

   — Я́ чита́ю по-ру́сски хорошо³, / а говорю́ пло́хо.

3. — Джо³н, / где́² вы́ бы́ли сего́дня?

   — У́тром мы́ бы́ли в Кремле⁴, / а ве́чером в студе́нческом клу́бе.

4. — Скажи²те, пожа́луйста, / где́² здесь аудито́рия но́мер се́мь и библиоте́ка?

   — Библиоте́ка на восьмо³м этаже́, / а седьма́я аудито́рия на второ́м.

— Спаси́бо.

— Пожа́луйста.

5. — Скажи́те,[2] / где́ рабо́тают Андре́й и Ви́ктор?[2]

— Андре́й рабо́тает в Моско́вском[3] университе́те, / а Ви́ктор в Ленингра́дском.[1]

10. *Read aloud. Pay attention to the intonation of sentences containing antitheses.*

Дже́йн — не англича́нка,[3] / а америка́нка.[1]

Дже́йн — не англича́нка,[4] / а америка́нка.[1]

Ле́кция не в шесто́й,[4] / а в пя́той аудито́рии.[1]

Библиоте́ка не на седьмо́м,[3] / а на восьмо́м[1] этаже́.

Андре́й рабо́тает не в Ленингра́дском,[4] / а в Моско́вском[1] университе́те.

Её оте́ц не журнали́ст,[3] / а инжене́р.[1]

В э́том зда́нии не филологи́ческий,[4] / а истори́ческий[1] факульте́т.

11. *Read aloud. Pay attention to speed, rhythm and intonation. Compose similar dialogues.*

1. — Андре́й — фило́лог?[3]
   — Не́т,[1] / о́н не фило́лог,[3] / а матема́тик.[1]
   — О́н живёт в Ки́еве?[3]
   — Не́т,[1] / о́н живёт не в Ки́еве,[4] / а в Ленингра́де.[1]

2. — Ва́ш профе́ссор говори́т на уро́ке по-англи́йски?[1]
   — Не́т,[1] / о́н говори́т не по-англи́йски,[3] / а по-ру́сски.[1]

3. — Дже́йн,[2] / вы́ бы́ли сего́дня в Кремле́?[3]
   — Не́т,[1] / мы́ бы́ли не в Кремле́,[4] / а в Большо́м[1] теа́тре.

4. — Скажи́те, пожа́луйста, / в э́том зда́нии филологи́ческий факульте́т?

 — Не́т, / не филологи́ческий, / а истори́ческий факульте́т.

 — А где́ филологи́ческий?

 — Филологи́ческий ря́дом.

 — Спаси́бо.

5. — Вы́ бы́ли на пра́ктике на се́вере?

 — Не́т, / не на се́вере, / а на ю́ге. Мы́ бы́ли в Оде́ссе.

6. — Вы́ живёте в Москве́?

 — Да́.

 — А ва́ши роди́тели то́же живу́т в Москве́?

 — Не́т, они́ живу́т не в Москве́, / а в Ки́еве.

12. *Read aloud. Pay attention to speed, rhythm and intonation.*

1. Вы́ не зна́ете, где́ Ната́ша?

2. Ты́ не зна́ешь, где́ живёт Пётр?

3. Вы́ не зна́ете, где́ здесь рестора́н?

4. Вы́ не зна́ете, о чём расска́зывал профе́ссор?

5. Вы́ не зна́ете, на како́м этаже́ библиоте́ка?

6. Я́ не зна́ю, где́ живёт Андре́й.

7. Я́ не зна́ю, на како́м этаже́ пя́тая аудито́рия.

13. *Read aloud. Pay attention to the intonation of salutations and greetings.*

1. Извини́те, / где́ здесь апте́ка?

2. Извини́те, пожа́луйста, / где́ здесь рестора́н?

3. Скажи́те, пожа́луйста, / где́ аудито́рия но́мер пя́ть?

4. Молодо́й челове́к, / вы́ не зна́ете, где́ гости́ница «Росси́я»?

5. Де́вушка, / ка́к ва́с зову́т?

6. Здра́вствуй, Джо́н! Здра́вствуй, А́нна!

7. Здра́вствуйте!

8. До́брый де́нь, Анто́н! До́брый де́нь, Ви́ктор!

9. До́брое у́тро! До́брый ве́чер!

14. *Read aloud. Pay attention to speed, rhythm and intonation. Compose similar dialogues.*

1. — Здра́вствуй, Ната́ша!

— Здра́вствуй, Андре́й! Ка́к твои́ дела́?

— Спаси́бо. Хорошо́. Ка́к ты́ живёшь, Ната́ша?

— Ничего́. Спаси́бо. Ты́ не зна́ешь, где́ ле́кция?

— Зна́ю. В восьмо́й аудито́рии.

2. — Извини́те, / вы́ не зна́ете, где́ гости́ница «Национа́ль»?

— В це́нтре. На Тверско́й у́лице.

— А вы́ не зна́ете, где́ зде́сь метро́?

— Метро́ напро́тив.

— Спаси́бо.

— Пожа́луйста.

3. — Молодо́й челове́к, / вы́ не зна́ете, где́ зде́сь студе́нческое общежи́тие?

— Зна́ю. Во́н в то́м зда́нии спра́ва.

— Спаси́бо.

4. — Де́вушка, / где́ зде́сь рестора́н?

— Я́ не зна́ю, где́ рестора́н.

— Извини́те.

5. — До́брый де́нь, Ка́тя!

— Здра́вствуйте, Ви́ктор! Вы́ не зна́ете, о чём расска́зывал сего́дня профе́ссор?

— Зна́ю. О пра́ктике.

— А где́ пра́ктика?

— На Кавка́зе.

15. *Read aloud. Pay attention to the intonation of questions implying a demand.*

— Ва́ше и́мя?

— Пётр.

— Ва́[4]ше и́мя?

— Ви́[1]ктор.

— Ивано́в — ва́[3]ша фами́лия?

— Не́[1]т.

— Ва́[4]ша фами́лия?

— Петро́[1]в.

— Ва́ш па́[4]спорт?

— Пожа́[1]луйста.

— Ва́ш биле́[4]т?

— Во́т о́[1]н.

— Ва́ш биле́[3]т?

— Не́[1]т, / не мо́[1]й.

— Ва́ш биле́[4]т?

— Во́т, пожа́[1]луйста.

— Ва́ш а́[4]дрес?

— Москва́[4], / Ленингра́дский проспе́[4]кт, / до́[1]м ше́сть.

16. (a) *Listen to the text, comparing the intonation shown in it with that of the speaker;*

(b) *Listen to and repeat each sentence;* (c) *Read the whole text aloud at a normal speed.*

О чём говоря́т студе́нты в сентябре́?

О чё[2]м говоря́т студе́нты в сентябре́? О фи́[3]зике, / о матема́[3]тике, / о биоло́[3]гии? Они́ ре́дко говоря́т о фи́[1]зике, / о матема́тике, / биоло́гии. Они́ говоря́т о Кавка́[4]зе, / о Чёрном мо́[4]ре, / о Во́лге.

Одни́ расска́зывают, ка́к они́ отдыха́[4]ли, / други́е слу́шают.

Ле́том Ка́тя Ивано́ва была́ в Оде́ссе и на Кавка́зе. Снача́ла она́ была́ на пра́ктике в Оде́ссе, / а пото́м отдыха́ла на Кавка́зе. Она́ отдыха́ла в студе́нческом ла́гере «Спу́тник». В э́том ла́гере жи́ли сове́тские и иностра́нные студе́нты. В «Спу́тнике» Ка́тя отдыха́ла о́чень хорошо́. Она́ была́ та́м не одна́. Та́м бы́ли её подру́ги. И́х дома́ бы́ли ря́дом. Днём они́ мно́го гуля́ли. Го́ры на Кавка́зе высо́кие, / ре́ки бы́стрые, / а мо́ре большо́е и краси́вое. Пого́да была́ хоро́шая. У́тром и ве́чером Ка́тя пла́вала в мо́ре. Она́ пла́вает хорошо́. Ве́чером в клу́бе Ка́тя и её но́вые това́рищи пе́ли, / танцева́ли, / говори́ли. Одни́ говори́ли по-ру́сски, / а други́е по-англи́йски, / по-неме́цки / и́ли по-францу́зски. Они́ говори́ли о теа́тре, / о му́зыке. Ка́тя ча́сто пе́ла в клу́бе. Пе́ли и други́е де́вушки.

Серге́й и Оле́г / отдыха́ли в небольшо́й дере́вне. Они́ жи́ли в краси́вом ме́сте. Обы́чно у́тром Серге́й рисова́л. О́н неплохо́й худо́жник. Пото́м они́ гуля́ли, / пла́вали в Во́лге. Сейча́с Серге́й и Оле́г / ча́сто вспомина́ют о Во́лге, / о дере́вне, / расска́зывают, ка́к они́ та́м жи́ли.

17. *Find in the text the sentences expressing antithesis and containing lists. Read them with different types of ICs.*

18. *Imagine that you study at a Soviet university. Tell about your practical training and your summer vacation. Dramatize the text.*

Formation Practice

1. (a) *Give short answers to the question, using each of the noun phrases listed below.*

О чём говоря́т студе́нты?

Моско́вский университе́т, наш теа́тр, иностра́нный фи́льм, ма́ленькая дере́вня, Чёрное мо́ре, э́та рабо́та, ты и тво́й институ́т, неплохо́й худо́жник, мы, Ива́н Ива́нович, больша́я река́, вы и ва́ша сестра́, они́, студе́нческий ла́герь, но́вый самолёт, интере́сная статья́, я и мо́й това́рищ, на́ша но́вая у́лица.

(b) *Give short answers to the question, using each of the nouns or noun phrases listed below.*

Где́ бы́л ва́ш това́рищ?

восто́к, рестора́н, Большо́й теа́тр, ва́ша ле́кция, Ленингра́дский университе́т, ваго́н, конце́рт, за́пад, це́нтр, Сове́тский Сою́з, пра́ктика, Чёрное мо́ре, но́вый институ́т, Оде́сса, Кавка́з, Ки́ев, друго́й заво́д, э́та аудито́рия, ма́ленький магази́н, на́ше но́вое общежи́тие, Ура́л, стадио́н.

(c) *Give short answers to the question, using each of the nouns, pronouns or proper names given below.*

О ко́м ду́мает Ка́тя?

Ни́на Миха́йловна, Серге́й Ива́нович, Ли́за, И́ра, Са́ша, ты́, Степа́н Фёдорович, Джо́н и его́ бра́т, о́н и́ли она́, я́, мы́ и на́ша шко́ла, Бори́с, Ве́ра Анто́новна, они́, вы́ и ва́ш сы́н, ты́ и твоя́ сестра́, Дже́йн.

2. *Rewrite the following forms in Cyrillic.*

xorošó, xoróšom, xoróšij, bol'šój, bol'šája, vášom, náši, žíl'i, tancovát', čéj, čjá, čjóm

3. *Supply present tense, past tense and infinitive forms for each of the following basic stems. Mark stress in each.*

гуля́й-, вспомина́й-, пла́вай-, расска́зывай-.

4. *Study and learn the forms of the irregular verb* бы́ть *"be". Write down a complete conjugation of the verb. (See Analysis 6.0.)*

Written Exercises for General Review

1. *Express the following words in basic sounds.*

статья́   ёжик   нельзя́

2. *Supply all forms of the past tense and non-past and also infinitives for the following two basic stems.*

dostán- (доста́н-) -"get, take", m'en'áj - (меня́й-) "change"

3. *Translate. Mark stress and intonational centers throughout.*

"Who is that young woman? Who is she talking about?"

"That is Nina Aleksandrovna Potapova. She is talking about Vadim."

"And what does she do?"

"She is a biologist and works at the Biology Institute in Leningrad."

"Is that the big new institute where your brother Viktor used to work?"

"No. He worked in the chemical laboratory at Leningrad University. Now he works at a chemical factory in the Urals."

"Does his family live in the Urals too?"

"Yes, they do. His sons Sergei and Stepan are students; his wife Natalya is a philologist. She speaks German and English very well, and works in a city school in Chelyabinsk. They live in a nice apartment on the fourth floor in a large new building."

Review Assignment

I. Transcription and Verb Formation

1. *Express the following words in basic sounds.*

      самолёт "airplane", герóй "hero"

2. *Write out the following words in Cyrillic (longhand).*

      passažír "passenger", *jazík* "language"

3. *Supply all forms of the present (non-past) and past tenses and infinitives for the following two basic stems. Mark stress.*

      plávaj- (*плáвай-*) "swim around", *stán -* (*стáн-*) "become"

II. Dialogue[1]

1. *Compose a dialogue (8 lines) between yourself and a Soviet student you have been introduced to. Include introductions, greetings and information about where you both live, work and vacation. Mark stress and intonation throughout.*

---

[1]Remember to use only familiar structures and vocabulary when composing dialogues. Mark stress and intonation in your dialogues.

III. Translation

1. *Translate. Mark stress throughout.*

Who are these students?

These are Soviet and foreign students. They are vacationing in the Urals in a student camp. The camp is in a beautiful spot. The houses are in the center. On the right is a high mountain, opposite is a small river, on the left is a large new club. Today the weather is good and the students walk. In the morning some swam or took strolls, while others sang and talked about music.

John is an American student. He lives in the USA in California. He speaks Russian very well. Sergei is a Russian student; he usually vacations here in the summer. Sergei and John are good friends.

Unit 5

Practice Exercises

I	Это ко́мната **сы́на.** Балти́йское мо́ре на за́паде **страны́.** Писа́тель расска́зывает о красоте́ **приро́ды Кавка́за.** На ю́ге страны́ мно́го **у́гля.**

II	Это ко́мната **мое́й сестры́.** Это кни́га о приро́де **Се́верного Кавка́за.**

1. *Answer the questions. Write down your answers.*

Model: — Чья́ э́то кни́га? — Э́то кни́га това́рища.

Анто́н, Оле́г, Ви́ктор, бра́т, инжене́р, вра́ч; А́нна, Ве́ра, Ни́на, сестра́.

Model: — О чём о́н пи́шет? — О́н пи́шет о кли́мате Ура́ла.

Евро́па, Аме́рика, А́зия, Кавка́з, Украи́на, А́фрика, Австра́лия.

Model: — Како́й э́то уче́бник? — Э́то уче́бник хи́мии.

исто́рия, фи́зика, матема́тика, геогра́фия.

2. *Answer the questions. Write down your answers.*

Model: — Чья́ э́то кни́га? (мо́й америка́нский дру́г)

— Э́то кни́га моего́ америка́нского дру́га.

Чей это журна́л?	э́тот ру́сский студе́нт
Чья это газе́та?	э́тот молодо́й челове́к
Чьё это письмо́?	э́та молода́я же́нщина
Чьи это кни́ги?	э́та ма́ленькая де́вочка
Чьи это уче́бники?	э́тот ма́ленький ма́льчик
Чей это слова́рь?	мо́й ста́рый това́рищ
Чья это статья́?	моя́ но́вая подру́га
Чей это портфе́ль?	на́ш молодо́й профе́ссор

Model: — Че́й это до́м? (наш ста́рый учи́тель)
— Э́то до́м на́шего ста́рого учи́теля.

Че́й это до́м?	э́тот америка́нский инжене́р
Чья́ это маши́на?	э́та америка́нская студе́нтка
	мо́й оте́ц
	э́тот молодо́й челове́к
	э́та ста́рая же́нщина
	э́тот ру́сский журнали́ст

3. *Answer the questions. Write down your answers.*

Model: — Э́то тво́й уче́бник?
— Не́т, э́то уче́бник моего́ дру́га.

1. Э́то твоё письмо́? (моя́ сестра́)
2. Э́то тво́й журна́л? (моя́ подру́га)
3. Э́то ва́ш портфе́ль? (моя́ ма́ма)
4. Э́то тво́й каранда́ш? (тво́й бра́т)
5. Э́то ва́ша ру́чка? (мо́й дру́г)
6. Э́то твоя́ кни́га? (на́ш профе́ссор)
7. Э́то ва́ша газе́та? (э́тот студе́нт)

4. *Compose sentences and write them down.*

Model: Э́то мо́й бра́т. Э́то его́ ко́мната. — Э́то ко́мната моего́ бра́та.

1. Э́то мо́й сы́н. Э́то его́ слова́рь.
2. Э́то на́ш вра́ч. Э́то его́ маши́на.
3. Э́то мо́й дру́г. Э́то его́ кни́га.
4. Э́то мо́й бра́т. Э́то его́ семья́.
5. Э́то моя́ сестра́. Э́то её карти́ны.
6. Э́то на́ш студе́нт. Э́то его́ статья́.
7. Э́то Моско́вский университе́т. Э́то лаборато́рия.
8. Э́то на́ш институ́т. Э́то библиоте́ка.
9. Э́то моя́ сестра́. Ви́ктор её му́ж.
10. Э́то на́ша студе́нтка. Оле́г её бра́т.
11. Э́то мо́й дру́г. А́нна его́ жена́.

5. *Complete the sentences. Use the words* журна́л, газе́та, письмо́, кни́га, портфе́ль, слова́рь, уче́бники, карти́ны. *Write out the sentences.*

Model: Э́то Ива́н.   Э́то портре́т Ива́на.   Э́то его́ портре́т.
          Э́то я.   —   Э́то мо́й портре́т.

1. Э́то А́нна. Э́то ... .   5. Э́то профе́ссор. Э́то ... .
2. Э́то Серге́й. Э́то ... .   6. Э́то Ната́ша. Э́то ... .
3. Э́то мы́. Э́то ... .   7. Э́то Ви́ктор и Ле́на. Э́то ... .
4. Э́то вы́. Э́то ... .   8. Э́то А́нна Ива́новна. Э́то ... .

6. *Translate.*

1. This is Victor. This is his room.

2. This is my brother and sister. They are students. These are their textbooks.

3. This is my friend. He is a physicist. This is his article.

4. Lena's father is a writer. This is his book.

7. *Translate.*

1. This is a map of the Ukraine. The capital of the Ukraine is Kiev.

2. "Do you know where Oleg lives?" "He lives on Pushkin Street." "In which house?" "In House No. 2."

3. "Can you tell me where the Bolshoi Theater is?" "The Bolshoi Theater is on Teatralnaya Square."

4. "What class is now?" "Chemistry class." "What textbook is there on the table?" "The geography textbook is there on the table."

5. The Black Sea is in the south of the country, the Pacific Ocean is in the east of the country.

III	А́нна **чита́ет кни́гу.** Ч т о́ она́ ч и т а́ е т? А́нна **зна́ет Ви́ктора** и **Ве́ру.** К о г о́ она́ з н а́ е т?

IV	Анто́н чита́ет **но́вый журна́л.** А́нна чита́ет **интере́сную кни́гу.** А́нна зна́ет **ва́шего бра́та** и **ва́шу сестру́.**

8. *Supply continuations. Write them down.*

Model: — Э́то студе́нт Петро́в и студе́нтка Ивано́ва.
          — Я зна́ю э́того студе́нта и э́ту студе́нтку.

1. Э́то учени́к и учени́ца второ́го кла́сса.
2. Э́то арти́ст и арти́стка Ма́лого теа́тра.

3. Это студе́нтка Лео́нова и профе́ссор Петро́в.
4. Это арти́стка и худо́жник.
5. Это вра́ч и студе́нтка.
6. Это учени́ца на́шей шко́лы и писа́тель.

9. *Complete the sentences. Write them out.*

(a) 1. На у́лице я ви́дел...	ва́ша маши́на, но́вый авто́бус
2. О́н чита́ет...	интере́сная кни́га, иностра́нный журна́л
(b) 1. Мы́ хорошо́ зна́ем...	э́тот студе́нт и э́та студе́нтка, ва́ш бра́т и ва́ша сестра́
2. Вчера́ мы ви́дели на у́лице...	ва́ш ста́рый дру́г и ва́ша подру́га, э́та де́вушка и её ста́рый оте́ц, э́та учени́ца и э́тот учени́к

10. *Answer the questions. Write down your answers.*

(a) 1. Что́ вы́ ви́дите в э́той ко́мнате?	большо́й сто́л, небольшо́й сту́л, большо́е окно́, но́вый шка́ф, ма́ленькая по́лка
2. Что́ вы́ ви́дите на столе́?	ма́ленькая ру́чка, большо́й каранда́ш, но́вая кни́га, иностра́нный журна́л, небольша́я ка́рта
3. Что́ вы́ ви́дите на ка́рте?	Се́верная Аме́рика, Ю́жная Аме́рика, Сове́тский Сою́з, Чёрное мо́ре, Се́верное мо́ре, Балти́йское мо́ре
4. Что́ вы́ ви́дели в музе́е?	ста́рая кни́га, интере́сный портре́т, ста́рая ка́рта, ста́рый журна́л
(b) 1. Кого́ вы́ ви́дите на э́том портре́те?	мо́й ста́рый дру́г, его́ ма́ма, его́ оте́ц, его́ сестра́, его́ бра́т
2. Кого́ вы́ ви́дели сего́дня на у́лице?	на́ш студе́нт, симпати́чная де́вушка, молодо́й челове́к, молода́я же́нщина, чёрная соба́ка

11. *Compose sentences, using the verbs and phrases given below. Write them down.*

ви́деть	но́вая библиоте́ка, высо́кое зда́ние, студе́нческая газе́та, э́тот
слу́шать	большо́й го́род, интере́сный музе́й, краси́вое ме́сто,
зна́ть	симпати́чный молодо́й челове́к, э́та ру́сская студе́нтка,
чита́ть	э́тот хоро́ший учени́к, хоро́шая му́зыка, интере́сный
люби́ть	расска́з, Моско́вский Кре́мль, Чёрное мо́ре, се́верная страна́,
	краси́вая приро́да, высо́кая гора́.

12. (a) *Complete the sentences, using personal pronouns.*

Model: Я зна́ю его́.
1. Он зна́ет ... .
2. Вчера́ в теа́тре я ви́дел ... .
3. В университе́те я не ви́дела ... .
4. В библиоте́ке мы ви́дели ... .
5. — Ты зна́ешь Ве́ру Петро́вну? — Не́т, я не зна́ю ... .

(b) *Answer the questions.*

1. Кого́ вы зде́сь зна́ете?
2. Кого́ вы ви́дели вчера́ в теа́тре?
3. Во́т портре́т. Кого́ вы зде́сь зна́ете и кого́ не зна́ете?

13. *Answer the questions. Write down your answers.*

Model: — Ты зна́ешь Ни́ну Петро́вну?
          — Да́, я зна́ю её. (Не́т, я не зна́ю её).

1. Вы́ ви́дели Анто́на?
2. Ты́ зна́ешь Ве́ру Ники́тину?
3. Ты́ ви́дел вчера́ профе́ссора Серге́ева?
4. Вы́ зна́ете Серге́я Ивано́ва?
5. Ты́ ви́дела в библиоте́ке А́нну и Анто́на?
6. Вы́ ви́дели вчера́ в теа́тре Оле́га, Бори́са и Ка́тю?

14. *Answer the questions. Write down your answers.*

Model: — Что́ вы́ ви́дели на у́лице? (но́вый авто́бус)
          — На у́лице я ви́дел но́вый авто́бус.

о́чень большо́й до́м, ма́ленькая гости́ница, но́вая больни́ца, но́вая
шко́ла, краси́вое зда́ние

Model: — Кого́ вы́ ви́дели в теа́тре? (моя́ но́вая подру́га)
          — В теа́тре я́ ви́дел мою́ но́вую подру́гу.

моя́ ста́рая подру́га, на́ш но́вый инжене́р, краси́вая де́вушка,
молодо́й челове́к, мо́й бра́т.

Model: — Где́ ты́ живёшь? (э́тот небольшо́й до́м)
          — Я́ живу́ в э́том небольшо́м до́ме.

Москва́, Бо́стон, Ки́ев, Ри́га, Вашингто́н, Украи́на; э́тот небольшо́й
го́род, э́тот большо́й до́м, э́та ма́ленькая ко́мната

Model: — Где́ вы́ рабо́таете? (больша́я больни́ца)

             — Я́ рабо́таю в большо́й больни́це.

по́чта, библиоте́ка, заво́д, э́тот большо́й магази́н, э́тот хими́ческий институ́т, э́тот небольшо́й го́род, на́ш ру́сский клу́б.

15. *Complete the sentences. Write them out.*

Model: 1. О́н живёт в Москве́.

            2. О́н пи́шет об исто́рии Москвы́.

            3. О́н ви́дел Москву́.

1. О́н живёт...	Та́ллинн, Ленингра́д, Ми́нск, Оде́сса,
2. О́н пи́шет об исто́рии...	Ташке́нт, Ки́ев, Ерева́н, Украи́на, Евро́па,
3. О́н ви́дел...	Аме́рика, Бо́стон, Детро́йт, Вашингто́н,
4. Она́ рабо́тает...	Ло́ндон; на́ша страна́, э́та страна́; ва́ш
5. Она́ о́чень лю́бит...	го́род, э́тот го́род; ва́ша у́лица, э́та у́лица
6. Она́ расска́зывает...	
7. Она́ хорошо́ зна́ет...	
8. О́н изуча́ет исто́рию...	

16. *Translate.*

This is my brother's room. He is a student at Moscow University. A map of North America hangs on the wall in his room. A friend of his has been there. On the table there is a letter of his old friend. He now lives in Kiev.

17. *Complete the sentences. Write them out.*

Model: Ви́ктор чита́л газе́ту.

            Ви́ктор чита́л о Москве́.

            Ви́ктор жи́л в Москве́.

1. А́нна чита́ла...	кни́га, журна́л, письмо́, статья́;
2. А́нна чита́ла о...	Москва́, Ленингра́д, Ки́ев, Ри́га;
3. А́нна живёт...	Бо́стон, Детро́йт, Ло́ндон, Вашингто́н;
	приро́да, се́вер, восто́к, ю́г, за́пад

18. *Compose brief exchanges. Use the verbs* рабо́тать, изуча́ть *and the following words and phrases.*

Model: — Кто́ э́то?

            — Э́то профе́ссор Комаро́в. О́н рабо́тает в институ́те, изуча́ет геогра́фию.

студе́нт Петро́в — институ́т — кли́мат Евро́пы; гео́граф Ивано́в — институ́т — приро́да А́зии; профе́ссор Казако́в — университе́т — исто́рия Восто́ка.

Usage of the Verb **любить**

19. *Read and translate.*

— Я люблю́ чита́ть. А ты́ что́ лю́бишь де́лать? — Я люблю́ рисова́ть. Мо́й дру́г хорошо́ рису́ет. О́н лю́бит рисова́ть приро́ду. Я́ то́же люблю́ рисова́ть мо́ре. Мы́ лю́бим рисова́ть Москву́.

20. *Supply the verb* любить *in the required form. Write out the sentences.*

1. Я ... отдыха́ть на Кавка́зе.
2. Она́ ... пе́ть. Они́ ... слу́шать.
3. Вы́ ... танцева́ть?
4. Они́ ... рабо́тать в э́той библиоте́ке.
5. Мы́ ... гуля́ть в э́том па́рке.
6. Ра́ньше мы́ ... отдыха́ть в дере́вне.

21. *Translate.*

1. Do you like to read? Here is a new magazine.

2. I want to speak Russian.

3. I don't want to live in this apartment.

4. She doesn't like to sing.

5. Do you want to work here?

6. They like vacationing in summer.

7. I like to dance. How about you?

8. Do you like vacationing in winter?

9. You sister likes drawing.

10. My husband and I do not like to live in a hotel. How about you?

Usage of the Verbs **лежа́ть, висе́ть, стоя́ть**

22. *Read and translate.*

Анто́н — студе́нт университе́та. О́н фи́зик. Э́то его́ ко́мната. В его́ ко́мнате стои́т сто́л, дива́н, шка́ф. О́коло окна́ стои́т небольшо́й сто́л. На нём стои́т телеви́зор. О́коло стола́ стои́т сту́л. На столе́ стои́т ла́мпа, ря́дом лежа́т кни́ги, журна́лы, уче́бники. На стене́ вися́т карти́ны, портре́ты.

23. *Supply the verbs* лежа́ть, висе́ть, стоя́ть. *Write out the sentences.*

1. Э́то больша́я ко́мната. Спра́ва ... шка́ф, сле́ва ... дива́н. О́коло дива́на ... небольшо́й сто́л, на нём ... газе́ты и журна́лы. О́коло окна́ ... большо́й сто́л. На нём ... кни́ги и словари́. На большо́м столе́ ... ла́мпа. На стене́ спра́ва ... портре́т молодо́го челове́ка. Сле́ва ... карти́ны.

2. — Вы́ не ви́дите, кто́ та́м ...? — Не́т, не ви́жу.

3. — Ты́ не ви́дела мо́й слова́рь? — Ви́дела, о́н ... на столе́.

4. — А́нна, где́ твоя́ ру́чка? — Она́ ... в портфе́ле.

24. *Complete each sentence, using the verbs* ви́деть, писа́ть *and* лежа́ть. *Write out the sentences.*

1. Вчера́ Джо́н ... фи́льм «А́нна Каре́нина».

2. — Серге́й, ты́ не зна́ешь, где́ Оле́г? — Я́ ... его́ в библиоте́ке.

3. — Ви́ктор, ты́ не ви́дел журна́л «Москва́»? — О́н ... на столе́ в мое́й ко́мнате.

4. — То́м, ты́ хорошо́ чита́ешь и пи́шешь по-ру́сски? — Чита́ю хорошо́, а ... пло́хо. На уро́ке мы́ ма́ло ... . Сейча́с я́ мно́го ... до́ма. Я́ хочу́ хорошо́ ... по-ру́сски.

25. *Translate. Write down your translation.*

1. This is Room No. 8. My friend Robert lives in it. Robert is a student. He is a student of history (*lit.* historian). There is a table, a divan and a bookcase in his room. On the right stands a small table. There is a lamp, and magazines and newspapers on it. On the left stands a bookcase: there are books and dictionaries in it. On the right, a portrait of a beautiful woman hangs on the wall. It is Robert's mother. On the left hang pictures and a map.

2. "Katya, where is your Russian textbook?" "It's in the briefcase."

3. "Jane, do you know where the dictionary is?" "It is on the table on the right."

Usage of the Verbs пе́ть, танцева́ть, рисова́ть

26. (a) *Read and translate.*

Katya sings well. She sings at the student club. Russian and foreign students sing there. My friend also sings there, but I do not sing. I sing badly and I don't want to sing. I listen. The Russian students sing in French and in English. The French students sing in Russian. They sing very well.

(b) *Complete the sentences, using the verb* пе́ть *in the required form.*

Э́тот молодо́й челове́к хорошо́ ... . О́н рабо́тает в теа́тре. Его́ ма́ма то́же ... . И сестра́ ... . Ве́чером до́ма они́ ча́сто пою́т. Я́ не ... . Мо́й дру́г то́же не ... . Мы́ не ... . Мы́ слу́шаем, ка́к они́ ... .

27. *Read and translate.*

1. — Серге́й, ты́ рису́ешь?

— Да́. А вы́ рису́ете?

— Я́ о́чень пло́хо рису́ю. Я́ не худо́жник.

— Я́ то́же не худо́жник, я́ исто́рик.

2. — А́ня, вы́ танцу́ете?
   — Немно́го. Я́ пло́хо танцу́ю.
   — А мы́ ча́сто танцу́ем. Обы́чно ве́чером мы́ танцу́ем в клу́бе.
   — А кто́ та́м танцу́ет?
   — Та́м танцу́ют студе́нты, молоды́е врачи́, инжене́ры, рабо́чие.

28. *Answer the questions.*

1. У́тром Ю́ра обы́чно рису́ет. А вы́?
2. Мы́ ча́сто танцу́ем в клу́бе. А вы́? А ва́ши това́рищи?
3. Ты́ рису́ешь хорошо́. А тво́й дру́г?

Phonetic Exercises

1. *Read aloud. Pay attention to the pronunciation of the relevant sounds.*

[л]: ла́мпа, о́коло, холо́дный, кла́сс, тёплый;

[л']: ле́с, бале́т, лю́ди, люби́ть, у́голь, культу́ра, кли́мат, пра́вильно;

[р], [р']: ра́д, ра́дио, рабо́та, расска́з, райо́н, рома́н, геро́й, а́дрес, тру́дный, арти́ст, карти́на, проспе́кт, ми́р, а́втор, бе́рег, ребёнок, портре́т;

[ч]: ча́й, изуча́ть, нача́ло, учи́тель, учени́к, уче́бник, симпати́чный;

[ж], [ш]: жале́ю, желе́зо, мо́жет, шка́ф;

[ц]: столи́ца, коне́ц, находи́ться [нъхад'и́ццъ], нахо́дится, оди́ннадцать [ад'и́нъццът'], двена́дцать, трина́дцать, четы́рнадцать, пятна́дцать, шестна́дцать [шысна́ццът'], семна́дцать, восемна́дцать, девятна́дцать, два́дцать, три́дцать;

soft consonants: де́ти, дива́н, ви́деть, висе́ть, везде́ [в'из'д'е́], стена́ [с'т'ина́], здоро́вье, ко́фе, кино́, писа́ть, стоя́ть, бы́ть, пятьдеся́т, шестьдеся́т [шыз'д'ис'а́т], се́мьдесят, во́семьдесят, девяно́сто.

2. *Read the words. Underline the devoiced consonants.*

га́з, Кавка́з, сою́з, го́д, ра́д, го́род, са́д, за́пад, бе́рег, ю́г, вспомина́ть, а́втор, авто́бус.

3. Read aloud. Pay attention to the pronunciation of the unstressed syllables.

— —́   рома́н, вода́, портре́т, везде́, стена́;

—́ —   а́втор, ду́мать, кли́мат, у́голь;

— —́ —   арти́стка, нача́ло, гео́граф, немно́го;

— — —́   красота́, океа́н, учени́к, изуча́ть;

—́ — —   о́коло, о́пера, ду́маю, пра́вильно;

— —́ — —   поли́тика, нахо́дится, респу́блика;

— — —́ —   компози́тор, находи́ться, изуча́ю, телеви́зор, учени́ца, симпати́чный, совреме́нный;

— — —́ — —   эконо́мика [икано́м'икъ], биохи́мия [б'иах'и́м'иjь], геогра́фия, фотогра́фия;

— — — —́ —   литерату́ра;

люблю́ — лю́бишь — лю́бит; пишу́ — пи́шешь — пи́шет; находи́ться — нахожу́сь — нахо́дится; бе́рег — бе́рега — берега́; лес — леса́; стена́ — стены́ — сте́ны; страна́ — страны́ — стра́ны; мо́ре — моря́; река́ — реки́ — ре́ки; у́голь — угля́; оте́ц — отца́; гео́граф — геогра́фия.

4. Read. Mark the stress.

1. Я люблю читать, а мой брат не любит.
2. Что ты пишешь? Я пишу письмо. Вот твои письма.
3. Вот моё окно, а это их окна.
4. Сергей — географ. Он изучает географию. Виктор — биолог. Он изучает биологию.
5. Около берега реки большие леса. Около леса небольшая деревня.
6. Берега Волги очень красивые.
7. Какие реки в СССР ты знаешь?
8. На севере страны много угля.
9. Какие страны находятся на севере Европы?

5. Read each phrase as a single unit.

арти́ст бале́та, арти́стка Большо́го [бал'шо́въ] теа́тра, рома́н америка́нского писа́теля, общежи́тие Моско́вского университе́та, столи́ца Сове́тского Сою́за, нахо́дится на у́лице Го́рького, уче́бник ру́сского языка́.

6. *Read aloud. Dramatize the dialogues. Compose similar dialogues.*

1. — О чём эта книга?[2]
   — Эта книга об истории Москвы.[1]

2. — Чья это книга?[2]
   — Нашего профессора.[1]
   — Интересная?[3]
   — Очень.[1]

3. — О чём рассказывал сегодня профессор?[2]
   — Он рассказывал о современной советской литературе.[1]

4. — Скажите, пожалуйста, / где[2] находится Большой театр?
   — На Театральной площади.[1]
   — А где[2] находится Кремль?
   — На Красной площади.[1]

5. — Молодой человек,[2] / что[2] находится в этом здании?
   — Общежитие Московского университета.[1]

6. — Антон,[2] / это твоя[3] машина?
   — Нет,[1] / это машина моего отца.[1]

7. — Джейн,[2] чей это роман?
   — Это роман американского писателя Фолкнера.[2]
   — Это хороший[3] роман?
   — Очень хороший.[1]

8. — Катя,[2] / ты не знаешь,[3] кто это поёт?
   — Это Елена Образцова. Она артистка Большого театра.[1]

9. — Вы[1] студентка?[3]
   — Да,[1] / я студентка филологического факультета[1]
     университета.
   — А ваша сестра?[4]
   — Она ученица десятого класса.[1]

10. — Это дом номер шестнадцать?[2]
    — Нет, семнадцать.[1]
    — Ивановы живут в квартире номер двадцать?[3]
    — Нет. В девятнадцатой квартире.[1]

7. *Read the questions and answer them. Pay attention to stress.*

Model:　— Вы́ изуча́ете хи́мию?

　　　　— Да́, / хи́мию. Я́ хи́мик.

1. Ты́ изуча́ешь геогра́фию?
2. Вы́ изуча́ете исто́рию?
3. Ва́ш дру́г изуча́ет биоло́гию?
4. Вы́ изуча́ете матема́тику?

8. *Read aloud. Mark the stress.*

1. — Джон, вы любите балет?
   — Да, очень люблю.
   — А оперу?
   — Оперу не люблю.
2. — Что ты делаешь, Антон?
   — Я пишу статью.
   — О чём?
   — О современной литературе.

9. *Read aloud. Pay attention to intonation.*

1. — Здра́вствуй, Анто́н! О́чень ра́да тебя́ ви́деть.
   — До́брый де́нь, А́нна! Я́ то́же ра́д. Давно́ тебя́ не ви́дел.
   Как живёшь?
   — Хорошо́. Спаси́бо. А ты́ ка́к?
   — Ничего́. Мно́го рабо́таю.
   — Ка́к твои́ роди́тели?
   — Хорошо́. А ка́к твои́ дела́?
   — Спаси́бо. Хорошо́.

2. — До́брое у́тро, Дже́йн!
   — До́брое у́тро, Ка́тя! Я́ ра́да тебя́ ви́деть.
   — Я́ то́же ра́да тебя́ ви́деть. Ка́к твои́ дела́, Дже́йн?
   — Не о́чень хорошо́. Я́ ещё о́чень пло́хо понима́ю и говорю́ по-
   ру́сски.
   — Что́ ты чита́ешь?
   — «Войну́ и ми́р» Толсто́го.
   — Ты́ чита́ешь по-ру́сски?
   — Не́т, / по-англи́йски. Я́ ещё пло́хо чита́ю по-ру́сски.

10. *Complete the dialogues.*

— Здра́вствуйте. Ра́д ва́с ви́деть.

— — — — — — — — — — — — —

— Ка́к живёте?

— — — — — — — — — — — — —

— Ка́к дела́?

— — — — — — — — — — — — —

— Ка́к ва́ша семья́?

— — — — — — — — — — — — —

— Ка́к здоро́вье отца́?

— — — — — — — — — — — — —

— Ка́к ва́ш ру́сский язы́к?

— — — — — — — — — — — — —

— Ка́к ва́ша рабо́та?

— — — — — — — — — — — — —

11. *Read the questions and answer them.*

1. Где́ нахо́дится Чёрное мо́ре?
2. Где́ нахо́дится Ташке́нт?
3. Где́ нахо́дится Бе́лое мо́ре?
4. Где́ нахо́дится Ло́ндон?
5. Где́ нахо́дится Чика́го?

12. *Read aloud. Pay attention to the intonation of non-final syntagms.*

В э́том общежи́тии / живу́т америка́нские студе́нты.

В гости́нице «Национа́ль» / живу́т иностра́нные тури́сты.

В нача́ле ию́ня / Ка́тя и Джейн бы́ли на пра́ктике в Оде́ссе.

В нача́ле э́того го́да / Ви́ктор Петро́вич бы́л в Ю́жной Аме́рике.

В нача́ле э́того го́да / А́нна рабо́тала на Да́льнем Восто́ке.

На восто́ке страны́ / мно́го угля́.

В э́той ко́мнате / живёт студе́нт истори́ческого факульте́та.

На э́той фотогра́фии / вы́ ви́дите Самарка́нд.

13. (a) *Listen to the text.*

(b) *Listen to and repeat the sentences with the correct (marked) intonation.*

(c) *Read the whole text aloud at a normal speed.*

Здесь живут Ивановы

Это квартира № 3. В этой квартире живут Ивановы: / Анна Ивановна, / Виктор Петрович, / их дети — / Катя и Сергей.

Слева комната Сергея, / рядом комната его сестры, / напротив комната их отца. В комнате Сергея около окна / стоит большой стол. На столе стоит лампа, / лежат книги, / журналы, / учебники. Вы читаете: / «История СССР», / «История Франции» / и понимаете, что в этой комнате / живёт студент исторического факультета. Около стола стоит шкаф. Слева диван / и небольшой стол. На нём телевизор. На стене висят картины и портреты. Это работы Сергея. Сергей любит рисовать. На одной картине вы видите Кремль, / Исторический музей. Это Москва. На другой вы видите небольшую деревню, / лес, / берег Днепра. Это Украина. Там Сергей отдыхал летом.

В комнате отца Сергея / везде висят карты и фотографии. Справа висит большая карта мира. Виктор Петрович был в Европе, / в Азии, / в Африке. В начале этого года / он работал в Южной Америке. Виктор Петрович — журналист. Он работает в газете «Известия». Он пишет об экономике, / политике, / климате, / природе, / культуре. Виктор Петрович хорошо знает Советский Союз. Он был на севере / и на юге, / на востоке / и западе страны. Он знает Урал / и Кавказ, / любит Волгу / и Байкал. Он много писал о севере СССР / и о Дальнем Востоке. На востоке СССР много угля, / железа, / газа. Виктор Петрович писал, / что Север и Дальний Восток / очень красивые / и интересные районы страны.

В его комнате вы видите фотографии. Вот фотография молодого шофёра. Он работает на севере Урала.

Эта девушка / живёт и работает в Грузии. Она собирает чай.

А на э́той фотогра́фии вы́ ви́дите Самарка́нд. Самарка́нд нахо́дится в Сре́дней Азии. Э́то о́чень ста́рый го́род.

Серге́й, Ка́тя и и́х друзья́ / лю́бят слу́шать, как расска́зывает Ви́ктор Петро́вич. О́н ча́сто расска́зывает, /ка́к живу́т лю́ди в Сове́тском Сою́зе, / в Аме́рике, / в Африке, / в Азии.

Formation Practice

1. *Complete the sentence, using each of the nouns and noun phrases in the genitive case. (See Analysis 1.2.)*

Э́то кварти́ра ... .

Анто́н, А́нна, бра́т, сестра́, Мари́я, студе́нт, студе́нтка, хи́мик, профе́ссор, учи́тель, Дми́трий, Андре́й Ива́нович, Ю́рий Петро́вич, Ю́лия Семёновна, худо́жник, Джо́н и Ка́тя, оте́ц, био́лог, писа́тель.

2. *Complete the sentence, using each of the noun phrases in the genitive case. (See Analysis 2.4., 2.5.)*

Э́то фотогра́фия ... .

на́ш институ́т, моя́ шко́ла, его́ ко́мната, больша́я кварти́ра, но́вое общежи́тие, э́тот молодо́й челове́к, и́х но́вая библиоте́ка, высо́кая гора́, бы́страя река́, неме́цкий журна́л, сове́тский геблог, студе́нческий ла́герь, университе́тское зда́ние, мо́й оте́ц, англи́йская дере́вня, ста́рый самолёт, небольша́я лаборато́рия, твоя́ сестра́, хоро́ший рестора́н, её бра́т.

3. *Complete the sentence, using the words listed below in the accusative case. (See Analysis 2.2.)*

Ма́рк Анто́нович хорошо́ зна́ет... .

геогра́фия, э́тот го́род, тво́й бра́т, А́нна Ива́новна, Москва́, Дми́трий Серге́евич, Чёрное мо́ре, теа́тр, Бори́с, Кавка́з, медици́на, эконо́мика, ва́ш оте́ц, фи́зика, профе́ссор Бра́ун, э́та рабо́та, на́ш университе́т, Оде́сса, Мари́я Дани́ловна, Ленингра́д, Джо́н и его́ сестра́, приро́да СССР, на́ш институ́т, э́та газе́та, му́ж Со́ни, о́н и она́, подру́га А́ни, фи́зика, я́, Ки́ев, му́зыка.

4. *Complete the sentence, using the words given in Exercise 3.*

Ви́ктор Миха́йлович ча́сто говори́т о (об) ... .

5. *Complete the two sentences, using the noun phrases listed below.*

1. Я́ хорошо́ по́мню ... .
2. А́ня ча́сто ду́мала о (об) ... .

э́тот интере́сный писа́тель, э́та молода́я де́вушка, ва́ша но́вая библиоте́ка, ты́ и твоя́ маши́на, бра́т О́льги, Ри́га и Ла́твия, вы́ и ва́ша сестра́, оте́ц Серге́я, столи́ца Гру́зии.

6. *Conjugate the following stems. Remember to write* **-ся** *after consonant endings and* **-сь** *after vowel endings. (See Analysis 6.0)*

смея́-ся "laugh", встреча́й-ся "meet", учй-ся "study".

7. (a) *Supply all six present tense forms for each of the following basic stems. State the conjugation type of each (I or II), take note of possible alternation of consonants and observe whether stress is fixed or shifting. Mark stress in each form.*

писӑ-, ви́де-, любй-, изуча́й-, лежа́-

(b) *Give the infinitive and four past tense forms for the following stems. Mark stress throughout.*

встреча́й- "meet", ста́н- "become", плы̆в- "swim"

(c) *Supply complete conjugations for each of the following stems.*

собира́й- "gather", стоя́- "stand", находй-ся "be located", висе́- "be hanging", просй- "request".

8. *Write down complete conjugations for each of the following stems. These stems are for practice only and need not be learned at this stage. Mark stress throughout.*

молча́- "be silent", организова́- "organize", закрыва́й- "close", ре́за- "cut", слы̆в- "be known as", носй- "carry", встре́ти- "meet", смотрӗ- "watch", дрема́- "doze", реша́й- "solve", пла́ка- "cry", "weep", платй- "pay", рекомендова́- "recommend", скрипе́- "squeak", рокотӑ- "roar".

Written Exercises for General Review

1. *Translate. Mark stress throughout.*

1. In May, Professor Markov was writing a book about the biology of the Black Sea and Professor Ivanov was writing a book about old Russian architecture. I don't know what they are writing about now.

2. Sergei and Katya Ivanov know this professor's brother. They know his sister. Now she studies Russian opera and Russian ballet.

3. In the summer Katya Ivanova was on practical training in Odessa. Odessa is a large city in the south of the Ukraine. In Odessa, Katya lived in the center of the city on Peace Avenue (Проспéкт Мúра). She lived in the dormitory. Katya worked in the biology department of the University. Katya's work was interesting.

4. Early this year John was living in the Soviet Union. In February and March he resided in the dormitory of Moscow University. Then, in April, he lived in Leningrad. In Leningrad he often visited the Hermitage (Эрмитáж), a large museum. The museum is located in the center of the city near the river Neva. In the summer John was in the South of the Soviet Union. He saw the Black Sea, Tashkent (the capital of Uzbekistan), and the Caucasus. At the end of the summer he visited Siberia. John's friends think that he now knows the Soviet Union very well.

Review Assignment

I. Verb Formation

1. *Supply all forms of the present and past tenses and also infinitives for each of the following two basic stems. Mark stress.*

l'ubí̯- (люби́-), "like", "love", r'isová- (рисова́-), "draw"

II. Dialogue

1. *Compose dialogues (8 lines each) based on the following situations. Mark stress and intonational centers throughout.*

(1) "ты" encounter

Upon returning to the University after the Thanksgiving vacation, Tom meets his good friend Henry. They express delight at seeing each other after such a long time, ask about each other's families and about their health. Each asks what the other is doing now.

(2) "вы" encounter

You meet Ivan Sergeyevich Stepanov, father of your best friend, at a concert. Exchange greetings, pleasantries, ask what each of you has been doing, etc. Take leave.

III. Translation

1. *Translate. Mark stress throughout.*

1. Yesterday Anna saw your friend Professor Markov at the geography department of Moscow University. He was lecturing (was reading a lecture) on the climate of a small region in the southern Caucasus.

2. Early this year in February Professor Markov was living in a beautiful village near Yerevan in Armenia, where he was studying the economy of that republic.

Unit 6

Practice Exercises

> Студе́нты чита́ли **журна́лы, кни́ги, пи́сьма.**
> Студе́нты чита́ли **интере́сные журна́лы, кни́ги, пи́сьма.**

1. *Answer the questions, using the words given below. Write down your answers.*

Model: — Что́ о́н пи́шет?
— О́н пи́шет пи́сьма.

1. Я зна́ю, что вы́ бы́ли в Ки́еве. Что́ вы́ та́м ви́дели?
(музе́й, теа́тр, гости́ница, шко́ла, институ́т, заво́д, са́д, па́рк)
2. Я зна́ю, что вы́ бы́ли в музе́е. Что́ вы́ та́м ви́дели?
(ста́рая кни́га, журна́л, карти́на, ста́рый портре́т, больша́я ка́рта)

2. *Change the sentences. Write them out.*

Model: Ро́берт чита́ет газе́ту. И мы́ чита́ем газе́ты.

1. Джо́н пи́шет письмо́.
2. В музе́е я́ ви́дел карти́ну, портре́т.
3. А́нна чита́ет журна́л.
4. В э́том го́роде я́ ви́дела музе́й, теа́тр, шко́лу, институ́т.
5. На карти́не я́ ви́жу го́ру, са́д.

I   **Ка́ждый де́нь** студе́нты слу́шают ле́кции.

3. *Answer the questions, using the phrases* ка́ждый де́нь, ка́ждое у́тро, ка́ждый ве́чер, ка́ждый ме́сяц, ка́ждый го́д. *Write down your answers.*

1. Вы́ ча́сто отдыха́ете на ю́ге?
2. Вы́ ча́сто вспомина́ете, ка́к вы́ отдыха́ли ле́том?
3. Вы́ ча́сто расска́зываете, что́ вы́ ви́дели на Украи́не?
4. Вы́ ча́сто гуля́ете в городско́м па́рке?
5. Вы́ ча́сто слу́шаете о́перу?
6. Вы́ ча́сто слу́шаете ра́дио?
7. Вы́ ча́сто слу́шаете му́зыку?
8. Вы́ ча́сто пи́шете по-ру́сски?
9. Вы́ ча́сто чита́ете по-ру́сски?
10. Вы́ ча́сто говори́те по-ру́сски?

4. *Supply continuations. Use* ка́ждый де́нь, ка́ждое у́тро, ка́ждый ве́чер, ка́ждую неде́лю, ка́ждый ме́сяц, ка́ждый го́д. *Write out your sentences.*

Model: Я́ люблю́ слу́шать му́зыку. Я́ слу́шаю му́зыку ка́ждый де́нь.

1. Я́ люблю́ чита́ть газе́ты, журна́лы.
2. Я́ люблю́ гуля́ть.
3. Бори́с лю́бит отдыха́ть на ю́ге.
4. Джо́н лю́бит пла́вать.
5. Мэ́ри лю́бит слу́шать о́перу.
6. Ро́берт лю́бит смотре́ть бале́т.
7. Джо́н лю́бит писа́ть пи́сьма.

Анто́н **писа́л** письмо́.	Анто́н **написа́л** письмо́.
Вчера́ ве́чером Анто́н **писа́л** письмо́, а мы́ смотре́ли телеви́зор.	Вчера́ ве́чером Анто́н **написа́л** письмо́.
Ле́том Анто́н ча́сто **отдыха́л** на ю́ге.	Ле́том Анто́н хорошо́ **отдохну́л** на ю́ге.
Анто́н **бу́дет писа́ть** письмо́.	Анто́н **напи́шет** письмо́.
За́втра ве́чером Анто́н бу́дет **писа́ть** письмо́, а я́ бу́ду реша́ть зада́чи.	За́втра ве́чером Анто́н **напи́шет** письмо́.
Анто́н **бу́дет** ча́сто **отдыха́ть** на ю́ге.	Анто́н хорошо́ **отдохнёт** на ю́ге.

5. *Complete the sentences.*

Model: Игорь до́лго писа́л письмо́, а я́...
          Игорь до́лго писа́л письмо́, а я́ бы́стро написа́л письмо́.

1. Серге́й до́лго рисова́л портре́т сестры́, а я́...
2. Учи́тель до́лго расска́зывал о приро́де Украи́ны, а учени́к...
3. Ви́ктор до́лго чита́л расска́з, а его́ това́рищ...
4. Я́ до́лго гото́вил уро́к, а мо́й дру́г...
5. Он сего́дня до́лго чита́л докла́д, а я́...

6. *Complete the sentences, using the verbs on the right in the required aspect. Write out the sentences.*

1. Оле́г сказа́л, что э́то о́чень интере́сная статья́. Он ... её вчера́. | чита́ть/прочита́ть

2. Пётр мно́го рабо́тал, он ... докла́д. | писа́ть/написа́ть

3. Профе́ссор сказа́л, что Ви́ктор хорошо́ отвеча́л. Ви́ктор ... э́тот вопро́с хорошо́. | изуча́ть/изучи́ть

4. Дже́йн ... те́кст, пото́м она́ написа́ла упражне́ние. | переводи́ть/перевести́

5. Ви́ктор Петро́вич и А́нна Ива́новна всегда́ ... ле́том. В сентябре́ они́ бы́ли на Кавка́зе. Они́ ... о́чень хорошо́. | отдыха́ть/отдохну́ть

7. *Supply continuations. Write them down.*

Model: Дже́йн написа́ла письмо́ домо́й. Она́ ча́сто пи́шет пи́сьма домо́й.

1. Ка́тя хорошо́ отдохну́ла на ю́ге.
2. Серге́й нарисова́л но́вый портре́т.
3. Ве́ра рассказа́ла о Ленингра́де.
4. Никола́й реши́л тру́дную зада́чу.
5. Дже́йн перевела́ те́кст.
6. Ви́ктор прочита́л нау́чную статью́.

8. *Compose brief exchanges, using the verbs* переводи́ть/перевести́ (статью́); чита́ть/прочита́ть (газе́ту); изуча́ть/изучи́ть (докуме́нты); писа́ть/написа́ть (докла́д).

Model: — Ты́ прочита́л э́ту кни́гу?
          — Не́т, ещё чита́ю.

9. *Supply continuations. Write them down.*

Model: Ýтром я́ прочита́л газе́ту.
Я́ чита́ю газе́ты ка́ждый де́нь.

1. Ве́чером я́ написа́ла письмо́.
2. Ле́том мы́ хорошо́ отдохну́ли на ю́ге.
3. Сего́дня Анто́н реши́л зада́чу.
4. Ýтром Мэ́ри перевела́ те́кст.
5. Вчера́ Джо́н получи́л письмо́.

10. *Supply continuations. Write them down.*

Model: Сего́дня у́тром я́ чита́л интере́сную кни́гу. За́втра у́тром я́
то́же бу́ду чита́ть интере́сную кни́гу.

1. Сего́дня ве́чером я́ написа́л упражне́ние.
2. Сего́дня Анто́н рассказа́л о ле́тней пра́ктике.
3. Вчера́ в шко́ле мы́ реша́ли тру́дную зада́чу.
4. Сего́дня о́н нарисова́л небольшу́ю карти́ну.
5. Сего́дня у́тром мы́ слу́шали му́зыку.

11. *Change the sentences. Write them out.*

Model: Ни́на до́лго писа́ла письмо́. — Ни́на бу́дет до́лго писа́ть
письмо́.
Ни́на бы́стро написа́ла письмо́. — Ни́на бы́стро напи́шет
письмо́.

1. Ка́тя до́лго чита́ла расска́з. Ка́тя бы́стро прочита́ла расска́з.
2. Джо́н писа́л по-ру́сски ка́ждый де́нь. Джо́н сего́дня написа́л
письмо́ по-ру́сски.
3. Ви́ктор до́лго гото́вил докла́д. Ви́ктор бы́стро пригото́вил докла́д.
4. Серге́й до́лго рисова́л портре́т отца́. Серге́й бы́стро нарисова́л
портре́т сестры́.
5. Они́ до́лго изуча́ли приро́ду э́того райо́на. Они́ хорошо́ изучи́ли
исто́рию э́той страны́.
6. О́н до́лго переводи́л э́ту статью́. О́н бы́стро перевёл тру́дную
статью́.

12. *Change the sentences. Write them out.*

Model: Ви́ктор ко́нчил писа́ть статью́. — О́н написа́л статью́.

1. Ни́на ко́нчила переводи́ть те́кст.
2. Ро́берт ко́нчил реша́ть зада́чу.

3. Ве́ра ко́нчила гото́вить уро́ки.
4. Ка́тя ко́нчила чита́ть расска́з.
5. Они́ ко́нчили стро́ить шко́лу ме́сяц наза́д.
6. Ро́берт ко́нчил писа́ть докла́д ча́с наза́д.

Model: Ви́ктор ко́нчит писа́ть статью́ в сентябре́. — Ви́ктор напи́шет статью́ в сентябре́.

1. Ка́тя ко́нчит переводи́ть расска́з ве́чером.
2. Ве́ра ко́нчит реша́ть зада́чу и бу́дет смотре́ть телеви́зор.
3. Ни́на ко́нчит гото́вить уро́ки и бу́дет чита́ть.
4. Джу́ди ко́нчит переводи́ть те́кст, пото́м мы́ бу́дем слу́шать му́зыку.
5. Оле́г ко́нчит чита́ть журна́л, пото́м его́ бу́ду чита́ть я́.
6. Они́ ко́нчат стро́ить шко́лу в ию́ле.
7. Ро́берт ко́нчит писа́ть докла́д за́втра.

13. *Complete the sentences, using the verbs on the right in the required aspect. Write out the sentences.*

1. — Никола́й, что́ ты́ бу́дешь де́лать ве́чером? | чита́ть/прочита́ть
   — ... и ... те́кст. | переводи́ть/перевести́
2. — Ты́ ещё чита́ешь э́тот журна́л? | чита́ть/прочита́ть
   — Да́, ...
   — А когда́ ты́ ко́нчишь чита́ть?
   — Я́ ... его́ за́втра.
3. — Мэ́ри, ты́ написа́ла пя́тое упражне́ние? | писа́ть/написа́ть
   — Да́, ...
4. — Э́то тру́дная зада́ча. Я́ до́лго ... её и ... . | реша́ть/реши́ть
5. — То́м, когда́ ты́ бу́дешь реша́ть зада́чу? | писа́ть/написа́ть
   — Снача́ла ... упражне́ние, а пото́м ... зада́чу. | реша́ть/реши́ть

II Когда́ я́ слу́шаю му́зыку, я́ **отдыха́ю.**
    Когда́ о́н **уви́дел** А́нну, о́н **реши́л** нарисова́ть её портре́т.

III Оле́г хорошо́ зна́ет англи́йский язы́к, **потому́ что** о́н мно́го **чита́ет** и говори́т по-англи́йски.

14. *Translate.*

(a) 1. На семина́ре Пётр прочита́л докла́д. О́н чита́л докла́д до́лго.
2. Анто́н до́лго переводи́л э́тот те́кст. О́н хорошо́ перевёл те́кст.
3. Пётр бы́стро перевёл те́кст, потому́ что прочита́л его́ до́ма.

4. Студе́нты до́лго переводи́ли те́кст, потому́ что о́н бы́л тру́дный.

5. Ле́том студе́нты отдыха́ли на Се́верном Кавка́зе. Они́ хорошо́ отдохну́ли.

6. Студе́нты стро́или в дере́вне но́вую шко́лу. Они́ постро́или её бы́стро.

(b) 1. Ле́том студе́нты бу́дут рабо́тать в дере́вне. Они́ бу́дут стро́ить больни́цу и клу́б. Снача́ла они́ постро́ят больни́цу, а пото́м постро́ят клу́б.

2. Когда́ Оле́г прочита́ет э́ту интере́сную кни́гу, её бу́дет чита́ть Серге́й.

3. Когда́ Серге́й переведёт те́кст, о́н бу́дет писа́ть упражне́ния.

15. *Combine each pair of simple sentences into a complex sentence, using the conjunction* когда́. *Write out the complex sentences.*

Model: Ви́ктор жи́л в Ленингра́де. О́н учи́лся в университе́те.
— Когда́ Ви́ктор жи́л в Ленингра́де, о́н учи́лся в университе́те.

1. Ро́берт бы́л в Москве́. О́н слу́шал о́перу «Евге́ний Оне́гин» в Большо́м теа́тре.
2. Дже́йн отдыха́ла на Кавка́зе. Она́ мно́го пла́вала.
3. То́м и Ви́ктор бы́ли в Ленингра́де. Они́ ви́дели Эрмита́ж, Ру́сский музе́й.
4. Серге́й перевёл расска́з. О́н написа́л упражне́ние.
5. Ви́ктор прочита́л те́кст. О́н написа́л письмо́.
6. Никола́й писа́л докла́д. О́н слу́шал му́зыку.

16. *Change the sentences, as in the model. Write them out.*

Model: По́сле оконча́ния шко́лы Ве́ра бу́дет учи́ться в университе́те.
— Когда́ Ве́ра ко́нчит шко́лу, она́ бу́дет учи́ться в университе́те.

1. По́сле оконча́ния институ́та Михаи́л бу́дет рабо́тать на заво́де.
2. По́сле оконча́ния институ́та мо́й дру́г бу́дет рабо́тать в Ленингра́де.
3. По́сле оконча́ния институ́та А́нна Ива́новна рабо́тала в больни́це.
4. По́сле оконча́ния шко́лы Бори́с поступи́л на заво́д.

17. *Answer the questions.*

1. Что́ вы́ чита́ли у́тром?
2. Что́ вы́ де́лали, когда́ прочита́ли газе́ту (кни́гу)?
3. Где́ вы́ рабо́тали днём? До́ма? В библиоте́ке?
4. Что́ вы́ та́м де́лали?
5. Что́ вы́ сде́лали снача́ла, а что́ сде́лали пото́м?
6. Что́ вы́ де́лали ве́чером? Ка́к вы́ отдыха́ли?

18. *Translate. Write down your translation.*

1. Today Robert didn't translate the text because he was preparing a report yesterday.

2. Anton solved this difficult problem quickly because he is a good mathematician.

3. Pyotr knows Moscow well because he is a Muscovite.

4. Oleg is not a Muscovite. He lives in Moscow now because he studies at Moscow University.

5. Sergei knows this period of the country's history well because he has worked hard.

6. It took Robert a long time to translate the text because he had not learned the words.

19. *Combine each pair of simple sentences into a complex sentence, using the conjunction* когда́ *or* потому́ что.

    1. Пётр бу́дет рабо́тать в Но́вгороде. Ви́ктор бу́дет рабо́тать в дере́вне.
    2. В до́ме э́того журнали́ста везде́ вися́т фотогра́фии Пари́жа. Он до́лго жи́л во Фра́нции.
    3. Серге́й переводи́л те́кст. Оле́г писа́л упражне́ния.
    4. Ри́чард до́лго чита́л э́тот расска́з. Э́то бы́л большо́й расска́з.
    5. А́нна бы́стро прочита́ла рома́н. Э́то бы́л интере́сный рома́н.

> **на ле́кции**
> **на семина́ре**
> **на уро́ке**

20. *Answer the questions, using the words* ле́кция, семина́р, уро́к, ку́рс, стадио́н, у́лица.

    1. Где́ вы́ бы́ли у́тром?
    2. Где́ вы́ переводи́ли те́кст?
    3. Где́ вы́ мно́го говори́те по-ру́сски?
    4. Где́ Джо́н де́лал докла́д?
    5. На како́м ку́рсе у́чится Ви́ктор?
    6. Где́ вы́ бы́ли ве́чером?
    7. На како́й у́лице вы́ живёте? А где́ живёт ва́ш дру́г?

21. *Complete the sentences. Write them out.*

    1. Э́то Украи́на. Мо́й бра́т живёт ... .
    2. Э́то Ки́ев. Я́н рабо́тает ... .
    3. Ка́тя — москви́чка. Она́ живёт ... .
    4. Вчера́ бы́л семина́р. Ро́берт де́лал докла́д ... .
    5. Бори́с — студе́нт второ́го ку́рса Моско́вского университе́та. О́н у́чится ... .

6. Э́то институ́т. Никола́й рабо́тает ... .

7. У́тром была́ ле́кция. У́тром Ка́рин была́ ... .

8. Э́то шко́ла. Мари́я Петро́вна рабо́тает ... .

9. Та́м больни́ца. А́нна Ива́новна рабо́тает ... .

22. *Complete the sentences. Write them out.*

У́тром они́ бы́ли	институ́т, университе́т, шко́ла;
Серге́й Никола́евич расска́зывал	уро́к, ле́кция, семина́р.

23. *Answer the questions, using the words* заво́д, семина́р, уро́к, университе́т, институ́т, библиоте́ка. *Write down your answers.*

1. Гдé Ви́ктор рабо́тал ле́том?

2. Гдé А́нна была́ у́тром?

3. Гдé студе́нты чита́ли и переводи́ли те́кст?

4. Гдé у́чится Оле́г?

5. Гдé рабо́тает ва́ш това́рищ?

24. *Complete the sentences.*

О́н изуча́ет...	ру́сская литерату́ра, америка́нская исто́рия,
Они́ говори́ли...	интере́сный докуме́нт, э́тот перио́д, неме́цкий
Вчера́ мы́ бы́ли...	язы́к, ру́сская му́зыка; приро́да, фи́зика,
	матема́тика; уро́к ру́сского языка́, интере́сная
	ле́кция, семина́р

IV   Мо́й бра́т ко́нчил шко́лу **в 1989 году́.**
В к а к о́ м   г о д у́ о́н ко́нчил шко́лу?

25. *Answer the questions. Write down your answers.*

1. Когда́ Ве́ра ко́нчила шко́лу? (1987 го́д) Когда́ она́ поступи́ла в институ́т? (1988 го́д)

2. Когда́ Йра поступи́ла в шко́лу? (1985 го́д) Когда́ она́ ко́нчит её? (1996 го́д)

3. Когда́ Никола́й поступи́л в институ́т? (1983 го́д) Когда́ о́н ко́нчил его́? (1988 го́д)

4. Когда́ Джо́н бы́л в Москве́? (1984 го́д)

5. Когда́ Ро́берт бы́л в Ленингра́де? (1989 го́д)

26. *Ask questions and answer them. Write down your answers.*

Model: Джéйн кóнчила шкóлу. (э́тот гóд)
Когдá Джéйн кóнчила шкóлу? — Онá кóнчила шкóлу в э́том годý.

1. А́нна жилá в Ки́еве. (1981 гóд)
2. В э́том райóне бýдет нóвая больни́ца. (1995 гóд)
3. Мáша кóнчила университéт. (прóшлый гóд)
4. Джóн учи́лся в Москвé. (1982 гóд)
5. Ни́на реши́ла изучáть францýзский язы́к. (э́тот гóд)
6. Студéнты сóздали в университéте студéнческий теáтр. (прóшлый гóд)

Usage of the Verb говори́ть/сказáть

27. *Read and translate.*

1. Ни́на óчень лю́бит говори́ть. Онá всегдá мнóго говори́т. Сейчáс онá изучáет францýзский язы́к, поэ́тому онá мнóго говори́т по-францýзски. Онá ещё плóхо говори́т по-францýзски. Ни́на говори́т, что онá хóчет хорошó говори́ть по-францýзски.
2. Ви́ктор сказáл, что Пётр сейчáс рабóтает на Урáле.
3. Джóн сказáл, что Мэ́ри сдéлала óчень интерéсный доклáд.
4. Кáтя сказáла, что на прáктике онá бýдет изучáть прирóду Сéверного Кавкáза.
5. Пóсле теáтра они́ мнóго говори́ли о совремéнной мýзыке. А́нна Ивáновна сказáла, что онá не понимáет совремéнную мýзыку.

28. *Supply the verb* говори́ть/сказáть. *Write out the sentences.*

1. — Вы́ ... по-рýсски? — Дá, ... — А по-францýзски? — По-францýзски не ... .
2. — Сергéй знáет, что зáвтра бýдет семинáр? — Дá, знáет. Я́ ..., что зáвтра бýдет семинáр.
3. Пóсле посещéния музéя они́ мнóго ... о рýсской архитектýре.
4. — Олéг, ты́ знáешь, что лéтом мы́ бýдем рабóтать в Нóвгороде? — Дá, знáю, Сергéй ... об э́том.
5. Бори́с óчень лю́бит геогрáфию. Óн ..., что пóсле шкóлы óн реши́л поступáть на географи́ческий факультéт.

Usage of the Verb конча́ть/ко́нчить

29. *Read and translate.*

1. Ве́ра ко́нчила шко́лу в про́шлом году́. По́сле шко́лы она́ поступи́ла на хими́ческий факульте́т. Когда́ она́ ко́нчит университе́т, она́ бу́дет рабо́тать в лаборато́рии.
2. Мо́й бра́т конча́ет шко́лу в э́том году́. По́сле шко́лы он хо́чет рабо́тать на заво́де.
3. — А́нна, ты́ написа́ла статью́? — Не́т ещё. Я ду́маю, что ко́нчу писа́ть её за́втра.
4. — Вы́ не зна́ете, Ви́ктор Петро́вич ко́нчил писа́ть кни́гу о ру́сском теа́тре? — Да́, ко́нчил. Я уже́ чита́л э́ту кни́гу.
5. — Ка́тя, ты́ уже́ написа́ла докла́д? — Не́т, я ещё то́лько ко́нчила собира́ть материа́л.

30. *Put the words in brackets in the required form. Write out the sentences.*

1. Сейча́с Зи́на — студе́нтка университе́та. Она́ ко́нчила ... (шко́ла) в э́том году́.
2. — Ка́тя, ты́ написа́ла упражне́ние? — Да́, я ко́нчила ... (писа́ть/написа́ть) его́ ча́с наза́д.
3. — Ива́н, ты́ реши́л зада́чу № 9? — Не́т, я ещё не ко́нчил ... (реша́ть/реши́ть) её.
4. Анто́н поступи́л в университе́т в 1989 году́. О́н ко́нчил ... (о́н) 4 го́да наза́д.
5. — Мари́я Ива́новна, вы́ ко́нчили ... (чита́ть/прочита́ть) э́тот журна́л? — Не́т, ещё не ко́нчила. Я ду́маю, что ко́нчу ... (чита́ть/прочита́ть) его́ за́втра.

Phonetic Exercises

1. *Read aloud. Pay attention to the pronunciation of the relevant sounds.*

[л]: де́лал, до́лго, докла́д, гла́вный, сло́во, материа́л;

[л']: пи́ли, пе́ли, неде́ля, строи́тель, гото́влю, поступлю́, пра́вильно, внима́тельно, строи́тельный, спекта́кль;

[р]: собира́ть, за́втрак, семина́р, архите́ктор, микрорайо́н;

[р']: рису́ю, пери́од, смотре́ть, смотрю́, серьёзно;

[ч]: чита́ть, ча́с, зада́ча, учи́ть, учу́сь, ты́сяча, отве́чу, ко́нчить;

[щ]: ещё [jищо́], посеще́ние, посеща́ть, посещу́;

[ш]: пишу́, пи́шешь, реша́ть, решу́, реши́шь, спрошу́, про́шлый;

[ж]: уже́, перевожу́, обсужда́ть, ка́ждый;

[ц]: учи́ться [учи́ццъ], ме́сяц, револю́ция, конфере́нция, пятьсо́т [п'иццо́т], девятьсо́т;

soft consonants: пи́ть, пе́ть, де́нь, пе́сня [п'е́сн'ъ], ви́деть, вме́сте [вм'е́с'т'и], заня́тие, перевести́, отве́тить.

2. *Read aloud. Pay attention to the pronunciation of unstressed syllables.*

— — ´	позвони́ть, комсомо́л, отвеча́ть, посети́ть, рассказа́ть, посмотрю́;
´ — —	па́мятник [па́м'итн'ик], но́вого [но́въвъ];
— ´ — —	непра́вильно, практи́ческий, реше́ние, тради́ция, четы́реста, расска́зывать;
— — ´ —	популя́рный, архите́ктор;
— — — ´	материа́л, микрорайо́н, перевожу́, переведу́;
— — ´ — —	конфере́нция [кънф'ир'е́нцыjъ], обсужде́ние [апсужд'е́н'иjъ], оконча́ние, посеще́ние, револю́ция, разгова́ривать, реставри́ровать;
— — — ´ —	архитекту́ра, документа́льный, лаборато́рный;
— — — — ´	организова́ть;
— — — — ´ —	профессиона́льный;
— — — ´ — —	географи́ческий;

письмо́ — пи́сьма, сло́во — слова́, скажу́ — ска́жешь, расскажу́ — расска́жешь, учу́сь — у́чится — учи́ться, переводи́ть — перево́дит — перевожу́, пишу́ — пи́шешь, получи́ть — полу́чит — получу́, поступи́ть — поступлю́ — посту́пит, смотрю́ — смо́тришь, спроси́ть — спрошу́ — спро́сит.

3. *Read aloud. Underline the devoiced and voiced consonants.*

отря́д, пери́од, наза́д, за́втра, вспомина́ть, всегда́, обсуди́ть, сде́лать, отдыха́ть.

4. *Read aloud. Mark the stress.*

1. Ви́ктор говори́т, что хо́чет поступи́ть в университе́т. Я ду́маю, что он посту́пит, потому́ что он хорошо́ у́чится. Когда́ я поступлю́ в университе́т, я бу́ду изуча́ть ру́сскую литерату́ру.

2. — Ты расска́жешь о но́вом фи́льме? — Расскажу́.

3. — Я пишу́ письмо́. — Ты пи́шешь пи́сьма ка́ждую неде́лю?

4. — Когда́ вы перево́дите, вы смо́трите но́вые слова́ в словаре́? — Да, когда́ я перевожу́, я смотрю́ ка́ждое но́вое сло́во в словаре́.

5. — Когда́ ты полу́чишь второ́й но́мер «Но́вого ми́ра»? — Я получу́ его́ в нача́ле ме́сяца.

5. *Read each phrase as a single unit.*

ста́рые изда́ния, иностра́нные языки́, курсовы́е рабо́ты, нау́чные докла́ды, документа́льные фи́льмы, нау́чные конфере́нции, студе́нческие вечера́, популя́рные кни́ги, практи́ческие заня́тия, строи́тельные отря́ды, студе́нческие спекта́кли, студе́нческие пе́сни, географи́ческие ка́рты, совреме́нные зда́ния.

6. *Read aloud. Pay attention to speed, rhythm and intonation. Mark the intonational centers, types of IC and stress.*

1. — Джон, где вы сего́дня бы́ли? Что вы ви́дели?
   — Сего́дня мы бы́ли в це́нтре Москвы́. Мы ви́дели Кремль, ста́рые зда́ния на у́лице Ра́зина и други́е па́мятники ру́сской архитекту́ры.
   — А вы ви́дели ста́рые зда́ния Моско́вского университе́та?
   — Да, ви́дели. Вы здесь учи́лись?
   — Да, здесь. А вы зна́ете, кто их стро́ил?
   — Да, зна́ю. Ру́сский архите́ктор Казако́в.
   — Пра́вильно.
   — Наш гид расска́зывал об исто́рии Моско́вского университе́та. Сего́дня я мно́го узна́л о ру́сской архитекту́ре.

2. — Что изуча́ют на филологи́ческом факульте́те МГУ?
   — На филологи́ческом факульте́те изуча́ют ру́сскую и иностра́нную литерату́ру, ру́сский и иностра́нные языки́.

3. — Каки́е иностра́нные языки́ ты зна́ешь?
   — Я зна́ю англи́йский, францу́зский и неме́цкий.
   — А ты?
   — А я зна́ю испа́нский и италья́нский.

4. — Вы студенты?

— Да.

— Что делают студенты зимой?

— Учатся. Днём слушают лекции, посещают практические занятия и семинары, пишут курсовые работы, делают научные доклады.

— А что вы делаете вечером?

— Организуем студенческие вечера, поём студенческие песни, смотрим новые фильмы.

— А что делают студенты летом?

— Отдыхают и работают.

— Что вы делали летом?

— Летом работали в строительном отряде, потом отдыхали на Кавказе.

5. — Что это такое?

— Это географические карты. Здесь вы видите историческую карту Лондона, а там — современную карту Москвы.

— Вы собираете географические карты? Вы географ?

— Нет, я не географ, а филолог. Я очень люблю карты. Раньше я собирал только старые географические карты, а теперь собираю современные карты. Это очень интересное занятие.

7. *Answer the questions.*

1. Что́ вы́ чита́ете?
2. Что́ изуча́ют на ва́шем факульте́те?
3. Каки́е стра́ны вы́ ви́дели?
4. Каки́е иностра́нные языки́ вы́ зна́ете?
5. Каки́е сове́тские журна́лы и газе́ты вы́ чита́ете?
6. Что́ вы́ собира́ете?
7. Что́ вы́ де́лаете в университе́те (институ́те)?
8. Что́ вы́ ви́дели, когда́ бы́ли в Москве́?

8. *Read aloud. Pay attention to fluency.*

ка́ждый де́нь, ка́ждую неде́лю, ка́ждый ме́сяц, за́втра у́тром, сего́дня днём, вчера́ ве́чером, э́тим ле́том, на ле́кции, на семина́ре, на уро́ке, на пе́рвом ку́рсе, по́сле ле́кции, по́сле уро́ка, по́сле семина́ра, по́сле оконча́ния шко́лы, по́сле оконча́ния университе́та, ча́с наза́д, неде́лю наза́д, ме́сяц наза́д.

9. *Read aloud. Pay attention to the intonation of non-final syntagms.*

В про́шлом году́ мы́ бы́ли в Сове́тском Сою́зе.

В про́шлом году́[3] / мы́ бы́ли в Сове́тском Сою́зе.

В про́шлом году́[4] / мы́ бы́ли в Сове́тском Сою́зе.

Ка́ждый де́нь[3] / я́ рабо́таю в лингафо́нном кабине́те.

Ка́ждый го́д ле́том[4] / студе́нты пя́того ку́рса рабо́тают на пра́ктике.

Сего́дня у́тром[3] / мы́ бы́ли на уро́ке ру́сского языка́.

На уро́ке на́ш учи́тель говори́т по-ру́сски.

На уро́ке[3] / на́ш учи́тель говори́т по-ру́сски.

Вчера́ днём[3] / мы́ бы́ли на конфере́нции в Моско́вском университе́те.

По́сле конфере́нции[4] / мы́ обсужда́ли докла́ды.

Ча́с наза́д[3] / я́ ви́дела Ната́шу на ле́кции.

Ме́сяц наза́д[4] / мы́ ко́нчили университе́т.

Пе́рвое зда́ние университе́та[3] / находи́лось в це́нтре Москвы́.

Ста́рые зда́ния Моско́вского университе́та[3] / стро́ил архите́ктор Казако́в.

Моско́вский университе́т[3] / постро́или в 1755 году́.

10. *Read aloud. Divide the sentences into syntagms. Mark the types of ICs in the non-final syntagms.*

1. Ка́ждый го́д ле́том моя́ семья́ отдыха́ет на Кавка́зе.
2. Ка́ждый де́нь у́тром студе́нты слу́шают ру́сские те́ксты в лингафо́нном кабине́те.
3. На уро́ке ру́сского языка́ студе́нты всегда́ говоря́т по-ру́сски.
4. В э́том году́ весно́й на́ши студе́нты бы́ли на пра́ктике на Ура́ле.
5. Ка́ждую неде́лю студе́нты посеща́ют семина́р профе́ссора Виногра́дова.

6. Вчера́ ве́чером мы́ бы́ли в студе́нческом клу́бе Моско́вского университе́та.

7. В апре́ле э́того го́да я была́ в Я́лте.

8. Го́д наза́д моя́ сестра́ ко́нчила шко́лу.

9. В э́том зда́нии нахо́дится филологи́ческий факульте́т.

10. На шесто́м этаже́ живу́т Ивано́вы.

11. По́сле оконча́ния университе́та я бу́ду рабо́тать на заво́де.

11. *Read aloud. Pay attention to the pronunciation of dates.*

1. — Когда́ вы́ ко́нчили университе́т?
   — В ты́сяча девятьсо́т шестьдеся́т девя́том году́. А вы́?
   — А я́ в се́мьдесят второ́м.

2. — Когда́ вы́ бы́ли в Сове́тском Сою́зе?
   — В ты́сяча девятьсо́т се́мьдесят восьмо́м году́. А вы́?
   — А я́ в шестьдеся́т шесто́м.

3. — Когда́ вы́ ко́нчили шко́лу?
   — В ты́сяча девятьсо́т се́мьдесят седьмо́м году́. А вы́?
   — А я́ в се́мьдесят восьмо́м.

4. — Когда́ вы́ поступи́ли в университе́т?
   — В ты́сяча девятьсо́т се́мьдесят тре́тьем году́. А вы́?
   — А я́ в се́мьдесят шесто́м.

12. *Say a few words about yourself. When did you enter (graduate from) high school, the university?*

13. *Read aloud. Pay attention to syntagmatic division and intonation.*

Когда́ мы́ бы́ли в Москве́, / мы́ жи́ли в гости́нице «Росси́я».

Когда́ я ко́нчу университе́т, / я бу́ду рабо́тать в шко́ле.

Когда́ студе́нты ко́нчат пе́рвый ку́рс, / они́ бу́дут рабо́тать в строи́тельном отря́де.

Когда́ вы́ говори́те по-ру́сски, / я хорошо́ понима́ю.

Когда́ моя́ сестра́ ко́нчит шко́лу, / она́ бу́дет поступа́ть в университе́т.

Когда́ я напишу́ курсову́ю рабо́ту, / я бу́ду гото́вить докла́д.

14. *Answer the questions. Pay attention to intonation.*

1. Что́ вы́ бу́дете де́лать, когда́ напи́шете докла́д?
2. Где́ вы́ бу́дете рабо́тать, когда́ ко́нчите университе́т?
3. Где́ вы́ жи́ли, когда́ бы́ли в СССР?
4. Что́ вы́ бу́дете чита́ть, когда́ прочита́ете э́ту кни́гу?
5. Вы́ хорошо́ понима́ете, когда́ чита́ете по-ру́сски?

15. *Read aloud. Pay attention to the intonation of non-final syntagms.*

Я́ хочу́ поступи́ть на филологи́ческий факульте́т, / потому́ что люблю́ литерату́ру.

Джо́н хорошо́ зна́ет ру́сский язы́к, / потому́ что о́н мно́го чита́ет по-ру́сски.

Студе́нты написа́ли хоро́шие курсовы́е рабо́ты, / потому́ что они́ мно́го рабо́тали.

Я́ хочу́ отдыха́ть на Кавка́зе, / потому́ что я́ о́чень люблю́ мо́ре.

Я́ ничего́ не понима́ю, / потому́ что вы́ говори́те о́чень ти́хо.

Я́ не люблю́ чита́ть по-англи́йски, / потому́ что пло́хо зна́ю англи́йский язы́к.

Дже́йн хорошо́ говори́т по-ру́сски, / потому́ что она́ до́лго жила́ в Москве́.

Я́ не перевёл э́тот те́кст, / потому́ что о́н о́чень тру́дный.

Мы́ не́ были на конфере́нции, / потому́ что мы́ бы́ли на ле́кции.

16. *Read and answer the questions.*

1. Почему́ вы́ поступи́ли на биологи́ческий факульте́т?
2. Почему́ вы́ хоти́те отдыха́ть на ю́ге?
3. Почему́ ты́ не реши́л э́ту зада́чу?
4. Почему́ вы́ вчера́ не́ были на ле́кции?
5. Почему́ ты́ не́ был на конфере́нции?
6. Почему́ вы́ не говори́те по-ру́сски?

17. *Read aloud. Pay attention to the post-tonic part of each sentence (it should be pronounced smoothly and without pauses).*

1. Ты́ не зна́ешь, где́ о́н?

2. Ты́ не зна́ешь, где́ о́н сейча́с?

3. Ты́ не зна́ешь, где́ о́н сейча́с рабо́тает?

4. Вы́ не зна́ете, кто́ стро́ил Моско́вский университе́т?

5. Вы́ не зна́ете, когда́ Джо́н бы́л в Сове́тском Сою́зе?

6. Вы́ не зна́ете, что́ нахо́дится в э́том зда́нии?

18. *Listen to and read the text. Pay attention to speed, rhythm and intonation.*

Студе́нты

Серге́й и Оле́г — / студе́нты Моско́вского университе́та. Они́ у́чатся на пе́рвом ку́рсе истори́ческого факульте́та. Серге́й поступи́л в университе́т по́сле оконча́ния шко́лы. Оле́г снача́ла учи́лся в шко́ле, / пото́м в те́хникуме. По́сле оконча́ния те́хникума / о́н рабо́тал на заво́де в Магнитого́рске. Го́д наза́д / Оле́г реши́л поступи́ть в университе́т на истори́ческий факульте́т, / потому́ что о́н всегда́ люби́л исто́рию. Серге́й и Оле́г — / больши́е друзья́. Они́ вме́сте слу́шают ле́кции, / посеща́ют практи́ческие заня́тия и семина́ры.

Сего́дня у́тром / Серге́й и Оле́г слу́шали ле́кцию профе́ссора Ма́ркова. Профе́ссор Ма́рков чита́ет ку́рс исто́рии СССР.

Пото́м бы́л семина́р. На э́том семина́ре / Оле́г сде́лал докла́д о пе́рвой ру́сской револю́ции. Студе́нты внима́тельно слу́шали Оле́га. Пото́м они́ обсужда́ли его́ докла́д. Докла́д о пе́рвой ру́сской револю́ции — / нау́чная рабо́та Оле́га. Профе́ссор сказа́л, / что Оле́г сде́лал о́чень хоро́ший докла́д. Оле́г мно́го и серьёзно рабо́тал, когда́ гото́вил докла́д. О́н до́лго собира́л материа́л, / чита́л нау́чную литерату́ру, / изуча́л истори́ческие докуме́нты. О́н изучи́л э́тот пери́од о́чень хорошо́.

Олéг хóчет писáть курсовýю рабóту о пéрвой рýсской револю́ции. Óн написáл небольшýю статью́ об э́том перио́де рýсской исто́рии.

Пóсле семинáра / бы́л урóк англи́йского языкá. Потóм студéнты отдыхáли, / пи́ли кóфе, / разговáривали.

— Чтó ты́ бýдешь дéлать лéтом? / — спроси́л Сергéй Олéга.

— Нáш студéнческий строи́тельный отря́д бýдет рабóтать в дерéвне. Мы́ бýдем строи́ть тáм нóвую шкóлу и клýб. Сначáла мы́ постро́им шкóлу, / потóм бýдем стро́ить клýб, / — отвéтил Олéг.

— А я́ бýду рабóтать в Нóвгороде. Мы́ бýдем реставри́ровать пáмятники архитектýры. А в áвгусте я́ бýду отдыхáть на Кавкáзе.

Студéнческие строи́тельные отря́ды — / э́то хорóшая тради́ция. Пéрвые строи́тельные отря́ды / организовáли студéнты Москвы́ и Ленингрáда. Сейчáс в кáждом гóроде, / в кáждом институ́те / студéнты создаю́т строи́тельные отря́ды. О́сенью, зимóй и веснóй / студéнты ýчатся. Лéтом / они́ отдыхáют и рабóтают. Когдá они́ рабóтают в строи́тельном отря́де, / они́ получáют зарплáту. Студéнты стрóят шкóлы, / общежи́тия, / больни́цы, / клýбы. Студéнческие строи́тельные отря́ды рабóтают вездé: / в гóроде / и в дерéвне, / на Дáльнем Востóке / и на Украи́не. Э́ту рабóту / организу́ют молодёжные организáции.

Formation Practice

1. *Learn the following pairs of stems and be prepared to conjugate each of them orally or in writing.*

вспоминáй-/вспóмни-, отдыхáй-/отдохнý[1]-, писǎ-/написǎ-, решáй-/реши́-, учǐ-/вы́учи-, готóви-/пригото́ви-, расскáзывай-/рассказǎ-, кончáй-/кóнчи-, дéлай-/сдéлай-, отвечáй-/отвéти-, переводи́-/перевёг-[2], спрáшивай-/спроси́-, читáй-/прочитáй-

---

[1]See Appendix, Summary List I,8.
[2]See Appendix, Summary List II, B,1.

2. Be prepared to count by tens in Russian to 1000. *Learn the ordinal numerals for the teens, tens and hundreds, and write them down. (See Appendix). In writing down numbers (cardinal and ordinal) pay close attention to the position of the soft sign. The soft sign is at the end of cardinal numerals below* 40, *but in the middle after* 40.

> пятна́дцать — пятьдеся́т, пятьсо́т
> семна́дцать — се́мьдесят, семьсо́т

3. Compose and write down noun phrases consisting of the following nouns and each of the ordinal numerals supplied. Mark stress.

> (a) 11th, 15th, 19th, 20th, 23rd, 30th, 31st (день, число)
> (b) 40th, 52nd, 69th, 87th, 95th, 99th (номер, квартира)

Written Exercises for General Review

1. *Translate. Mark stress throughout.*

1. John spoke slowly (ме́дленно) because he did not often give reports in Russian. He had prepared the report on the history of Russian ballet very well.

2. When we were living in Moscow, we received the newspaper every day.

3. "My teacher does not understand me!"

"Why do you say that?"

"Because when he questions me in class about the lesson, I don't know what to say. When he asks another student, I always know the answer (отве́т)."

4. Who did these exercises, your students or my students?

5. I worked that problem for a long time last night but didn't solve it.

6. In May I will finish school, then I shall work at an institute in Boston.

7. "What did you do last night?"

"I was at home and watched television (смотре́л телеви́зор) and my brother worked. He read texts and translated exercises."

8. "What did you do yesterday in class?"

"We discussed John's report on the history of the French revolution. We will be discussing it tomorrow too."

9. "Have you already learned the new dialogue?"

"No, I haven't. Last night I was translating an article. I will learn the dialogue tomorrow morning. I always learn dialogues in the morning."

10. Yesterday at the lecture Professor Simonov spoke for a long time about old English architecture, but he said little about modern London. He will speak about that tomorrow.

11. In the summer the students of our university built a new student dormitory. Now we are living in it.

12. The students were building a new laboratory in the summer. They think that they will have it built at the end of June.

13. "Who wrote the novel *The Idiot?"*

"Fyodor Dostoyevsky wrote *The Idiot*."

14. "Natasha, what were you doing in the library yesterday?"

"I was preparing a report."

"Well, did you get it done?"

"Yes, I gave it this morning."

Review Assignment

I. Verb Formation

1. *Supply all forms of the past, non-past and infinitives for the following three basic stems. Mark stress.*

уч**и̋**-ся, сказ**а̋**-, танцова́-

2. *Write the future, past and negated past tense forms of the irregular verb* бы́ть. *Mark stress.*

II. Dialogue

1. *Compose a dialogue (at least 8 lines) between yourself and your former high school teacher. Exchange greetings; tell him what you are doing in college: how you spend mornings, afternoons, evenings; where you live; how you spent the summer. Mark stress and intonational centers throughout.*

III. Translation

1. *Translate. Mark stress throughout.*

1. Nikolay Sergeyevich is the father of my friend Olya. He is a philologist and works at an institute. Every day he reads scientific works, prepares reports and translates texts. He speaks French very well and has already translated one book. He likes to read articles on the history of the French language and frequently lectures about it at our institute.

2. "Have you finished reading Turgenev's novel *Fathers and Children?*"

"Yes, now I'm reading Dostoyevsky's *The Idiot.*"

"What will you be reading at the beginning of January?"

"Tolstoy's *Anna Karenina.*"

3. "John, what will you be doing tonight?"

"I'll be solving problem No. 3."

"Have you already solved problems Nos. 1 and 2?"

"No, I haven't done those either."

Unit 7

Practice Exercises

I	В Москве́ есть университе́т. В э́том го́роде бы́л (бу́дет) университе́т.	В Ку́рске не́т университе́та. В э́том го́роде не́ бы́ло (не бу́дет) университе́та.

1. *Answer the questions.*

Model: — В э́том го́роде есть теа́тр? — Да́, в го́роде есть теа́тр.
(— Да́, есть.)

1. В ва́шем го́роде есть университе́т?
2. В э́том университе́те есть физи́ческий факульте́т?
3. В университе́те есть филологи́ческий факульте́т?
4. В э́том институ́те есть библиоте́ка?
5. В библиоте́ке есть ру́сско-англи́йские словари́?
6. Та́м есть уче́бники ру́сского языка́?

2. *Compose sentences and write them down.*

Model: гости́ница — рестора́н
В гости́нице есть рестора́н.

университе́т — студе́нческий теа́тр, э́тот райо́н — па́рк, гости́ница — по́чта, дере́вня — шко́ла, э́тот го́род — теа́тр, шко́ла — библиоте́ка, э́та у́лица — магази́н, наш институ́т — клу́б.

3. *Answer the questions.*

Model: — Э́то библиоте́ка?
          — Нет. Здесь ра́ньше была́ библиоте́ка.

1. Э́то теа́тр?   6. Э́то медици́нский факульте́т?
2. Э́то гости́ница?   7. Э́то общежи́тие?
3. Э́то больни́ца?   8. Э́то студе́нческое кафе́?
4. Э́то зда́ние институ́та?   9. Э́то клу́б?
5. Э́то зда́ния больни́цы?   10. Здесь вы́ставка карти́н?

4. *Answer the questions, using the words in brackets.*

1. — Сейча́с в э́том зда́нии библиоте́ка музе́я. — А что́ здесь бы́ло ра́ньше? (музе́й)
2. — Во́н в то́м зда́нии нахо́дится рестора́н. — А что́ та́м бы́ло ра́ньше? (студе́нческое кафе́)
3. — Э́то гости́ница. — А что́ здесь бы́ло ра́ньше? (общежи́тие)
4. — Во́н та́м но́вая больни́ца. — А что́ та́м бы́ло ра́ньше? (зда́ние институ́та)
5. — Во́т но́вая лаборато́рия. — А что́ здесь бы́ло ра́ньше? (больша́я аудито́рия)

5. *Answer the questions. Write down your answers.*

Model: — Что́ здесь бу́дет?
          — Здесь бу́дет стадио́н.

1. Что́ здесь бу́дет? (но́вое зда́ние)
2. Что́ бу́дет на э́том ме́сте? (городска́я больни́ца)
3. Что́ бу́дет в э́тих аудито́риях? (лаборато́рия)
4. Что́ бу́дет в э́том зда́нии? (библиоте́ка)
5. Что́ бу́дет в э́том райо́не? (но́вые дома́)
6. Что́ бу́дет в це́нтре го́рода? (па́мятник)

6. *Complete the sentences and write them out.*

Model: В ва́шем го́роде е́сть теа́тр, а в на́шем го́роде нет теа́тра.

1. О́коло реки́ е́сть па́рк, а в це́нтре го́рода ... .
2. На пе́рвом этаже́ е́сть лаборато́рия, а на второ́м ... .
3. В ва́шем университе́те е́сть географи́ческий факульте́т, а в на́шем ... .
4. Я бу́ду отдыха́ть в дере́вне, потому́ что та́м е́сть река́, а в го́роде ... .
5. В столи́це е́сть университе́т, а в на́шем го́роде ... .
6. На э́той у́лице е́сть гости́ница, а на то́й ... .

7. *Answer the questions.*

Model: — Здéсь éсть кинотеáтр?
— Нéт, здéсь нéт кинотеáтра.

1. На э́той у́лице éсть рестора́н?
2. В институ́те éсть студéнческий клуб?
3. В э́том гóроде éсть гости́ница?
4. В э́том журна́ле éсть ва́ша статья́?

5. В э́том дóме éсть телефóн?
6. На э́той у́лице éсть аптéка?
7. В э́том райóне éсть больни́ца?

Model: — Вчера́ была́ лéкция?
— Нéт, вчера́ нé было лéкции.

1. Вчера́ бы́л семина́р?
2. Вчера́ бы́л ва́ш докла́д?
3. В апрéле была́ конферéнция?
4. В концé декабря́ в клу́бе бы́л концéрт?
5. В э́том году́ в музéе была́ фотовы́ставка?
6. В клу́бе бы́ло обсуждéние студéнческого журна́ла?

| II | У студéнта éсть учéбник. У студéнта бы́л (бу́дет) учéбник. | У студéнта нéт учéбника. У студéнта нé было (не бу́дет) учéбника. |

8. *Answer the questions.*

Model: — У меня́ éсть бра́т. А у Ви́ктора?
— У негó тóже éсть бра́т.

1. У Лéны éсть бра́т. А у ва́с?
2. У И́ры éсть подру́га. А у Ни́ны?
3. У Тóма éсть дру́г. А у Джóна?
4. У Са́ши éсть соба́ка. А у Олéга?
5. Сегóдня у на́с éсть семина́р. А у ва́с?
6. У Антóна éсть билéт. А у Вéры и Бори́са?

9. *Change the form of each question, replacing the names by the personal pronouns* óн, она́, они́.

1. Э́то моя́ подру́га Вéра. — У Вéры éсть бра́т?
2. Я собира́ю ста́рые кни́ги. — У Андрéя éсть ста́рые кни́ги?
3. Ни́на и Та́ня изуча́ют францу́зский язы́к. — У Ни́ны и Та́ни éсть учéбник францу́зского языка́?
4. Олéг бу́дет сегóдня переводи́ть статью́. — У Олéга éсть слова́рь?
5. Сегóдня вéчером я бу́ду у Ка́ти. — У Ка́ти éсть телеви́зор?

6. Бори́с Петро́вич — моско́вский писа́тель. — У Бори́са Петро́вича есть расска́зы о Москве́?

7. Это Жа́н. Он францу́з. — У Жа́на есть ру́сские друзья́?

10. *Answer the questions, using personal pronouns and the following words and phrases:* мо́й дру́г, моя́ сестра́, мо́й бра́т, молодо́й челове́к, Ма́ша, Оле́г.

1. У кого́ есть уче́бник англи́йского языка́?
2. У кого́ есть а́нгло-ру́сский слова́рь?
3. У кого́ есть ру́чка и́ли каранда́ш?
4. У кого́ есть но́мер телефо́на профе́ссора Ма́ркова?
5. У кого́ есть пя́тый но́мер журна́ла «Москва́»?
6. Я не зна́ю Бори́са Ники́тича. У ва́с есть его́ фотогра́фия?
7. У кого́ есть уче́бник хи́мии?

11. *Change the sentences, using the words on the right instead of the personal pronouns.*

1. У меня́ есть а́дрес городско́й больни́цы.	наш вра́ч
2. У него́ есть но́вые истори́ческие докуме́нты.	э́тот студе́нт
3. Я зна́ю, что у ва́с есть кни́га об исто́рии на́шего университе́та.	ва́ш дру́г э́тот аспира́нт
4. Я ду́маю, что у него́ есть но́вые фотогра́фии Ленингра́да.	э́тот челове́к э́та же́нщина

12. *Ask questions and answer them, using the words on the right. Pay attention to the word order in the answers.*

Model: — У кого́ есть э́тот журна́л?
— Этот журна́л есть у мое́й подру́ги.
(— У мое́й подру́ги.)

кни́га о Сове́тском Сою́зе, ка́рта Евро́пы, а́нгло-ру́сский слова́рь, истори́ческий рома́н, э́тот расска́з, уче́бник фи́зики, уче́бник ру́сского языка́, уче́бник литерату́ры; статья́ о Ру́сском музе́е, пя́тый но́мер «Но́вого ми́ра», газе́та «Пра́вда».	мо́й оте́ц, моя́ сестра́, его́ бра́т, э́та студе́нтка, тво́й това́рищ, ва́ша подру́га, наш профе́ссор, ты́, о́н, она́, мы́, вы́, они́

13. *Complete the sentences and write them out.*

Model: — У меня́ есть сестра́, а у моего́ дру́га нет сестры́.

1. У моего́ дру́га есть маши́на, а у меня́ ... .
2. У меня́ есть уче́бник ру́сского языка́, а у моего́ дру́га ... .

3. У тебя́ есть сего́дня ле́кция, а у меня́ ... .

4. У Ве́ры есть а́дрес Ви́ктора, а у на́с ... .

5. У Та́ни есть э́тот слова́рь, а у меня́ ... .

14. *Insert the words in parentheses in the required form. Write out the sentences.*

1. Сего́дня у на́с не́т ... (семина́р).
2. В на́шем го́роде не́т ... (теа́тр).
3. В э́той гости́нице не́т ... (рестора́н).
4. У него́ ещё не́т ... (э́та статья́).
5. В э́том райо́не не́т ... (па́рк).
6. У моего́ това́рища не́т ... (сестра́).
7. У меня́ не́т ... (газе́та).
8. На э́той у́лице не́т ... (музе́й).
9. В на́шем го́роде не́т ... (консервато́рия).
10. У меня́ не́т ... (э́тот слова́рь).
11. У Ни́ны не́т ... (э́тот уче́бник).
12. У него́ не́т ... (э́та кни́га).

15. *Give negative answers.*

Model:　— У меня́ есть газе́та «Изве́стия». А у ва́с?
　　　　— У меня́ не́т э́той газе́ты.

1. У него́ есть журна́л «Сове́тский Сою́з». А у ва́с?
2. У Ви́ктора до́ма есть библиоте́ка. А у ва́с?
3. У на́с есть ру́сско-англи́йский слова́рь. А у ва́с?
4. У меня́ есть статья́ о совреме́нном теа́тре. А у ва́с?
5. У Андре́я есть фотогра́фии Ленингра́да. А у ва́с?
6. Сего́дня у на́с есть уро́к ру́сского языка́. А у ва́с?

16. *Ask your friend how large his/her family is: whether he/she has a father, mother, sister, husband, wife, children.*

Model:　— У ва́с есть семья́?
　　　　— Да́, у меня́ есть семья́.
　　　　(— Не́т, у меня́ не́т семьи́.)

17. *Ask questions and answer them. Use the words given below. Write down your questions and answers.*

Model:　— В э́том райо́не есть ле́с?
　　　　— Да́, в э́том райо́не есть ле́с.
　　　　(— Не́т, в э́том райо́не не́т ле́са.)

эта дере́вня — река́, ва́ш го́род — гости́ница, э́тот уче́бник — слова́рь, э́тот журна́л — статья́ профе́ссора Со́мова

Model: — У ва́с е́сть сестра́?
— Да́, у меня́ е́сть сестра́.
(— Не́т, у меня́ не́т сестры́.)

Фёдор — бра́т, Анто́н — жена́, она́ — ка́рта Москвы́, э́тот писа́тель — истори́ческий рома́н, э́та студе́нтка — ва́ша статья́

Model: — У ва́с в дере́вне е́сть река́?
— Да́, у на́с в дере́вне е́сть река́.
(— Не́т, у на́с в дере́вне не́т реки́.)

они́ — институ́т — лаборато́рия, вы́ — го́род — теа́тр, о́н — до́м — библиоте́ка

18. *Translate.*

1. When I was at school, I had a friend.

2. There was a girl in our class: she sang very well.

3. Yesterday we had lectures, and today we had a seminar. Tomorrow we'll also have lectures.

4. Tomorrow I'll have a concert at the Conservatory.

5. Yesterday my friend made a report at the conference.

19. *Change the sentences, as in the model, and write them out.*

Model: За́втра у меня́ бу́дет конце́рт. Вчера́ у меня́ бы́л конце́рт.

1. За́втра у на́с бу́дет семина́р.
2. За́втра у ни́х бу́дет ле́кция, а у на́с бу́дет уро́к англи́йского языка́.
3. За́втра у на́с в клу́бе бу́дет конце́рт.
4. За́втра бу́дет обсужде́ние рабо́ты Петра́ Комаро́ва.
5. За́втра в теа́тре бу́дет интере́сный спекта́кль.

20. *Read and translate.*

1. У меня́ бы́л докла́д на семина́ре, а у Ви́ктора не́ было докла́да на семина́ре.
2. — Вы́ прочита́ли мою́ статью́? — Не́т. У меня́ не́ было ва́шей статьи́.
3. Сего́дня у на́с не́ было уро́ка и за́втра не бу́дет.

21. *Change the sentences, as in the model.*

Model:　У нас в институ́те нет общежи́тия. Ра́ньше у нас в институ́те не́ было общежи́тия.

1. В на́шем до́ме нет магази́на.
2. На на́шей у́лице нет до́ма № 10.
3. Наш го́род о́чень ма́ленький. Его́ нет на э́той ка́рте.
4. У нас в э́том году́ нет пра́ктики.
5. У нас в клу́бе нет худо́жника.

22. (a) *Translate the text into English and write it down.*

(b) *Translate your English text back into Russian and compare your translation with the original text.*

Са́ша у́чится в шко́ле. Сего́дня у него́ в шко́ле бу́дет уро́к францу́зского языка́. Его́ това́рищи гото́вят уро́ки. У ка́ждого ученика́ есть уче́бник францу́зского языка́ и слова́рь. То́лько у Са́ши нет уче́бника. Неде́лю наза́д у него́ был уче́бник. Сейча́с он не зна́ет, где его́ уче́бник. Сего́дня Са́ша бу́дет гото́вить уро́ки в библиоте́ке. У него́ нет уче́бника.

★**23.** *Read and translate. Account for the use of* есть *in some sentences and its absence in the others.*

1. У ру́сского челове́ка есть и́мя и о́тчество. У э́той де́вушки краси́вое и́мя.
2. — У вас есть дом? — Да, есть. — У вас большо́й дом?
3. У меня́ есть а́нгло-ру́сский слова́рь. У меня́ а́нгло-ру́сский слова́рь, а у него́ — ру́сско-англи́йский.
4. У вас есть ка́рта Аме́рики? У вас ка́рта Се́верной Аме́рики, а у меня́ ка́рта Ю́жной Аме́рики.

★**24.** *Answer the questions and write down your answers.*

1. У вас есть уче́бник неме́цкого языка́? У вас но́вый уче́бник?
2. У вас есть каранда́ш? У вас чёрный каранда́ш?
3. На ва́шей у́лице есть кинотеа́тр? Э́то большо́й кинотеа́тр?
4. У вас в го́роде есть па́рки? У вас в го́роде краси́вые па́рки?
5. У вас в го́роде есть стадио́н? У вас в го́роде большо́й стадио́н?
6. У вас есть ка́рта? У вас ка́рта Евро́пы?
7. У вас в университе́те есть клуб? У вас хоро́ший студе́нческий клуб?

★ **25.** *Complete the sentences, as in the model.*

Model: У меня́ есть слова́рь, а у него́ нет.
У меня́ большо́й слова́рь, а у него́ ма́ленький.

1. У него́ есть америка́нский журна́л, а ... . У него́ америка́нский журна́л, а ... .
2. У тебя́ есть уче́бник англи́йского языка́, а ... . У тебя́ уче́бник англи́йского языка́, а ... .
3. У ва́с в го́роде есть литерату́рный музе́й, а ... . У ва́с в го́роде литерату́рный музе́й, а ... .
4. У ва́с в университе́те есть но́вый стадио́н, а ... . У ва́с в университе́те но́вый стадио́н, а ... .

★**26.** *Give affirmative or negative answers to the questions.*

Model: — У ва́с есть э́та кни́га?
— Да́, у меня́ есть э́та кни́га.
(— Не́т, у меня́ не́т э́той кни́ги.)

or:

— У него́ интере́сная статья́?
— Да́, у него́ интере́сная статья́.
(— Не́т, у него́ неинтере́сная статья́.)

1. У ва́с есть но́вый уче́бник?
2. У него́ интере́сная рабо́та?
3. У ва́с тру́дная зада́ча?
4. У ва́с есть те́кст уро́ка?
5. У неё интере́сный докла́д?
6. У ва́с есть бра́т?
7. У него́ есть семья́?
8. У него́ больша́я семья́?
9. У ва́с сейча́с хоро́шая пого́да?
10. У ва́с в стране́ хоро́ший кли́мат?
11. У ва́с на факульте́те есть хими́ческая лаборато́рия?

27. *Complete the sentences, using proper names in the required form.*

1. Его́ ма́ть зову́т А́нна Петро́вна. Вчера́ я ви́дел ... . Э́то до́чь ... . Мы́ говори́ли об ... .
2. В университе́те я уви́дел Ви́ктора Петро́вича. Её отца́ зову́т ... . Э́то статья́ ... .
3. Её зову́т Дже́йн Бра́ун. Вчера́ мы́ ви́дели ... . Мы́ говори́ли о ... .
4. Э́то Ро́берт Джо́нсон. Э́то до́м ... . Он написа́л рабо́ту о ... . Он зна́л ... .

28. *Complete the sentences, using proper names in the required form.*

1. Никола́й Петро́вич — на́ш дру́г. Э́то сы́н ..., а Та́ня — до́чка ... .
2. Его́ и́мя ... (Никола́й), а о́тчество ... (Петро́вич).
3. В э́той кни́ге а́втор расска́зывает о жи́зни ... (Алекса́ндр Серге́евич Пу́шкин).
4. Вчера́ я́ ви́дел ... (Серге́й Никола́евич).
5. Они́ говори́ли о ... (Па́вел Ива́нович).
6. Э́то до́чь ... (А́нна Ива́новна).
7. Я́ зна́ю ... (Ири́на Серге́евна).
8. О́н написа́л кни́гу о ... (Гали́на Серге́евна Ула́нова).
9. Её и́мя ... (Ве́ра Па́вловна).

III Слу́шай(те) внима́тельно.
Переведи́(те) э́тот те́кст.
Не переводи́(те) э́тот те́кст.

29. (a) *Read and translate.*

(b) *Indicate the aspect of the verbs from which the imperatives have been formed.*

(c) *Point out the sentences conveying: a special request, a request to perform the action regularly, a request not to perform the action, and a request to modify the action.*

1. Зде́сь живу́т украи́нцы. Расскажи́те об э́том наро́де.
2. Слу́шайте внима́тельно, я́ расскажу́ ва́м о контро́льной рабо́те.
3. Напиши́те, пожа́луйста, зде́сь ва́шу фами́лию.
4. Вы́ пи́шете о́чень бы́стро. Пиши́те ме́дленно, пиши́те краси́во.
5. Не чита́йте э́тот расска́з. О́н неинтере́сный.
6. Слу́шайте ра́дио ка́ждый де́нь.
7. Чита́йте кни́ги по-ру́сски, смотри́те ру́сские фи́льмы, и вы́ бу́дете хорошо́ зна́ть ру́сский язы́к.

30. (a) *Make specific requests, using the phrases given below.*

Model: — Откро́йте, пожа́луйста, окно́.

чита́ть/прочита́ть те́кст, открыва́ть/откры́ть кни́гу, переводи́ть/перевести́ те́кст, дава́ть/да́ть ка́рту, писа́ть/написа́ть а́дрес

(b) *Give advice to do something regularly.*

Model: Пиши́те по-ру́сски ка́ждый де́нь, и вы́ бу́дете хорошо́ писа́ть.

говори́ть/сказа́ть по-ру́сски, отдыха́ть/отдохну́ть, рабо́тать, чита́ть/прочита́ть журна́лы, газе́ты, писа́ть/написа́ть пи́сьма по-ру́сски

(c) *Make a request or give advice not to do something, using the phrases given below.*

Model: — Не смотри́те э́тот фи́льм. Он неинтере́сный.

чита́ть/прочита́ть э́ту кни́гу, переводи́ть/перевести́ э́тот те́кст, писа́ть/написа́ть э́то упражне́ние.

31. (a) *Make requests, using the following phrases.*

Скажи́те, пожа́луйста, ...	где́ живёт...
Покажи́те, пожа́луйста, ...	где́ нахо́дится...
Расскажи́те, пожа́луйста, ...	когда́ (ка́к) вы́ на́чали...
	когда́ (ка́к) вы́ ко́нчили...
	почему́ вы́ поступи́ли...

(b) *Give specific advice, using the following verbs.*

Model: Обяза́тельно посмотри́те э́тот фи́льм.

чита́ть/прочита́ть, смотре́ть/посмотре́ть

(c) *Make requests to perform a modified action.*

Model: Говори́те, пожа́луйста, ме́дленно. Я плохо ва́с понима́ю.

чита́ть/прочита́ть, говори́ть/сказа́ть, слу́шать.

(d) *Give advice or make a request not to do something.*

Model: Не разгова́ривайте на уро́ке.

смотре́ть/посмотре́ть, поступа́ть/поступи́ть, стоя́ть, спра́шивать/спроси́ть.

Phonetic Exercises

1. *Read, paying attention to the pronunciation of the relevant sounds.*

[л']: ле́то, вели́кий, бо́лен, больна́, фами́лия, контро́льная, обяза́тельно, ма́льчик, ме́дленно, ве́жливый, испо́льзовать, да́льше;

[р], [р']: ра́но, наро́д, метро́, гро́мко, вопро́с, кра́ткий, откры́тка, собра́ть, соберу́, дру́жеский, вре́мя, дирижёр, наприме́р, консервато́рия;

[ч]: нача́ть, учёный, отве́чу, до́чь, мо́чь, де́вочка, о́тчество [о́т'чиствъ];

[ц]: де́тский [д'е́цк'ий], сади́ться [сад'и́ццъ], начина́ться, знако́миться;

[ж], [ш]: одна́жды, слы́шать, слы́шу, слы́шишь, слу́шаешь, пи́шешь, ска́жешь, спро́сишь, сли́шком, коне́чно [кан'е́шнъ];

soft consonants: и́мя, метро́, телефо́н, фами́лия, профе́ссия, зва́ть, е́сть, се́сть.

2. *Read, paying attention to the pronunciation of unstressed syllables.*

— —́ метро́, поэ́т, кафе́;

—́ — и́мя, вре́мя, слы́шать, сли́шком;

— —́ — бога́тый, свобо́дный, коне́чно, вели́кий, крестья́нин;

— — —́ опозда́ть, повтори́ть, открыва́ть, выступа́ть, собира́ть, начина́ть, иногда́, музыка́нт, наприме́р;

—́ — — вы́ставка, де́вочка, о́тчество, ме́дленно, по́лное, дру́жеский;

— —́ — — опа́здывать, испо́льзовать, контро́льная, профе́ссия [праф'е́с'иjь];

— — —́ — знамени́тый;

— — —́ — — предложе́ние, обраще́ние, обяза́тельно [аб'иза́т'ил'нъ], познако́миться, начина́ется;

— — — —́ — — консервато́рия [кънс'ирвато́р'иjь];

— — — — —́ — неофициа́льный [н'иаф'ицыа́л'ныj];

число́ — чи́сла, слова́рь — словаря́ — словари́, ме́сто — места́, му́зыка — музыка́нт, хоро́ший — хорошо́, бо́лен — больна́ — больны́, показа́ть — пока́зывать, покажу́ — пока́жешь, пока́жете — покажи́те, могу́ — мо́жешь, обсу́дите — обсуди́те, спрошу́ — спро́сишь, спро́сите — спроси́те, ска́жете — скажи́те, пи́шете — пиши́те, перево́дите — переводи́те, выступа́ть — вы́ступить, опозда́ть — опа́здывать, на́чал — начала́ — на́чали, по́нял — поняла́ — по́няли, да́л — дала́ — да́ли, бы́л — была́ — бы́ли, жи́л — жила́ — жи́ли.

3. *Read aloud. Underline the devoiced consonants.*

вы́ставка, наро́д, ра́з, пло́щадь, тетра́дь, обсуди́ть, мо́г.

4. *Read, paying attention to pronunciation and intonation. Compose similar dialogues.*

1. — У ва́с е́сть телеви́зор?

— Да́, / е́сть. А у ва́с?

— А у на́с не́т телеви́зора.

— Ра́ньше у ва́с то́же его́ не́ было?

— Не́т, / ра́ньше бы́л. Когда́ у на́с бы́л телеви́зор, / де́ти ка́ждый де́нь сиде́ли о́коло него́ / и ма́ло чита́ли. А мы́ лю́бим, когда́ они́ чита́ют, / а не смо́трят телеви́зор.

2. — Ма́ша, / сего́дня бы́л уро́к ру́сского языка́?

— Да́, / бы́л.

— А ле́кция была́?

— Не́т, / ле́кции не́ было.

— А ты́ не зна́ешь, / за́втра бу́дет конце́рт в клу́бе?

— Да́, / бу́дет.

— Ты бу́дешь на конце́рте?

— Не́т, / не бу́ду. У меня́ мно́го рабо́ты.

— А где́ ты была́ вчера́ ве́чером? Я тебе́ звони́ла, / а тебя́ не́ было до́ма.

— Я́ была́ в Большо́м теа́тре.

— А что та́м бы́ло?

— «Бори́с Годуно́в».

3. — Джо́н, / ты́ живёшь в большо́м го́роде?

— Не́т, / в ма́леньком.

— У ва́с в го́роде е́сть теа́тр?

— Не́т, / у на́с не́т теа́тра.

— А консервато́рия у ва́с е́сть?

— Консервато́рии то́же не́т.

4. — Скажи́те, пожа́луйста, / на э́той у́лице е́сть кафе́?

— Не́т, / зде́сь не́т кафе́.

— А рестора́н?

— Рестора́на то́же не́т.

5. — А́нна Серге́евна, / у ва́с е́сть до́чь?

— Не́т, / у меня́ не́т до́чери. У меня́ сы́н.

6. — У кого́ е́сть уче́бник ру́сского языка́?

— У А́нны.

— У кого́ е́сть слова́рь?

— У меня́.

5. *Read and answer the questions.*

1. У вас в го́роде есть река́?
2. У вас есть маши́на?
3. У тебя́ есть сестра́? А брат?
4. У вас сего́дня была́ ле́кция? А семина́р? А уро́к ру́сского языка́?
5. У тебя́ есть уче́бник ру́сского языка́?
6. У То́ма есть телефо́н? У вас есть его́ но́мер телефо́на? У вас есть его́ а́дрес?

6. *Situation.*

You are going to visit a city. Ask a friend whether there is a theater of opera and ballet, university, conservatory, subway, river in that city. Compose a dialogue.

7. *Read, paying attention to intonation.*

У нас больша́я маши́на, / а у них ма́ленькая.

У него́ есть телефо́н, / а у меня́ нет.

У вас сего́дня уро́к ру́сского языка́, / а у нас ле́кция.

У них но́вый телеви́зор, / а у нас ста́рый.

В Москве́ есть метро́, / а в Ри́ге нет.

У него́ есть соба́ка, / а у неё нет.

У меня́ нет ко́шки, / а у них есть.

Сего́дня была́ плоха́я пого́да, / а за́втра бу́дет хоро́шая.

8. *Read aloud. Make sure you pronounce the pretonic and post-tonic parts of each sentence as a single unit.*

Я не поняла́. Я не поняла́ вас. Я не поняла́, что вы сказа́ли. Я не слы́шу. Я не слы́шу вас. Я не слы́шу, что они́ говоря́т. Я зна́ю. Я зна́ю его́ а́дрес. Я зна́ю, где он живёт. Я зна́ю, почему́ его́ не́ было. Я зна́ю, почему́ его́ не́ было на ле́кции. Я ду́маю, что он не посту́пит в университе́т.

9. *Read, paying attention to the pronunciation of patronymics.*

А́нна Петро́вна [п'итро́внъ], Оле́г Петро́вич [п'итро́в'ич], Ири́на Ива́новна [ива́нъвнъ], [ива́ннъ], Ива́н Ива́нович [ива́нъв'ич], [ива́ныч], О́льга Серге́евна [с'ирг'е́јивнъ], [с'ирг'е́внъ], Анто́н Серге́евич [с'ирг'е́јив'ич], [с'ирг'е́ич], Ната́лья Ники́тична [н'ик'и́т'ишнъ].

10. *Read aloud. Compose similar dialogues.*

1. — Дава́йте познако́мимся. Моя́ фами́лия Ряза́нов. Зову́т меня́ Пётр Серге́евич. Я архите́ктор. А ка́к ва́с зову́т?

   — Рома́нова О́льга Серге́евна. Я журнали́ст.

   — А ка́к и́мя ва́шей до́чери?

   — Ма́ша. Она́ у́чится в Моско́вской консервато́рии.

   — О́чень ра́д. А ка́к зову́т ва́шу подру́гу, Ма́ша?

   — Кэ́трин Го́лдсмит. Кэ́трин — америка́нка, / у́чится в Моско́вском университе́те.

2. — Познако́мьтесь. Э́то ва́ш но́вый профе́ссор, / Ви́ктор Петро́вич Ивано́в. А э́то ва́ши студе́нты.

   — Ники́тин / Пётр.

   — О́чень прия́тно. А ка́к ва́ше о́тчество?

   — Прости́те, / Петро́вич. Пётр Петро́вич.

   — А ка́к ва́с зову́т?

   — Фёдорова Мари́я Ива́новна.

   — О́чень ра́д.

3. — Ва́ша фами́лия?

   — Стро́ганова.

   — И́мя?

   — А́нна.

   — О́тчество?

   — Фёдоровна.

   — Ва́ша фами́лия?

   — Моро́зова.

11. *Situations.*

(a) Introduce your friend to a girl of your acquaintance.

(b) Introduce your friends to your parents.

(c) Imagine that you are a hotel manager. Ask the guests their first name, patronymic and last name, their address. Ask for their passports. Compose dialogues.

12. *Read, paying attention to the intonation of non-final syntagms.*

Дже́йн писа́ла в письме́ о то́м,⁴ / что она́ у́чится в Моско́вском университе́те.

Джо́н расска́зывал о то́м,³ / что́ о́н ви́дел в Кремле́.¹

Мы́ проси́ли То́ма рассказа́ть о то́м,⁴ / как живу́т студе́нты в Аме́рике.¹

Когда́ у ва́с бу́дет свобо́дное вре́мя,³ / посмотри́те э́тот фи́льм.¹

Молодо́й челове́к спроси́л:¹ / «Ка́к ва́с зову́т?»²

«Ка́к ва́с зову́т?»² — спроси́л молодо́й челове́к.

Де́вушка сказа́ла:¹ / «Меня́ зову́т Ната́ша».¹

«Меня́ зову́т Ната́ша»,¹ — сказа́ла де́вушка.

13. *Listen to the text and read it aloud. First repeat the sentences after the speaker during the pauses, then read the whole text through. Pay attention to pronunciation, speed, rhythm and intonation.*

И́мя, о́тчество, фами́лия

Что́ тако́е и́мя,² / о́тчество,² / фами́лия?³ Об э́том расска́зывает кни́га Л.В. Успе́нского. Она́ называ́ется «Ты́ и твоё и́мя». Прочита́йте э́ту кни́гу.

В СССР живу́т ру́сские,⁴ / украи́нцы,⁴ / таджи́ки⁴ / и други́е наро́ды.¹

У ру́сского челове́ка е́сть и́мя,⁴ / наприме́р, Никола́й,⁴ / А́нна,⁴ / Влади́мир,⁴ / О́льга. И ещё е́сть о́тчество:⁴ / Петро́вич⁴ / и́ли Петро́вна,⁴ / Серге́евич³ / и́ли Серге́евна. В ка́ждом о́тчестве мы́ ви́дим и́мя отца́³ / и су́ффикс -о́вич и́ли -о́вна.

Ру́сские спра́шивают:² / «Ка́к ва́с зову́т?² Ка́к ва́ше и́мя и о́тчество?»⁴ И отвеча́ют:⁴ / «Никола́й Петро́вич. А́нна Серге́евна». Никола́й Петро́вич —³ / э́то сы́н Петра́.¹ А́нна Серге́евна —³ / до́чка Серге́я.

Николай и Анна — / это полные имена. Николай Петрович, / Анна Сергеевна — / это вежливая форма обращения. Но есть ещё и краткие имена. Николай — / это Коля, / а Анна — / это Аня. Коля, / Аня — / дружеская, / неофициальная форма обращения. Мальчика или молодого человека / зовут Коля, / а девочку — / Аня.

Петров, / Петрова, / Кузнецов, / Кузнецова — / это русские фамилии. Иногда фамилия рассказывает об истории семьи. Фамилия Петров / говорит о том, / что очень давно это была семья Петра. Фамилии Рыбаков, / Кузнецов / говорят о профессии. Такие фамилии есть и в английском языке/ , например Смит (Smith). Фамилии Москвин, / Волгин, / Югов, / Востоков / рассказывают о том, / где жила семья.

Когда мы слышим слово Пётр, / мы знаем, что это имя мужчины. Петрович — / отчество, / а Петров — / фамилия. Сергей — / это имя, / Сергеевич — / отчество, / а Сергеев — / фамилия.

Но не у каждого человека в СССР / обязательно есть имя, / отчество / и фамилия. На северо-востоке СССР / живёт небольшой народ чукчи. Спросите чукчу, как его имя. И вы услышите: «Тымнэро». Спросите, как его фамилия. И он ответит: «Тымнэро». У него только одно имя. У него нет отчества.

Вы знаете, когда русские говорят Николай Петрович, / а когда — Коля, / когда говорят Анна Петровна, / а когда — Аня.

Когда русские говорят «ты», / а когда «вы»? Раньше была только одна форма обращения — / «ты». Форма «вы» / появилась в России в XVIII (восемнадцатом) веке. Эту форму начал использовать Пётр I (первый). Тогда слова «ты» и «вы» / дифференцировали социальное положение человека. Бедный человек, / крестьянин / мог услышать только «ты». Богатые люди говорили «ты», / когда хотели показать социальную дистанцию.

Сейча́с в ру́сском языке́ «вы́»— / э́то официа́льная, / ве́жливая фо́рма обраще́ния, / «ты́»— / дру́жеская, / неофициа́льная.

14. *Find in the text the sentences consisting of a number of syntagms. Analyze the intonation of the non-final syntagms and read them aloud, using all possible types of ICs.*

Formation Practice

1. *Write down complete conjugations for the perfective verb* nŏйм- *"understand". (See Analysis VII, 6.0-6.2 and consult Appendix VI, II, A, 5b). Mark stress in each form.*

2. *Study and learn the forms of the verb pair* мо́чь/смо́чь. *Write down complete conjugations of each. State what feature(s) of this verb cause it to be classified as irregular.*

3. *Write down imperative forms for the following stems. Mark stress in each. (See Analysis 6.1, 6.2.)*

пишӑ-, говори́-, обсужда́й-, переводй̆-, пока́зывай-, показӑ-, учй̆-, спра́шивай-, спросй̆-, ста́н-, диктова́-, по̆йм-, познако́ми-, отвеча́й-, выступа́й-

4. *Supply imperative forms for the following stems. These stems are for practice only and need not be learned at this stage.*

молча́-, плы̆в-, возй̆-, махӑ-, вста́н-, плясӑ-, систематизирова́-, тянў-, вёд-', дышӑ-, ста́ви-, вязӑ-, меня́й-, кри́кну-

5. *Write down complete conjugations (present and past tense, infinitive and imperative forms) of the verbs* з/вӑ- *"call" and* б/рӑ- *"take". (See Analysis and Appendix VI, I.4.)*

6. *Although the two new classes of verbs introduced in Unit VII (non-syllabic* -**a** *types, and non-syllabic* -**м** *and* -**н***) represent small and non-productive groups in modern Russian, their occurrence is frequent enough to warrant thorough mastery. Practice the patterns of these small groups by conjugating other verbs of the same type. (For practice only.)*

g/рӑ-"flay", зӑйм- "occupy", жн- "reap", соб/рӑ- "collect", нӑйм- "hire", наз/вӑ- "name".

7. *Complete the sentences, using the noun phrases given below.*

(a) Га́ля по́мнит... .

э́тот фи́льм, мо́й учи́тель, ва́ше и́мя, на́ш го́сть, на́ша ста́нция, э́тот арти́ст.

(b) Пе́тя говори́л о (об) ... .

совреме́нный поэ́т, Сиби́рь, но́вая лаборато́рия, на́ш преподава́тель.

8. *Form patronymics (both male and female) from the following names. Write out each name in transcription first, then add the formant -ov (-ов) and -ič (-ич) or -na (-на). In contemporary Russian many first names ending in -ij (-ий) lose the -i- in patronymic derivation; for example,* Ю́рий *Júr'ij, but* Ю́рьевич *Júr'/j + ov + ič. The patronymic from Dm'itr'ij does not lose the -i:* Дми́триевич *Dm'itr'ij + ov + ič. Note carefully that loss of i in -ij nouns occurs only in patronymic derivation; nouns in -ij are declined regularly.*

Степа́н, Серге́й, Анто́н, И́горь, Алексе́й, Андре́й, Алекса́ндр, Фёдор, Макси́м, Влади́мир, Вади́м, Евге́ний, Дми́трий, Васи́лий, Григо́рий.

★9. (a) *Express each of the following nouns in basic sounds.*

Model: зда́ние *zdán'ijo*

Австра́лия, судья́, кафете́рий, апре́ль, чего́, чьего́, общежи́тие, оте́ц, сестра́, серьёзность, самолёт, этажи́, семья́.

(b) *Rewrite each of the following words in Cyrillic.*

Model: *čelov'ék* челове́к

čužój, s'em'éj, s'em'jój, l'icó, l'icé, l'icá, domásn'ij, jaziká, ekzót'ika, lúk, l'úk, sínoj.

Written Exercises for General Review

1. *Translate. Mark stress throughout.*

1. Tell me, please, where the hotel *Rossiya* is located.

2. This city has a large library. This town used to have a theater. This city will soon have a subway.

3. My friend Irina Ivanovna Borodina has no car.

4. Tom doesn't have this journal, my teacher didn't have it and our library won't have it either.

5. Don't translate the fifth exercise now, we'll do it in class tomorrow.

6. "Who was at home last night?" "Father was at home, but mother wasn't."

7. I often think about my little brother Petya.

8. We discussed this question at the meeting but did not resolve it.

9. He was here, but he is not here now.

10. Is my Kolya at your place now?

11. This journal is called *Sovetskaya Literatura (Soviet Literature)*. I get it every month. This is the journal *Voprosy Filosofii (Problems of Philosophy)*. You will get it every month.

12. Excuse me, did you know Olga Mikhailovna when she was lecturing at the Philological Faculty of Moscow University?

13. Is there a library in your town? Is it a good library?

14. "Why wasn't Anton in class yesterday?" "He was at home and was preparing a report on the history of the Russian name Tatyana."

Review Assignment

I. Verb Formation

1. *Supply complete conjugations (including imperative forms) for the following basic stems:*

расска́за́-,   перевёд-,
поступи́-,   испо́льзова-"utilize"

II. Dialogue

1. *Compose dialogues (at least 8 lines each) based on the following situations.*

(1) You meet an old school friend whom you haven't seen for a long time. Greet him, ask what he has been doing, what he and your other friends are reading, studying, etc., whether he has been working in the summer.

(2) Two colleagues meet at the institute and talk about each other's family and personal interests.

III. Translation

1. *Translate. Mark stress throughout.*

1. "What are you going to read when you have finished Tolstoy's novel *Anna Karenina*?" "I'm going to read Turgenev's *Asya.*"

2. "Sasha, have you read that new book on Russian 18th-century architecture?"

"No, I haven't, but Volodya has. He liked the book very much."

3. Will the seminar be at the University or the Institute of History?

4. My daughter has a friend. Her name is Alla Sergeyevna Sokolova and she is a young writer. I am often asked about Sokolova and about her work.

5. Our city has a small park. It is located in the center of the city.

6. Lena, do you have a pen? My pen won't write.

Unit 8

Practice Exercises

В Москве́ мно́го **кинотеа́тров, библиоте́к.**

1. *Read the questions. Point out the nouns in the genitive plural. Determine the gender of these nouns. Answer the questions.*

1. В го́роде мно́го фа́брик и заво́дов?
2. В це́нтре го́рода мно́го теа́тров?
3. Здесь мно́го гости́ниц?
4. Ле́том в клу́бе бы́ло мно́го вы́ставок? А фи́льмов пока́зывали мно́го?
5. Ве́чером в клу́бе бы́ло мно́го студе́нтов на́шего ку́рса?
6. О́коло теа́тра бы́ло мно́го авто́бусов и маши́н?
7. Вы́ получа́ете мно́го пи́сем?

2. *Replace the underlined words by the words in brackets.*

1. Здесь мно́го учеников́ . (учени́ца, студе́нт, студе́нтка)
2. Он купи́л не́сколько книѓ. (газе́та, журна́л, карти́на, портре́т)
3. Я́ не зна́ю, ско́лько арти́стов здесь рабо́тает. (профе́ссор, инжене́р)
4. На столе́ лежа́ло не́сколько газе́т. (журна́л, письмо́, кни́га)
5. У моего́ бра́та мно́го ма́рок . (откры́тка, значо́к)
6. На ве́чере бы́ло не́сколько музыка́нтов . (худо́жник, арти́ст, арти́стка)

3. *Complete the sentences, using the words in brackets.*

Model: В э́том за́ле музе́я не́т карти́н, здесь мно́го кни́г.

1. В э́том райо́не го́рода не́т... (заво́д, институ́т — са́д, па́рк)
2. На э́той у́лице не́т ... (гости́ница, шко́ла, больни́ца — магази́н, апте́ка)
3. В це́нтре го́рода не́т... (институ́т, заво́д — теа́тр, библиоте́ка)
4. На моём столе́ не́т... (газе́та — кни́га, журна́л)

4. *Compose similar dialogues, using the words given below.*

1. — У ва́с в библиоте́ке е́сть кни́ги на ру́сском языке́?
   — Да́, у на́с мно́го кни́г на ру́сском языке́.
   (газе́та, журна́л)
2. — У ва́с в го́роде е́сть институ́ты?
   — Да́, е́сть.
   — Ско́лько институ́тов в ва́шем го́роде?
   — В на́шем го́роде мно́го институ́тов.
   (теа́тр, заво́д, гости́ница, больни́ца)

5. *Read the sentences. Point out the nouns in the genitive plural and give their nominative singular.*

1. Я́ купи́л не́сколько уче́бников, словаре́й, ру́чек, тетра́дей.
2. На столе́ лежа́ло мно́го значко́в, карандаше́й.
3. В э́том райо́не го́рода постро́ят не́сколько у́лиц и площаде́й.
4. В э́том до́ме 10 этаже́й, 100 кварти́р.
5. Студе́нты консервато́рии вчера́ дава́ли конце́рт. Та́м выступа́ло мно́го певцо́в, не́сколько студе́нтов-иностра́нцев.
6. В э́том райо́не страны́ ма́ло ре́к, не́т море́й, но мно́го лесо́в.

6. *Complete the sentences, using the words in brackets. Write out the sentences.*

1. В консервато́рии выступа́ли арти́сты: не́сколько ... (музыка́нт, певе́ц).
2. На ве́чере в общежи́тии бы́ло мно́го ... (москви́ч).
3. В «Литерату́рной газе́те» е́сть статьи́ ... (писа́тель, арти́ст, худо́жник).
4. У меня́ не́т ... (бра́т, сестра́).
5. В э́той семье́ мно́го ... (де́ти).

7. *Read the sentences. Point out the nouns in the genitive plural and give their nominative singular.*

1. Я́ давно́ не́ был в э́том го́роде. Зде́сь появи́лось не́сколько зда́ний.
2. Ви́ктор показа́л не́сколько откры́ток и фотогра́фий.
3. Я́ сде́лал не́сколько упражне́ний и написа́л 10 сло́в.

8. *Complete the sentences.*

1. На ве́чере бы́ло не́сколько ученико́в, учени́ц, ...
2. Мы́ купи́ли в магази́не не́сколько ру́чек, ...
3. На по́лке лежа́ло не́сколько газе́т, ...
4. В ко́мнате на стене́ висе́ло не́сколько фотогра́фий, ...
5. У него́ бы́ло не́сколько бра́тьев, ...
6. Э́то бога́тый райо́н. Зде́сь мно́го лесо́в, ...
7. Э́то о́чень большо́й го́род, здесь мно́го теа́тров, ...
8. В э́том ме́сяце я́ прочита́л не́сколько стате́й, ...
9. О́коло университе́та мы́ уви́дели мно́го авто́бусов, ...

9. *Answer the questions.*

Model: — У ва́с в семье́ е́сть врачи́?
        — Не́т, у на́с в семье́ не́т враче́й.

1. У ва́с в семье́ е́сть ученики́?
2. У ва́с в семье́ е́сть инжене́ры?
3. У ва́с в семье́ е́сть студе́нты и́ли студе́нтки?
4. У ва́с в институ́те е́сть лаборато́рии?
5. У ва́с в институ́те е́сть маши́ны?
6. У ва́с сего́дня е́сть уро́ки, ле́кции, семина́ры?

| I | На э́той у́лице нахо́дится **два́ теа́тра, пя́ть библиоте́к.** |

10. *Complete the sentences and make up exchanges, using the words on the right and the numerals from 1 to 10.*

Model: — У на́с в до́ме 3 кварти́ры.
        — А у на́с в до́ме 5 кварти́р.

1. У на́с в кварти́ре...	сто́л, дива́н, портре́т, шка́ф
2. У на́с в ко́мнате...	ла́мпа, карти́на, сту́л
3. У меня́ в портфе́ле...	слова́рь, статья́, письмо́
4. У на́с в го́роде...	заво́д, больни́ца, па́мятник, па́рк
5. На на́шей у́лице...	магази́н, кинотеа́тр,
6. В на́шем райо́не...	высо́кое зда́ние, шко́ла, общежи́тие, гости́ница

11. *Compose phrases, using the numerals and nouns given below.*

2, 3, 4, 22, 23, 24; 5, 6 ... 10, 11, 12 ..., 20, 26, 28 ...

страна́, райо́н, го́род, до́м, проспе́кт, у́лица, москви́ч, авто́бус, па́рк, стадио́н, профе́ссор, писа́тель, вра́ч, зда́ние, письмо́, сло́во, слова́рь, уче́бник, тетра́дь, кварти́ра, карти́на.

12. *Complete the sentences, using the words in brackets.*

На э́той у́лице 70 ... (до́м). В на́шем до́ме 12 ... (эта́ж). На пя́том этаже́ нахо́дится 8 ... (кварти́ра). В ка́ждой кварти́ре 5 ... (ко́мната), 4 ... (ко́мната) и́ли 3 ... (ко́мната). В на́шей кварти́ре 4 ... (ко́мната). В са́мой большо́й ко́мнате 3 ... (окно́). В мое́й ко́мнате 2 ... (окно́).

13. *Answer the questions, using the numerals from 1 to 10 and the nouns in brackets.*

1. Что́ лежи́т у ва́с на столе́? (журна́л, кни́га, письмо́, слова́рь)
2. Что́ лежи́т у ва́с в портфе́ле? (уче́бник, ру́чка, газе́та, тетра́дь)
3. Что́ есть у ва́с в ко́мнате? (сто́л, дива́н, шка́ф, по́лка)
4. Что́ о́н написа́л в тетра́ди? (сло́во, предложе́ние, упражне́ние)
5. Что́ вы́ прочита́ли? (кни́га, статья́, докла́д)
6. Что́ о́н нарисова́л? (зда́ние, до́м, портре́т)

II — С к о́ л ь к о сейча́с в р е́ м е н и?
— Сейча́с **де́вять часо́в пятна́дцать мину́т.**

14. *Read and translate.*

— Ве́ра, ско́лько сейча́с вре́мени?
— Сейча́с 4 часа́ 15 мину́т.
— У меня́ сего́дня семина́р, и я́ уже́ опа́здываю. Ты́ не зна́ешь, где́ мо́й портфе́ль?
— О́н лежи́т на по́лке.
— Спаси́бо. Ско́лько сейча́с вре́мени?
— Сейча́с 5 часо́в 3 мину́ты.
— Спаси́бо, Ве́ра. До свида́ния.

15. *Answer the question.*

Ско́лько сейча́с вре́мени?

2 ч. 10 м.,[1] 3 ч. 5 м., 5 ч. 3 м., 8 ч. 2 м., 10 ч. 15 м., 4 ч. 20 м., 11 ч. 15 м., 12 ч. 25 м., 4 ч. 4 м.

---

[1] ч. is the abbreviation for ча́с, часа́ or часо́в and м. for мину́та, мину́ты or мину́т.

III	— Ско́лько вре́мени они́ жи́ли на ю́ге? — Они́ жи́ли та́м **четы́ре го́да.**

★ **16.** *Answer the questions, using the phrases:*

го́д наза́д	ме́сяц наза́д	неде́лю наза́д
2 (3, 4) го́да наза́д	2 (3, 4) ме́сяца наза́д	2 (3, 4) неде́ли наза́д
5 (6...) ле́т наза́д	5 (6...) ме́сяцев наза́д	5 (6...) неде́ль наза́д
не́сколько ле́т наза́д	не́сколько ме́сяцев наза́д	

1. Вы́ давно́ бы́ли в теа́тре?
2. Когда́ вы́ писа́ли контро́льную рабо́ту?
3. Когда́ вы́ познако́мились?
4. Когда́ вы́ узна́ли о ле́тней пра́ктике?
5. Когда́ вы́ на́чали собира́ть ва́шу колле́кцию?
6. Когда́ вы́ узна́ли но́мер его́ телефо́на?
7. Когда́ вы́ прочита́ли ва́ш докла́д на семина́ре?
8. Когда́ вы́ пе́рвый ра́з услы́шали и́мя э́того писа́теля?

17. *Read the sentences. What does the form of the nouns* ча́с, мину́та, де́нь, неде́ля, ме́сяц *and* го́д *depend on?*

1. — Ско́лько вре́мени вы́ сего́дня рабо́тали в библиоте́ке?
   — Я́ рабо́тал в библиоте́ке ...

   (оди́н) ча́с.
   2 (3, 4) часа́.
   5 (6...) часо́в.
   не́сколько часо́в.

2. — Ско́лько мину́т вы́ слу́шали ра́дио?
   — Я́ слу́шал ра́дио ...

   (одну́) мину́ту.
   две́ (3, 4) мину́ты.
   5 (6...) мину́т.
   не́сколько мину́т.

3. — Ско́лько ме́сяцев вы́ жи́ли на ю́ге?
   — Мы́ жи́ли на ю́ге ...

   (оди́н) ме́сяц.
   2 (3, 4) ме́сяца.
   5 (6...) ме́сяцев.
   не́сколько ме́сяцев.

4. — Ско́лько дне́й была́ тёплая пого́да?
   — Тёплая пого́да была́ ...

   (оди́н) де́нь.
   2 (3, 4) дня́.
   5 (6...) дне́й.
   не́сколько дне́й.

5. — Ско́лько неде́ль у ва́с бу́дет пра́ктика?
   — Пра́ктика у на́с бу́дет ...

(одну́) неде́лю.
две́ (3, 4) неде́ли.
5 (6...) неде́ль.
не́сколько неде́ль.

6. — Ско́лько ле́т вы́ живёте в э́том до́ме?
   — В э́том до́ме мы́ живём ...

(оди́н) го́д.
2 (3, 4) го́да.
5 (6...) ле́т.
мно́го ле́т.

18. *Answer the questions and write down your answers.*

1. Ско́лько ле́т вы́ живёте в э́том го́роде? (1, 3, 5, 12)
2. Ско́лько ле́т вы́ рабо́таете в институ́те? (2, 6, 10)
3. Ско́лько ме́сяцев студе́нты бы́ли на пра́ктике? (1, 4, 5)
4. Ско́лько часо́в вы́ реша́ли э́ту зада́чу? (2, 6)
5. Ско́лько часо́в они́ вчера́ смотре́ли телеви́зор? (1, 3)
6. Ско́лько мину́т вы́ говори́ли на семина́ре? (1, 4, 10)

19. *Complete the sentences, using the numbers in brackets and the words* ме́сяц, го́д. *Write out the sentences.*

Model: Ви́ктор зна́ет англи́йский язы́к. О́н изуча́л англи́йский язы́к три́ го́да.

1. Дже́йн зна́ет ру́сский язы́к. ... (4)
2. Ро́берт хорошо́ говори́т по-ру́сски. ... (2)
3. Ве́ра чита́ет по-неме́цки. ... (3)
4. Бори́с пло́хо говори́т по-францу́зски. ... (1)
5. Андре́й изуча́л англи́йский язы́к в шко́ле. ... (6)
6. Ка́рин хорошо́ зна́ет ру́сский язы́к. ... (5)

20. *Answer the questions, as in the model. Write down your answers.*

Model: — Э́то упражне́ние вы́ де́лали ча́с?
         — Не́т, я́ де́лал его́ два́ часа́.

1. Вы́ рабо́таете в институ́те го́д?
2. Вы́ писа́ли статью́ 4 ме́сяца?
3. О́н рисова́л ва́ш портре́т 2 дня́?
4. Вы́ жда́ли на́с 3 мину́ты?
5. Вы́ пла́вали в мо́ре 10 мину́т?
6. Они́ гуля́ли в па́рке ча́с?

7. Вы писа́ли ва́шу рабо́ту неде́лю?
8. Вы переводи́ли э́тот рома́н 3 неде́ли?
9. Э́то зда́ние стои́т здесь 10 лет?
10. Вы бы́ли в э́той дере́вне оди́н день?

Model: — Э́тот клуб организова́ли год наза́д?
          — Нет, его́ организова́ли 2 го́да наза́д.

1. Зда́ние институ́та постро́или год наза́д?
2. Э́то письмо́ вы получи́ли неде́лю наза́д?
3. Вы отдыха́ли на ю́ге 2 го́да наза́д?
4. Вы́ставку в институ́те откры́ли 3 дня наза́д?

★ **21.** *Translate. Keep in mind that periods of time over and above twelve months are denoted in Russian in years (plus the extra months), e.g.* 1 год и 3 ме́сяца, полтора́ го́да (= 1 год и 6 ме́сяцев), два го́да и оди́н ме́сяц, *etc.*

1. He lived here for 13 months.

2. Geologists worked in this region for 18 months.

3. The professor read a lecture for one and a half hours.

4. He studied singing for only 14 months.

5. I translated this text today for 4 hours.

6. He vacationed for 3 weeks, and I for 7 days.

7. He has been working in this cafe for 15 months.

8. I'll be reading this book for 2 days.

22. *Answer the questions. Write down your answers.*

1. Ско́лько вре́мени вы рабо́таете ка́ждый день?
2. Ско́лько вре́мени вы отдыха́ете ка́ждый год?
3. Ско́лько вре́мени вы рабо́таете в библиоте́ке ка́ждый день?
4. Ско́лько вре́мени вы слу́шаете ра́дио и смо́трите телеви́зор ка́ждый ве́чер?
5. Ско́лько вре́мени вы гуля́ете ка́ждый день?
6. Ско́лько вре́мени вы гото́вите уро́ки?
7. Ско́лько вре́мени вы живёте в э́том го́роде?
8. Ско́лько вре́мени вы учи́лись в шко́ле?
9. Ско́лько вре́мени вы у́читесь в университе́те?
10. Ско́лько вре́мени вы ещё бу́дете учи́ться в университе́те?

> **Ви́ктор взя́л не́сколько но́вых журна́лов.**

23. *Read and translate.*

1. В э́том райо́не не́т высо́ких го́р.
2. На Украи́не мно́го краси́вых ме́ст.
3. На Кавка́зе мно́го бы́стрых ре́к.
4. В Сове́тском Сою́зе мно́го дре́вних городо́в.
5. В Ленингра́де мно́го краси́вых зда́ний.
6. Я́ купи́л не́сколько но́вых пласти́нок.

24. *Complete the sentences, as in the model.*

Model: Мы́ получи́ли не́сколько хоро́ших словаре́й.
Мы́ получи́ли мно́го (5, 6 ...) хоро́ших кни́г.
Мы́ получи́ли 2 (3, 4) хоро́ших словаря́.
Мы́ получи́ли 2 (3, 4) хоро́шие кни́ги.

1. У неё в ко́мнате на стене́ виси́т ... (краси́вый портре́т, интере́сная фотогра́фия, географи́ческая ка́рта)
2. Вчера́, когда́ мы́ говори́ли о Ти́хом океа́не, я́ вспо́мнил ... (интере́сный расска́з)
3. Преподава́тель объясни́л ... (математи́ческая зада́ча)
4. Они́ купи́ли в кни́жном магази́не ... (зелёный каранда́ш, си́няя ру́чка, но́вый уче́бник)

25. *Answer the questions in the negative.*

Model: — В ва́шем магази́не е́сть ста́рые кни́ги?
— Не́т, в на́шем магази́не не́т ста́рых кни́г.

1. В э́том го́роде е́сть высо́кие зда́ния?
2. На э́той у́лице е́сть краси́вые дома́?
3. В це́нтре го́рода е́сть ста́рые у́лицы?
4. У ва́с бу́дут сего́дня практи́ческие заня́тия?
5. В ва́шей библиоте́ке е́сть дороги́е кни́ги?
6. В э́той кни́ге е́сть интере́сные расска́зы?

26. *Complete the sentences, using the words in brackets. Write out the sentences.*

1. У на́с в больни́це рабо́тает не́сколько ... (ста́рый вра́ч) и 2 ... (молодо́й вра́ч).
2. У меня́ в портфе́ле лежа́т 2 ... (но́вый слова́рь) и 3 ... (но́вая кни́га) на англи́йском языке́.
3. На по́лке лежа́ло 2 ... (ма́ленькая ша́пка).
4. Неда́вно я́ купи́л не́сколько ... (но́вая пласти́нка).

Я зна́ю **э́тих иностра́нных студе́нтов.**

27. *Change the sentences, as in the model.*

Model: Я зна́ю э́того молодо́го худо́жника. Я зна́ю э́тих молоды́х худо́жников.

1. Я уже́ ви́дел э́ту весёлую де́вушку.
2. Я зна́ю э́того челове́ка.
3. Мы́ ви́дели в теа́тре э́того знамени́того актёра.
4. В гости́нице мы́ ви́дели иностра́нного тури́ста.

28. *Answer the questions, using the words in brackets.*

Model: — Кого́ вы́ ви́дели вчера́ на конце́рте? (на́ш дру́г, знако́мый студе́нт).
— Вчера́ на конце́рте мы́ ви́дели на́ших друзе́й, знако́мых студе́нтов.

1. Кого́ вы́ зна́ете? (э́тот студе́нт, э́тот учи́тель, э́тот биолог)
2. Кого́ вы́ пригласи́ли? (на́ш профе́ссор, на́ш дру́г, ва́ша сестра́)
3. Кого́ вы́ ча́сто вспомина́ете? (на́ш ста́рый дру́г, на́ш учи́тель)
4. Кого́ спра́шивает учи́тель? (э́тот учени́к, э́та учени́ца)
5. Кого́ вы́ ви́дели в теа́тре? (знамени́тый арти́ст, знако́мый студе́нт)

IV   Ви́ктор **до́лжен повтори́ть** уро́к.

29. *Read and translate. Point out the short-form adjectives and state their syntactical function.*

1. Сади́тесь, пожа́луйста. Э́то ме́сто свобо́дно.
2. Мы́ ра́ды, что вы́ поступи́ли в университе́т.
3. В расска́зе всё бы́ло поня́тно.
4. Мы́ гото́вы обсуди́ть э́тот вопро́с вме́сте.

30. *Change the sentences, as in the model.*

Model: Сего́дня я́ должна́ прочита́ть статью́. Вчера́ я́ должна́ была́ прочита́ть статью́. За́втра я́ должна́ бу́ду прочита́ть статью́.

1. Сего́дня о́н до́лжен де́лать уро́ки.
2. Сего́дня мы́ должны́ написа́ть 20 сло́в.
3. Сего́дня о́н до́лжен написа́ть пи́сьма.
4. Сего́дня я́ должна́ перевести́ э́ту статью́.

5. Сего́дня вы́ должны́ посмотре́ть но́вый фи́льм.
6. Сего́дня она́ должна́ организова́ть ле́кцию.
7. Сего́дня мы́ должны́ рабо́тать в библиоте́ке.
8. Сего́дня вы́ должны́ показа́ть ва́шу но́вую карти́ну.

31. *Replace the pronoun* я *with the pronouns* о́н, она́, мы́ *and* они́. *Make all the other necessary changes in the sentences.*

1. Я́ ра́д, что вы́ бу́дете у на́с рабо́тать.
2. Я́ сего́дня свобо́ден.
3. Я́ до́лжен посмотре́ть э́тот фи́льм.
4. Я́ вчера́ бы́л бо́лен.
5. Я́ гото́в спе́ть не́сколько но́вых пе́сен.
6. Я́ до́лжен бы́л посети́ть э́тот музе́й.
7. Я́ до́лжен пригото́вить уро́ки.
8. Я́ до́лжен купи́ть не́сколько ру́чек и карандаше́й.

32. *Answer the questions. Write down your answers.*

1. Кто́ до́лжен сего́дня де́лать докла́д? (Серге́й, Еле́на, вы́)
2. Кто́ мо́жет отвеча́ть? Кто́ гото́в? (Никола́й, Ната́ша, они́)
3. Кто́ свобо́ден сего́дня ве́чером? (мы́, А́ня, Андре́й)
4. Кто́ гото́в нача́ть разгово́р об э́том рома́не? (мы́, Ви́ктор, Ве́ра)
5. Кто́ до́лжен бы́л получи́ть кни́ги? (Ни́на, Серге́й, вы́)
6. Кто́ бу́дет свобо́ден за́втра? (мы́, Ве́ра, Анто́н)

Usage of the Verbs **начина́ть/нача́ть, конча́ть/ко́нчить, мо́чь**

33. *Read and translate.*

1. Шко́лы начина́ют рабо́тать в сентябре́.
2. В э́том году́ мы́ конча́ем изуча́ть исто́рию XVIII ве́ка и начина́ем изуча́ть исто́рию XIX ве́ка.
3. В сентябре́ зде́сь начну́т стро́ить больни́цу.
4. — Ты́ давно́ получа́ешь журна́л «Москва́»? — Не́т, я́ на́чал получа́ть его́ в э́том году́.
5. Тво́й бра́т ко́нчил писа́ть статью́?
6. Когда́ вы́ ко́нчите де́лать уро́ки?
7. Мы́ начнём слу́шать ку́рс литерату́ры в октябре́.

34. *Complete the sentences and write them out.*

1. Я́ ко́нчу шко́лу в э́том году́. А ты́ когда́ ...? А о́н когда́ ...? А вы́ ...? А они́ ...?
2. Мы́ начнём изуча́ть ру́сский язы́к в э́том году́. А ты́ когда́ ...? А она́ когда́ ...? А вы́ когда́ ...? А они́ когда́ ...?
3. Я́ начала́ гото́вить докла́д в сентябре́. А вы́ когда́ ...? А ты́, А́ня, когда́ ...?
4. Джо́н ко́нчил институ́т в э́том году́. А когда́ вы́ ...? А ва́ша сестра́ когда́ ...?

35. *Answer the questions and write down your answers.*

1. Вы́ давно́ на́чали изуча́ть э́ту пробле́му?
2. Когда́ вы́ начнёте писа́ть докла́д?
3. Когда́ здесь начну́т стро́ить шко́лу?
4. Когда́ ты́ ко́нчишь реша́ть э́ту зада́чу?
5. Когда́ ты́ начнёшь писа́ть курсову́ю рабо́ту?

36. *Complete the sentences, using the verbs* нача́ть *and* ко́нчить. *Write out the sentences.*

Model: Андре́й реши́л зада́чу. Я́ то́же на́чал реша́ть зада́чу.

1. А́ня написа́ла письмо́.
2. Оле́г прочита́л те́кст уро́ка.
3. Мо́й дру́г написа́л контро́льную рабо́ту.
4. Ве́ра перевела́ те́кст.
5. И́ра прочита́ла в журна́ле статью́ об Аме́рике.

37. *Replace the personal pronouns in the dialogues by other personal pronouns, changing the forms of the verbs accordingly.*

1. — Ты́ бы́л вчера́ ве́чером в теа́тре?
   — Не́т, я́ не мо́г. Я́ ве́чером рабо́тал.
2. — Когда́ ты́ ко́нчишь курсову́ю рабо́ту?
   — Я́ могу́ ко́нчить её в апре́ле.
   — А ты́ мо́жешь ко́нчить рабо́ту в ма́рте?
   — Ду́маю, что не могу́.

38. *Complete the sentences, using the verb* мо́чь *in the required form. Write out the sentences.*

1. — Бори́с, ты́ бу́дешь отдыха́ть в ию́ле? — Не́т, не ..., в ию́ле я́ бу́ду на пра́ктике на Ура́ле.

2. Я зна́ю, что э́тот мужчи́на ра́ньше рабо́тал на на́шем заво́де. Но сейча́с я не ... вспо́мнить его́ фами́лию.

3. — Ро́берт, ты́ ... бы́стро перевести́ э́тот те́кст? — Да́, ...

4. — Ви́ктор Петро́вич, вы́ ... за́втра сде́лать докла́д в университе́те? — Не́т, не ..., потому́ что за́втра я́ бу́ду чита́ть ле́кцию в шко́ле.

5. В про́шлом году́ Ка́рин начала́ изуча́ть ру́сский язы́к. Сейча́с она́ ... чита́ть и немно́го говори́ть по-ру́сски.

6. Они́ ... бы́стро реша́ть таки́е зада́чи, потому́ что они́ всегда́ внима́тельно рабо́тают на уро́ке.

7. — Джо́н, ты́ бы́л вчера́ на стадио́не? — Не́т, я не ..., у меня́ не́ было свобо́дного вре́мени. — А Ка́рин была́? — Не́т, она́ то́же не ... . Она́ была́ в теа́тре.

V Э́тот уче́бник **сто́ит во́семьдесят копе́ек.**

39. *Read and translate. What does the form of the words* ру́бль *and* копе́йка *depend on?*

1. Уче́бник ру́сского языка́ сто́ит 90 копе́ек.
2. Биле́т в музе́й сто́ит 30 копе́ек.
3. — Ско́лько сто́ит биле́т в теа́тр? — 2 и́ли 3 рубля́.
4. Я́ купи́л но́вую ша́пку. Она́ сто́ит 20 рубле́й.
5. Э́та откры́тка сто́ит 23 копе́йки, а ма́рка сто́ит 6 копе́ек.

40. *Make up phrases, using the numbers given below and the words* ру́бль *and* копе́йка. *Use them in sentences.*

21, 4, 7, 22, 35, 41, 9, 26, 33, 58, 12, 18, 44.

41. *Compose similar dialogues, using the words given below.*

Model: — Что́ ты́ хо́чешь купи́ть?
— Я́ хочу́ купи́ть э́ту кни́гу.
— А ско́лько она́ сто́ит?
— Она́ сто́ит 95 копе́ек.

откры́тка — 5 коп., часы́ — 25 руб., тетра́дь — 2 коп., ма́рка — 6 коп., журна́л — 23 коп.

Usage of the Verb бра́ть/взя́ть

42. *Complete the sentences, using the verb* бра́ть/взя́ть *in the required form.*

1. — Я́ беру́ на пе́рвое су́п. А ты́ что́ ...? — Я́ то́же ... су́п. Мы́ ... две́ таре́лки су́па.
2. Мы́ берём на тре́тье фру́кты, А́ня то́же ... фру́кты. Е́сли вы́ не хоти́те фру́кты, то ... ко́фе.

43. *Complete the sentences, using the verb in the future tense. Write out the sentences.*

1. Оле́г взя́л в библиоте́ке рома́н Шо́лохова, и я́ ...
2. Вы́ взя́ли журна́лы в библиоте́ке? Мы́ то́же ...
3. Я́ взя́л газе́ту, и они́ ...
4. Они́ взя́ли в буфе́те ча́й, и мы́ ...
5. — Ва́ши биле́ты лежа́т на столе́. — Спаси́бо, я́ и́х взя́л. Вы́ то́же сего́дня ... свои́ биле́ты?

44. *Complete the sentences, using the verb* бра́ть/взя́ть *in the required form.*

1. Ни́на, ты́ не зна́ешь но́мер моего́ телефо́на? ... каранда́ш и запиши́.
2. На столе́ стоя́ла ла́мпа. О́ля ... э́ту ла́мпу и поста́вила её на окно́.
3. Когда́ у Серге́я е́сть свобо́дное вре́мя, о́н обы́чно ... каранда́ш и рису́ет.
4. Е́сли вы́ пло́хо зна́ете го́род, то ... ка́рту, когда́ гуля́ете.
5. Э́то твоя́ газе́та? Я́ хочу́ её ...
6. Каки́е заня́тия бу́дут у на́с сего́дня? Каки́е кни́ги ты́ ...?

Usage of the Verbs зва́ть — называ́ться

45. *Answer the questions.*

1. Ка́к зову́т э́ту де́вушку?
2. Ка́к зову́т ва́шу подру́гу?
3. Ка́к зову́т ва́шего това́рища?
4. Ка́к зову́т ва́шего профе́ссора?
5. Ка́к зову́т э́ту же́нщину?
6. Ка́к зову́т ва́шего врача́?
7. Ка́к зову́т ва́ших дете́й?
8. Ка́к зову́т ва́шу соба́ку?

1. Ка́к называ́ется э́та у́лица?
2. Ка́к называ́ется э́та река́?
3. Ка́к называ́ется э́тот институ́т?
4. Ка́к называ́ется ва́ш факульте́т?
5. Ка́к называ́ется ва́ша статья́?
6. Ка́к называ́ется э́тот расска́з?
7. Ка́к называ́ется э́та дере́вня?
8. Ка́к называ́ется э́тот теа́тр?

46. *Complete the sentences, using the verbs* зва́ть *and* называ́ться. *Write out the sentences.*

    1. Ка́к зову́т ... (ва́ша сестра́)?
    2. Ка́к называ́ется ... (э́та гости́ница)?
    3. Ка́к называ́ется ... (э́та пло́щадь)?
    4. Ка́к зову́т ... (ва́ш дру́г)?
    5. Ка́к называ́ется ... (э́та дере́вня)?
    6. Ка́к называ́ется ... (э́тот па́рк)?
    7. Ка́к называ́ется ... (э́тот фи́льм)?
    8. Ка́к зову́т ... (ва́ш оте́ц)?
    9. Ка́к называ́ется ... (ва́ш уче́бник)?
  10. Ка́к зову́т ... (ва́ша ко́шка)?

47. *Complete the sentences. Write them out.*

    Model: Э́ту де́вушку зову́т Ма́ша. Э́та пло́щадь называ́ется пло́щадь Револю́ции.

    1. Э́тот журна́л ...
    2. Э́того молодо́го челове́ка ...
    3. Э́та газе́та ...
    4. Э́ту студе́нтку ...
    5. Э́того журнали́ста ...
    6. Э́того писа́теля ...
    7. Э́та пло́щадь ...
    8. Э́та у́лица ...
    9. Э́тот го́род ...
  10. Э́того инжене́ра ...
  11. Э́ту де́вушку ...

48. *Compose brief dialogues and write them down.*

(1) Find out the names of your friend's sister, brother, father, mother.

(2) Find out the name of a city, street, square, hotel, cinema.

Usage of the Verbs за́втракать/поза́втракать, обе́дать/пообе́дать, у́жинать/поу́жинать

49. *Complete the sentences, using the verbs* за́втракать/поза́втракать, обе́дать/пообе́дать, у́жинать/поу́жинать.

    1. Вы́ ещё за́втракаете? А мы́ уже́ ... .
    2. Мы́ вчера́ обе́дали в ресторе́не, а за́втра ... до́ма.
    3. Он ка́ждый де́нь ... в э́том кафе́.
    4. Ви́ктор и Па́вел всегда́ ... в э́том рестора́не. Вчера́ я то́же ... та́м.
    5. Мы́ ещё обе́даем, а они́ уже́ ... .
    6. Сейча́с пя́ть часо́в. Почему́ вы́ та́к ра́но ...?
    7. Вы́ уже́ поу́жинали? — Не́т, мы́ ещё не ... .

50. *Answer the questions, using the following verbs.*

за́втракать/поза́втракать, чита́ть/прочита́ть, писа́ть/написа́ть, переводи́ть/перевести́, обсужда́ть/обсуди́ть, гото́вить/пригото́вить, пока́зывать/показа́ть, слу́шать/послу́шать, объясня́ть/объясни́ть.

1. Что́ вы́ де́лали сего́дня у́тром?
2. Я́ зна́ю, что вы́ сего́дня рабо́тали до́ма. Что́ вы́ сде́лали?
3. Что́ вы́ де́лали сего́дня в институ́те?
4. Вы́ рабо́тали в библиоте́ке три́ часа́. Что́ вы́ сде́лали?

Phonetic Exercises

1. *Read, paying attention to the pronunciation of the relevant sounds.*

[л]: бе́лый, геблог, фило́соф, весёлый, до́лжен, болга́рин, за́л, взро́слый;

[л']: миллио́н [м'ил'ио́н], зелёный, куплю́, для́, ско́лько, альбо́м, моде́ль [маде́л'], жи́тель, ру́бль;

[р]: доро́га, пода́рок, ры́ба, дра́ма, у́тро, ма́рка, кра́сный, просто́й, пра́в, бра́ть, фру́кт, за́втрак;

[р']: река́, тури́ст, рефо́рма, дре́вний, тепе́рь, буква́рь;

[ж], [ш]: у́жин, жи́знь, жёлтый, кни́жный, у́жинаешь, приглашу́, приглаша́ешь;

[ц]: официа́нт, центра́льный, цве́т, смея́ться, называ́ется, колле́кция, иностра́нец;

[ч]: ча́с, часы́ [чисы́], ве́чер, чита́тель, значо́к;

soft consonants: си́ний, е́сть, го́сть, опя́ть, сто́ить, тепе́рь, мя́со, сувени́р, коме́дия, де́ньги, пра́здник [пра́з'н'ик].

2. *Read, paying attention to the pronunciation of unstressed syllables.*

— ´   обе́д, опя́ть, возьму́, просто́й, беру́;

´ —   за́втрак, ско́лько, мя́со, до́лжен;

— ´ — доро́га, нау́ка, пода́рок, копе́йка, зелёный, весёлый, рефо́рма;

— — ´ дорого́й, покупа́ть, приглаша́ть;

´ — — а́збука, за́втракать, гра́фика, не́сколько, гра́мотный;

— ´ — —   комéдия, назвáние, поýжинать, неграмотный;

— — ´ —   инострáнец, называ́ться, деревéнский, непонятный;

— — — ´   заговори́ть, недорогóй, экономи́ст, официáнт, кинотеáтр;

— — — ´ —   архитектýрный;

— — ´ — —   госудáрственный, иллюстрáция;

станóк — станки́, значóк — значки́, мáрка — мáрок, дóлжен — должнá — должны́, чáс — часы́, буквáрь — буквари́, гóсть — гóсти — гостéй, вéчер — вечерá, рекá — рéки, рýбль — рубли́, прáв — правá — прáвы, куплю́ — кýпишь — кýпите — купи́те, взял — взялá — взяли, брáл — бралá — брáли.

3. *Read, paying attention to the pronunciation of the sound* [н] *in the combinations* [нк] *and* [нг].

пласти́нка, станки́, дéньги, америкáнка, англичáнка, Ленингрáд.

4. *Read aloud. Underline the devoiced consonants.*

гóд, дéд, обéд, прáв, геóлог, зáвтрак, москóвский, включи́ть, мнóго теáтров, пáрков, кни́г.

5. *Read aloud.*

мнóго мáрок, мнóго детéй, мнóго гостéй, мнóго гости́ниц, мнóго сувени́ров, мнóго городóв, мнóго музéев, мнóго магази́нов, мнóго кни́г, мнóго интерéсных кни́г, мнóго инострáнных студéнтов, мнóго пáмятников архитектýры, мнóго хорóших пласти́нок, мнóго инострáнных тури́стов.

6. *Read, paying attention to pronunciation and intonation. Compose similar dialogues.*

1. — Олéг, / ты не знáешь, где живёт Андрéй?

    — А óн сейчáс в Москвé?

    — Дá. Я ви́дел егó на конферéнции. Óн мнé сказáл, что живёт в гости́нице, / но я не пóмню, в какóй. Кáк ты дýмаешь, / в какóй гости́нице óн мóжет бы́ть?

— Тру́дно сказа́ть. В Москве́ мно́го гости́ниц.

2. — Где́ ты́ была́ вчера́ ве́чером, Ка́тя?

— Я́ была́ у Ма́ши.

— У неё бы́ло мно́го госте́й?

— Не́т, / немно́го.

3. — Джо́н, / вы́ бы́ли в Сове́тском Сою́зе ле́том?

— Да́.

— Бы́ло интере́сно?

— О́чень. Мы́ ви́дели мно́го сове́тских городо́в, / мно́го интере́сных па́мятников архитекту́ры, / посети́ли мно́го музе́ев. Мы́ купи́ли мно́го ру́сских сувени́ров / и хоро́ших пласти́нок.

4. — Оле́г, / ты ви́дел мою́ колле́кцию?

— Не́т, Андре́й. А что́ ты́ собира́ешь?

— У меня́ мно́го географи́ческих ка́рт, / ста́рых / и совреме́нных.

— А я собира́ю ма́рки. У меня́ мно́го ру́сских / и иностра́нных ма́рок.

5. — Ка́тя, / твоя́ подру́га Дже́йн — америка́нка?

— Да́, / америка́нка.

— Она́ у́чится в Моско́вском университе́те?

— Да́.

— У ва́с в университе́те мно́го иностра́нных студе́нтов?

— Да́, / о́чень мно́го.

6. — Серге́й, / где́ ты́ бы́л на про́шлой неде́ле?

— Мы́ бы́ли во Влади́мире и Су́здале. Та́м мно́го знамени́тых па́мятников дре́вней ру́сской архитекту́ры. Я́ купи́л мно́го интере́сных значко́в.

— Та́м сейча́с мно́го тури́стов?

— Да́, / о́чень мно́го и ру́сских / и иностра́нных тури́стов.

7. *Oral Practice.*

(a) Speak about your collection. Do you have many badges (stamps, books, maps, etc.)?

(b) Speak about your city (university). Are there many theaters, museums, monuments of architecture, hotels, foreign tourists in your city? Are there foreign students at your university? Compose dialogues.

8. *Read aloud.*

оди́н сы́н, две́ до́чери, три́ ле́кции, четы́ре уро́ка, пя́ть челове́к, ше́сть кни́г, се́мь словаре́й, во́семь миллио́нов челове́к, два́дцать ты́сяч студе́нтов.

9. *Read, paying attention to speed, rhythm and intonation. Dramatize the dialogues. Compose similar dialogues.*

1. — А́нна Петро́вна, / у ва́с е́сть де́ти?

   — Да́, / е́сть.

   — У ва́с мно́го дете́й?

   — У меня́ оди́н сы́н / и две́ до́чери.

   — Э́то не ма́ло. В на́ше вре́мя / в се́мьях обы́чно ма́ло дете́й

   — / оди́н, два́ ребёнка. А у моего́ де́да / бы́ло четы́рнадцать детей.

2. — Где́ вы́ живёте, Джо́н?

   — В Ло́ндоне. А вы́?

   — А я́ в Ки́еве. Ско́лько челове́к живёт в Ло́ндоне?

   — Я́ ду́маю, / что в Ло́ндоне во́семь миллио́нов челове́к. А в Ки́еве?

   — В Ки́еве два́ миллио́на челове́к.

3. — Серге́й, / у тебя́ мно́го заня́тий сего́дня?

   — Да́. О́чень мно́го. У на́с бу́дет две́ ле́кции, / оди́н семина́р, / три́ уро́ка англи́йского языка́. А по́сле заня́тий / я́ бу́ду ещё рабо́тать в лингафо́нном кабине́те. У меня́ о́чень плохо́е англи́йское произноше́ние.

   — А ты́ смо́тришь англи́йские фи́льмы?

— Да́. Я ви́дел пя́ть англи́йских фи́льмов в э́том ме́сяце. Но я́ ещё пло́хо понима́ю, / когда́ говоря́т по-англи́йски. Я слу́шаю мно́го англи́йских те́кстов, / когда́ у меня́ е́сть свобо́дное вре́мя.

— А чита́ешь ты́ хорошо́?

— Да́. На э́той неде́ле / я́ прочита́л се́мь расска́зов Фо́лкнера / и два́ рома́на Сте́йнбека.

4. — Скажи́те, / ско́лько кни́г в Библиоте́ке и́мени Ле́нина?

— Два́дцать се́мь миллио́нов кни́г.

— Ско́лько челове́к рабо́тает в библиоте́ке ка́ждый де́нь?

— Де́сять ты́сяч челове́к.

10. *Read and answer the questions. Ask similar questions.*

1. Ско́лько челове́к живёт в ва́шем го́роде?
2. Ско́лько музе́ев в ва́шем го́роде?
3. Ско́лько факульте́тов в ва́шем университе́те?
4. Ско́лько студе́нтов у́чится в ва́шем университе́те (институ́те), на ва́шем факульте́те?
5. Ско́лько у ва́с уро́ков ру́сского языка́, ле́кций, семина́ров, заня́тий в лингафо́нном кабине́те ка́ждый де́нь (ка́ждую неде́лю)?
6. Ско́лько у ва́с бра́тьев, сестёр, дете́й?
7. Ско́лько этаже́й в ва́шем до́ме?
8. Ско́лько ко́мнат в ва́шей кварти́ре?

11. *Read aloud.*

ско́лько вре́мени, оди́н ча́с, два́ часа́, три́ часа́ дня́, четы́ре часа́ утра́, пя́ть часо́в утра́, ше́сть часо́в ве́чера, двена́дцать часо́в но́чи, трина́дцать часо́в, два́дцать три́ часа́ пятьдеся́т две́ мину́ты, оди́н го́д, два́ го́да, пя́ть ле́т, пятна́дцать ле́т, два́дцать четы́ре го́да.

12. *Read, paying attention to pronunciation, speed, rhythm and intonation. Dramatize the dialogues. Compose similar dialogues.*

1. — Скажи́те, пожа́луйста, / ско́лько сейча́с вре́мени?

— Сейча́с во́семь часо́в / пятна́дцать мину́т.

— Спаси́бо.

2. — Извини́те, / вы́ не зна́ете, ско́лько сейча́с вре́мени?

   — Не зна́ю, / у меня́ нет часо́в.

   — Де́вушка, / скажи́те, пожа́луйста, / ско́лько вре́мени?

   — Де́вять часо́в, / двена́дцать мину́т.

   — Спаси́бо.

   — Пожа́луйста.

3. — Дже́йн, / ско́лько лет вы́ живёте в Москве́?

   — Два́ го́да.

   — Ско́лько лет вы́ ещё бу́дете в Москве́?

   — Три́ го́да. Я́ учу́сь на второ́м ку́рсе.

4. — Ско́лько лет у́чатся в ва́шем институ́те, Андре́й?

   — Пя́ть ле́т.

   — А в ва́шем, Ната́ша?

   — В на́шем — ше́сть ле́т. Я́ учу́сь в медици́нском институ́те.

   — А вы́ не зна́ете, ско́лько лет у́чатся в те́хникуме?

   — Четы́ре го́да.

5. — Джо́н, / ско́лько лет вы́ изуча́ете ру́сский язы́к?

   — Пя́ть ле́т. Четы́ре го́да в шко́ле / и оди́н го́д в университе́те.

6. — Ната́ша, / ско́лько вре́мени ты́ была́ на пра́ктике?

   — Три́ ме́сяца.

   — А ско́лько вре́мени ты́ была́ на Кавка́зе?

   — Оди́н ме́сяц.

7. — Ско́лько вре́мени была́ конфере́нция?

   — Три́ дня́.

   — А что́ вы́ де́лали по́сле конфере́нции?

   — Мы́ бы́ли два́ дня́ в Но́вгороде.

13. *Read, paying attention to pronunciation and intonation. Indicate the types of ICs.*

называ́ться, называ́ется, называ́ются

1. — Ка́к называ́ется э́та у́лица?
   — У́лица Че́хова.
2. — Ка́к называ́ется э́та пло́щадь?
   — Пло́щадь Револю́ции.
3. — Ка́к называ́ется э́тот проспе́кт?
   — Университе́тский проспе́кт.
4. — Ка́к называ́ется у́лица, на кото́рой вы́ живёте?
   — На́ша у́лица называ́ется Лесна́я.
5. — Ка́к называ́ется гости́ница, в кото́рой вы́ живёте?
   — Гости́ница «Москва́».
   — А где́ она́ нахо́дится?
   — В це́нтре.

14. *Read and answer the questions.*

1. Где́ нахо́дится Большо́й теа́тр?
2. Где́ нахо́дится Кре́мль?
3. Где́ нахо́дится Новосиби́рск?
4. Где́ находи́лись ста́рые зда́ния Моско́вского университе́та?

15. *Read, paying attention to pronunciation and intonation. Indicate the types of ICs.*

оди́н ру́бль, три́ рубля́, два́дцать пя́ть рубле́й, одна́ копе́йка, две́ копе́йки, пятна́дцать копе́ек.

1. — Скажи́те, пожа́луйста, ско́лько сто́ит э́та кни́га?
   — Ру́бль два́дцать.
   — А э́та?
   — Два́ рубля́ три́дцать пя́ть копе́ек.
2. — Серге́й, ско́лько сто́ит ва́ша маши́на?
   — Пя́ть ты́сяч пятьсо́т рубле́й.
   — Ка́к она́ называ́ется?
   — «Жигули́».
3. — Скажи́те, ско́лько сто́ят э́ти сигаре́ты?
   — Со́рок копе́ек.
   — А э́ти?
   — Три́дцать пя́ть копе́ек.

16. *Read, paying attention to the intonation of non-final syntagms.*

Ки́ев — дре́вний ру́сский го́род.

Ки́ев — / дре́вний ру́сский го́род.

Дми́трий Дми́триевич Шостако́вич — / знамени́тый сове́тский компози́тор.

Когда́ Ната́ша говори́ла по-англи́йски, / Джо́н ничего́ не по́нял.

Я ничего́ не по́нял, / потому́ что вы́ пло́хо говори́те по-англи́йски.

За́втра не бу́дет ле́кции, / потому́ что профе́ссор бо́лен.

О́н сказа́л, что сего́дня ве́чером / о́н до́лжен чита́ть ле́кцию.

В Библиоте́ке и́мени Ле́нина / е́сть за́л дре́вних кни́г.

Мою́ сестру́ зову́т Ни́на, / а бра́та — Ви́ктор.

17. *Read, paying attention to intonation.*

Каки́е у тебя́ кни́ги! Кака́я сего́дня пого́да! Како́й сего́дня де́нь! Каки́е хоро́шие иллюстра́ции!

18. *Compare the types of ICs in the following sentences.*

1. — Каки́е у тебя́ кни́ги?
   — У меня́ мно́го кни́г. Посмотри́, / во́т они́.
   — Каки́е у тебя́ кни́ги!

2. — Кака́я сего́дня пого́да?
   — Сего́дня тепло́.
   — Кака́я сего́дня пого́да!
   — Да́, пого́да о́чень хоро́шая.

3. — Како́й сего́дня де́нь?
   — Вто́рник.
   — Како́й сего́дня де́нь!

— Да́, хоро́ший де́нь.

4. — Ка́к называ́ются у́лицы Москвы́?

— Каки́е? В Москве́ мно́го у́лиц. Прочита́йте кни́гу / «Ка́к называ́ются у́лицы Москвы́».

5. — Почему́ мы́ та́к говори́м?

— Ка́к? Не зна́ю.

— Я́ чита́л статью́ / «Почему́ мы́ та́к говори́м».

6. — Кака́я сего́дня пого́да?

— Не зна́ю. Я́ не была́ ещё на у́лице.

Програ́мма ра́дио на сего́дня: / 8 часо́в / 30 мину́т — / «Кака́я сего́дня пого́да».

19. *Listen to the text and read it. First repeat the sentences after the speaker during the pauses, then read the whole text through. Pay attention to pronunciation, rhythm, speed and intonation.*

Колле́кция

Одна́жды А́нна Ива́новна и Ви́ктор Петро́вич пригласи́ли госте́й. Го́сти слу́шали му́зыку, / разгова́ривали. Бы́ли друзья́ Серге́я и Ка́ти — / Дже́йн и Оле́г.

— Ви́ктор Петро́вич, / как мно́го у ва́с кни́г!

— Да́, / о́чень мно́го. Посмотри́, Дже́йн, / во́т «Сло́во о полку́ И́гореве» — / па́мятник дре́вней ру́сской литерату́ры / XII (двена́дцатого) ве́ка.

— Каки́е хоро́шие иллюстра́ции! А здесь буква́рь, / ещё буква́рь. Ви́ктор Петро́вич, / почему́ у ва́с та́к мно́го букваре́й?

— Сейча́с объясню́. Кто́ хо́чет посмотре́ть мою́ колле́кцию букваре́й? — спроси́л Ви́ктор Петро́вич.

— Ви́ктор Петро́вич, / а почему́ вы́ реши́ли собира́ть буквари́?

— Снача́ла / у меня́ бы́ло то́лько два́ букваря́: / мо́й / и моего́ де́да. Это бы́ли о́чень интере́сные кни́ги. Я́ люби́л смотре́ть ста́рый буква́рь, / та́м бы́ло мно́го непоня́тного. Я спра́шивал, / и де́д расска́зывал, / ка́к лю́ди жи́ли ра́ньше.

Одна́жды / я уви́дел ста́рый буква́рь в магази́не / и купи́л его́. Та́к я на́чал собира́ть буквари́. Сейча́с у меня́ уже́ два́дцать два́ букваря́. Посмотри́те, / э́то фотоко́пия / пе́рвого ру́сского печа́тного букваря́. Он появи́лся в XVI ве́ке. Его́ со́здал знамени́тый Ива́н Фёдоров.

— О́чень краси́вые бу́квы. Сейча́с та́к не пи́шут.

— Пра́вильно, Дже́йн. В Росси́и бы́ло не́сколько рефо́рм ру́сской гра́фики. Наприме́р, рефо́рмы бы́ли в XVIII ве́ке / и в XX ве́ке / (в 1918 году́).

А во́т э́та кни́га / называ́ется «Но́вая а́збука». Это то́же буква́рь. Его́ написа́л Ле́в Никола́евич Толсто́й.

— А я ду́мала, / что Толсто́й писа́л то́лько рома́ны / и расска́зы.

— Когда́ Толсто́й жи́л в Я́сной Поля́не, / о́н организова́л та́м шко́лу для дереве́нских дете́й. Эта шко́ла / рабо́тала не́сколько ле́т. Толсто́й учи́л дете́й, / а пото́м реши́л написа́ть для ни́х буква́рь. Это бы́л о́чень просто́й буква́рь.

А э́тот буква́рь / появи́лся по́сле Октя́брьской револю́ции. Это буква́рь для взро́слых. В ста́рой Росси́и / миллио́ны люде́й бы́ли негра́мотные. По́сле револю́ции / они́ должны́ бы́ли учи́ться. Учителя́ днём рабо́тали в шко́ле, / а ве́чером учи́ли взро́слых. Эта кни́га не то́лько буква́рь. Для миллио́нов люде́й / э́то бы́л пе́рвый уче́бник эконо́мики, / исто́рии, / э́тики. Буква́рь не то́лько у́чит чита́ть. Он мо́жет о́чень мно́го рассказа́ть о стране́, / о жи́зни люде́й, / о нау́ке и культу́ре того́ вре́мени.

20. *Find in the text the sentences containing non-final syntagms and read them, using all possible types of ICs.*

Formation Practice

1. *Form genitive plurals of the following nouns. (See Analysis 1.13.)*

ка́рта, студе́нт, ста́нция, стадио́н, река́, ла́мпа, маши́на, писа́тель, сто́л BB, до́м AB, телегра́мма, зда́ние, ко́мната, по́чта, ва́за, буква́рь BB, го́сть AC, колле́кция, миллио́н, програ́мма, ры́ба, сувени́р, тури́ст, ты́сяча, фа́кт, геро́й, ма́льчик, шта́т, тетра́дь, мужчи́на, общежи́тие, наро́д, музе́й, отве́т, но́ж BB, телефо́н, ле́с AB, актри́са.

2. *Form genitive plurals of the following nouns. (See Analysis 1.14.)*

письмо́ BA, студе́нтка, окно́ BA, сестра́ BA, де́вушка, не́мка, статья́ BB, америка́нка, англича́нка, дере́вня AC, ма́рка.

3. *Form genitive plurals of the following nouns. Note stress throughout.*

инжене́р, университе́т, а́рмия, преподава́тель, учи́тельница, пласти́нка, учи́тель AB, го́род AB, ме́сто AB, библиоте́ка, иде́я, рестора́н, до́ктор AB, слова́рь BB, де́вочка, сло́во AB, аспира́нтка, семья́, чита́тель, оте́ц.

4. *Complete the sentence, supplying each of the noun phrases in the accusative plural. (See Analysis 1.12.)*

В э́том го́роде мы́ ви́дели ... .

институ́т, больни́ца, ста́рое и но́вое зда́ние, большо́й заво́д, фа́брика, совреме́нная гости́ница, университе́тская лаборато́рия, заводско́й стадио́н и клу́б, институ́тская аудито́рия.

5. *Read the sentences, then rewrite them, changing all nominative, accusative and genitive forms to the plural. (See Analysis 1.11, 1.12, 1.13.)*

1. Студе́нт чита́ет журна́л.
2. У студе́нта не́т словаря́.
3. Учи́тель в кла́ссе?
4. — Где́ стадио́н и теа́тр? — Здесь не́т стадио́на.
5. Ты́ получи́ла мою́ телегра́мму?
6. Чья́ э́то газе́та?
7. Э́тот а́втор ча́сто пи́шет о Сиби́ри.
8. Мы́ та́м уви́дели америка́нца, францу́за и ру́сского.
9. В э́том музе́е вы́ встре́тите инжене́ра и студе́нта, поэ́та и профе́ссора, учи́тельницу и шко́льницу, студе́нтку и актри́су.

10. Герóй э́того рома́на — молодóй учи́тель.

11. В кóмнате нéт большóго дива́на.

12. В шкóле бýдет музыка́льный концéрт.

6. *Count the following items in Russian. Write out all numerals. (See Analysis 2.11-2.13.)*

Model: стóл BB: оди́н стóл, два́ стола́, три́ стола́, четы́ре стола́, пя́ть столóв, шéсть столóв, сéмь столóв.

газéта, зда́ние, миллиóн, ма́рка, копéйка, дéнь, окнó BA, рýбль BB, минýта, ча́с BB, ты́сяча, тетра́дь *f.*, ма́льчик, дéвочка, значóк BB.

7. *Translate the following noun phrases and count them both orally and in writing, using the numerals* 1, 2, 3, 4, 5, 9, 11, 12, 16, 19, 20, 21, 22, 30, 31, 33, 36. *(See Analysis 2.14.)*

new house, large factory, small lamp, Russian dictionary, difficult article, old village, interesting film, young American *m.*, young American *f.*

8. *Supply full conjugations for each of the following stems. Mark stress throughout.*

б/ра̌-, за́втракай-, обéдай-, объясни́-, покупа́й-, купи̌-, смотрě̆-, пригласи́-

9. *Review the conjugations of all irregular verbs learned so far. (See Appendix VI, Inventory of Irregular Verbs.)*

хотéть, пéть, взя́ть, бы́ть, мóчь *(See Analysis VII, 5.0.)*

10. *Supply complete conjugations (including imperatives) for each of the following verb stems. These stems are for practice only and need not be learned at this stage. Identify the verb class for each stem before beginning to conjugate. Mark stress throughout. Consult Appendix VI if necessary.*

экзаменова́- (imp.) "examine", за̌йм- (p.) "occupy", осмотрě̆- (p.) "examine" (med.), вяза̌- (imp.) "tie", глядé- (imp.) "look at", жда̌- (imp.) "wait for", плёт-' (imp.) "plait", мóй- (imp.) "wash", покрóй- (p.) "cover", лови̌- (imp.) "catch", застря́н- (p.) "get stuck", броса́й- (imp.) "throw", научи̌-ся (p.) "learn", мни́- (imp.) "crumple", ворча́- (imp.) "grumble", вози̌- (imp.) "haul"

Written Exercises for General Review

1. *Translate. Write all the numerals in full. Mark stress throughout.*

1. "How long did you work at that factory?"

"I worked there for only three months in the summer, but my brother has been working there for seven years."

2. Grigory is a physics student. He has been studying in the Physics Department of Moscow University for four years. Now he is a fifth-year student. In his group there are nine students: five boys and four girls. One student, Vasily, is Bulgarian.

3. "Does this library have books and journals for philologists?" "No, in this library there are no books for philologists. This is a library for chemists, physicists and biologists. The philology library is located on the ninth floor of the main building of the University."

4. "New York has many theaters and museums."

"And what building is that?"

"That is Lincoln Center. To the right is the concert hall, in the center is the opera and to the left is the ballet."

5. Mark has a very large collection of old Russian stamps. John thinks that I should buy them. I have been collecting Russian stamps for ten years, but I have very few old ones.

6. Our teacher explained three difficult problems in our homework, but I still do not understand Problem No. 4. Do you?

7. "There were many guests at John's place last night. Did you see Vera Ivanovna and her son Seryozha?" "Yes, I did. But Professor Borodin was not there. I know that John had invited him."

8. They say Seryozha doesn't have a car.

Unit 9

Practice Exercises

 Нача́ло конце́рта **в 19 часо́в 30 мину́т.**

1. *Answer the questions. Write down your answers.*

1. Когда́ у ва́с сего́дня уро́к францу́зского языка́? (9 ч.)
2. Когда́ у ни́х бу́дет ле́кция? (11 ч.)

3. Когда́ у ни́х семина́р? (2 ч.)

4. Когда́ у ни́х вчера́ бы́л уро́к ру́сского языка́? (12 ч.)

5. Когда́ за́втра бу́дет ле́кция? (3 ч.)

2. *Ask questions and answer them. Use* 17.10, 15.20, 18.35, 19.30, 21.30, 20.35 *and the words* фи́льм, конце́рт, спекта́кль, ле́кция, сеа́нс.

Model:　— Скажи́те, пожа́луйста, когда́ нача́ло уро́ка?
　　　　　— В 9 часо́в 30 мину́т.

3. *Complete the sentences. Write them out.*

1. Магази́н начина́ет рабо́тать ... . (8 ч.)

2. Нача́ло спекта́клей в Большо́м теа́тре ... . (19 ч. 30 м.)

3. Нача́ло конце́ртов в консервато́рии ... . (19 ч.)

4. Сего́дня ле́кция бу́дет ... . (1 ч.)

5. Библиоте́ка начина́ет рабо́тать ... . (10 ч.)

6. Ви́ктор начина́ет рабо́тать ... (9 ч. 30 м.) и конча́ет рабо́тать ... . (6 ч. 15 м.)

4. *Answer the questions. Write down your answers.*

1. Когда́ у ва́с сего́дня уро́к ру́сского языка́?

2. Когда́ у ва́с сего́дня ле́кция?

3. Когда́ у ва́с вчера́ бы́л уро́к ру́сского языка́?

4. Когда́ у ва́с вчера́ была́ ле́кция?

5. Когда́ у ва́с за́втра бу́дет ле́кция?

II　Ле́кция бу́дет **в сре́ду.**

5. *Answer the questions. Write down your answers.*

1. Анто́н изуча́ет англи́йский язы́к. Когда́ у него́ уро́к англи́йского языка́? (понеде́льник, среда́, пя́тница)

2. Ви́ктор слу́шает ле́кции в университе́те. Когда́ у него́ ле́кции? (вто́рник, четве́рг)

3. Когда́ у ва́с ле́кции профе́ссора Сми́та? (понеде́льник, среда́)

4. Когда́ у Бори́са быва́ют семина́ры? (вто́рник, пя́тница)

5. Когда́ о́н отдыха́ет? (суббо́та, воскресе́нье)

6. Когда́ Ве́ра была́ в теа́тре? (четве́рг)

7. Когда́ А́нна Ива́новна была́ в больни́це? (вто́рник)

8. Когда́ Мэ́ри была́ в консервато́рии? (среда́)
9. Когда́ Джон де́лал докла́д на семина́ре? (пя́тница)

6. *Complete the sentences, using the words* понеде́льник, вто́рник, среда́, четве́рг, пя́тница, суббо́та, воскресе́нье.

Model: Ка́тя была́ в теа́тре в четве́рг.

1. Дже́йн была́ на конце́рте...
2. Ве́ра рабо́тала в библиоте́ке...
3. До́ктор Смирно́ва рабо́тает...
4. Я бу́ду в университе́те...
5. Уро́к неме́цкого языка́ бу́дет...
6. Никола́й Серге́евич выступа́л на конфере́нции...
7. Профе́ссор Комаро́в чита́ет ле́кции...
8. Они́ бы́ли на вы́ставке совреме́нного иску́сства...

7. *Answer the questions. Write down your answers.*

1. Когда́ рабо́тает до́ктор Соро́кин?
2. Когда́ Мэ́ри была́ у врача́?
3. Когда́ у неё бу́дет экза́мен?
4. Когда́ вы отдыха́ете?
5. Когда́ вы бы́ли в кино́? А в теа́тре?
6. Когда́ вы бы́ли на конце́рте?
7. Когда́ вы бы́ли в музе́е?
8. Когда́ вы бы́ли на вы́ставке?

8. *Supply continuations. Give the day of the week and the time. Write down your sentences.*

Model: Я был в библиоте́ке. — В пя́тницу я был в библиоте́ке в 11 часо́в.

1. Я бу́ду до́ма.
2. Ви́ктор был в институ́те.
3. Ве́ра Серге́евна начала́ рабо́тать. О́ля ко́нчила рабо́тать.
4. Инжене́р Серге́ев бу́дет на заво́де.
5. Профе́ссор Во́лков бу́дет в университе́те.
6. До́ктор Петро́в начнёт принима́ть.
7. Арти́ст Ма́слов бу́дет в теа́тре.
8. Социо́лог Ве́тров бу́дет на рабо́те.

9. *Combine each pair of sentences into one. Write down your sentences.*

Model: Сего́дня понеде́льник. Сего́дня у на́с конфере́нция. — В понеде́льник у на́с конфере́нция.

1. Вчера́ бы́л вто́рник. У на́с была́ ле́кция.
2. За́втра бу́дет среда́. За́втра у на́с семина́р.
3. Сего́дня четве́рг. Сего́дня у меня́ конце́рт.
4. За́втра бу́дет пя́тница. За́втра у ни́х спекта́кль.
5. Вчера́ была́ суббо́та. Ве́ра была́ на вы́ставке.
6. За́втра бу́дет воскресе́нье. За́втра магази́ны не бу́дут рабо́тать.

III A. C. Пу́шкин роди́лся **6 ию́ня 1799 го́да.**

10. *Answer the questions. Write down your answers.*

1. Когда́ они́ бы́ли в теа́тре? (1/I)
2. Когда́ они́ слу́шали конце́рт в консервато́рии? (2/II)
3. Когда́ они́ бы́ли на вы́ставке? (14/III)
4. Когда́ Ви́ктор бы́л в Большо́м теа́тре? (16/IV)
5. Когда́ Ве́ра бу́дет выступа́ть на конце́рте? (23/V)
6. Когда́ бу́дет ле́кция профе́ссора Лавро́ва? (25/VI)
7. Когда́ А́нна бу́дет де́лать докла́д? (27/VII)
8. Когда́ Оле́г бу́дет выступа́ть на конфере́нции? (10/VIII)
9. Когда́ начнёт рабо́тать вы́ставка молоды́х худо́жников? (15/IX)
10. Когда́ Серге́й начнёт рабо́тать в институ́те? (21/X)
11. Когда́ Ива́н Никола́евич чита́ет ле́кцию? (4/XI)
12. Когда́ Ро́берт сдаёт экза́мены? (6/XII)

11. *Give your date of birth, the date of birth of your father, mother, brother, sister, friend (refer to them by name).*

Model: Бори́с роди́лся 12 ма́я 1954 го́да.

12. *Complete the sentences. Give different dates, days of the week and times.*

Model: Конце́рт ру́сской му́зыки.

(a) Конце́рт ру́сской му́зыки бу́дет (бы́л) в сре́ду.
(b) Конце́рт ру́сской му́зыки бу́дет (бы́л) в сре́ду пе́рвого ма́рта.
(c) Конце́рт ру́сской му́зыки бу́дет (бы́л) в сре́ду пе́рвого ма́рта в девятна́дцать часо́в.

1. Ле́кция профе́ссора Кузнецо́ва.
2. Докла́д до́ктора Смирно́ва.
3. Конце́рт молоды́х музыка́нтов.
4. Уро́к францу́зского языка́.
5. Студе́нты бы́ли на вы́ставке.
6. Джо́н выступа́л на семина́ре.
7. Ро́берт чита́л докла́д на конфере́нции.

IV	Здесь **строят** школу. Здесь **будут строить** школу. В газете **писали** об этой школе.

13. *Read and translate.*

Это новый район нашего города. Здесь строят больницу. Там будут строить новую гостиницу. Это здание построили в прошлом году. Говорят, что рядом будут строить библиотеку.

14. *Change the sentences, as in the model.*

Model: Вечером в парке слушают музыку.
          Вечером в парке будут слушать музыку.
          Вечером в парке слушали музыку.

1. В газете пишут о студенческом театре.
2. В институте много говорят о студенческой практике.
3. На нашем факультете изучают историю Азии и Америки.
4. На этой улице строят новые дома.
5. В этой аудитории читают лекции по литературе.

15. *Supply continuations, using the verbs on the right.*

Model: Это завод. Здесь делают машины.

1. Это филологический факультет.
2. Это библиотека.
3. Это большая аудитория.
4. Это клуб.
5. Это театр оперы и балета.
6. Это завод.
7. Это городской парк.

изучать, слушать, читать, делать, готовить, смотреть, показывать, разговаривать, гулять, отдыхать, рисовать, петь, танцевать

16. *Answer the questions.*

1. Когда построили это здание?
2. Что будут здесь строить?
3. Что делают на этом заводе?
4. Что изучают на вашем факультете?
5. Что изучают в медицинском институте?
6. Что писали в газете о студенческом спектакле?
7. Когда будут показывать в клубе новый фильм?

17. *Translate.*

1. A school is being built here. A hotel will be built over there.

2. They like singing in Russia.

3. English is studied at our institute.

4. They often talk about weather in London. They like talking about weather in Moscow, too.

5. It was written in the newspaper that the students at the Biology Department had had their practical training in the North.

6. That man's name is well known in our city.

> В газе́те писа́ли **о молоды́х худо́жниках** Ленингра́да.

18. *Answer the questions. Write down your answers.*

1. О ко́м э́та статья́? (молоды́е музыка́нты)
2. О ко́м э́та кни́га? (ру́сские компози́торы)
3. О чём пи́шут в э́том журна́ле? (совреме́нные города́)
4. О ко́м писа́ли в газе́те? (молоды́е врачи́)
5. О ко́м э́тот расска́з? (францу́зские худо́жники)
6. О ко́м э́та кни́га? (америка́нские арти́сты)
7. О чём расска́зывал профе́ссор Серге́ев? (ленингра́дские мосты́)
8. О чём вы́ чита́ли в журна́ле? (бы́стрые ре́ки Кавка́за)

19. *Complete the sentences, using the phrases given below in the required case.*

Мы́ чита́ли... (о к о́ м ? о ч ё м?)   Мы́ чита́ли статьи́... (ч ь и́)?
Мы́ ви́дели... (к о г о́? ч т о́?)   Мы́ чита́ли статьи́...(о к о́ м?
    о ч ё м?)

молоды́е учёные; бы́стрые ре́ки, высо́кие го́ры; документа́льные фи́льмы; знамени́тые арти́сты; америка́нские писа́тели; совреме́нные музыка́нты; интере́сные спекта́кли; ру́сские худо́жники.

> Студе́нты лю́бят пе́ть **свои́** студе́нческие пе́сни.

20. *Supply continuations, as in the model. Use the correct possessive pronouns.*

Model: Я́ студе́нт. Мо́й институ́т нахо́дится в Ленингра́де. Я́ о́чень люблю́ сво́й институ́т.

1. Ты́ студе́нт.
2. О́ля — студе́нтка.
3. Мы́ студе́нты.
4. И́горь и Пётр — студе́нты.

5. Я́ мно́го о ва́с слы́шал. Я́ зна́ю, что вы́ студе́нты.
6. Ви́ктор — студе́нт.

21. *Supply object clauses to the main clause on the left. Use the correct possessive pronouns. Write out the sentences.*

Model: Я зна́ю, что о́н бу́дет де́лать **сво́й** докла́д за́втра.
Я зна́ю, что **его́** докла́д бу́дет интере́сный.

Я зна́ю, ...

1. О́н пи́шет кни́гу давно́.
Кни́га об иску́сстве Арме́нии.
2. Серге́й на́чал рисова́ть карти́ну в про́шлом году́.
Карти́на бу́дет интере́сная.
3. Ве́ра пи́шет статью́ на англи́йском языке́.
Статья́ об англи́йской литерату́ре.

22. *Answer the questions. Write down your answers.*

Model: — Почему́ вы́ лю́бите свою́ рабо́ту?
— Я́ люблю́ свою́ рабо́ту, потому́ что моя́ рабо́та о́чень интере́сная.

1. Почему́ о́н та́к до́лго пи́шет сво́й докла́д?
2. Почему́ вы́ не бу́дете чита́ть сво́й докла́д за́втра?
3. Почему́ она́ та́к ма́ло говори́т о свое́й жи́зни?
4. Почему́ они́ не хотя́т показа́ть свою́ колле́кцию?

23. *Answer the questions, using* сво́й *or other possessive pronouns in your answers.*

1. Че́й уче́бник ты́ взя́л? Че́й уче́бник лежи́т на столе́?
2. О ко́м она́ расска́зывала? О бра́те? О́н учени́к? Где́ о́н у́чится?
3. Что́ вы́ зде́сь написа́ли? А́дрес? Вы́ пра́вильно написа́ли а́дрес? Э́то но́вый и́ли ста́рый а́дрес?
4. У ва́с е́сть дру́г? Ка́к его́ зову́т? Вы́ мо́жете показа́ть фотогра́фию дру́га? Э́то ста́рая фотогра́фия?

24. *Supply the required possessive pronouns. Write out the sentences.*

1. Я́ живу́ в э́той кварти́ре. Э́то ... кварти́ра.
2. — Анто́н, ты́ не ви́дел ... портфе́ль? — Во́т о́н.
3. О́н рабо́тает в э́той больни́це. О́н о́чень лю́бит ... рабо́ту.
4. — Ни́на, где́ живёт ... бра́т? — В Ленингра́де.
5. — А́нна Ива́новна, где́ рабо́тает ... сы́н? — ... сы́н? В институ́те.
6. И́ра, ты́ зна́ешь, я́ вчера́ ви́дел на конце́рте ... подру́гу.
7. Мы́ живём в Ки́еве. Мы́ о́чень лю́бим ... го́род. ... го́род — столи́ца Украи́ны.
8. Я́ зна́ю ... а́дрес и ... фами́лию.
9. О́н хорошо́ зна́ет ... райо́н.
10. Я́ гео́граф, и я́ люблю́ ... профе́ссию.

25. *Supply the required pronoun:* свой, его, её *or* их. *Write out the sentences.*

Нина — моя сестра. Она инженер. Она любит ... работу. ... муж тоже работает на заводе. Николай — ... сын. Он студент. ... институт находится в этом районе. Нина и ... семья живут тоже в этом районе. Володя — товарищ Николая. ... отец — журналист. Николай и Володя читали ... книгу об Африке.

26. *Complete the sentences, using the required possessive pronouns. Write out the sentences.*

1. Это мои друзья. Я давно знаю ... . Моя мама и я часто говорим о ... . Этот проект создали ... .
2. Это студенческий театр. Студенты часто смотрят спектакли в ... . Студенты строят здание ... . А где сейчас находится ...?
3. Это моя библиотека. Я люблю работать в ... . Я хочу показать ... . В той комнате находится ... .

Usage of the Verb получать/получить

27. *Read and translate.*

1. — Антон, что ты читаешь? — Я получил пятый номер журнала «Москва». В нём есть очень интересные рассказы. — В прошлом году ты получал этот журнал? — Нет, не получал.
2. — Вера, ты получила письмо от Олега? — Нет, не получила.
3. Молодые учёные получили очень интересные результаты. Сейчас они пишут статью.
4. Борис, ты знаешь, Максим сейчас болеет. Я получила от него письмо.

28. *Insert the verb* получать/получить *in the required form. Write out the sentences.*

1. — У вас дома есть журналы «Москва», «Октябрь», «Нева»? — Я ... журнал «Октябрь».
2. — Нина, что ты читаешь? — Это письмо от Виктора. Я ... его утром.
3. — Борис, дай мне, пожалуйста, журнал «Наука и жизнь» № 3. — Сегодня не могу. Я ... его только вчера и ещё не прочитал.
4. Сейчас я читаю статью ленинградских физиков. Они ... интересные результаты.

Usage of the Verb **сдава́ть/сда́ть**

29. *Read and analyze.*

1. — Оле́г, когда́ у ва́с бу́дут экза́мены? — Я́ бу́ду сдава́ть экза́мены в ию́не.
2. — Ро́берт, ка́к твои́ дела́? У тебя́ бы́ли экза́мены? — Да́, бы́ли. Я́ сда́л все́ экза́мены хорошо́.
3. — Джейн, у ва́с бы́ли экза́мены? — Не́т, на́ша гру́ппа ещё не сдава́ла экза́мены.
4. — Джи́м, ты́ сдава́л сего́дня экза́мен? — Да́, сдава́л. — И ка́к твои́ дела́? — Пло́хо, я́ не сда́л э́тот экза́мен. — Ты́ бу́дешь сдава́ть его́ ещё ра́з? — Обяза́тельно бу́ду.

30. *Insert the verb* сдава́ть/сда́ть *in the required form. Write out the sentences.*

1. — У тебя́ бы́ли экза́мены? — Не́т, я́ ещё не ... экза́мены. Я́ ... и́х в ма́е.
2. — Джейн, у тебя́ бы́ли экза́мены? — Да́, бы́ли. — Ка́к твои́ дела́? — Хорошо́. Я́ ... все́ экза́мены.
3. — Вы́ не зна́ете, ка́к дела́ у Бори́са? — Пло́хо. — У него́ бы́л экза́мен? — Да́, о́н ... экза́мен, но не ... . — Когда́ о́н ... экза́мен ещё ра́з? — В пя́тницу.
4. — Когда́ у ва́с бу́дет экза́мен? — Мы́ ... экза́мен во вто́рник.

Phonetic Exercises

1. *Read, paying attention to the pronunciation of the relevant sounds.*

[л]: де́ло, голова́, золото́й, гла́з, сло́жный;

[л']: боле́ть, полёт, лека́рство, больно́й, результа́т, земля́, кора́бль, звони́ли, вста́ли, боле́ли, большинство́;

[р]: рука́, ско́ро, здоро́вый, до́ктор, температу́ра, вто́рник, вы́беру;

[р']: дире́ктор, серьёзный, среда́, гри́пп;

[ц]: лицо́, пя́тница, реце́пт, медици́нский, опера́ция, роди́ться, ка́жется, встреча́ться;

[ж]: ви́жу, ва́жный;

[ш]: коне́чно [кан'е́шнъ];

[ч]: четве́рг, лётчик, почти́, встреча́ть, замеча́ть, чу́вствуете [чу́ствујит'и], четы́ре часа́;

soft consonants: ве́сь, сиде́ть, боле́знь, воскресе́нье, встать, заме́тить.

2. *Read, paying attention to the pronunciation of unstressed syllables.*

— ´ — суббо́та [субо́тъ], анке́та, лека́рство, серьёзный, дире́ктор;

— — ´ голова́, золото́й, космона́вт, основа́ть, замеча́ть;

´ — — пя́тница, те́хника, чу́вствовать, вы́берут;

— — ´ — воскресе́нье, понеде́льник, выбира́ешь, медици́нский;

— — — ´ — температу́ра, руководи́тель;

рука́ — руки́ — ру́ки; приму́ — при́мешь — при́мете — прими́те; роди́ться — роди́лся, родила́сь, роди́лись; встреча́ю — встре́чу; среда́ — в сре́ду, янва́рь — в январе́ — деся́того января́; язы́к — языки́.

3. *Read aloud.*

(a) *Underline the devoiced and voiced consonants.*

клу́б, зу́б, гла́з, встать, встава́ть, всё в поря́дке, впервы́е, встреча́ться, сдава́ть, сда́ть, четве́рг, хиру́рг, космона́вт, экза́мен, в пять часо́в, в три́ часа́.

(b) *Underline the silent consonants.*

по́здно, чу́вствуете, здра́вствуйте.

4. *Read, paying attention to pronunciation and fluency.*

в ча́с, в два́ часа́, в четы́ре часа́, в пя́ть часо́в, в де́сять часо́в, в де́вять часо́в утра́, в во́семь часо́в три́дцать мину́т, в понеде́льник, во вто́рник, в четве́рг, в воскресе́нье.

1. — Скажи́те, пожа́луйста, / когда́ нача́ло конце́рта?

    — В во́семь три́дцать.

2. — Вы́ не зна́ете, когда́ открыва́ется э́тот магази́н?

    — В де́сять часо́в.

3. — Вы́ ра́но встаёте?

— О́чень ра́но. В ше́сть часо́в. А вы́?

— А я́ по́здно. В де́вять часо́в. Я́ не могу́ встава́ть ра́но.

— А когда́ вы́ начина́ете рабо́тать?

— В де́сять три́дцать.

4. — Оле́г, / когда́ ты́ бу́дешь в университе́те?

— За́втра и в пя́тницу.

— А в суббо́ту ты́ бу́дешь?

— Не́т, / в суббо́ту у меня́ не́т заня́тий. Я́ бу́ду в понеде́льник
в 9 часо́в.

— А в како́й аудито́рии ты́ бу́дешь? Я́ хочу́ тебя́ уви́деть.

— В шесто́й аудито́рии.

5. *Read, paying attention to pronunciation. Note the stress.*

янва́рь [jинва́р'], в январе́, оди́ннадцатого января́; февра́ль, в феврале́,
двена́дцатого февраля́; сентя́брь, в сентябре́, трина́дцатого сентября́;
октя́брь, в октябре́, двадца́того октября́; ноя́брь, в ноябре́,
трина́дцатого ноября́; дека́брь, в декабре́, три́дцать пе́рвого декабря́.

1. — Ната́ша, / когда́ ты́ родила́сь?

— Два́дцать второ́го января́.

— Како́го го́да?

— Шестьдеся́т четвёртого. А ты́?

— А я́ роди́лся девя́того ию́ля / пятьдеся́т шесто́го го́да.

2. — Серге́й, / ты́ по́мнишь, когда́ роди́лся Пу́шкин?

— По́мню. Шесто́го ию́ня / ты́сяча семьсо́т девяно́сто девя́того
го́да.

3. — А́нна, / когда́ роди́лись твои́ роди́тели?

— Ма́ма родила́сь пя́того октября́ / ты́сяча девятьсо́т сороково́го
го́да, / а оте́ц роди́лся тридца́того ма́рта / ты́сяча девятьсо́т
три́дцать восьмо́го го́да.

4. — Когда́ ты́ бу́дешь в Москве́?

— Пятна́дцатого и́ли шестна́дцатого декабря́.

— Позвони́, пожа́луйста, когда́ бу́дешь в Москве́.

— Обяза́тельно позвоню́.

5. — Вы́ не зна́ете, когда́ начина́ется конфере́нция?

— Два́дцать шесто́го февраля́.

6. *Read fluently. Pay attention to the pronunciation of endings.*

о свои́х дела́х, о но́вых фи́льмах, о свои́х друзья́х, о моско́вских у́лицах.

1. — О чём ты́ ду́маешь?
   — Я́ ду́маю о свои́х дела́х.
2. — О чём вы́ говори́те?
   — Мы́ говори́м о свои́х друзья́х.
3. — О чём э́та кни́га?
   — О Москве́. Об исто́рии моско́вских у́лиц.
4. — О чём ты́ расска́зываешь?
   — О но́вых фи́льмах.
5. — О чём была́ ле́кция?
   — Об архитекту́рных па́мятниках 13-го ве́ка.
6. — О чём э́тот те́кст?
   — О сове́тских врача́х и учёных.
7. — Ка́тя, ты́ взяла́ свои́ журна́лы?
   — Да́, взяла́.
   — Ты́ взяла́ свои́ журна́лы?
   — Да́, свои́.
   — А где́ же мои́?
   — Я́ не зна́ю.

7. *Read aloud.*

Говоря́т, что у ва́с но́вая маши́на.

Говоря́т, что за́втра ле́кции не бу́дет.

Говоря́т, что профе́ссор бо́лен.

Говоря́т, / что в э́том году́ бу́дет холо́дная зима́.

В газе́те писа́ли, / что в э́том райо́не бу́дут стро́ить большо́й стадио́н.

В газе́те писа́ли, / что здесь ско́ро бу́дет метро́.

8. *Read, paying attention to intonation.*

Да́йте, пожа́луйста, биле́т.

Расскажи́те, пожа́луйста, о ва́шем го́роде.

Покажи́те, пожа́луйста, ва́шу тетра́дь.

Переведи́те, пожа́луйста, э́то предложе́ние.

Скажи́те, пожа́луйста, / за́втра бу́дет ле́кция?

Скажи́те, пожа́луйста, / где́ нахо́дится Кра́сная пло́щадь?

Откро́йте две́рь! Закро́йте, пожа́луйста, окно́.

Переведи́те те́кст. Пиши́те, пожа́луйста!

9. *Read, paying attention to the intonation of repeated questions.*

1. — Алло́! Попроси́те, пожа́луйста, Андре́я.

   — Его́ не́т до́ма.

   — А когда́ о́н бу́дет?

   — В во́семь часо́в.

   — Когда́?

   — В во́семь часо́в.

   — Спаси́бо.

2. — Скажи́те, пожа́луйста, / когда́ начина́ет рабо́тать э́тот магази́н?

   — В во́семь часо́в.

   — Когда́?

   — В во́семь.

3. — Пе́тя, / когда́ у ва́с нача́ло заня́тий в шко́ле?

   — В во́семь три́дцать.

   — Когда́?

   — В во́семь три́дцать.

4. — Кого́ сего́дня не́т?

    — Ма́ши и Серге́я.

    — Кого́? Говори́те, пожа́луйста, гро́мко.

    — Ма́ши и Серге́я.

    — Почему́?

    — Они́ больны́.

5. — Чья́ э́то кни́га?

    — Моя́.

    — Чья́? Я́ не слы́шу.

    — Моя́.

6. — Почему́ сего́дня не бу́дет ле́кции?

    — Потому́ что профе́ссор заболе́л.

    — Почему́? Я́ не по́нял.

    — Профе́ссор заболе́л.

10. *Complete the dialogues. Repeat your question and give a reason why you asked the question again.*

Model: — Когда́ бу́дет семина́р?

              — В два́ часа́.

              — Когда́? Повтори́, пожа́луйста, / я́ не по́нял.

              — В два́ часа́.

1. — Скажи́те, / когда́ нача́ло вече́рних сеа́нсов?

    — В се́мь три́дцать.

    — . . . .

    — В се́мь три́дцать.

2. — Ве́ра, / ты́ не зна́ешь, когда́ за́втра нача́ло конфере́нции?

    — В де́вять пятна́дцать.

    — . . . .

    — В де́вять пятна́дцать.

3. — Почему́[2] ты́ не́ был сего́дня в университе́те?

— Я́ бо́лен.[1]

— . . . .

— Я́ бо́лен.[1]

— Когда́[2] ты́ бу́дешь в университе́те?

— Я́ ду́маю, что в четве́рг.

— . . . .

— В четве́рг.[1]

4. — Что́[2] ты́ чита́ешь?

— Рома́н Достое́вского.[1]

— . . . .

— Достое́вского.[1]

11. *Read aloud. Indicate the intonational centers in the questions.*

1. — Во вто́рник бу́дет ле́кция?
— Да́, ле́кция.

2. — Во вто́рник бу́дет ле́кция?
— Не́т, не бу́дет.

3. — Во вто́рник бу́дет ле́кция?
— Не́т, в понеде́льник.

4. — Ка́тя не была́ на ле́кции?
— Не́т, не была́.

5. — Ка́тя не была́ на ле́кции?
— Не́т, на семина́ре.

6. — Ка́тя не была́ на ле́кции?
— Не́т, Ма́ша.

12. *Read, paying attention to speed and intonation.*

— Алло́,[2] / Ка́тя?[3] Э́то Ната́ша говори́т.

— Здра́вствуй, Ната́ша.

— Почему́[2] ты́ не была́ в университе́те?

— Я́ больна́.[1]

— Что́[2] у тебя́?

— У меня́ гри́пп.[1]

— Ка́к ты́ себя́ чу́вствуешь?[2]

— Пло́хо.[1] О́чень голова́ боли́т.

— А температу́ра у тебя́ е́сть?[3]

— Да́, / три́дцать во́семь.

— А вра́ч бы́л?

— Да́, / бы́л. А ты́ ка́к себя́ чу́вствуешь, Ната́ша?

— Сейча́с ничего́. Спаси́бо. У меня́ то́же бы́л гри́пп.

— А ка́к твои́ роди́тели?

— Ма́ма больна́, / а па́па здоро́в. Ка́тя, / ты́ должна́ лежа́ть не́сколько дне́й / и обяза́тельно принима́й лека́рство.

— Я́ не могу́ до́лго лежа́ть. У меня́ экза́мен.

— Ничего́, Ка́тя, / всё бу́дет в поря́дке.

13. *Read aloud. Indicate the types of ICs and the intonational centers. Mark the stress.*

1. — Вы уже начали писать курсовую работу?
   — Нет, ещё не начал.
   — А вы, Наташа?
   — Я начала.

2. — Петя, вы покажете ваши фотографии?
   — Конечно, покажу.
   — Покажите, пожалуйста. Мы очень хотим их посмотреть.
   — Посмотрите, пожалуйста.
   — Мы тоже посмотрим. Хорошо?
   — Конечно, Наташа.

3. — Вы слушаете?
   — Да, мы слушаем.
   — Вы поняли задачу?
   — Нет, я не понял.
   — А вы?
   — Я тоже не поняла.
   — И мы не поняли.

4. — Я опоздала?
   — Да, вы опоздали. Не опаздывайте, пожалуйста.

5. — Вы переводите статью?
   — Да.
   — Почему вы не пишете?
   — Я не поняла это предложение. Переведите его, пожалуйста.
   — Пожалуйста. Переводите дальше. Пишите.

6. — Скажите, пожалуйста, где наши места?
   — Ваше место вот здесь, а ваши места во втором ряду.
   — Спасибо.

7. — Вы расскажете о вашем городе?
   — Конечно, расскажу.
   — Расскажите, пожалуйста.
8. — Скажите, почему нет Виктора?
   — Он болен.
   — А почему нет Наташи?
   — Она тоже больна.

14. *Read, paying attention to the intonation of non-final syntagms and fluency.*

В на́шем институ́те⁴ изуча́ют исто́рию,⁴ / литерату́ру,⁴ / иностра́нные языки́.¹ Космона́вты —³ / лю́ди ра́зных профе́ссий:⁴ / инжене́ры,⁴ / учёные,⁴ / лётчики,⁴ / врачи́,⁴ / био́логи.¹ Моско́вский университе́т основа́л ру́сский учёный Михаи́л Васи́льевич Ломоно́сов⁴ / в 1755 (ты́сяча семьсо́т пятьдеся́т пя́том) году́.¹ Я зна́ю, что ле́кции не бу́дет.¹ Я зна́ю,¹ что ле́кции не бу́дет. В Ки́еве,³ столи́це Украи́ны, / мно́го знамени́тых па́мятников ста́рой ру́сской архитекту́ры.¹

15. *Listen to and read the text. Pay attention to speed and intonation.*

Гла́вное — мы́ вме́сте

— Мы́ лю́бим друг дру́га,¹ / и э́то са́мое гла́вное! —¹ / Ники́та обнима́ет Суса́нну³ / и улыба́ется.¹

Суса́нна и Ники́та —³ / му́ж и жена́.¹ Суса́нна — армя́нка,¹ / Ники́та — ру́сский.¹ Они́ таки́е молоды́е,⁴ / таки́е счастли́вые,¹ / что лю́ди смо́трят на ни́х³ / и то́же улыба́ются.¹ И я́,³ как журнали́ст, / хочу́ написа́ть о ни́х в молодёжной газе́те.¹

То́лько ча́с наза́д³ / Ники́та бы́л в больни́це на опера́ции. Ники́та Быстро́в —³ / вра́ч.¹ О́н хиру́рг. Мы́ и познако́мились в больни́це,¹ / а пото́м реши́ли встре́титься ве́чером.¹ И во́т в 7 часо́в³ / мы́ встре́тились в небольшо́м кафе́.¹ В Ерева́не мно́го таки́х кафе́.¹ Ники́та,¹ / Суса́нна¹ / и я́⁴ / сиди́м и разгова́риваем.

— Вы спрашиваете, как мы познакомились? — / спросил Никита. — Тогда / я ещё учился в медицинском институте, / а Сусанна училась в университете / на математическом факультете. Часто вечером / мы и наши друзья / сидели в кафе, / так же, как мы сейчас, / говорили о своих делах, / спорили. Там мы и познакомились. Мы и сейчас много спорим, / вечером дома обсуждаем разные проблемы: / и свои семейные, / и школьные, / и медицинские. Все проблемы решаем вместе.

— А как вы выбрали свою профессию?

— Вы знаете, что я врач. Я выбрал профессию хирурга, / потому что хирург, как Бог, / он спасает жизнь человека. А Сусанна сейчас работает в школе. Она учительница. Она всегда любила детей, / особенно маленьких.

— А о чём вы мечтаете?

— Это сложный вопрос. О многом... Ну, например, / о детях, — говорит Никита. — У нас будут мальчик и девочка. Семья должна быть полная. Но сейчас это невозможно. Во-первых, / у нас нет своей квартиры. Мы сейчас живём в доме моих родителей. А это не очень просто, / у них дом небольшой. Во-вторых, / у родителей есть свои интересы, / а у нас свои, / поэтому мы хотим жить в своей квартире. А в-третьих, / мы хотим учиться дальше. Так что проблема квартиры, / проблема детей, / проблема учёбы.

С у с а́ н н а: Но мы живём хорошо, / интересно: / посещаем интересные выставки, / много гуляем, / смотрим фильмы, / спектакли, / слушаем концерты.

Н и к и́ т а: А в субботу и в воскресенье / мы иногда отдыхаем у родителей Сусанны. Вся её семья живёт в деревне.

— Ка́жется, / я́ могу́ спроси́ть ва́с и о национа́льных проблéмах. А в ва́шей семьé éсть э́ти проблéмы?

— В на́шей семьé нéт, — говори́т Суса́нна. — Я́ хорошо́ себя́ чу́вствую в ру́сской семьé моего́ му́жа, / аНики́та хорошо́ себя́ чу́вствует у мои́х роди́телей. Я́ ду́маю, / что та́к чу́вствует себя́ большинство́ людéй, / но́ нéкоторые армя́не / сейча́с хотя́т жени́ться то́лько на армя́нках. Армя́н ма́ло, / и они́ боя́тся раствори́ться в друго́м наро́де. Национа́льные проблéмы éсть, / и я́ ду́маю, / что мы́ не должны́ об э́том молча́ть. Осо́бенно сейча́с, / в перио́д гла́сности и перестро́йки. В Армéнии живу́т не то́лько армя́не, / но и ру́сские, / и украи́нцы, / и еврéи, / и други́е. Они́ ча́сто не зна́ют армя́нского языка́, / ма́ло зна́ют армя́нскую культу́ру. Но я́ ду́маю та́к: / они́ живу́т здéсь / и обяза́тельно должны́ зна́ть армя́нский язы́к, / изуча́ть армя́нскую культу́ру. Мо́й му́ж зна́ет армя́нский язы́к: / о́н вра́ч, / он до́лжен говори́ть по-армя́нски, / и о́н понима́ет э́то. Его́ роди́тели то́же говоря́т по-армя́нски, / а во́т я́ ещё не о́чень хорошо́ говорю́ по-ру́сски. Но я́ мно́го чита́ю по-ру́сски. И вообщé мы́ хорошо́ понима́ем дру́г дру́га.

Н и к и́ т а: Когда́ лю́ди живу́т вмéсте, / они́ должны́ понима́ть дру́г дру́га, / должны́ изуча́ть язы́к и литерату́ру, / культу́ру друго́го наро́да. Мы́ должны́ слу́шать / и слы́шать дру́г дру́га.

С у с а́ н н а: Но́ éсть ещё одна́ проблéма — / э́то свобо́дное врéмя. У на́с о́чень ма́ло свобо́дного врéмени. Мы́ мно́го рабо́таем, / занима́емся в библиотéке, / а в ми́ре та́к мно́го интерéсного.

Н и к и́ т а: Всё э́ти проблéмы — / чепуха́! Са́мое гла́вное — / мы́ вмéсте.

Formation Practice

1. *Study and learn the nouns connected with the expression of time. Pay particular attention to stress patterns.*

2. *Answer the question, using the units of time given below. (See Analysis 1.10, 1.12, 1.32.)*

Когда́ профе́ссор Орло́в был в университе́те?

Saturday, Thursday, 2 o'clock, that evening, Friday, 12:30 P.M., 10:15 A.M., Tuesday, Wednesday, that day, Monday 8:41 P.M., Sunday, that morning, 4 o'clock.

3. *Answer the question, using the units of time given below. (See Analysis 1.42; III, 6.0.)*

Когда́ Вади́м Ю́рьевич ко́нчил писа́ть кни́гу?

September, June, this semester [семе́стр], July, August, this year, April, in 1989, February, March, in 1991, January, in 1988, October, May, December, November.

4. *Write out the dates of birth and death of each of the following famous Russian writers. (See Analysis 1.42.)*

Model: С.Т. Акса́ков (1791—1859)
Акса́ков роди́лся в ты́сяча семьсо́т девяно́сто пе́рвом году́ и у́мер в ты́сяча восемьсо́т пятьдеся́т девя́том году́.

В.Г. Бели́нский (1811—1848), Андре́й Бе́лый (1880—1934), А.А. Бло́к (1880—1921), Ф.М. Достое́вский (1821—1881), Н.В. Го́голь (1809—1852), И.А. Гончаро́в (1812—1891), Макси́м Го́рький (1868—1936), Н.М. Карамзи́н (1766—1826), М.Ю. Ле́рмонтов (1814—1841), М.В. Ломоно́сов (1711—1765), В.В. Маяко́вский (1893—1930), А.С. Пу́шкин (1799—1837), Л.Н. Толсто́й (1828—1910), И.С. Турге́нев (1818—1883), Ф.И. Тю́тчев (1803—1873), А.А. Фе́т (1820—1892).

5. *Answer the question, using the dates given below. (See Analysis 1.22, 1.43.)*

Како́го числа́ вы роди́лись?

23 June, 18 September, 6 May, 1 January, 13 February, 24 July, 30 November, 11 December, 8 April, 20 October, 20 March, 27 February, 19 May, 2 December, 4 November, 28 June, 2 July, 31 August, 15 March, 25 September.

6. *Compose complete sentences based on the following biographical data and write them down. Mark stress throughout. (See Analysis 1.43.)*

Model: А.С. Пу́шкин 6/VI 1799—10/II 1837 — Пу́шкин роди́лся шесто́го ию́ня ты́сяча семьсо́т девяно́сто девя́того го́да и у́мер деся́того февраля́ ты́сяча восемьсо́т три́дцать седьмо́го го́да.

Б. Фра́нклин 17/I 1706—17/IV 1790

Уи́льям Шекспи́р 23/IV 1564—23/IV 1616

Лю́двиг ван Бетхо́вен 16/XII 1770—26/III 1827

Ча́рльз Ди́ккенс 7/II 1812—9/VI 1870

Галиле́й 15/II 1564—8/I 1642

Ре́мбрандт 15/VII 1606—4/X 1669

Во́льфганг Мо́царт 27/I 1756—5/XII 1791

Ма́рк Тве́н 30/XI 1835—21/IV 1910

Серге́й Рахма́нинов 20/III 1873—28/III 1943

Серге́й Проко́фьев 11/IV 1891—5/III 1953

Э́дгар По́ 19/I 1809—7/X 1849

7. *Complete the sentence, using the nouns and noun phrases below in the prepositional plural. (See Analysis 3.1, 3.2.)*

Дже́йн говори́ла о (об)... .

краси́вое зда́ние, большо́й магази́н, твоя́ подру́га, рома́н Толсто́го, ва́ше общежи́тие, ста́рый уче́бник, интере́сная ле́кция, истори́ческий музе́й, гла́вный го́род страны́, э́тот профе́ссор, мо́й бра́т.

Written Exercises for General Review

1. *Translate. Write all the numerals in full. Mark stress throughout.*

1. "What day is today?"

"Today is Tuesday, February 7th; yesterday was Monday, February 6th; and tomorrow will be Wednesday, February 8th."

2. The beginning of the performances at the Bolshoi Theater is at 7:30 p.m.

3. "Have you already bought a ticket for the match?"

"No, but my brother will buy me a ticket today when he is in the center of town."

4. "I called this morning but you weren't at home."

"When did you call?"

"At 10 o'clock."

"At 10 o'clock I was in class."

5. The lecture by Professor Nikitina was on Wednesday, January 18, 1991, at 4:30 p.m. She spoke about contemporary Soviet artists. All our students were at the lecture.

6. "What time is it now?"

"I don't know. Ask Oleg."

"Oleg says that it is 8:30. Do you remember that we should be at Vanya and Liza's at 10 o'clock?"

Review Assignment

I. Verb Formation

1. *Supply infinitives, past tense, non-past (lst sing., 2nd sing., 3rd plural) and imperatives for the following four basic stems. Mark stress throughout.*

роди́-ся, взя́ть (irreg.), заме́ти-

II. Dialogue

1. *Compose a dialogue (6-8 lines) based on the following situations.*

(1) You are a journalist and interview a young Soviet family.

(2) You are discussing a typical day at the university with a friend: when you get up in the morning, when you have breakfast, when your first class begins, how many students there are in your classes, lectures, laboratories, etc.

III. Translation

1. *Translate. Write all the numerals in full. Mark stress throughout.*

1. Anton has lived in America 12 months. He has been in large cities and small towns, and seen many factories and museums.

2. Many tall buildings are located in the centers of cities.

3. At the club today we saw Professor Ivanov and his son Dima, Anna Antonovna Nikitina and Tatyana Nekrasova's brother.

4. Vanya Morozov was born on December 23, 1971, in Tomsk, where he lived for fourteen and a half years. He then lived in Omsk for 4 years and 8 months.

5. My friend is studying the history of space exploration. He has already bought 78 books about space.

6. My colleague, Boris, is to make a report on space exploration on Monday, December 15.

Unit 10

Practice Exercises

I	Ве́ра **покупа́ет** пода́рки **бра́ту** и **сестре́.**

1. *Answer the questions. Write down your answers.*

1. Ты́ не зна́ешь, кому́ о́н да́л мо́й слова́рь? (Оле́г и́ли Ни́на)
2. Кому́ ты́ купи́л э́ту кни́гу? (бра́т и́ли сестра́)
3. Скажи́, пожа́луйста, кому́ ты́ написа́л э́то письмо́? (оте́ц и́ли бра́т)
4. Кому́ ты́ помога́ешь реша́ть зада́чи? (А́нна и́ли Ви́ктор)
5. Вы́ не зна́ете, кому́ она́ дала́ а́дрес на́шего профе́ссора? (Ива́н и́ли Андре́й)
6. Кому́ ты́ купи́л уче́бник? (това́рищ и́ли сестра́)
7. Кому́ она́ сказа́ла о семина́ре? (Бори́с и́ли А́нна)

2. *Answer the questions, using the words in brackets. Write down your answers.*

1. Кому́ вы́ купи́ли портфе́ли? (бра́т, сестра́)
2. Кому́ вы́ да́ли ва́ш а́дрес? (Серге́й)
3. Кому́ вы́ да́ли но́мер ва́шего телефо́на? (Ро́берт)
4. Кому́ вы́ сего́дня звони́ли? (подру́га)
5. Кому́ вы́ помога́ете изуча́ть англи́йский язы́к? (бра́т)
6. Кому́ вы́ помогли́ написа́ть докла́д? (това́рищ)
7. Кому́ о́н расска́зывал о свое́й жи́зни? (дире́ктор институ́та)
8. Кому́ о́н говори́л о свое́й рабо́те? (профе́ссор)

3. *Complete the sentences. Write them out.*

Model: Óн дáл свóй учéбник **товáрищу.**

Онá далá свóй словáрь...   отéц, брáт, ученúк, профéссор, мáма,
Óн купúл билéт...   сестрá, подрýга
Óн помогáет переводúть
э́тот расскáз ...
Онá сказáла о лéкции ...
Óн показáл э́тот журнáл ...

4. *Compose dialogues, as in the model. Write down your dialogues.*

Model: — Áнна ужé перевелá статью́.
          — Ктó помóг **éй** перевестú статью́?
          — Антóн.

1. Вúктор ужé написáл курсовýю рабóту.
2. Я́ хорошó сдáл экзáмены.
3. Вéра сдéлала интерéсный доклáд о Шекспúре.
4. Сергéй и Натáша организовáли вéчер.
5. Мы́ приготóвили хорóший ýжин.

5. *Complete the sentences, using all possible personal pronouns. Write out the sentences.*

1. Дáйте ... э́ту газéту.
2. Я́ хочý показáть ... э́тот словáрь.
3. Купúте, пожáлуйста, ... журнáл.
4. Расскажúте ... о вáшей семьé.
5. Скажúте ... об э́той статьé.
6. Óн хóчет рассказáть ... об э́том институ́те.
7. Я́ могý помóчь ... организовáть конферéнцию.
8. Помогúте ... прочитáть э́тот тéкст.

6. *Answer the questions, replacing the underlined words by pronouns.*

Model: — Ктó сказáл Áнне о лéкции?
          — О лéкции éй сказáл Сергéй.

1. Ктó дáл Вúктору мóй áдрес?
2. Ктó сказáл Вéре, что семинáра не бýдет?
3. Ктó помогáл Кáте и Олéгу переводúть тéкст?
4. Ктó дáл мáльчику э́ти кнúги?
5. Ктó звонúл Натáше сегóдня вéчером?

7. *Translate.*

1. Anya always helped me.

2. I know that you will help him.

3. Your sister has helped her to buy that book.

4. She showed us her library.

5. He always gives us books (as presents).

6. Vera will show you her collection.

7. He will give you his book (as a present).

8. I will tell them about the concert.

8. *Compose sentences.*

Model: Э́то **но́вый учени́к.**
Расскажи́те **ему́** о на́шей шко́ле. Покажи́те ему́, где́ нахо́дится столо́вая. Помоги́те ему́ получи́ть уче́бники в библиоте́ке.

1. Э́то но́вая студе́нтка.
2. Э́то но́вые учени́цы.
3. Э́то мо́й бра́т.

4. Э́то сестра́ Джо́на.
5. Э́то но́вые студе́нты.
6. Э́то на́ш но́вый профе́ссор.

9. *Translate.*

1. In the morning we had a lecture. After the lecture the professor told us that there would be no seminar. Anton and Nina had not been at the lecture and they did not know that there would be no seminar. In the afternoon I saw them at the library. I told Anton and Nina that there would be no seminar. I showed Nina the fifth issue of the journal *Voprosy Istorii (Problems of History).* There was an interesting article in it. I had bought that journal for a friend.

2. We explained to the woman where the hotel was.

3. Katya wrote a letter to a friend.

4. Boris showed Vera several interesting books.

II Помоги́те **э́тому молодо́му челове́ку** написа́ть а́дрес по-ру́сски.

10. *Answer the questions. Write down your answers.*

1. Кому́ вы́ помогли́ купи́ть кни́ги? (э́тот студе́нт)
2. Кому́ о́н написа́л письмо́? (мо́й това́рищ)

3. Кому́ вы́ сказа́ли о семина́ре? (ва́ш студе́нт)
4. Кому́ о́н рассказа́л о но́вом фи́льме? (тво́й бра́т)
5. Кому́ она́ показа́ла свою́ колле́кцию? (моя́ ма́ма)
6. Кому́ То́м купи́л слова́рь? (твоя́ сестра́)
7. Кому́ о́н рассказа́л о Ленингра́де? (э́та студе́нтка)

11. *Complete the sentences. Write them out.*

1. Покажи́те э́ту фотогра́фию ... . (э́тот но́вый студе́нт)
2. Купи́те э́ту кни́гу ... . (ва́ш ма́ленький бра́т)
3. Да́йте не́сколько карандаше́й ... . (э́та симпати́чная де́вушка)
4. Покажи́те ва́ши карти́ны ... . (э́тот худо́жник)
5. Скажи́те «спаси́бо» ... . (э́тот молодо́й челове́к)
6. Расскажи́те о спекта́кле ... . (мо́й това́рищ)
7. Помоги́те ко́нчить рабо́ту ... . (э́та студе́нтка)
8. Расскажи́те о ва́шей профе́ссии ... . (э́тот профе́ссор)
9. Напиши́те письмо́ ... . (ва́ша ста́рая учи́тельница)

12. *Answer the questions. Write down your answers.*

1. Кому́ помога́ет А́нна? (мо́й бра́т и мо́я сестра́)
2. Кому́ Джо́н хо́чет подари́ть краси́вую ма́рку? (шко́льный това́рищ)
3. Кому́ вы́ показа́ли доро́гу? (э́та симпати́чная де́вушка и э́тот молодо́й челове́к)
4. Кому́ Ле́на звони́ла сего́дня у́тром? (тво́й бра́т и шко́льная подру́га)
5. Кому́ Бори́с расска́зывал о Ки́еве? (знако́мая де́вушка и мо́й това́рищ)

13. *Compose sentences, using the following words and phrases.*

1. помога́ть/помо́чь — э́тот шко́льник;
2. расска́зывать/рассказа́ть — на́ш учи́тель, вы́ставка;
3. писа́ть/написа́ть — его́ това́рищ, письмо́;
4. дари́ть/подари́ть — мо́й бра́т, интере́сная кни́га;
5. сообща́ть/сообщи́ть — иностра́нный студе́нт, ле́кция;
6. объясня́ть/объясни́ть — э́та студе́нтка, но́вые слова́.

14. *Compose dialogues, as in the model.*

Model:　— А́нна сего́дня пока́зывала свои́ фотогра́фии.
　　　　— Кому́ она́ пока́зывала фотогра́фии?
　　　　— Она́ пока́зывала фотогра́фии свое́й подру́ге.

1. Сего́дня Ви́ктор расска́зывал о Ленингра́де.
2. А́нна о́чень хорошо́ отвеча́ла на экза́мене.
3. Сего́дня я́ написа́л три́ письма́.
4. Учи́тель два́ ра́за объясни́л зада́чу.

15. *Answer the questions, using the words in brackets in your answers.*

Model: — Кому́ Ве́ра Ива́новна сказа́ла о семина́ре?
    — Одному́ студе́нту.

1. Кому́ Серге́й пока́зывал свои́ карти́ны? (оди́н ста́рый худо́жник)
2. Кому́ Кири́лл расска́зывал о свое́й пра́ктике? (оди́н студе́нт-исто́рик)
3. Кому́ Джон помога́ет изуча́ть ру́сский язы́к? (одна́ англи́йская студе́нтка)
4. Кому́ Джон рассказа́л о свое́й статье́? (оди́н иностра́нный профе́ссор)
5. Кому́ Ка́рин написа́ла письмо́? (одна́ францу́зская де́вочка)
6. Кому́ Ро́берт помо́г написа́ть докла́д? (оди́н студе́нт-гео́лог)

16. *Answer the questions. Write down your answers.*

Model: — Почему́ у вас нет уче́бника?
    — Я дал уче́бник одному́ студе́нту, моему́ дру́гу.

1. Почему́ у вас нет тетра́ди?
2. Почему́ у вас нет словаря́?
3. Почему́ у тебя́ нет ру́чки?
4. Почему́ у тебя́ нет биле́та?
5. Почему́ у тебя́ нет журна́ла «Вопро́сы литерату́ры»?

III — Ско́лько лет ва́шему бра́ту?
— Ему́ четы́рнадцать лет.

17. *Give some additional information.*

Model: Серге́й был на конце́рте наро́дной му́зыки. Ему́ нра́вится наро́дная му́зыка.

1. Ро́берт слу́шает совреме́нную му́зыку.
2. Кэт смо́трит музыка́льные фи́льмы.
3. Ле́сли чита́ет расска́зы молоды́х писа́телей.
4. Студе́нты бы́ли на вы́ставке совреме́нного иску́сства.
5. Ве́ра смотре́ла совреме́нный бале́т.
6. Дже́йн и Ка́тя бы́ли на конце́рте америка́нской му́зыки.
7. Оле́г и Ни́на бы́ли на вы́ставке англи́йского иску́сства.
8. А́нна слу́шала ру́сскую о́перу.

18. *You want to learn something. Ask.*

Model: Джек был на выставке французского искусства. — Тебе
понравилась выставка?

1. Пэмела была на концерте.
2. Она смотрела фильм по телевизору.
3. Вера смотрела балет.
4. Сергей слушал оперу.
5. Ваши друзья были в Москве.
6. Роберт и Джеки были в Киеве.
7. Джейн была в Ленинграде.
8. Вадим Николаевич был в Минске.

19. *Your friends are having practical training in the USSR. You have written letters to them. Now write their addresses on the envelopes. Also write your own address.*

1. 117870, Москва, проспект Вернадского, дом 88, общежитие 8, корпус 1.
2. 117279, Москва, ул. Профсоюзная, дом 83, корпус 3.
3. 191186, Ленинград, улица Плеханова, дом 6.

Сурок Мензбира

Куда

Кому

Индекс предприятия связи и адрес отправителя

Пишите индекс предприятия связи места назначения

5к ПОЧТА СССР

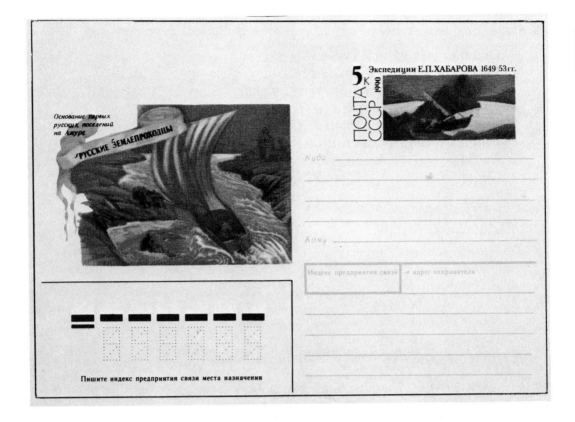

20. *Answer the questions, using the phrases in brackets. Write down your answers.*

   1. Ско́лько ле́т ва́шей сестре́? (1 го́д)
   2. Ско́лько ле́т бра́ту То́ма? (21 го́д)
   3. Ско́лько ле́т ва́шему бра́ту? (2 го́да)
   4. Ско́лько ле́т э́тому студе́нту? (22 го́да)
   5. Ско́лько ле́т э́той де́вочке? (5 ле́т)
   6. Ско́лько ле́т э́той же́нщине? (25 ле́т)
   7. Ско́лько ле́т э́тому зда́нию? (100 ле́т)
   8. Ско́лько ле́т э́тому го́роду? (1000 ле́т)

21. *Complete the sentences. Write them out.*

   1. Мне́ тогда́ бы́ло 17 ... .
   2. Э́тому челове́ку 60 ... .
   3. Э́тому врачу́ 31 ... .
   4. Его́ до́чери 18 ... .
   5. Э́тому профе́ссору 54 ... .
   6. Мое́й подру́ге 19 ... .
   7. На́шему дире́ктору 43 ... .
   8. Мое́й сестре́ 22 ..., мое́й ма́тери — 55 ... .

22. *Answer the questions, using the numbers in brackets. Write down your answers.*

   1. Ско́лько ва́м ле́т? (21, 23, 17, 27)
   2. Э́то ва́ша сестра́? Ско́лько е́й ле́т? (1, 4, 9, 16)
   3. Э́то ва́ш оте́ц? Ско́лько ему́ ле́т? (50, 31, 47)
   4. Ты́ у́чишься в шко́ле? Ско́лько тебе́ ле́т? (8, 13)

23. *Ask questions and answer them, using the words* ты́, о́н, она́, А́нна, ва́ш товáрищ, ва́ша ма́ма *and* ва́ш оте́ц *in the required form.*

   Model: — Ско́лько ва́м ле́т? — Мне́ 18 ле́т.

24. *Complete the sentences, using* конча́ть, рабо́тать, учи́ться.

   Model: У моего́ бра́та взро́слая до́чь. Е́й 18 ле́т. В э́том году́ она́
            конча́ет шко́лу.

   1. У меня́ е́сть бра́т.
   2. У мое́й подру́ги е́сть сестра́.
   3. У моего́ отца́ е́сть дру́г.
   4. У мои́х друзе́й е́сть сы́н.
   5. У на́с в шко́ле е́сть учи́тель.
   6. У на́с в до́ме живёт оди́н молодо́й челове́к.

IV

Ва́ш сы́н хорошо́ поёт, **ему́ на́до учи́ться** в музыка́льной шко́ле. Ви́ктор бо́лен. **Ему́ нельзя́ кури́ть.**

25. *Answer the questions. Write down your answers.*

1. Кому́ на́до посмотре́ть но́вый фи́льм? (э́тот студе́нт)
2. Кому́ нельзя́ жи́ть на ю́ге? (э́та больна́я же́нщина)
3. Кому́ нельзя́ кури́ть? (э́тот молодо́й челове́к)
4. Кому́ на́до пе́ть в теа́тре? (э́тот арти́ст)
5. Кому́ мо́жно рабо́тать в лаборато́рии? (э́та студе́нтка)
6. Кому́ на́до мно́го гуля́ть? (э́та ма́ленькая де́вочка)

26. *Change the sentences, using the words* мо́жно, на́до *and* нельзя́.

Model: Вы́ должны́ сда́ть э́тот экза́мен весно́й. Ва́м на́до сда́ть э́тот экза́мен весно́й.

1. Э́то библиоте́ка. Зде́сь не ку́рят.
2. Врачи́ говоря́т, что Ро́берт не до́лжен жи́ть на ю́ге.
3. В э́той ко́мнате ку́рят.
4. Ве́ра боле́ет. Врачи́ говоря́т, что сейча́с она́ не должна́ рабо́тать.
5. Никола́й хо́чет изуча́ть фи́зику. Он до́лжен учи́ться в университе́те.

27. *Translate. Write down your translation.*

1. A new school should be built in the district.

2. A Russian Language Club will have to be organized in this school.

3. He should now decide where he wants to study.

4. No films should have been shown in this building.

5. Anna is preparing a report: she will have to study the literature and collect the documents.

6. He may live in this area: the climate is good here.

28. *Change the sentences, using* мо́жно, на́до *and* нельзя́.

Model: Прочита́йте э́ту статью́.
          Ва́м на́до прочита́ть э́ту статью́.

1. Посмотри́те э́тот фи́льм.
2. Не кури́те.
3. Ка́ждый де́нь говори́те по-ру́сски.
4. Напиши́те об э́том статью́.
5. Зде́сь не разгова́ривают гро́мко.

6. Здесь смотрят фильмы.

7. Переведите эту статью.

29. *Compose dialogues based on the following situations.*

Your friend invites you for a walk, to watch TV, to see a new film. You decline his invitation because you must finish reading a story, translate a text, write a report; you are to take an exam tomorrow; you have a seminar, a Russian class tomorrow and you must prepare for it.

Model: — Роберт, сегодня в клубе хороший фильм. Не хочешь посмотреть?

           — Я не могу. Мне нужно сегодня много работать. Завтра у меня экзамен.

V Сейчас у нас будет **лекция по математике**.

30. *Supply continuations and write them down.*

Model: Я изучаю географию. Сейчас у меня лекция по географии.

1. Джон изучает историю.
2. Вера изучает экономику.
3. Мэри изучает литературу.
4. Кэт изучает химию.
5. Джейн изучает физику.
6. Том изучает биологию.
7. Джек изучает географию.

31. *Answer the questions, using the words in brackets in your answers. Write down your answers.*

1. Какая у вас сейчас лекция? (химия)
2. Какой учебник вы купили? (литература)
3. Какой у вас был семинар? (математика)
4. Какая лекция была у вас утром? (история)
5. Какой учебник ты ищешь? (физика)
6. На какой лекции ты видела Анну? (география)
7. Какая это тетрадь? (русский язык)

VI Это **журнал, который** вчера получил Виктор.
Это **книга, которую** написал американский писатель.

32. *Change the sentences, replacing the underlined words by the words in brackets. Write out your sentences.*

Model: Я читал книгу, которую он мне дал.

           Я читал журнал, который он мне дал.

           Я читал письмо, которое он мне дал.

1. Óн живёт <u>в дóме</u>, котóрый нахóдится в цéнтре гóрода. (гости́ница, зда́ние)
2. Это фотогра́фия <u>челове́ка</u>, котóрый ра́ньше рабóтал здéсь. (де́вушка, профéссор)
3. Это <u>клуб</u>, котóрый постро́или лéтом. (шкóла, зда́ние, институ́т, библиотéка)
4. Óн показа́л на́м <u>портфéль</u>, котóрый óн неда́вно купи́л. (кни́га, слова́рь, журна́л, карти́на)

33. *Change the questions, as in the model. Answer the questions and write down both the questions and the answers.*

Model: Ка́к зову́т э́того студéнта? Óн у́чится в ва́шем институ́те.
— Ка́к зову́т студéнта, котóрый у́чится в ва́шем институ́те?
— Егó зову́т Бори́с.

1. Ка́к зову́т э́ту де́вушку?   Она́ дéлала доклáд.
Мы́ ви́дели её вчера́ в институ́те.
Вы́ написа́ли éй письмó.
Её роди́тели живу́т в Ки́еве.

2. Ка́к фами́лия э́того   Óн стои́т óколо окна́.
молодóго человéка?   Вы́ расска́зывали о нём.
Вы́ купи́ли ему́ журна́л.

3. Ка́к называ́ется   Вы́ у́читесь в нём.
университéт?   Егó кóнчил Джóн.
Óколо негó нахóдится стадиóн.

4. Ка́к называ́ется у́лица?   Вы́ живёте на нéй.
На́ нéй нахóдится теáтр.
Фотогра́фию э́той у́лицы вы́ мнé пока́зывали.

34. *Write out the sentences, inserting the word* котóрый *in the required form.*

1. На столé лежа́ло письмó, ... я́ сегóдня получи́л. Я́ рассказа́л това́рищу о письмé, ... я́ получи́л. Мóй това́рищ ви́дел письмó, о ... я́ ему́ говори́л.
2. Я́ зна́ю де́вушку, ... зову́т Ната́ша: Ната́ша живёт у подру́ги, ... у́чится на истори́ческом факультéте. Подру́га, у ... живёт Ната́ша, хорошó зна́ет литерату́ру.
3. Это гру́ппа геóлогов, ... рабóтают в Сиби́ри. Это дóм, в ... живу́т геóлоги. Это мóй бра́т, геóлог, ... я́ пишу́ пи́сьма ка́ждый мéсяц. А э́то егó това́рищ, о ... óн на́м расска́зывал.

4. Вчера́ по́сле обе́да я́ бы́л у Никола́я, моего́ това́рища, ... живёт в це́нтре го́рода. О́н живёт о́коло больни́цы, в ... рабо́тает его́ оте́ц. О́н хо́чет рабо́тать в больни́це, в ... рабо́тает его́ оте́ц, и́ли в медици́нском институ́те, в ... сейча́с Никола́й у́чится.

35. *Combine each pair of sentences into one, using the word* кото́рый *in the required form.* *Write out your sentences.*

Model: Мы́ говори́ли о фи́льме, кото́рый смотре́ли вчера́.

1. Э́то вра́ч, ...   О́н рабо́тает в э́той больни́це.
   Мы́ говори́ли о враче́, ...
   Э́то до́м врача́, ...
2. Я́ написа́л письмо́ дру́гу, ...   О́н живёт в Ленингра́де.
   Э́то фотогра́фия моего́ дру́га, ...
3. Мы́ чита́ли пье́су, ...   Пье́су написа́л писа́тель Васи́льев.
   Мы́ говори́ли о пье́се, ...
4. Серге́й показа́л на́м карти́ну, ...   О́н неда́вно нарисова́л карти́ну.
5. Ве́ра показа́ла на́м зда́ние   Она́ рабо́тает в институ́те.
   институ́та, ...   Она́ говори́ла об институ́те.
6. Я́ да́м тебе́ кни́гу, ...   Я́ сейча́с чита́ю кни́гу.
                                        Я́ говори́л тебе́ о кни́ге.
7. Мы́ купи́ли журна́л, ...   Ты́ говори́л о журна́ле.
8. Э́то фотогра́фия на́шего   О́н рабо́тал в э́том университе́те.
   профе́ссора, ...
9. Небольшо́й музе́й расска́зывает   Музе́й организова́ли студе́нты.
   о приро́де Кавка́за.
10. Э́ти докуме́нты собра́л мо́й   Докуме́нты я́ сейча́с изуча́ю.
    бы́вший учени́к.

36. *Translate. Write down your translation.*

1. The museum is in a building which was built recently.

2. We shall study in a new school, which has been built on our street.

3. I have a friend whose name is Tom.

4. This is a photograph of a professor who worked at our institute.

5. This is the book I told you about.

6. What is the name of the woman who gave you this picture?

7. Where is the school in which Nina studies?

Usage of Verbs

37. *Compose sentences with the following verbs and write them down.*

Model: Я по́мню но́мер ва́шего телефо́на.
Я по́мню, что за́втра у на́с бу́дет ве́чер.

по́мнить ч т о́/*subordinate clause*, сообщи́ть к о м у́ о ч ё м, подари́ть ч т о́ к о м у́, забы́ть ч т о́/*subordinate clause*, помо́чь к о м у́ + *inf.*, запо́мнить ч т о́/*subordinate clause*, объясни́ть ч т о́ к о м у́/ *subordinate clause*

38. *Situations.*

Ask your friends whether they have found the things they lost: their textbook, dictionary, briefcase, newspaper, pen, exercise book, magazine, book. If they have not found them, ask them where they have looked for them.

39. *Insert the verb* вспомина́ть/вспо́мнить *or* запомина́ть/запо́мнить *as required by the sense. Write out the sentences.*

1. Я хорошо́ ... э́тот расска́з, о́н мне́ о́чень понра́вился.
2. Она́ всегда́ бы́стро и хорошо́ ... стихи́.
3. Я зна́ю, что э́того челове́ка я ви́дел мно́го ра́з, но сейча́с не могу́ ... его́ фами́лию.
4. То́лько в институ́те Ни́на ..., что не взяла́ свою́ тетра́дь.
5. У него́ прекра́сная па́мять, о́н о́чень бы́стро ... стихи́, но́вые слова́.
6. В англи́йском языке́ не́т о́тчеств, поэ́тому я всегда́ пло́хо ... ру́сские о́тчества.

40. *Compose similar dialogues, using the words on the right.*

— Вы́ вспо́мнили меня́? | его́ а́дрес, её и́мя, её и́мя и о́тчество,
— Не́т, ника́к не могу́ | его́ фами́лия, э́ти слова́, слова́ э́той пе́сни.
вспо́мнить. |

41. *Translate.*

(a) 1. I can't remember the words of that song. I know that I have already heard it.

2. You must remember that word. You wrote it many times.

3. She remembered that she had not taken that book from the library.

4. In the summer we were in Moscow, and now we often recollect our Moscow friends.

5. "Do you remember when we are to hold a seminar in literature?" "No, I don't."

(b) 1. She has a good memory. She remembers new words quickly.

2. "Did you remember my address?" "Yes, I did."

3. I remembered well what the professor had been speaking about at the lecture.

Phonetic Exercises

1. *Read, paying attention to the pronunciation of the relevant sounds.*

[л]: молоко́, ве́село, дала́, да́л, помогла́, футбо́л, тепло́;

[л']: телефо́н, да́ли, иска́ли, кури́ли, ско́лько ле́т, нельзя́, то́лько, хле́б, со́ль;

[р]: пода́рок, боро́лась, кото́рый, игра́л, сы́р, ю́мор;

[р']: кури́ть, ку́рят, курю́, теря́ть, дари́ть, дарю́, да́ришь, перево́д, прекра́сно, прия́тный, сестре́;

[ш]: оши́бка, ша́хматы, шко́льный, нашла́, нашли́, да́шь, даёшь, да́ришь, забыва́ешь;

[ж]: нахожу́, помо́жешь, мо́жно;

[щ]: и́щете, ищу́, и́щешь, сообща́ть [съапща́т'], сообщу́, сообщи́шь;

[ц]: занима́ться, удивля́ться, удиви́ться, боро́ться;

[ч]: чемпио́н, помо́чь;

[х]: хо́лодно, находи́ть, нахожу́, хле́б, во-пе́рвых, во-вторы́х;

[х']: стихи́, архео́лог;

soft consonants: найти́, тётя, меню́, вино́, ребя́та, пра́здник [пра́з'н'ик], воскресе́нье, стихи́, да́ть, забы́ть, иска́ть, но́вости, но́вость.

2. *Read, paying attention to the pronunciation of unstressed syllables.*

— — ′ —	кото́рый, во-пе́рвых, прекра́сно;
— — — ′	молоко́, помога́ть, помогу́, забыва́ть, потеря́ть, телефо́н;
′ — —	хо́лодно, ша́хматы, ве́село;
— — — ′ —	занима́ться, музыка́льный, архео́лог, воскресе́нье [въскр'ис'е́н'јь];
— — — — ′	запомина́ть, передава́ть, передала́, недалеко́;

— — — — ′ — к сожале́нию [ксъжыл'е́н'иjу];

— — — — — ′ — — системати́зировать;

весёлый — ве́село; холо́дный — хо́лодно; да́л — дала́ — да́ли; передала́ — переда́л — переда́ли; дарю́ — да́ришь; пода́рите — подари́те; ищу́ — и́щешь, и́щете — ищи́те; курю́ — ку́ришь, ку́рите — кури́те; нахожу́ — нахо́дишь; помогу́ — помо́жешь, помо́жете — помо́гите, запомина́ть — запо́мнить.

3. *Read aloud. Underline the devoiced, voiced and silent consonants.*

оши́бка, футбо́л, во-вторы́х, сообща́ть, бы́вший, гото́в, перево́д, хле́б, архео́лог, помо́г, пра́здник, сда́ть экза́мен.

4. *Read aloud. Memorize the stress.*

1. — Вчера́ бы́л весёлый ве́чер в клу́бе?

— Да́, / бы́ло о́чень ве́село.

2. — Сего́дня хо́лодно?

— Да́, / сего́дня о́чень холо́дный де́нь.

3. — Что́ ты́ пода́ришь Ната́ше?

— Я́ подарю́ ей пласти́нку. А вы́ что́ пода́рите?

— Мы́ не зна́ем, что́ ей подари́ть.

— Подари́те ей ма́рки. Она́ и́х собира́ет.

4. — Ты́ ку́ришь?

— Да́, / курю́.

— А вы́ ку́рите?

— Да́. Зде́сь мо́жно кури́ть?

— Да́, / кури́те, пожа́луйста.

5. — Что́ вы́ и́щете?

— Я́ ищу́ газе́ту.

— Не ищи́те. Её взяла́ Ка́тя.

6. — Ве́ра и Ната́ша, / помоги́те мне́ пригото́вить обе́д. У меня́ сего́дня о́чень ма́ло вре́мени.

— К сожале́нию, я не смогу́ тебе́ помо́чь сего́дня. У меня́ за́втра экза́мен. Ната́ша тебе́ помо́жет. Да́, Ната́ша?

— Ну коне́чно, я помогу́.

7. — Запиши́те мо́й но́мер телефо́на. Вы́ его́ та́к не запо́мните.

— Не́т, / я запо́мню. Я не запи́сываю номера́ телефо́нов. Я о́чень хорошо́ запомина́ю чи́сла.

8. — Вы́ да́ли е́й сво́й но́мер телефо́на?

— Да́, / да́л.

— А она́ дала́ ва́м сво́й?

— Не́т, / не дала́.

5. *Read, paying attention to the intonation of requests.*

1. — Позвони́ мне́ сего́дня ве́чером.

— Хорошо́. Я позвоню́ тебе́ в де́вять часо́в.

2. — Помоги́те, пожа́луйста, Андре́ю реши́ть зада́чу. О́н её не понима́ет.

— Коне́чно, помогу́.

3. — Да́йте мне́, пожа́луйста, газе́ту «Изве́стия».

— Пожа́луйста.

4. — Покажи́те на́м, пожа́луйста, э́ту кни́гу.

— Во́т э́ту? Пожа́луйста.

— Ма́ма, / купи́ мне́ э́ту кни́гу.

— Хорошо́, / куплю́.

5. — Ната́ша, / переведи́те на́м те́кст.

— Хорошо́, Пётр Петро́вич.

6. — Андре́й Лавро́в, / покажи́те мне́ ва́шу контро́льную рабо́ту.

— Пожа́луйста.

6. *Read aloud. Indicate the types of ICs.*

1. — Помоги́те мне́, пожа́луйста.
   — Не помога́йте е́й. Она́ должна́ сама́ написа́ть э́ту рабо́ту.
2. — Откро́йте кни́ги. Закро́йте тетра́ди.

3. — Не открывáйте двéрь. Закрóйте окнó. Здéсь слúшком хóлодно.
4. — Не курúте здéсь. Здéсь не кýрят.
   — Извинúте, пожáлуйста. Я́ не знáл.
5. — Дáйте мнé, пожáлуйста, э́ту кнúгу.
   — Возьмúте, пожáлуйста.
6. — Покажúте мнé пластúнки, пожáлуйста.
   — Пожáлуйста.

7. *Read, paying attention to the pronunciation of endings, fluency and intonation.*

своéй женé, вáшему брáту, моéй подрýге, э́тому молодóму человéку, вáшей дóчери, э́той дéвушке.

1. — Óля, скажúте вáшему брáту, что зáвтра лéкции не бýдет.
   — А вы́ позвонúте емý по телефóну. Óн сейчáс дóма, а я́ бýду дóма óчень пóздно.
2. — Передáйте, пожáлуйста, э́тому молодóму человéку (не знáю егó úмени), что концéрт бýдет в срéду.
   — Хорошó, передáм. Егó зовýт Андрéй Петрóв. Э́то нáш нóвый студéнт.
3. — Андрéй, пожáлуйста, покажúте моемý дрýгу вáшу коллéкцию географúческих кáрт. Óн тóже собирáет кáрты. Емý óчень интерéсно посмотрéть.
   — Пожáлуйста. С удовóльствием.
4. — Вéра, скóлько лéт вáшей дóчери?
   — Моéй дóчери трú гóда.
   — А скóлько вáм лéт?
   — Мнé — двáдцать четы́ре.
5. — Скóлько лéт твоéй подрýге, Тáня?
   — Éй девятнáдцать лéт.
6. — Комý ты́ пúшешь пúсьма?
   — Я́ пишý своемý брáту.
   — Ты́ чáсто емý пúшешь?
   — Дá, кáждую недéлю.
   — Скóлько лéт твоемý брáту?
   — Емý трúдцать лéт.
7. — Скóлько тебé бы́ло лéт, когдá ты́ поступúл в университéт?
   — Шестнáдцать лéт.
   — Ты́ тáк рáно кóнчил шкóлу?
   — Дá, я́ поступúл в шкóлу, когдá мнé бы́ло шéсть лéт.

8. *Situations.*

(1) Ask a new student, your friend's brother or sister how old he (she) is.

(2) Ask the shop assistant to show you a hat, book, records.

(3) Ask your friend to show you his stamp collection, books.

(4) Ask those present not to smoke; ask them to shut the door, open the window.

9. *Read, paying attention to fluency and intonation. Indicate the types of ICs.*

1. — Мо́жно ва́м позвони́ть сего́дня ве́чером?
   — Коне́чно, мо́жно.
2. — Мо́жно мне́ погуля́ть?
   — Не́т, Ната́ша, тебе́ нельзя́ встава́ть. Тебе́ ну́жно лежа́ть ещё не́сколько дне́й.
3. — Зде́сь мо́жно кури́ть?
   — Мо́жно, но вы́ о́чень мно́го ку́рите. Ва́м нельзя́ та́к мно́го кури́ть.
4. — Я́ ду́маю, что Пе́те не на́до поступа́ть в университе́т.
   — Почему́?
   — О́н не посту́пит. Ему́ на́до поступа́ть в консервато́рию. О́н прекра́сно поёт.
5. — Вы́ ви́дели но́вый францу́зский фи́льм?
   — Не́т.
   — Ва́м обяза́тельно на́до его́ посмотре́ть. Э́то о́чень хоро́ший фи́льм.

10. *Read and answer the questions.*

1. Мо́жно посмотре́ть э́ту кни́гу?
2. Мне́ мо́жно посмотре́ть ва́шу колле́кцию?
3. Мо́жно позвони́ть ва́м ве́чером?
4. У ва́с мо́жно кури́ть?
5. Мо́жно взя́ть ва́шу ру́чку?
6. Мо́жно откры́ть окно́?

11. *Read, paying attention to fluency and intonation.*

ле́кция по матема́тике, семина́р по ру́сской литерату́ре, экза́мен по ру́сскому языку́, конфере́нция по совреме́нной сове́тской литерату́ре, уро́к ру́сского языка́, уче́бник исто́рии.

— Кака́я у ва́с сейча́с ле́кция?
— Сейча́с бу́дет ле́кция по исто́рии.

— А что́ бу́дет по́сле ле́кции?

— Семина́р по ру́сской литерату́ре восемна́дцатого ве́ка. А у ва́с что́ сего́дня?

— Уро́к ру́сского языка́ и семина́р по исто́рии.

— Когда́ у ва́с экза́мен по литерату́ре?

— Пятна́дцатого января́. А у ва́с?

— Мы́ уже́ сда́ли литерату́ру шесто́го января́. Мы́ бу́дем сдава́ть экза́мен по ру́сскому языку́.

12. *Read and answer the questions.*

1. Вы́ бы́ли на ле́кции по матема́тике?

2. Вы́ бы́ли на ле́кции по матема́тике?

3. Вы́ сда́ли экза́мен по литерату́ре?

4. Вы́ сда́ли экза́мен по литерату́ре?

5. Вы́ купи́ли уче́бник ру́сского языка́?

6. Вы́ купи́ли уче́бник ру́сского языка́?

7. Сего́дня была́ конфере́нция по исто́рии?

8. Сего́дня была́ конфере́нция по исто́рии?

13. *Read aloud. Make sure you pronounce the post-tonic parts of the syntagms as a single unit.*

1. Вы́ прочита́ли кни́гу? Вы́ прочита́ли кни́гу, кото́рую я́ ва́м да́л? Вы́ прочита́ли кни́гу, кото́рую я́ ва́м да́л два́ ме́сяца наза́д?

2. Вы́ зна́ете фами́лию профе́ссора? Вы́ зна́ете фами́лию профе́ссора, кото́рый чита́л ле́кцию? Вы́ зна́ете фами́лию профе́ссора, кото́рый чита́л сего́дня ле́кцию по литерату́ре?

3. Вы́ не зна́ете? Вы́ не зна́ете, где́ кни́га? Вы́ не зна́ете, где́ кни́га, кото́рая лежа́ла на столе́?

1. — Вы́ прочита́ли кни́гу, кото́рую я́ ва́м да́л?
   — К сожале́нию, ещё не́т.
   — Обяза́тельно прочита́йте. Э́то хоро́шая кни́га.

2. — Вы́ ви́дели но́вый фи́льм, о кото́ром я́ ва́м говори́л?
   — К сожале́нию, ещё не ви́дел.
   — Обяза́тельно посмотри́те. Э́то о́чень интере́сный фи́льм.

3. — Ты́ сда́л экза́мен?

— К сожале́нию, не сда́л. Я́ мно́го боле́л в э́том году́.

— Ничего́. Сда́шь ле́том.

4. — Мо́жно взя́ть ва́шу ру́чку?

— К сожале́нию, нельзя́. У меня́ не́т друго́й. А мне́ на́до писа́ть.

5. — Мо́жно здесь кури́ть?

— Не́т, нельзя́. Здесь не ку́рят.

6. — Мо́жно взя́ть ва́ш слова́рь?

— Мо́жно. Возьми́те, пожа́луйста.

14. *Situations.*

Ask for permission to smoke, to use the telephone, to go for a walk, to borrow the newspaper.

15. *Read each phrase as a single unit.*

недалеко́ от Москвы́, недалеко́ от институ́та, недалеко́ от у́лицы Че́хова; во вре́мя уро́ка, во вре́мя ле́кции, во вре́мя пра́ктики; мне́ интере́сно, ва́м интере́сно, на́м о́чень ве́село, ему́ хо́лодно; игра́ть в ша́хматы, игра́ть в футбо́л.

1. — Где́ вы́ живёте, Пётр?

— Я́ живу́ недалеко́ от Москвы́.

2. — Где́ нахо́дится кинотеа́тр «Росси́я»?

— Недалеко́ от у́лицы Че́хова.

3. — Когда́ вы́ смотре́ли э́тот фи́льм?

— Во вре́мя уро́ка.

4. — Когда́ ты́ прочита́л та́к мно́го кни́г?

— Во вре́мя пра́ктики.

5. — Ва́м здесь неинтере́сно?

— Не́т, на́м о́чень интере́сно и ве́село.

6. — Ва́м не хо́лодно?

— Не́т, мне́ не хо́лодно.

7. — Вы́ игра́ете в ша́хматы?

— Да́, игра́ю.

— Ва́ш бра́т игра́ет в футбо́л?

— Да́, игра́ет.

— Э́то ва́ш бра́т игра́ет в футбо́л?

— Да́, бра́т.

— Э́то ва́ш бра́т игра́ет в футбо́л?

— Да́, мо́й.

— Ва́ш бра́т игра́ет в футбо́л?

— Да́, в футбо́л.

16. *Read, paying attention to fluency and the intonation of non-final syntagms.*

В э́том году́ мы́ бы́ли во Фра́нции.

В э́том году́ ле́том / студе́нты пе́рвого ку́рса Моско́вского университе́та / бы́ли на пра́ктике на Украи́не.

Го́род, в кото́ром о́н живёт, / нахо́дится недалеко́ от Вашингто́на.

Институ́т, в кото́ром я́ учу́сь, / нахо́дится недалеко́ от моего́ до́ма.

В до́ме, где́ жи́л Л. Н. Толсто́й, / тепе́рь музе́й.

Когда́ Ма́ша уви́дела мою́ колле́кцию ма́рок, / она́ то́же реши́ла собира́ть ма́рки.

Я́ получи́л письмо́ от свое́й сестры́ Дже́йн, / кото́рая у́чится в Москве́.

17. *Listen to the text and read it. Pay attention to pronunciation, speed and intonation.*

Письмо́ дру́га

Оле́г получи́л письмо́ от Андре́я, своего́ белору́сского дру́га. В э́том году́ ле́том / студе́нты Моско́вского университе́та рабо́тали в Белору́ссии, / стро́или шко́лу. Дере́вня, в кото́рой они́ рабо́тали, / нахо́дится недалеко́ от Ми́нска. Белору́сские шко́льники помога́ли и́м. Та́м познако́мились Оле́г и Андре́й.

Андре́й — учени́к деся́того кла́сса. О́н занима́лся в истори́ческом кружке́. И когда́ в дере́вне рабо́тал строи́тельный отря́д студе́нтов-исто́риков, / Андре́й всегда́ бы́л о́коло ни́х.

Студе́нты и шко́льники не то́лько рабо́тали, / они́ мно́го разгова́ривали. Москвичи́ говори́ли по-ру́сски, / а шко́льники по-ру́сски и по-белору́сски. Они́ прекра́сно понима́ли дру́г дру́га. Ве́чером они́ игра́ли в футбо́л, / в ша́хматы. Москвичи́ ча́сто пе́ли свои́ студе́нческие пе́сни.

Оле́г узна́л, что ребя́та хотя́т организова́ть в ста́рой шко́ле музе́й. Ребя́та объясни́ли ему́, / что во вре́мя войны́ в 1941-1943 года́х / в леса́х недалеко́ от э́той дере́вни бы́ли партиза́ны. Э́то во-пе́рвых. Во-вторы́х, / недалеко́ от дере́вни / архео́логи нашли́ ме́сто, где жи́ли лю́ди в XIII ве́ке.

Оле́г о́чень удиви́лся, / когда́ уви́дел, каки́е интере́сные материа́лы собра́ли ребя́та.

У ребя́т бы́ло мно́го докуме́нтов и фотогра́фий, / кото́рые расска́зывали о Вели́кой Оте́чественной войне́. Во вре́мя войны́ / в Сове́тском Сою́зе поги́б ка́ждый деся́тый челове́к (20 миллио́нов челове́к), / а в Белору́ссии — ка́ждый четвёртый.

Э́то бы́ло тру́дное вре́мя, / и о нём нельзя́ забыва́ть. По́мнят об э́том ста́рые крестья́не, бы́вшие солда́ты и партиза́ны. Должны́ зна́ть об э́том и молоды́е лю́ди. Во́т и реши́ли ребя́та организова́ть сво́й небольшо́й музе́й.

Андре́ю бы́ло о́чень интере́сно собира́ть истори́ческие докуме́нты, / изуча́ть их, / иска́ть но́вые материа́лы. Оле́г помога́л ему́ систематизи́ровать их. И когда́ Оле́г получи́л письмо́ от Андре́я, / он бы́л о́чень ра́д. Андре́й писа́л:

«Дорого́й Оле́г! Здра́вствуй!

Хочу́ сообщи́ть тебе́ прия́тную но́вость. Пя́того ноября́ откры́ли на́ш музе́й. Бы́ло о́чень мно́го наро́да. Говори́ли бы́вшие партиза́ны, / дире́ктор шко́лы, / учителя́.

Бы́ло о́чень интере́сно. Спаси́бо тебе́. Ты́ та́к помо́г на́м.

Я учу́сь. У меня́ всё в поря́дке. Хочу́ изуча́ть археоло́гию. В бу́дущем году́ бу́ду поступа́ть на истори́ческий факульте́т. Сейча́с мне́ на́до мно́го занима́ться. О́чень ма́ло свобо́дного вре́мени.

До свида́ния, Оле́г. Пиши́ мне́.

Тво́й Андре́й».

18. *Find in the text the sentences containing non-final syntagms. Read them, using all possible types of ICs.*

Formation Practice

1. *Change each of the following nouns or pronouns to the dative. (See Analysis 1.1, 1.2.)*

хиру́рг, слова́рь BB, гру́ппа, А́нна, геро́й, магази́н, руководи́тель, англича́нин, англича́нка, Сиби́рь, ты́ и я́, оте́ц BB, ма́ма, адвока́т, мы́, жена́, учи́тель, Дми́трий, Аме́рика, она́, бале́т, семья́, архео́лог, о́н, до́чка, космона́вт.

2. *Complete the sentence, using each of the noun phrases given below. (See Analysis 1.3.)*

А́лик показа́л свои́ фотогра́фии ... .

свой бра́т, её ма́ма, на́ш учи́тель, профе́ссор и его́ жена́, молода́я де́вушка, ста́рый това́рищ, но́вая учи́тельница, моя́ сестра́ и её подру́га, знамени́тый в на́шем го́роде архео́лог, рабо́чий, дире́ктор институ́та, мо́й хоро́ший дру́г, на́ш оте́ц, тво́й дя́дя, но́вый студе́нт, молода́я аспира́нтка, ва́ш сы́н, и́х до́чка.

3. *Be prepared to translate all possible combinations of perceivers and subjects of appeal as listed below. Follow the model. (See Analysis 1.43.)*

Model:	I like that film.	Э́тот фи́льм мне́ нра́вится.
	I liked that film.	Э́тот фи́льм мне́ понра́вился.

Perceivers		Subjects of Appeal
you, he, she, we, they, our friends, the students, your teacher (*f.*), Tanya, Professor Borodiná, everyone	like(s) liked	his new novel, these children, the sportsman, poetry, our class, Russian literature, that article, Ira's essay, my brother, me, you.

4. *Be prepared to elicit, and respond to, the following information in Russian. (See Analysis 1.5.)*

Model:	Ва́ня роди́лся в 1970 году́. Ско́лько ему́ ле́т сейча́с?
	Ско́лько ему́ бы́ло ле́т 10 ле́т наза́д? (ago)
	Ско́лько ему́ бу́дет ле́т через два́ го́да? (in, after)

Анто́н — 1966, Йра — 1979, мо́й де́душка — 1920, Са́ша — 1957, Бори́с Миха́йлович — 1931, А́ня — 1968, Ле́на — 1972, Дже́йн — 1953, Ники́та — 1964.

5. *Translate the sentences, using impersonal constructions throughout. (See Analysis 2.0, 2.1, 2.2.)*

Model: На́м бы́ло ве́село у Серёжи.

1. Who has to be at the university today?

2. Anton had to buy a new textbook.

3. We must see the new film.

4. You can't vacation in the South this year; you have to be in Moscow in June, July and August.

5. "May I sit here?" "No, you can't: Ira is sitting there."

6. Smoking is not permitted on the first floor.

7. May I have a look at the photograph?

6. *Combine each of the following pairs of simple sentences into a complex sentence, using the appropriate form of* кото́рый.

Model: Во́т но́вый слова́рь. Я́ его́ купи́л вчера́.
           Во́т но́вый слова́рь, кото́рый я́ купи́л вчера́.

1. Во́т но́вая кни́га. Я́ купи́л её вчера́.
   Во́т но́вые пласти́нки. Я́ купи́л и́х вчера́.
   Во́т но́вый уче́бник. Я́ купи́л его́ вчера́.
2. Ми́ша чита́ет статью́. Её написа́л профе́ссор Орло́в.
   Ми́ша чита́ет статью́. О не́й сего́дня говори́л профе́ссор Орло́в.
   Ми́ша чита́ет статью́. В э́той статье́ мно́го интере́сных пробле́м.

7. *Supply complete conjugations for each of the following stems.*

искӑ-, боро̆-ся, дари́-, находи́-, по́мни-, передава́й-, удиви́-ся, молча́-

8. *Write down complete conjugations of the following four irregular verbs. (See Appendix, Inventory of Irregular Verbs.)*

забы́ть (забу́дут) (fixed stress!); помо́чь (помо́гут) (see VII 5.0), найти́ (найду́т) (see **идти́**); переда́ть (передаду́т) (see **да́ть**).

9. *Supply complete conjugations for the following verb stems. Mark stress in each form. (See Analysis X, 4.0 for* **-aváj-** *stems.)*

собира́й-ся / соб/рӑ-ся, открыва́й- / откро́й-, встава́й- / вста́н-, замеча́й- / заме́ти-, чу́вствова-, сади́[1]-ся, слы́ша-, роди́-ся

---

[1]*сади́-ся* "sit down" has the perfective counterpart, се́сть (ся́дут), which is an irregular verb. (See Appendix, Inventory of Irregular Verbs.)

Written Exercises for General Review

1. *Translate. Write all the numerals in full. Mark stress throughout.*

1. We have no milk at home. We must buy some milk today.

2. Olya translates very badly. She should translate a page of text every day.

3. I can't rest right now: I have to get this difficult text translated today.

4. John, how old were you when you began to read?

5. How old was your father when you were born?

6. What can you tell me about the article on the history of opera which you read in Russian class yesterday?

7. My mother is 47 and my father is 51 years old.

8. When little Volodya was only four years old he wrote his first letter.

9. The student who made that interesting report on the history of the cinema is only 16 years old. He will be 17 on May 23rd.

10. "It will be necessary to call Anna Petrovna Ivanova, the director of our institute, and tell her about the news."

"No need to call, she has already been informed."

11. "Sasha, will you explain to me how to solve Problem No. 4?"

"Of course I will."

12. "Jane, is that the biology journal that Victor used to get?"

"Which journal?"

"The one next to the lamp of my table."

13. "Is it all right for me to smoke in this room?"

"No, smoking is not permitted here."

14. "Dima, how old were you and your sister when you lived in Leningrad?"

"I was 17 years old and my sister was 21."

15. Anton, you will have to help your friend Sasha Morozov prepare the report on archeology.

16. Don't translate the article which Pavlik gave you yesterday. It's not interesting.

17. Did you see the man to whom John was showing the photographs?

Unit 11

Practice Exercises

> **I** — Куда́ иду́т э́ти студе́нты?
> — Они́ **иду́т в университе́т**.

1. *Read and translate.*

— Здра́вствуйте, Ната́ша. Куда́ вы́ та́к бы́стро идёте?
— Я́ иду́ в кино́. Нача́ло сеа́нса в три́ пятна́дцать. Я́ опа́здываю.
— В како́й кинотеа́тр вы́ идёте?
— Я́ иду́ в кинотеа́тр «Прогре́сс».

2. *Replace the verb* е́хать *with the appropriate form of the verb* идти́. *Write out the sentences.*

У на́с больша́я семья́. У́тром на́ш оте́ц е́дет на рабо́ту. О́н рабо́тает на заво́де. Ма́ма е́дет в институ́т. Я́ и моя́ сестра́ е́дем в университе́т. Мы́ у́чимся в университе́те. Ма́ленький бра́т и сестра́ е́дут в шко́лу.

3. *Answer the questions, using the words in brackets. Write down your answers.*

Model: — Где́ ты́ была́, О́ля? Куда́ ты́ идёшь? (институ́т, общежи́тие)
— Я́ была́ в институ́те. Сейча́с иду́ в общежи́тие.

1. Где́ ты́ бы́л? Куда́ ты́ идёшь? (шко́ла, клу́б)
2. Где́ вы́ бы́ли? Куда́ вы́ идёте? (больни́ца, апте́ка)
3. Где́ игра́л ва́ш бра́т? Куда́ о́н идёт? (па́рк, стадио́н)
4. Где́ ты́ бы́л сего́дня днём? А куда́ ты́ идёшь? (кино́, институ́т)
5. Где́ О́ля была́ у́тром? Куда́ она́ идёт? (библиоте́ка, музе́й)
6. Где́ вы́ сего́дня обе́дали? А куда́ вы́ идёте сейча́с? (рестора́н, гости́ница)

4. *Complete the sentences, using the verbs* идти́ *and* е́хать *in the required form. Write out the sentences.*

(a) 1. Мы́ идём на стадио́н. А ты́ ...? А о́н то́же ...? А ва́ша подру́га ...?
2. — Э́то ва́ши де́ти? Они́ ... в кино́? Вы́ то́же ... туда́? — Не́т. Я́ ... .
3. Я́ ... домо́й, а ты́ куда́ ...?
4. Де́вочка ... в ци́рк.
5. Мо́й дру́г ... в клу́б, а я́ ... в теа́тр.

    6. Мы́ ... на по́чту.

    7. Вы́ ... на вокза́л?

    8. Шко́льники ... в музе́й.

(b) 1. Ты́ е́дешь на Кавка́з, а я́ ... в Кры́м.

    2. Они́ ... на Ура́л.

    3. Вы́ ... в Ки́ев, а они́ ... в Оде́ссу.

    4. Она́ ... в гости́ницу, а мы́ ... на вокза́л.

    5. Мы́ ... на за́пад, а вы́ ... на се́вер.

    6. Я́ е́ду на мо́ре. А вы́ куда́ ...? Э́то ва́ш сы́н? Почему́ о́н та́к бы́стро ...?

    7. Ты́ ... в дере́вню? Почему́ ты́ ... оди́н? Почему́ твоя́ жена́ и де́ти не ... ?

    8. Мы́ е́дем в Ри́гу. Вы́ то́же ... в Ри́гу? А та́м кто́ сиди́т? Ва́ши друзья́? Куда́ они́ ...?

5. *Read and translate the sentences. Which underlined phrases answer the question* где́? *and which the question* куда́?

    1. Э́тот студе́нт у́чится <u>в университе́те</u> . Сейча́с о́н идёт <u>в университе́т</u> .

    2. У́тром мо́й бра́т спеши́т <u>на заво́д</u> . О́н рабо́тает <u>на заво́де</u> .

    3. На́ша семья́ живёт <u>в Ленингра́де</u> . Мо́й това́рищ е́дет <u>в Ленингра́д</u> .

    4. Э́тот вра́ч рабо́тает <u>в больни́це</u> . Сейча́с о́н идёт <u>в больни́цу</u> .

    5. У́тром мо́й сы́н идёт <u>в шко́лу</u> . О́н у́чится <u>в шко́ле</u> .

    6. Мо́й бра́т е́дет отдыха́ть <u>в Кры́м</u> . Мы́ то́же отдыха́ли <u>в Крыму́</u> .

    7. Моя́ сестра́ сейча́с <u>на рабо́те</u> . Ка́ждое у́тро она́ спеши́т <u>на рабо́ту</u> .

6. *Complete the sentences, using the adverbs:*

    Г д е́? — зде́сь, та́м, до́ма.

    К у д а́? — сюда́, туда́, домо́й.

    1. Э́то хими́ческий заво́д. Ива́н Петро́вич давно́ рабо́тает ... .

    2. Сего́дня Ди́ма не́ был в шко́ле, о́н бы́л ... .

    3. Инжене́р идёт ... .

    4. Одна́ маши́на е́дет ..., а друга́я е́дет ... .

    5. Моя́ ма́ть живёт в Росто́ве. Я́ то́же е́ду ... .

    6. Вчера́ мы́ обе́дали в рестора́не. Сего́дня мы́ то́же идём ... .

    7. Я́ учу́сь в университе́те. Оле́г то́же у́чится ... .

    8. Я́ иду́ в университе́т. Оле́г то́же идёт ... .

7. *Complete the dialogues. Write them down.*

Model: — Где́ Анто́н?
          — О́н в кла́ссе.
          — Мы́ то́же идём туда́.

1. — Где́ А́нна? — Она́ в кино́.
2. — Где́ Ви́ктор? — О́н в столо́вой.
3. — Где́ Мари́я? — Она́ в лаборато́рии.
4. — Где́ Джо́н? — О́н до́ма.

Model: — Ты́ идёшь в институ́т?
          — Не́т. Я́ уже́ бы́л та́м.

1. Вы́ идёте в клу́б?
2. Они́ е́дут в па́рк?
3. Ты́ идёшь домо́й обе́дать?

8. *Read the dialogue. Compose similar dialogues, using the words given below.*

    На вокза́ле

— Скажи́те, пожа́луйста, куда́ идёт э́тот по́езд?
— Э́то по́езд Москва́ — Ки́ев. О́н идёт в Ки́ев.
— Мне́ ну́жен второ́й ваго́н.
— Второ́й ваго́н нахо́дится в нача́ле по́езда. Иди́те во́н туда́.

Ри́га — Ленингра́д, Москва́ — Пари́ж, Москва́ — Владивосто́к,
Москва́ — Берли́н, Ки́ев — Новосиби́рск.

II Вчера́ мы́ гуля́ли **по го́роду.**

9. *Write out the sentences, inserting the words given in brackets in the required form.*

1. Оле́г бы́стро идёт по ... (коридо́р).
2. Мы́ лю́бим ве́чером гуля́ть по ... (у́лица Че́хова).
3. Вчера́ мы́ два́ часа́ гуля́ли по ... (па́рк).
4. Я́ люблю́ гуля́ть по ... (ле́с) весно́й.
5. Тури́сты иду́т по ... (бе́рег реки́).
6. Ве́чером мы́ до́лго гуля́ли по ... (го́род).
7. Тури́сты бы́стро шли́ по ... (доро́га).

идти́	ходи́ть
О́н **идёт** в институ́т.	О́н **ходи́л** по ко́мнате.
	Я́ ча́сто **хожу́** в теа́тр.
	О́н лю́бит **ходи́ть** пешко́м.
	Вчера́ я́ **ходи́л** в теа́тр.
	(Past tense only.)

10. *Read and translate.*

1. О́н журнали́ст и мно́го е́здит по стране́.
2. Гру́ппа журнали́стов е́дет на строи́тельство.
3. Шко́льники бы́стро иду́т по коридо́ру. Они́ иду́т в кла́сс.
4. Я́ люблю́ ходи́ть по́ лесу одна́.
5. Маши́ны иду́т по доро́ге в го́род.
6. Де́ти бе́гают по па́рку, е́здят на велосипе́дах.
7. Ви́ктор бежи́т в институ́т. О́н опа́здывает.
8. Де́ти е́дут на авто́бусе на мо́ре.

11. *Read and translate.*

1. У́тром шко́льники иду́т в шко́лу.
2. Шко́льники ка́ждый де́нь хо́дят в шко́лу.
3. Оле́г е́дет на рабо́ту.
4. О́н всегда́ е́здит на рабо́ту на авто́бусе.
5. По шоссе́ е́дет маши́на. Она́ везёт молоко́.
6. Де́вушка несёт кни́ги в библиоте́ку.
7. Почтальо́н но́сит на́м газе́ты.
8. Пе́тя и А́ня — студе́нты. Они́ хо́дят в институ́т.

III Ма́льчик **е́дет на велосипе́де.**

12. *Compose dialogues, using the words given below. Write down your dialogues.*

Model: — Воло́дя, ты́ обы́чно е́здишь в институ́т на авто́бусе и́ли хо́дишь пешко́м?
— Я́ е́зжу на авто́бусе.

библиоте́ка — метро́, шко́ла — авто́бус, па́рк — трамва́й

13. *Insert the verb* ходи́ть *or* е́здить *in the required form. What words denote the repetition of action?*

1. Студе́нты ча́сто ... на стадио́н игра́ть в волейбо́л.
2. Ка́ждый де́нь о́н ... на по́чту.

3. В ию́не мы́ иногда́... в дере́вню.

4. Куда́ ты́ обы́чно ... ле́том?

5. Ра́ньше мы́ ча́сто ... на Кавка́з.

6. Я́ живу́ в дере́вне. У́тром я́ ... на́ реку, а днём я́ ... в ле́с.

14. *Read and translate. Note the correlation of the transitive and intransitive verbs of motion.*

Во́т идёт на́ша тётя Ве́ра Петро́вна и несёт на́м цветы́. У Ве́ры Петро́вны в саду́ всегда́ хоро́шие цветы́, и она́ ча́сто но́сит на́м цветы́. В суббо́ту и́ли в воскресе́нье Ве́ра Петро́вна е́здит к свое́й до́чери и то́же всегда́ во́зит е́й свои́ цветы́.

15. *Insert the transitive verb of motion* нести́ — носи́ть *or* везти́ — вози́ть, *as required by the sense.*

1. Де́вушка е́дет домо́й, она́ ... хле́б, сы́р.

2. По шоссе́ е́дут маши́ны. Они́ ... мя́со и молоко́.

3. Зде́сь ча́сто е́здят маши́ны. Они́ ... ле́с.

4. Ма́льчик идёт в библиоте́ку. О́н ... кни́гу.

5. Э́то Ко́ля. О́н живёт в дере́вне. О́н ча́сто хо́дит сюда́. О́н ... на́м фру́кты.

16. *Compose similar dialogues, using the words given below. Write down your dialogues.*

Model: — Са́ша, куда́ ты́ идёшь?

                — На по́чту. Несу́ письмо́.

библиоте́ка — кни́га, институ́т — журна́л

Model: — Са́ша, куда́ ты́ идёшь?

                — Веду́ бра́та в па́рк.

музе́й — сестра́, шко́ла — сы́н

Model: — Са́ша, куда́ ты́ е́дешь?

                — На вокза́л. Везу́ бра́та.

музе́й — карти́на, институ́т — уче́бники, го́род — сестра́

17. (a) *Read and translate. Write out the nouns denoting means of transportation with the prepositions preceding them.*

1. Ви́ктор е́здит в институ́т на трамва́е, а я́ хожу́ пешко́м, но сего́дня и я́ е́ду в институ́т: сего́дня у меня́ ма́ло вре́мени.

2. Никола́й не лю́бит е́здить на по́езде, о́н всегда́ е́здит на авто́бусе.

3. Мы́ е́хали в Москву́ на маши́не.

4. На рабо́ту мои́ роди́тели е́здят на метро́, на авто́бусе и́ли на тролле́йбусе.

(b) *Answer the questions. Write down your answers.*

Model: — Вы́ е́здите на рабо́ту на маши́не?
         — Не́т, я́ люблю́ е́здить на метро́.

1. Вы́ е́здите в университе́т на трамва́е?
2. Вы́ е́здите в дере́вню на авто́бусе?
3. Ва́ля е́здит в теа́тр на метро́?
4. Ты́ е́здишь домо́й на тролле́йбусе?

18. *Answer the questions. Write down your answers.*

1. Зде́сь хо́дят авто́бусы?
2. Когда́ начина́ют ходи́ть авто́бусы?
3. Куда́ идёт э́тот авто́бус?
4. Зде́сь авто́бусы хо́дят ча́сто?
5. Куда́ вы́ е́дете на э́том авто́бусе?
6. Вы́ всегда́ е́здите на э́том авто́бусе?
7. Вы́ лю́бите е́здить на авто́бусе?

19. *Insert the verbs* идти́ — ходи́ть, е́хать — е́здить *and* нести́ — носи́ть *in the required form. Write out the sentences.*

1. — Здра́вствуй, Ле́на. Куда́ э́то ты́ ... та́к ра́но?
   — Я́ ... в институ́т.
   — Почему́ ты́ ... пешко́м?
   — Обы́чно я́ ... в институ́т на авто́бусе, но сего́дня у меня́
     свобо́дное вре́мя, и я́ могу́ ... пешко́м. Я́ люблю́ ... пешко́м.
2. — Куда́ ты́ идёшь, Воло́дя?
   — Я́ ... на по́чту письмо́.
   — Ка́жется, ты́ о́чень ча́сто ... на по́чту?
   — Да́, я́ ... на по́чту ка́ждую суббо́ту.
3. — Где́ вы́ сейча́с рабо́таете, Мари́я Петро́вна?
   — Я́ рабо́таю в университе́те.
   — А ка́к вы́ ... на рабо́ту? На авто́бусе?
   — Не́т, я́ ... на рабо́ту на метро́. А вы́?
   — А я́ рабо́таю в шко́ле и ... на рабо́ту пешко́м.

20. *Read and translate.*

1. Вчера́ студе́нты ходи́ли на стадио́н.
2. Ве́чером я́ ходи́л в клу́б игра́ть в ша́хматы.
3. Ле́том мы́ е́здили на мо́ре.
4. В ноябре́ Никола́й е́здил на пра́ктику.
5. Днём я́ ходи́л в библиоте́ку.

21. *Change the sentences, as in the model, using the verbs* ходи́ть *and* е́здить.

Model: Вчера́ они́ бы́ли в клу́бе.
                Вчера́ они́ ходи́ли в клу́б.

1. Ле́том мы́ бы́ли на се́вере.
2. Зимо́й я́ бы́л в Ташке́нте.
3. Вчера́ они́ бы́ли на семина́ре.
4. Ты́ бы́л сего́дня на уро́ке литерату́ры?
5. Мои́ сёстры вчера́ бы́ли на конце́рте.
6. Мо́й дру́г-журнали́ст в э́том году́ бы́л в Аме́рике.
7. Э́тот молодо́й челове́к неда́вно бы́л в столи́це.
8. Ле́том мо́й бра́т бы́л в Ерева́не.

22. *Answer the questions. Write down your answers.*

Model: — Ты́ бы́л сего́дня в университе́те?
                — Да́, я́ е́здил (ходи́л) в университе́т.
                — Не́т, я́ не е́здил (не ходи́л) в университе́т.

1. Ты́ бы́л сего́дня в библиоте́ке?
2. Ты́ бы́л на конце́рте францу́зских арти́стов?
3. В воскресе́нье ты́ бы́л на стадио́не?
4. Ва́ш това́рищ бы́л сего́дня в институ́те?
5. В про́шлом году́ вы́ отдыха́ли на Чёрном мо́ре?

23. *Ask questions and answer them, using the words given below. Write down your questions and answers.*

Model: — Ко́ля, где́ ты́ бы́л сего́дня?
                — Я́ ходи́л в клу́б.

вчера́ ве́чером — теа́тр, сего́дня у́тром — институ́т, сего́дня днём — па́рк, вчера́ у́тром — музе́й.

24. *Insert the required verb chosen from those in brackets. Write out the sentences.*

1. Я́ мно́го ... пешко́м. (хожу́ — иду́)
2. Во́т ... ма́льчик. О́н ... в шко́лу. (хо́дит — идёт)
3. Е́сли хоти́те узна́ть го́род, ... пешко́м. (ходи́те — иди́те)
4. Я́ люблю́ ... . (ходи́ть — идти́)
5. Но́чью Москва́ не спи́т. Во́т ... маши́на. (е́здит — е́дет) Она́ ... хле́б в магази́н. (во́зит — везёт)
6. Э́та де́вочка не ..., а ... . потому́ что она́ опа́здывает в шко́лу. (хо́дит — идёт, бе́гает — бежи́т)

7. Ра́ньше о́н жи́л на Ура́ле. В про́шлом году́ о́н ... туда́. (е́здил — е́хал)

8. Ви́дите авто́бус? О́н ... в це́нтр го́рода. (хо́дит — идёт)

9. — Э́то ва́ш сы́н? Како́й большо́й! — Да́, о́н уже́ ... в шко́лу. (хо́дит — идёт)

25. *Translate.*

1. There is a taxi over there. It's going to the center of the town.

2. The truck is carrying bread to the store. This truck always carries bread.

3. The school students are going to school. They always go along this street.

4. I don't like riding on a bus. I usually go to work on foot.

5. I like that theater. I often go there. Yesterday we went there too.

6. That young man rides a bicycle very well.

7. "Kolya, what are you carrying?" "I am carrying exercise books."

IV **Е́сли я́ бу́ду учи́ться в Москве́,** я́ бу́ду ча́сто ходи́ть в музе́и и теа́тры.
Е́сли вы́ дади́те мне́ а́дрес, то я́ напишу́ ва́м.

26. *Read and translate.*

1. Е́сли вы́ зна́ете слова́, вы́ бы́стро переведёте те́кст.
2. Е́сли вы́ говори́те по-ру́сски, вы́ смо́жете поня́ть, когда́ говоря́т по-украи́нски и по-белору́сски.
3. Е́сли конце́рт бу́дет хоро́ший, в клу́бе бу́дет мно́го наро́да.
4. Е́сли о́н бу́дет учи́ться в э́том институ́те, то о́н бу́дет изуча́ть фи́зику и матема́тику.

27. *Complete the sentences, using the verbs in brackets in the imperative. Write out the sentences.*

1. Е́сли вы́ уже́ прочита́ли расска́з, ... (перевести́)
2. Е́сли вы́ хоти́те слу́шать му́зыку, ... (посеща́ть консервато́рию)
3. Е́сли у ва́с е́сть а́дрес, то ... . (написа́ть письмо́)
4. Е́сли у ва́с е́сть рома́н «Война́ и ми́р», ... (прочита́ть)
5. Е́сли вы́ хоти́те зна́ть свою́ страну́, ... (путеше́ствовать)
6. Е́сли вы́ не по́няли зада́чу, ... (спроси́ть преподава́теля)
7. Е́сли вы́ хоти́те зна́ть о на́шем университе́те, ... (чита́ть на́шу газе́ту)

28. *Offer a stamp, record, badge, an old book, photographs, used theater tickets to a collector friend. Write down your sentences.*

Model: Éсли вы́ собира́ете фотогра́фии городо́в, возьми́те э́ту фотогра́фию.

Usage of the Verbs **бежа́ть — бе́гать, лете́ть — лета́ть, нести́ — носи́ть, везти́ — вози́ть, плы́ть — пла́вать**

29. *Insert the required verbs in the correct form. Write out the sentences.*

бежа́ть — бе́гать

1. — Смотри́те, сюда́ ... соба́ка. — Это моя́ соба́ка. Днём она́ обы́чно ... в на́шем саду́.

2. — Во́н та́м нахо́дится стадио́н. Ка́ждый вто́рник мы́ та́м ... . Я́ о́чень люблю́ ... . А вы́ хорошо́ ...? — Не́т. После́дний ра́з я́ ... пя́ть ле́т наза́д. — Смотри́те, сюда́ ... шко́льники. Они́ о́чень хорошо́ ... .

лете́ть — лета́ть

— Куда́ вы́ ...? — Я́ ... в Ки́ев. — Вы́ та́м живёте? — Не́т, я́ ... посмотре́ть го́род. — Моя́ жена́ то́же ... в Ки́ев. Мы́ тури́сты. — Да́, я́ ви́жу, что сего́дня в самолёте ... тури́сты. Отку́да вы́ ...? — Мы́ ... из Ми́нска. — Вы́ лю́бите ... на самолёте? — Не о́чень. Я́ бо́льше люблю́ е́здить на по́езде.

нести́ — носи́ть

1. — Кто́ э́то идёт? — Это идёт Никола́й. О́н ... большо́й портфе́ль и кни́ги. — О́н всегда́ ... та́к мно́го кни́г? — Да́, о́н ... и уче́бники, и словари́. А я́ ... то́лько тетра́ди. Не люблю́ ... мно́го кни́г. — А что́ вы́ сего́дня ...? — Сего́дня я́ ... альбо́мы. Зде́сь фотогра́фии.

везти́ — вози́ть

1. — Это Андре́й е́дет на велосипе́де? Что́ о́н ...? — О́н ... газе́ты. Андре́й и его́ дру́г Пётр ле́том рабо́тают на по́чте. Они́ ... газе́ты и журна́лы. — Андре́й, что́ вы́ сего́дня ...? — Сего́дня я́ ... газе́ты, журна́л «Здоро́вье» и «Неде́лю».

плы́ть — пла́вать

1. — Куда́ ... э́тот кора́бль? О́н ... из Ло́ндона в Ленингра́д. По Балти́йскому мо́рю ... мно́го корабле́й. — А вы́ куда́ ...? — Я́ ... в Ленингра́д. Я́ люблю́ ... на больши́х корабля́х. Это о́чень интере́сно.

30. *Supply responses, using the verb of the required aspect chosen from those in brackets.*

Model: — Я забы́л до́ма уче́бник. Что́ мне́ де́лать?
           — Тебе́ на́до взя́ть уче́бник в библиоте́ке.

1. Я потеря́л биле́т. Что́ мне́ де́лать? (покупа́ть/купи́ть)
2. Я пло́хо зна́ю э́тот го́род. Я не зна́ю, где́ я сейча́с нахожу́сь. Что́ мне́ де́лать? (узнава́ть/узна́ть)
3. Я не по́мню а́дрес това́рища, кото́рому до́лжен написа́ть письмо́. Что́ на́м де́лать? (бра́ть/взя́ть, чита́ть/прочита́ть)

Phonetic Exercises

1. *Read, paying attention to the pronunciation of the relevant sounds.*

[л]: столо́вая, пла́вать, плы́ть, светло́, везла́, несла́, шла́, вокза́л;

[л']: лете́ть, нале́во, тролле́йбус, самолёт, шко́льник, культу́рный, кора́бль, е́сли; шёл — шли́, несла́ — несли́, лете́ла — лете́л — лете́ли, шко́ла — Ко́ля;

[р]: трамва́й, тра́нспорт, о́стров, по́рт, ста́рший, напра́во;

[р']: де́рево, коридо́р, пря́мо, две́рь;

[ш]: ношу́, но́сишь, спешу́, спеши́шь, пешко́м;

[ж]: хожу́, вожу́, е́зжу [jе́жжу], бежа́ть, бежи́шь, пассажи́р;

[ц]: цвето́к, цветы́, дворе́ц, диссерта́ция, консульта́ция;

[ч]: лечу́, но́чь, но́чью;

[щ]: о́вощи;

soft consonants: э́ти, е́дет, е́дете, идёт, идёте, вести́, нести́, ведёте, несёте, темно́, сюда́, пье́са, плы́ть, плывёте.

2. *Read, paying attention to the pronunciation of unstressed syllables.*

— ─́   бежа́ть, бегу́, везти́, везу́, вокза́л, домо́й, носи́ть;

─́ —   бе́гать, е́хать, пла́вать, о́стров;

— ─́ —   спо́койно, напра́во, нале́во;

— — ─́   побыва́ть, закрыва́ть, пассажи́р, острова́;

— ́— — о́вощи, де́рево, бе́гаю, хо́дите, но́сите, во́дите, во́зите;

— — — ́ велосипе́д;

— — ́ — остано́вка, закрыва́ю, деревя́нный;

— ́— — столо́вая, промы́шленный;

— ́ — — — пла́ваете, бе́гаете;

— — ́ — — — моро́женое;

— — — ́ — — диссерта́ция, консульта́ция;

мо́ст — мосты́, кора́бль — корабли́, де́рево — дере́вья, о́стров — острова́, две́рь — две́ри — двере́й, но́чь — ноче́й, по́езд — поезда́, води́ть — вожу́ — во́дишь, во́дите — води́те; вози́ть — вожу́ — во́зишь, во́зите — вози́те; ходи́ть — хожу́ — хо́дишь, хо́дите — ходи́те; носи́ть — ношу́ — но́сишь, но́сите — носи́те.

3. *Read aloud. Underline the devoiced and voiced consonants.*

везти́, вокза́л, остано́вка, мла́дший, идти́, по́езд, о́стров, велосипе́д, в шко́лу, в теа́тр.

4. *Read, paying attention to pronunciation and fluency. Indicate the types of ICs.*

в магази́н, в библиоте́ку, в институ́т, в кино́, в теа́тр, на заво́д, в Ленингра́д, на вокза́л, на ле́кцию, на уро́к, на семина́р, на Кавка́з, на заня́тия.

1. — Куда́ ты́ идёшь, Ната́ша?
   — Я́ иду́ в институ́т. А вы́?
   — Мы́ то́же идём в институ́т.
   — А куда́ иду́т Пе́тя и Серге́й?
   — Пе́тя идёт домо́й, а Серге́й в библиоте́ку.
2. — Куда́ вы́ е́дете, Никола́й Петро́вич?
   — Я́ е́ду в Му́рманск на конфере́нцию. А вы́?
   — Я́ е́ду в Ленингра́д. А э́то на́ши студе́нты. Они́ то́же е́дут в Ленингра́д. У ни́х та́м пра́ктика.
3. — Кто́ идёт в кино́?
   — Я́ иду́. Ты́ идёшь, Ма́ша?
   — Не́т, я́ иду́ домо́й.
   — А вы́?
   — Мы́ то́же идём домо́й.

4. — Куда́ вы́ идёте, Та́ня?

— Мы́ идём на ле́кцию по исто́рии. А вы́?

— А мы́ идём на семина́р.

5. *Read the questions and answer them.*

Model: — Вы́ идёте на конфере́нцию?

           — Да́, на конфере́нцию.

1. Ты́ идёшь на ле́кцию?

2. Вы́ идёте в теа́тр?

3. Ты́ идёшь в магази́н?

4. Пе́тя идёт в библиоте́ку?

5. Вы́ е́дете на Кавка́з?

6. Ты́ е́дешь в Ки́ев?

7. Студе́нты е́дут на пра́ктику в Ташке́нт?

6. *Read, paying attention to pronunciation. Mark the stress.*

1. — По какой улице мы идём?

— По улице Чехова.

— По улице Чехова? Я никогда раньше не был на этой улице.

— А я хожу по этой улице каждый день. Я здесь живу.

2. — Вы часто ходите в театр?

— Нет, редко. Я не очень люблю театр. Я часто хожу в кино.

— А куда вы сейчас идёте?

— Я иду в библиотеку.

— Вы часто ходите в библиотеку?

— Да, почти каждый день. Я сейчас пишу диссертацию.

3. — Андрей, ты ходишь на работу пешком или ездишь?

— Езжу. Я живу далеко от своего института.

— А я хожу пешком. Я очень люблю ходить.

7. *Read, paying attention to fluency and intonation.*

е́здить на маши́не, е́хать на трамва́е, е́дет на такси́, е́зжу на метро́, лете́ть на самолёте, е́хать на по́езде.

1. — Вы́ е́здите на рабо́ту на метро́?

— Не́т, / на авто́бусе. А вы́?

— А я́ е́зжу на метро́ и на трамва́е. Мо́й институ́т далеко́ от метро́. Когда́ я́ не спешу́, / я́ хожу́ пешко́м.

— А я́ не люблю́ ходи́ть пешко́м. У меня́ не́т вре́мени. Я́ всегда́ опа́здываю.

— А я́ о́чень не люблю́ тра́нспорт. Я́ о́чень мно́го хожу́ пешко́м.

2. — Заче́м вы́ е́дете в Ташке́нт?

— Я́ е́ду на конфере́нцию.

— Вы́ е́дете на по́езде?

— Не́т, / я лечу́ на самолёте. На по́езде туда́ е́хать сли́шком до́лго. Я́ не люблю́ е́здить на по́езде.

— Ско́лько вре́мени туда́ лети́т самолёт?

— Я́ не зна́ю. Ду́маю, что четы́ре часа́.

3. — Дже́йн, / когда́ ты́ была́ в Ленингра́де, / ты́ ходи́ла в Ру́сский музе́й?

— Да́, / ходи́ла.

— А в Эрмита́ж?

— То́же ходи́ла. Я́ мно́го ходи́ла по го́роду.

8. *Read, paying attention to the intonation of non-final syntagms.*

Éсли я́ бу́ду ле́том в Москве́, / я позвоню́ ва́м.

Éсли в воскресе́нье бу́дет плоха́я пого́да, / я бу́ду чита́ть.

Éсли у ва́с бу́дет свобо́дное вре́мя, / обяза́тельно посмотри́те э́тот фильм.

Éсли я́ сда́м экза́мены хорошо́, / я бу́ду поступа́ть в университе́т.

Éсли ты́ бу́дешь ма́ло занима́ться, / ты́ не посту́пишь в институ́т.

Éсли вы́ хоти́те хорошо́ говори́ть по-ру́сски, / ва́м на́до мно́го рабо́тать.

Éсли хоти́те, / я могу́ помо́чь ва́м.

Éсли мо́жно, / я позвоню́ ва́м ве́чером.

9. *Answer the questions.*

Model: — Где́ ты́ бу́дешь отдыха́ть ле́том?
          — Е́сли ле́то бу́дет холо́дное, я́ бу́ду отдыха́ть на ю́ге.

1. Что́ ты́ бу́дешь де́лать в воскресе́нье?
2. Что́ вы́ бу́дете де́лать ве́чером?
3. Что́ ты́ бу́дешь де́лать по́сле оконча́ния шко́лы?
4. Вы́ пое́дете на рабо́ту на авто́бусе и́ли пойдёте пешко́м?

10. *Read, paying attention to the position of the intonational centers.*

1. — Я́¹ студе́нт. А вы́?⁴

   — Я́¹ то́же студе́нтка.

   — А Ната́ша?⁴

   — И Ната́ша — студе́нтка.

2. — Мы́¹ идём в кино́.

   — Мы́ то́же идём в кино́.

   — А они́?⁴

   — И они́ иду́т.

3. — Я́¹ люблю́ ходи́ть пешко́м.

   — Я́ то́же люблю́.

   — И мы́¹ лю́бим ходи́ть пешко́м.

11. *Read aloud. Indicate the types of ICs. Compose similar dialogues.*

— Скажи́те, пожа́луйста, восьмо́й авто́бус идёт на у́лицу Че́хова?
— Не́т, не идёт.
— А тре́тий?
— И тре́тий не идёт. Е́сли ва́м на́до на у́лицу Че́хова, сади́тесь на тре́тий и́ли два́дцать тре́тий тролле́йбус. Остано́вка о́коло Большо́го теа́тра.
— Спаси́бо. А трамва́й здесь не хо́дит?
— Не́т, трамва́й не хо́дит.

12. *Read, paying attention to the intonation of requests and commands.*

1. Позвони́те³ мне́ ве́чером.
2. Купи́те³ мне́, пожа́луйста, биле́т в кино́.

3. Откро́йте две́рь.

4. Да́йте мне́ слова́рь, пожа́луйста.

5. Закро́йте две́рь. Не открыва́йте окно́.

6. Не кури́те зде́сь.

7. Откро́йте кни́ги. Пиши́те слова́.

8. Не разгова́ривайте на уро́ке.

13. *Read aloud. Mark the stress.*

Это берег реки Невы. Ленинград находится на берегу Невы. Тут остров, там острова. Я хожу пешком. Вы ходите на работу пешком? Ходите много пешком. Около нашего дома большое дерево. В парке много старых деревьев. Вы возите детей в школу на машине, или они ходят пешком?

14. *Listen to and read the text. Pay attention to pronunciation, speed and intonation.*

Е́сли хоти́те узна́ть го́род...

Вы́ бы́ли в Ленингра́де? Не́ были? Е́сли хоти́те, / я́ могу́ рассказа́ть ва́м об э́том го́роде. Я́ не ленингра́дка, / я́ учу́сь в Педагоги́ческом университе́те и́мени А.И. Ге́рцена.

Ленингра́д — / большо́й го́род, / промы́шленный и культу́рный це́нтр. В Ленингра́де ка́ждая у́лица — / исто́рия, / почти́ ка́ждый до́м — / па́мятник. Ленингра́д нахо́дится на берегу́ реки́ Невы́ / и на острова́х. Ленингра́д основа́л в 1703 году́ / ру́сский ца́рь Пётр I. Го́род тогда́ называ́лся Петербу́рг. На берегу́ Невы́, / недалеко́ от Петропа́вловской кре́пости / и сейча́с нахо́дится деревя́нный до́мик Петра́ I. Э́то са́мое ста́рое зда́ние в Ленингра́де. Петропа́вловскую кре́пость то́же на́чали стро́ить в 1703 году́. Петропа́вловская кре́пость — / интере́сный архитекту́рный и истори́ческий па́мятник. По́сле револю́ции / в Петропа́вловской кре́пости откры́ли истори́ческий музе́й.

Говоря́т, / е́сли хоти́те узна́ть го́род, / ходи́те пешко́м. И я́ ходи́ла. Ходи́ла и смотре́ла, / смотре́ла и слу́шала. Когда́ у меня́ е́сть свобо́дное вре́мя, / я хожу́ пешко́м и в институ́т, / и на по́чту, / и в магази́ны. Когда́ я иду́ по у́лице, / я не спешу́. Я о́чень люблю́ иска́ть и находи́ть интере́сные дома́. А таки́х домо́в здесь мно́го. В Ленингра́де жи́ли А.С. Пу́шкин, / Н.В. Го́голь, / Ф.М. Достое́вский, / П.И. Чайко́вский, / Д.Д. Шостако́вич / и мно́гие други́е знамени́тые лю́ди.

В Ленингра́де мно́го па́мятников, / кото́рые расска́зывают об Октя́брьской револю́ции / и о Ленингра́де — го́роде-геро́е. О́чень краси́в Ленингра́д / ра́но у́тром и но́чью. Я люблю́ гуля́ть по го́роду, / осо́бенно, когда́ быва́ют бе́лые но́чи.

Хорошо́ ходи́ть по бе́регу реки́ / и смотре́ть, как по Неве́ плыву́т больши́е корабли́. В Ленингра́дском порту́ / мо́жно уви́деть корабли́ ра́зных стран.

Ночь. А на у́лице светло́. Вот по мосту́ е́дет маши́на, / она́ везёт хлеб. Друга́я маши́на везёт молоко́. Идёт такси́. Лю́ди спеша́т домо́й. А я не спешу́. Я иду́ на Дворцо́вую пло́щадь. Э́то центра́льная пло́щадь Ленингра́да, / са́мая больша́я и краси́вая пло́щадь го́рода. Здесь нахо́дится Эрмита́ж / и Зи́мний дворе́ц.

Я люблю́ смотре́ть, / как Ленингра́д начина́ет но́вый день. Идёт пе́рвый трамва́й. Он почти́ пусто́й. Начина́ют ходи́ть авто́бусы, / открыва́ет свои́ две́ри метро́. Иду́т пе́рвые пассажи́ры. Э́то рабо́чие. Пото́м иду́т шко́льники. Снача́ла — мла́дшие шко́льники. Они́ иду́т споко́йно, / как взро́слые. Пото́м иду́т ученики́ ста́рших кла́ссов. Ско́ро де́вять часо́в. И они́ уже́ не иду́т, / а бегу́т.

Днём на у́лицах и площадя́х го́рода / тури́сты, / го́сти Ленингра́да. Они́ иду́т в музе́и: / в Эрмита́ж, / в Ру́сский музе́й, / иду́т в магази́ны, / в па́рки. Я то́же иду́ в Ле́тний сад. Здесь ста́рые дере́вья, / мно́го цвето́в. Я люблю́ сиде́ть в э́том ста́ром па́рке / и смотре́ть, как игра́ют де́ти, / бе́гают, / е́здят на велосипе́дах. Я ещё не могу́ сказа́ть, / что хорошо́ зна́ю Ленингра́д. Но ка́ждый де́нь / я узнаю́ об э́том го́роде мно́го но́вого.

Formation Practice

1. *Study and learn all forms of the irregular verbs* **идти́** *and* **е́хать**. *One additional (unidirectional) irregular verb,* **бежа́ть**[1] *"run", also occurs in this unit for passive use. For its forms see Appendix,* Inventory of Irregular Verbs. *(See Analysis 2.22.)*

2. *Write down complete conjugations for the following two stems in* **-с** *and* **-з**, *which occur in this unit. (See Analysis 2.21.)*

   нёс-¹, вёз-¹

3. *Supply complete conjugations for the following stems in* **-с** *and* **-з**. *These stems are for practice only and need not be learned at this stage.*

   тряс-¹ "shake", лёз- "crawl", пас-¹ "pasture"

4. *The four multidirectional verbs encountered in this unit happen to be* **i**-*stems. Review the rules for conjugating verbs of this class and write down complete conjugations for each of the stems.*

   ходи̌-, е́зди-, носи̌-, вози̌-

5. *Complete the sentences, using the noun phrases given below in both the singular and the plural. Take careful note of stress and of those nouns which have a special "locative" ý-ending in the singular. (See Analysis XI, 3.0.)*

   Бы́ло ти́хо в (на) ... .

   зда́ние, па́рк, са́д, до́м, кварти́ра, ле́с, стадио́н, теа́тр, бе́рег, кла́сс, лаборато́рия, мо́ст, больни́ца, аудито́рия, авто́бус, шко́ла, семина́р, ма́ленькая ко́мната, большо́й са́д, пусто́й трамва́й, больша́я лаборато́рия, бе́рег океа́на.

6. *Study Appendix,* Stress Patterns in Russian Nouns, *and familiarize yourself with the stress patterns in the singular and plural for the five cases we have learned so far. (The dative plural will be treated in Unit XII.) Decline the following nouns in the singular (N, A, G, D, P) and plural (N, A, G, P). Mark stress throughout.*

   дворе́ц ВВ, голова́ СС, доска́ СС, но́вость АС, ве́чер АВ (-á), му́ж АВ (ja²), де́ло АВ, жена́ ВА, письмо́ ВА.

---

[1]The multidirectional counterpart is *бе́гай-*.
[2]See Appendix, Irregular Plurals, 1.1, 1.13.

Written Exercises for General Review

1. *Translate. Mark stress throughout.*
1. "Do you know the name of that woman who is walking along the street and carrying a black briefcase?"
"Yes, that is Nina Nikolayevna, the chemist. She is on her way to the laboratory."

2. "What did you do yesterday?"
"We went to the movies."
"How was the weather?"
"Very bad."

3. As we were returning home yesterday, we were recalling where we had seen that young girl before.

4. Professor Lavrov usually takes the streetcar to the institute, but today he decided to walk there.

5. Mother is taking the children to the stadium in a taxi today. Usually they go there by bus.

6. "Tell me, please, where is the restaurant 'Praga' located?"

"Go straight along this street and then turn to the right. If you want, you can get on a No. 89 bus. The bus stop is over there, where those students are standing."

7. "Tomorrow we are going to New York."
"By bus or by train?"
"Usually we go by bus, but tomorrow we are taking the train. We are taking a taxi to the train station and in New York our friend John is taking us home in his car."

Review Assignment

I. Verb Formation

1. *Write out complete conjugations for each of the following basic stems. Mark stress throughout.*

признава́й- "recognize", ползˊ- "crawl", цвѐтˊ- "bloom", удиви́-ся "to be surprised", да́ть (irreg.)

II. Dialogue

1. *Compose a dialogue based on the following situation.*

You wish to find your way to the Biology Institute and are told how to get there on foot and by public transportation.

III. Translation

1. *Translate. Mark stress throughout. Indicate intonational centers in No. 1.*

1. "How old is your younger brother?"
"He's 31 years old. And *your* brother?"
"I don't have a brother; my sister will be 23 in June."

2. "Good morning, John, where are you going?"
"Hello, Misha, I'm on my way to the Historical Museum. And where are you going?"
"I am on the way to work."
"Is your institute near where you live?"
"No. I am looking for a taxi. I usually ride the subway. But today I am very late and will have to take a taxi."

3. Smoking is not allowed in this room.

4. Help your brother work Problem No. 7. It's very difficult, and he can't solve it by himself.

Units 10-11
Review Assignment

I. Verb Formation

Supply complete conjugations for the following stems.

молча́-, вёз-́, е́зди-

II. Dialogue

Write a brief dramatization of the following situation:

You meet a friend on a bus and exchange greetings. Inquire about one another's destination. Your friend tells you about a new theater which has recently been opened and gives directions on how to get there using public transportation.

III. Translation

Translate. Mark stress throughout. Write out all the numerals.

1. I usually take the subway to the theater which is located in the center of town.

2. I ride my bicycle to school because it is not far from home.

3. Fedya takes my father to work every day in his car, because he lives near our house.

4. Petya was born on April 23, 1973. He is 18 years old; his younger sister is 4 years old and his older brother is 21.

5. Did you see Volodya yesterday when he was walking down Pushkinskaya Street?

6. It is cold in this building and it is impossible to study here.

Unit 12

Practice Exercises

	г д é?	к у д á?	о т к ýд а?
I	Мáша **в шкóле.**	Мáша идёт **в шкóлу.**	Мáша идёт **из шкóлы.**
	Пётр **на завóде.**	Пётр идёт **на завóд.**	Пётр идёт **с завóда.**

1. *Read and translate. What questions* (г д é?, к у д á?, о т к ýд а?) *do the underlined phrases answer? Note the correlation of the prepositions* в — из *and* на — с.

1. Ýтром дéти идýт в шкóлу, днём они идýт из шкóлы.
2. Одни машины éдут на завóд, а другие éдут с завóда.
3. Мáма ведёт ребёнка в пáрк. Они гуляют в пáрке.
4. Я несý письмó на пóчту. С пóчты я несý газéты.
5. Вчерá мы были на стадиóне. Со стадиóна я и Волóдя шли вмéсте.
6. Вчерá мои друзья были в теáтре. Из теáтра они шли пешкóм.

2. *Change the sentences and write them out.*

Model: Óн был на юге. Óн éдет на юг. Óн éдет с юга.

1. Я был на сéвере.
2. Вéра былá на Урáле.
3. Вадим был в Сибири.
4. Студéнты были на Кавкáзе.
5. Олéг был на Украйне.
6. Рóберт был в Филадéльфии.
7. Гéнри был в Риме.

3. *Compose dialogues. Write them down.*

Model: — Гдé были днём вы и вáш брáт?
— Я был в институте, а брáт был на рабóте.
— Откýда вы идёте?
— Я идý из институ́та, а брáт с рабóты.

1. Гдé были вы и вáша подрýга? (университéт, пóчта)
2. Гдé были вы и вáш дрýг? (лаборатóрия, лéкция)

   3. Где́ была́ ва́ша сестра́ и её подру́га? (шко́ла, стадио́н)

   4. Где́ отдыха́ли вы́ и ва́ши друзья́? (па́рк, са́д)

   5. Где́ рабо́тали вы́ и ва́ш дру́г? (больни́ца, заво́д)

   6. Где́ отдыха́ли ле́том вы́ и ва́ши роди́тели? (дере́вня, Кры́м)

4. *Supply the adverbs* та́м, туда́ *and* отту́да. *Write out the sentences.*

   1. — Где́ ты́ бы́л? — В саду́. — Что́ ты́ ... де́лал? — Я́ ... рабо́тал.

   2. Ве́ра до́лго жила́ в А́нглии. Вчера́ она́ получи́ла письмо́ ... .

   3. — Куда́ э́то идёт Ми́ша? — В клу́б. Он ча́сто хо́дит ... .

   4. — Куда́ е́дет Ва́ля? — В Кры́м. — Что́ она́ бу́дет ... де́лать? — ... она́ бу́дет отдыха́ть. — Она́ до́лго бу́дет жи́ть ...? Когда́ она́ е́дет ...? — В пя́тницу. — Когда́ она́ вернётся ...? — Я́ не́ зна́ю.

   5. — Где́ ва́ш бра́т? — О́н на Да́льнем Восто́ке. — О́н ... отдыха́ет? — Не́т, о́н ... рабо́тает.

5. *Answer the questions. Write down your answers.*

   1. Куда́ идёт учени́к? Куда́ идёт учени́ца?

   2. Куда́ е́дут де́ти на авто́бусе в воскресе́нье у́тром? Отку́да они́ е́дут днём?

   3. Куда́ бегу́т де́ти? Отку́да они́ бегу́т?

   4. Куда́ лети́т самолёт? Отку́да лети́т самолёт?

   5. Куда́ плывёт англи́йский кора́бль? Отку́да плывёт австрали́йский кора́бль?

   6. Куда́ молодо́й челове́к несёт кни́ги? Отку́да де́вушка несёт кни́ги?

   7. Куда́ везу́т фру́кты? Отку́да везу́т фру́кты?

II	г д е́? Анто́н бы́л **у това́рища.**	к у д а́? Анто́н идёт **к това́рищу.**	о т к у́ д а? Анто́н идёт **от това́рища.**

6. *Read the sentences. What questions* (г д е́? к у д а́?, о т к у́ д а?) *do the underlined phrases answer?*

   1. Вчера́ бы́ло воскресе́нье. Никола́й бы́л <u>у Ви́ктора</u> , а я́ <u>у И́ры</u>.

   2. Профе́ссор Семёнов чита́л ле́кцию <u>у на́с в институ́те</u> .

   3. О́н идёт <u>домо́й</u> <u>от врача́</u> . Я́ то́же вчера́ бы́л <u>у врача́</u>.

   4. Мы́ вчера́ бы́ли <u>в больни́це у това́рища</u> .

   5. Оле́г идёт <u>в университе́т к профе́ссору</u> .

   6. Ле́том мы́ е́здили <u>в дере́вню к знако́мому учи́телю</u>.

7. *Compose sentences, as in the model, using the words given below.*

Model: Óн бы́л в Ки́еве. Óн е́дет в Ки́ев. Óн е́дет из Ки́ева.
Óн бы́л на вокза́ле. Óн е́дет на вокза́л. Óн е́дет с вокза́ла.

Ми́нск, Кавка́з, Украи́на, шко́ла, юг, дере́вня, институ́т, семина́р, ле́кция.

Model: Óн бы́л у това́рища. Óн идёт к това́рищу. Óн идёт от това́рища.

(handwritten: + gen) *(handwritten: + dative)* *(handwritten: + gen.)*

инжене́р, ма́ма, дру́г, вра́ч, профе́ссор, сестра́, учи́тель.

8. *Change the sentences, as in the model.*

Model: Мо́й дру́г отдыха́л в дере́вне у роди́телей. — Óн е́дет из дере́вни от роди́телей.

1. Они́ бы́ли в больни́це у врача́.
2. Они́ отдыха́ли в дере́вне у тёти.
3. Они́ жи́ли на Кавка́зе у бра́та.
4. Óн бы́л в общежи́тии у дру́га.
5. Óн бы́л в го́роде у адвока́та.
6. Óн бы́л на заво́де у дире́ктора.

9. *Complete the sentences and write them out.*

1. А́ня была́ у подру́ги.
— А́ня, отку́да ты́ идёшь? — Я́ иду́... .
2. Ди́ма бы́л у Андре́я в общежи́тии.
— Отку́да ты идёшь, Ди́ма? — Я́ бы́л ... . Я́ иду́ ... .
— А где́ ты́ бы́л в воскресе́нье? — Я́ ходи́л ... .
3. Студе́нты иду́т к профе́ссору Петро́ву.
— Где́ бы́ли студе́нты? — Они́ бы́ли ... .
— А вы́ отку́да идёте? — Я́ то́же иду́ ... .

10. *Insert the prepositions required by the sense. Put the words in brackets in the correct case.*

1. О́льга идёт ... (магази́н). ... (магази́н) она́ несёт хлеб, ма́сло, молоко́.
2. Ве́чером я́ бы́л ... (гости́ница) ... (това́рищ).
3. Ле́том мы́ жи́ли ... (до́м) ... (знако́мый гео́лог).
4. Бра́т и сестра́ сидя́т ... (ваго́н) по́езда. Они́ е́дут ... (отéц).
5. Мы́ бы́ли ... (университе́т) ... (заня́тие).
6. Серге́й идёт ... (това́рищ) ... (общежи́тие).
7. Бра́т идёт домо́й ... (теа́тр).
8. Това́рищи бы́ли ... (конце́рт). Обра́тно ... (конце́рт) они́ шли́ вме́сте.
9. Семья́ бра́та ле́том жила́ ... (юг) ... (дру́г).

> ## В субботу я́ е́здил **к свои́м роди́телям.**

11. *Change the sentences, as in the model.*

Model: Ви́ктор купи́л значки́ мла́дшим бра́тьям.

1. Óн посла́л откры́тки мла́дшей сестре́.
2. Ди́ма обо всём расска́зывает своему́ ста́ршему бра́ту.
3. Óн показа́л но́вые фотогра́фии своему́ ста́рому дру́гу.
4. Никола́й рассказа́л о свое́й колле́кции учи́телю.
5. Ве́ра была́ в магази́не и забы́ла купи́ть свое́й подру́ге тетра́ди.
6. Ма́ма дала́ де́ньги своему́ сы́ну.

12. *Put the words in brackets in the correct form. Write out the sentences.*

Я́ хочу́ написа́ть письмо́... (ста́рые друзья́). Я́ не забыва́ю ... (ста́рые друзья́). Я́ всегда́ пишу́ и́м ... (письмо́). У меня́ мно́го ... (хоро́ший дру́г). Оди́н мо́й дру́г — архео́лог. Сейча́с о́н рабо́тает на се́вере. Та́м о́н и его́ това́рищи нашли́ ... (ме́сто), где ра́ньше, мно́го веко́в наза́д, жи́ли лю́ди. Мо́й дру́г о́чень лю́бит ... (э́та профе́ссия). О́н мно́го расска́зывает ... (това́рищи) о ... (тру́дная жи́знь) и об ... (интере́сная рабо́та) археоло́гов. О́н расска́зывает об э́том ... (студе́нты-исто́рики, шко́льники, роди́тели и друзья́). В кварти́ре ... (мо́й дру́г) мно́го ... (интере́сные фотогра́фии, кни́ги, альбо́мы). Я́ люблю́ е́здить к нему́ в го́сти.

13. *Translate.*

1. В про́шлом году́ ле́том о́н е́здил отдыха́ть к своему́ ста́ршему бра́ту и к свои́м роди́телям.
2. Вчера́ я́ посла́л откры́тки свое́й сестре́ в Ми́нск и свои́м друзья́м в Новосиби́рск.
3. О́ля купи́ла пласти́нки свое́й подру́ге и ма́рки мла́дшим бра́тьям.

> | | |
> |---|---|
> | **при-** | Серге́й неда́вно **пришёл** домо́й. (О́н до́ма.)
Оле́г ча́сто **прихо́дит** к на́м. |
> | **у-** | Серге́й неда́вно **ушёл** из до́ма. (Его́ не́т до́ма.)
У́тром о́н всегда́ **ухо́дит** (из до́ма) на рабо́ту. |

14. *Read and compare the sentences. Write out the pairs of perfective and imperfective verbs.*

1. В суббо́ту к на́м пришли́ го́сти. В суббо́ту к на́м всегда́ прихо́дят го́сти.
2. Ле́том Ми́ша прие́хал к тёте. О́н всегда́ ле́том приезжа́ет к тёте.

3. Иностра́нные тури́сты прие́хали в Но́вгород. Они́ ча́сто приезжа́ют в Но́вгород.

4. Ва́ля принесла́ на́м но́вый журна́л. Она́ ча́сто приво́зит и́м пода́рки.

15. *Change the sentences, using the words* ча́сто, обы́чно, иногда́, всегда́, ка́ждый день. *Do not forget to change the aspect of the verb.*

Model: Бра́т прие́хал (пришёл) к на́м. — Бра́т ча́сто приезжа́л (приходи́л) к на́м.

1. Студе́нты прие́хали на заво́д на пра́ктику.
2. Оле́г пришёл к това́рищу.
3. К на́м прие́хал на́ш хоро́ший дру́г из Му́рманска.
4. Студе́нты-фило́логи пришли́ на семина́р к профе́ссору исто́рии.
5. Ко мне́ пришли́ това́рищи из общежи́тия.
6. Никола́й пришёл из шко́лы о́чень по́здно.
7. Ве́чером в клу́б пришли́ студе́нты.
8. К студе́нтам в клу́б прие́хали арти́сты.
9. Ве́чером к на́м пришёл Андре́й игра́ть в ша́хматы.

16. *Complete the dialogue, using the words on the right. Write out the dialogue.*

— Что́ вы́ хоти́те?	ча́шка ча́я
— Принеси́те, пожа́луйста, стака́н воды́.	ча́шка ко́фе
— А вы́ что́ хоти́те?	стака́н молока́
—	

17. *Ask questions and answer them. Write out your sentences.*

Model: — Я́ иду́ на уро́к.
          — Когда́ ты́ вернёшься с уро́ка?
          — Я́ приду́ в два́ часа́.

1. Я́ иду́ на ле́кцию.
2. Мы́ е́дем в музе́й.
3. Де́ти е́дут в ле́с.
4. Рабо́чие е́дут на заво́д.
5. Ребя́та е́дут в го́род.
6. Студе́нты иду́т в буфе́т.
7. Шко́льники иду́т в па́рк.
8. Студе́нты е́дут в теа́тр.

18. *Read and compare the sentences. Write out the pairs of perfective and imperfective verbs.*

1. Вчера́ Бори́с о́чень по́здно ушёл из клу́ба. О́н всегда́ по́здно ухо́дит.
2. Ка́жется, когда́ я уходи́л, я забы́л у ва́с сво́й портфе́ль. Я ушёл вчера́ ра́но, я пло́хо себя́ чу́вствовал. — Вы́ всегда́ ра́но ухо́дите.
3. За́втра мы́ уезжа́ем на мо́ре. На́ши друзья́ уже́ уе́хали.

19. *Change the sentences, using the words* ча́сто, обы́чно, иногда́, всегда́, ка́ждый де́нь. *Do not forget to change the aspect of the verb.*

Model: Бра́т уе́хал на рабо́ту в ше́сть часо́в. — О́н всегда́ уезжа́ет на рабо́ту в ше́сть часо́в.

1. Ни́на ушла́ в институ́т в во́семь часо́в.
2. Пе́рвый по́езд ушёл в пя́ть часо́в.
3. Го́сти уе́хали по́здно, в двена́дцать часо́в.
4. Вчера́ Ви́ктор ушёл с рабо́ты в се́мь часо́в.
5. В ию́не Кузнецо́вы уе́хали из го́рода и увезли́ свои́х дете́й.

20. *Read the sentences.*

(1) *Point out the prepositional phrases denoting*

   (a) *the place of the action,*

   (b) *the direction of the action to and*

   (c) *from some place.*

(2) *List the verbs after which:*

   (a) *the place of the action is indicated,*

   (b) *the place towards which and*

   (c) *from which the action proceeds.*

Алексе́й учи́лся в шко́ле на Украи́не. К ни́м в дере́вню ча́сто приезжа́л из Ки́ева дру́г его́ отца́, кото́рый давно́ живёт и рабо́тает в Ки́еве. О́н ка́ждый го́д приезжа́л к ни́м в дере́вню отдыха́ть. О́н не́сколько ра́з приглаша́л Алексе́я прие́хать в Ки́ев. Когда́ Алексе́й ко́нчил шко́лу, о́н уе́хал в Оде́ссу учи́ться да́льше. О́н прие́хал в Оде́ссу в сентябре́. А в декабре́, когда́ Алексе́й уже́ учи́лся в Оде́ссе в институ́те, о́н приезжа́л и в Ки́ев. Та́м о́н три́ дня́ жи́л у ста́рого дру́га своего́ отца́.

21. *Make up phrases, as in the model, and use them in sentences.*

Model: отéц — жи́ть у отцá, приéхать к отцу́, уéхать от отцá.

брáт, товáрищ, врáч, профéссор, э́тот студéнт, мáма, сестрá, подру́га, э́та студéнтка, э́та дéвушка.

22. *Compose sentences telling about a person in whose house (apartment) the action occurs or towards whom or from whom it proceeds. Use the words* брáт, сестрá, бáбушка, врáч, э́тот инженéр, э́тот писáтель, нáш профéссор.

23. *Change the sentences, as in the model.*

Model: Лéтом óн жи́л в Москвé у товáрища.
          Óн приéхал в Москву́ к товáрищу.
          Óн приéхал домóй из Москвы́ от товáрища.

1. Лéтом я́ жи́л в дерéвне у брáта.
2. Óсенью óн бы́л в Москвé у дру́га.
3. В октябрé онá былá в Ленингрáде у дóчки.
4. Óн бы́л в гости́нице у товáрища.
5. Мы́ бы́ли в теáтре у знакóмых арти́стов.
6. В 1989 году́ Кóля жи́л в Ри́ге у стáршего брáта.

24. (a) *Add a second sentence showing the place towards which the action proceeds. Write down your sentences.*

Model: Óн рабóтает в шкóле. Кáждый дéнь óн хóдит в шкóлу.

1. Э́то Москвá. Я́ приéхал ... гóд назáд.
2. Мои́ роди́тели живу́т сейчáс в Волгогрáде. Они́ приéхали ... в 1979 году́.
3. Сейчáс óн рабóтает в нáшем гóроде. Óн приéхал ... лéтом.
4. Лéтом мóй сы́н отдыхáл в дерéвне. Моя́ дóчка тóже éдет ... .
5. Мои́ роди́тели живу́т на Урáле. Они́ приéхали ..., когдá мнé бы́ло пя́ть лéт.
6. Э́тот инженéр рабóтает на завóде. Óн хóдит ... кáждый дéнь.

(b) *Add a second sentence showing the place from which the action proceeds.*

Model: Óн рабóтает в шкóле. Сейчáс óн идёт из шкóлы.

1. Мои́ роди́тели живу́т в э́том гóроде. А я́ уéхал ... в Москву́ учи́ться.
2. В э́том райóне éсть у́голь. ... у́голь вóзят на сéвер и на ю́г страны́.
3. Мóй отéц дóлго жи́л в А́нглии. Сейчáс мы́ лети́м ... в Итáлию.
4. Нáш гóрод нахóдится на горé. ... мы́ хорошó ви́дим мóре.

25. *Read the sentences and answer the questions.*

1. Ви́ктор прие́хал в Москву́. Где́ сейча́с Ви́ктор?
2. Ви́ктор приезжа́л в Москву́ ле́том. Сейча́с о́н в Москве́?
3. Ви́ктор прие́хал в Москву́ с Украи́ны. Где́ о́н жи́л ра́ньше?
4. К ни́м из Ки́ева ча́сто приезжа́ла подру́га сестры́. Она́ сейча́с у ни́х?
5. Ко́ля хо́чет пое́хать учи́ться в Москву́. О́н сейча́с в Москве́?
6. Ле́том Серге́й уезжа́л отдыха́ть к тёте. О́н сейча́с у тёти?
7. Анто́н уе́хал из Магнитого́рска в Москву́. Где́ сейча́с Анто́н?
8. Ле́том э́тот ма́льчик е́здил в Кры́м. О́н сейча́с в Крыму́?
9. А́нна прие́дет в Ха́рьков весно́й. Когда́ А́нна бу́дет в Ха́рькове?
10. Они́ прие́хали на Ура́л во вре́мя войны́. Где́ они́ жи́ли во вре́мя войны́?

26. *Insert the appropriate verbs of motion chosen from those in brackets.*

1. Сейча́с о́н живёт и у́чится в Москве́. О́н ... (приезжа́л — прие́хал) в Москву́ с Украи́ны, из Оде́ссы.
2. Когда́ я учи́лась в шко́ле, к на́м из дере́вни ча́сто... (приезжа́ла — прие́хала) подру́га мое́й ма́мы.
3. Когда́ Ни́на зако́нчила шко́лу, она́ реши́ла ... (пое́хать — прие́хать) учи́ться в Ки́ев.
4. Ра́ньше она́ не ... (уезжа́ла — уе́хала) из свое́й дере́вни.
5. Ле́том о́н ... (е́здил — е́хал) к бра́ту в Ха́рьков.
6. Ра́ньше о́н всегда́ о́сенью ... (приезжа́л — прие́хал) обра́тно в сво́й го́род.
7. Сейча́с Анто́на не́т в Москве́. О́н ... (уезжа́л — уе́хал) рабо́тать в Магнитого́рск.
8. — Ты́ не зна́ешь, когда́ А́нна бу́дет в Ленингра́де? — Она́ ... (приезжа́ет — прие́дет) в Ленингра́д в сентябре́.
9. Вчера́ ве́чером меня́ не́ было до́ма. Я́ ... (уходи́л — ушёл) к Серге́ю.
10. Сейча́с мои́ роди́тели живу́т на Украи́не. Они́ ... (приезжа́ли — прие́хали) на Украи́ну о́сенью, в октябре́.

по-	— Где́ Серге́й?
	— О́н **по**шёл в университе́т.
	— Где́ ты́ бу́дешь за́втра?
	— Я́ **пой**ду́ в университе́т.

27. *Read and translate. Point out the cases in which the verbs with the prefix* по- *denote:*

(a) *a destination,*

(b) *a new stage of motion and*

(c) *intention to perform the action.*

1. — О́ля, где́ Ве́ра?
   — Она́, ка́жется, пошла́ в магази́н.
   — А Ди́ма то́же ушёл?
   — Да́, о́н пошёл купи́ть биле́ты в кино́.
2. Мы́ шли́ пешко́м из па́рка. Снача́ла шли́ ме́дленно, пото́м пошли́ быстре́е. Уви́дели авто́бус, се́ли на авто́бус и пое́хали.
3. — Серге́й, ты́ пойдёшь за́втра на консульта́цию?
   — Не́т, за́втра у меня́ свобо́дный де́нь.
   — И что́ же ты́ бу́дешь де́лать?
   — Днём пойду́ в библиоте́ку, бу́ду рабо́тать.
   — А ве́чером?
   — Ве́чером пойду́ к Оле́гу в общежи́тие, бу́дем игра́ть в ша́хматы.

28. *Compose questions and answers, using the words given below. Write out the questions and answers.*

Model:　　— Вади́м, ты́ не зна́ешь, где́ Ни́на?
　　　　　— Она́ пошла́ (пое́хала) в университе́т к профе́ссору Дми́триеву.

больни́ца — хиру́рг, го́род — адвока́т, шко́ла — дире́ктор, теа́тр — арти́ст Лавро́в, газе́та «Изве́стия» — знако́мый журнали́ст.

29. *Answer the questions, expressing your wish or intention to perform the action. Write down your answers.*

Model:　　— Светла́на, где́ ты́ бу́дешь ве́чером?
　　　　　— Я́ хочу́ пойти́ в клу́б и́ли к подру́ге.

1. Где́ вы́ бу́дете отдыха́ть ле́том?
2. Вы́ бу́дете ле́том в Сове́тском Сою́зе? В каки́е города́ вы́ пое́дете?
3. Каки́е музе́и вы́ посети́те, когда́ бу́дете в Москве́?
4. Ка́к вы́ хоти́те провести́ ва́ш свобо́дный де́нь?

30. *Complete the sentences and write them out.*

Model:　　Ви́ктор и Ната́ша купи́ли биле́ты и пошли́ в кино́.

1. Ники́та се́л в такси́ и ... .
2. Зо́я шла́ на встре́чу, кото́рая должна́ бы́ть в се́мь часо́в. Она́ посмотре́ла на часы́ и ... быстре́е.

3. Сегóдня в теáтре выступáют францýзские артúсты. Гáля купúла билéты и ... в теáтр.

4. Мы́ дéсять минýт ждáли Лéну. Когдá онá пришлá, мы́ встáли и ... .

5. Вáля дóлго сидéла в пáрке. Ей стáло хóлодно. Онá встáла и ... домóй.

6. Антóн Петрóвич получúл на пóчте дéньги и ... .

7. Мы́ взя́ли в библиотéке кнúги и ... .

8. Áнна Ивáновна купúла мя́со, ры́бу и молокó и ... .

31. (a) *Read and translate. Note the use of the underlined words. Write down your translation.*

   (b) *Then translate it back into Russian and compare your translation and the original text.*

1. — Я́ бóльше не <u>пойдý</u> в шкóлу, — сказáл ученúк пóсле пéрвого дня́ заня́тий. — Читáть и писáть я́ не могý, а разговáривать мнé не разрешáют.　　разрешáть to allow

2. Профéссор <u>пришёл</u> домóй из университéта и говорúт женé:

   — Вóт ты́ всегдá говорúшь, что я́ всё вездé забывáю. А сегóдня я́ не забы́л и <u>принёс</u> зóнтик домóй.　　зóнтик umbrella

   — Мúлый, но ты́ не брáл сегóдня зóнтик　　мúлый darling
   в университéт.

32. *Supply continuations. Write down the sentences.*

   Model:　Мóй шкóльный дрýг живёт в Кúеве. В мáрте óн приéдет к нáм из Кúева. А потóм óн поéдет в Москвý.

1. Алексéй — студéнт. Óн ýчится в Ленингрáде.
2. Михаúл Рóзов — геóлог. Óн рабóтает на Урáле.
3. Сейчáс мои́ друзья́ отдыхáют в Крымý.
4. Сейчáс студéнты нáшей грýппы живýт в Хáрькове.

33. *Invite your friends to go to the park, theater, club, exhibition, stadium with you. Write down your invitation and their response.*

   Model:　— Давáйте пойдём в кинó. Сегóдня покáзывают нóвый фúльм.
   　　　— Давáйте пойдём.

III　Через гóд Натáша кóнчит шкóлу.

34. *Read and translate.*

Мы́ éдем на автóбусе в Кры́м. Мы́ éдем ужé дéсять часóв. Ктó знáет, когда́ мы́ прие́дем? Я ду́маю, что мы́ прие́дем через три́ часа́. Да́, мы́ прие́дем через три́ и́ли четы́ре часа́, е́сли бу́дем е́хать бы́стро. Е́сли мы́ бу́дем е́хать та́к, как е́дем сейча́с, мы́ прие́дем через пя́ть и́ли через ше́сть часо́в.

35. *Answer the questions, using the construction with the preposition* че́рез.

1. Когда́ ва́м бу́дет два́дцать ле́т?
2. Когда́ вы́ ко́нчите университе́т?
3. Когда́ вы́ пое́дете отдыха́ть?
4. Е́сли мы́ пойдём в го́род пешко́м, когда́ мы́ придём?
5. Вы́ идёте в теа́тр? Когда́ нача́ло спекта́кля?
6. Когда́ вы́ должны́ получи́ть письмо́ от роди́телей?
7. Когда́ к ва́м прие́дут ва́ши друзья́?
8. Когда́ вы́ прочита́ете э́ту кни́гу?
9. Когда́ вы́ хоти́те показа́ть сво́й докла́д профе́ссору?
10. Когда́ мы́ пойдём на конце́рт?

Phonetic Exercises

1. *Read, paying attention to the pronunciation of the relevant sounds.*

[л]: сала́т, посыла́ть, посла́ть, буты́лка, таре́лка, кре́сло, мета́лл;

[л']: сто́лик, ле́вый, полёт, по́люс, ста́ль, мете́ль, бо́льше, строи́тельство; сто́л — сто́лик, ста́л — ста́ль, мета́лл — мете́ль, полёт — льёт, посыла́л — посыла́ли, посла́л — посла́ли;

[р]: пра́вый, обра́тно, верну́ться, вдру́г, ди́ктор, маршру́т;

[р']: ве́рить, ве́ришь, ве́рите, ве́рю, прекра́сный;

[ш]: ча́шка, де́душка, разреши́шь, молодёжь;

[ж]: да́же, ухожу́, поло́жишь, приезжа́ть [пр'ижижжа́т], ну́жен, нужна́, нужны́, жда́ть, жду́;

[ц]: грани́ца, посло́вица, верну́ться, нра́виться, ста́нция, продаве́ц, та́нец;

[х]: хо́р, хожу́, ухожу́, прихожу́, е́хать, уе́хать, и́х, о ни́х;

[ч]: встре́ча, ча́шка, че́рез, шучу́, учу́, учу́сь, четы́ре ты́сячи челове́к;

[щ]: сча́стье [ща́с'т'jь], возвращу́сь, возвраща́юсь, о́бщий;

soft consonants: ка́мень, пойти́, уйти́, шути́ть, принести́, кла́сть, костю́м, се́меро.

2. *Read, paying attention to the pronunciation of unstressed syllables.*

— ᴛ звоно́к, пойду́, костю́м, мета́лл;

— — ва́за, кре́сло, та́нец, ну́жен;

— — ᴗ отку́да, обра́тно, кома́нда, грани́ца, таре́лка, пое́дем, дава́йте;

ᴗ — — подожду́, положу́, провожу́, продаве́ц, молодёжь, разрешу́, приезжа́ть;

— — ᴛ де́душка, нра́виться, ста́нция;

— — — ᴛ понра́виться, строи́тельство;

— — — — , возвраща́ться;

— — — ᴛ корреспонде́нт [къръ'испан'д'е́нт];

— — — ᴛ — интересова́ть;

— — — — — национа́льный;

— — — — — — математи́ческий;

ну́жен — нужна́ — нужны́; ка́мень — ка́мни — камне́й; ждал — ждала́ — жда́ли; положи́ть — положу́ — поло́жишь; положи́те — положи́те; приноси́ть — приношу́ — прино́сишь, прино́сите — приноси́те; приходи́ть — прихожу́ — прихо́дишь, прихо́дите — приходи́те; уходи́ть — ухожу́ — ухо́дишь, ухо́дите — уходи́те; проводи́ть — провожу́ — прово́дишь, прово́дите — проводи́те; шути́ть — шучу́ — шу́тишь, шу́тите — шути́те.

3. *Read aloud. Underline the devoiced and voiced consonants.*

ана́лиз, вид, вдруг, коллекти́в, че́рез, вку́сный, встре́ча, о́бщий, молодёжь, из Ки́ева, с заво́да, от бра́та, через час, к дру́гу.

4. *Read aloud. Make sure you pronounce each prepositional phrase as a single unit.*

в шко́лу, из шко́лы, в институ́т, из институ́та, в магази́н, из магази́на, на рабо́ту, с рабо́ты, на заво́д, с заво́да, в библиоте́ку, из библиоте́ки.

1. — Куда́ вы́ идёте, ребя́та?

— Мы́ идём на ле́кцию. А вы́?

— А мы́ с ле́кции.

2. — Отку́да ты́ идёшь, Андре́й?

— С рабо́ты.

— А куда́ ты́ идёшь?

— В магази́н. А ты́?

— А я́ из магази́на.

3. — Куда́ ты́ идёшь, Ната́ша?

— В институ́т. А ты́?

— А я́ иду́ из институ́та.

4. — Что́ ты́ сего́дня бу́дешь де́лать?

— Снача́ла пое́ду в университе́т на ле́кцию, а пото́м в библиоте́ку.

— А когда́ ты́ придёшь из университе́та?

— В пя́ть часо́в. Пото́м я́ пойду́ в кино́. Из кино́ я́ верну́сь в 8 часо́в.

— Я́ тебе́ позвоню́ ве́чером. Хорошо́?

— Коне́чно. Ты́ по́здно придёшь с рабо́ты?

— Не́т, в се́мь часо́в.

— Позвони́ мне́ в де́вять, я́ уже́ бу́ду до́ма.

5. *Read aloud. Make sure you pronounce each prepositional phrase as a single unit.*

у дру́га, от дру́га, к дру́гу; у сестры́, от сестры́, к сестре́; у своего́ бра́та, к своему́ бра́ту; у свои́х роди́телей, к свои́м роди́телям, от свои́х роди́телей; у свои́х но́вых друзе́й, от свои́х но́вых друзе́й, свои́м но́вым друзья́м.

1. — Где́ ты́ была́, Ната́ша?

— Я́ ходи́ла в го́сти к подру́ге.

— А что́ ты́ ещё де́лала?

— Когда́ я́ верну́лась от подру́ги, я́ позвони́ла свое́й сестре́. Пото́м я́ занима́лась.

2. — Кому́ ты́ та́к ча́сто пи́шешь пи́сьма?

— Свои́м роди́телям.

— Ты́ ча́сто к ни́м е́здишь?

— Ка́ждое ле́то.

— Они́ тебе́ ча́сто пи́шут?

— Да́, я́ получа́ю от роди́телей пи́сьма ка́ждую неде́лю.

3. — Кому́ ты́ звони́л?

 — Свои́м но́вым друзья́м.

6. *Read aloud. Dramatize the dialogues. Compose similar dialogues.*

приходи́ть, прихожу́, прихо́дишь; пришёл, пришла́, пришли́; уходи́ть, ухожу́, ухо́дишь, уходи́л, уходи́ла, уходи́ли; уйти́, уйду́, уйдёшь, ушла́, ушёл, ушли́; пойти́, пойду́, пойдёшь, пошёл, пошла́, пошли́; пое́хать, пое́ду, пое́дешь, пое́хал, пое́хала, пое́хали.

1. — Ни́на, / ты́ давно́ пришла́?

 — Не́т, / ча́с наза́д.

 — Где́ ты́ была́?

 — Я́ ходи́ла в магази́н.

 — Серге́й не приходи́л и не звони́л?

 — Не зна́ю. Я́ уже́ уходи́ла.

 — А где́ де́ти?

 — О́льга пошла́ к подру́ге, / а Андре́й уе́хал в институ́т.

 — Когда́ О́льга придёт?

 — Сказа́ла, что через ча́с. Она́ ушла́ де́сять мину́т наза́д.

 — К на́м ве́чером приду́т го́сти.

 — Кто́ придёт?

 — Серге́й и Ната́ша.

 — Когда́ они́ приду́т?

 — В во́семь часо́в.

2. — Ната́ша, / когда́ ты́ за́втра уйдёшь из до́ма?

 — Я́ уйду́ в во́семь часо́в.

 — Почему́ так ра́но? Ле́кция начина́ется в де́сять три́дцать.

 — Я хочу́ ещё пойти́ в библиоте́ку.

 — А когда́ ты́ придёшь?

 — Приду́ в се́мь часо́в. По́сле заня́тий я́ пойду́ в магази́н.

 — А ве́чером ты́ бу́дешь до́ма?

 — Не́т, / ве́чером я́ пойду́ в го́сти.

3. — Где́ ты́ бы́л ле́том?

   — Я́ е́здил в Ки́ев к свои́м ста́рым шко́льным това́рищам.

   — Э́то ты́ от ни́х получа́ешь пи́сьма?

   — Да́. Я́ то́же и́м ча́сто пишу́.

4. — Что́ ты́ сейча́с пока́зывал на́шим студе́нтам?

   — Я́ и́м пока́зывал свои́ ле́тние фотогра́фии.

5. — Что́ ты́ подари́л свои́м сёстрам?

   — Та́не — кни́гу, / а Ве́ре — пласти́нку.

   — А что́ ты́ пода́ришь мне́?

   — Тебе́? Не скажу́.

6. — Ве́ра до́ма?

   — Не́т, / её не́т.

   — Она́ ещё не приходи́ла с рабо́ты?

   — Не́т, / приходи́ла, / а пото́м ушла́.

   — Куда́ она́ пошла́?

   — В кино́.

7. — Вы́ не зна́ете, / Дми́трий Фёдорович сейча́с в Москве́?

   — Не́т, / о́н уе́хал в Ки́ев.

   — Заче́м о́н туда́ пое́хал? На конфере́нцию?

   — Не́т, / о́н пое́хал к свои́м роди́телям.

   — А когда́ о́н вернётся?

   — О́н сказа́л, что прие́дет через неде́лю.

7. *Read aloud. Make sure you pronounce each prepositional phrase as a single unit.*

через мину́ту, через пя́ть мину́т, через ча́с, через четы́ре часа́, через се́мь часо́в, через де́нь, через три́ дня́, через пя́ть дне́й, через неде́лю, через две́ неде́ли, через пя́ть неде́ль, через ме́сяц, через два́ ме́сяца, через ше́сть ме́сяцев.

1. — Ты́ пойдёшь сейча́с домо́й?
   — Не́т, я ещё бу́ду занима́ться. Я́ пойду́ домо́й через ча́с.

2. — Ве́ра, когда́ ты́ е́дешь на ю́г?
   — Через ме́сяц. Ты́ то́же пое́дешь отдыха́ть на ю́г?

— Да.

— Когда?

— Через два месяца. Осенью.

3. — Когда вы кончите университет?

— Через два года. А вы?

— А я через три года.

4. — Наташа дома?

— Нет.

— Когда она придёт?

— Через двадцать минут.

5. — Когда у тебя экзамен по русскому?

— Через три недели. А у тебя?

— А у меня через пять дней.

8. *Read, paying attention to the intonation of suggestions.*

Давай пойдём в кафе. Давайте пойдём в музей. Давай играть в шахматы. Давай смотреть телевизор. Давайте заниматься. Пойдём в кино. Пойдём сегодня на концерт. Пойдём вместе домой.

1. — Вера, что ты будешь делать вечером?

— Ничего.

— Давай пойдём в кино.

— Давай.

2. — Ребята, что вы собираетесь делать в воскресенье?

— Ещё не знаем.

— Давайте поедем в лес.

— Давайте.

3. — Ты идёшь домой?

— Да.

— Пойдём вместе.

— Пойдём.

4. — Что ты делаешь?

— Ничего, отдыхаю.

— Давай смотреть телевизор. Сегодня хороший фильм.

— Давай лучше играть в шахматы.

— Ну хорошо. Давай.

9. *Read, paying attention to the intonation of invitations.*

1. — Ма́ша, / ты́ свобо́дна сего́дня ве́чером?

   — Да́, / свобо́дна.

   — Приходи́ к на́м в го́сти.

   — Спаси́бо, / приду́.

2. — До́брый ве́чер, Серге́й. Что́ вы́ де́лаете?

   — Ничего́. Смо́трим телеви́зор.

   — Приходи́те к на́м пи́ть ча́й.

   — Хорошо́, / сейча́с придём.

3. — А́нна Ива́новна, / е́сли вы́ свобо́дны в воскресе́нье, /
   приходи́те к на́м обе́дать.

   — Спаси́бо. Е́сли бу́ду свобо́дна, / приду́. У ва́с бу́дут го́сти?

   — Да́, / мы́ пригласи́ли Серге́я Петро́вича и О́льгу Серге́евну.

4. — Пе́тя, / что ты́ собира́ешься де́лать ле́том?

   — Не зна́ю. Мо́жет бы́ть, пое́ду в Кры́м.

   — Приезжа́й к на́м в Ленингра́д.

   — Спаси́бо. Мо́жет бы́ть, прие́ду. Я́ давно́ хочу́ пое́хать в
   Ленингра́д.

   — Приезжа́й. Мы́ бу́дем ра́ды. Мы́ тебе́ пока́жем го́род.

10. *Read, paying attention to the stress in the verbs.*

прихо́дите — приходи́те; ухо́дите — уходи́те; положу́ — поло́жите
— положи́те; приношу́ — прино́сите — приноси́те; провожу́ —
прово́дите; ждала́ — жда́л — жда́ли; шучу́ — шу́тите — шути́те.

1. — А́нна Петро́вна, почему́ вы́ к на́м не прихо́дите?
   — Я́ сейча́с о́чень мно́го рабо́таю.
   — Е́сли вы́ бу́дете сего́дня свобо́дны, приходи́те к на́м ве́чером.
   — Когда́?
   — В се́мь часо́в.
   — Хорошо́, приду́.
   — Приходи́те, пожа́луйста. Мы́ бу́дем ра́ды ва́с ви́деть. До
   свида́ния.

2. — Ве́ра, вы́ уже́ ухо́дите?
    — Да́, мне́ уже́ на́до идти́ домо́й.
    — Не уходи́те, пожа́луйста.
    — К сожале́нию, я́ должна́ уйти́. Мне́ на́до за́втра о́чень ра́но
      встава́ть.

3. — Ка́тя, извини́. Ты́ до́лго ждала́ на́с?
    — Не́т, я́ пришла́ пя́ть мину́т наза́д.
    — Мы́ опозда́ли, потому́ что до́лго жда́ли авто́бус.
    — Ничего́. Я́ то́же то́лько сейча́с пришла́.

4. — Алло́! Здра́вствуйте, О́льга Серге́евна. Вы́ здоро́вы? Я́ давно́ не
      ви́жу ва́с в институ́те.
    — Не́т, Анато́лий Петро́вич. Я́ больна́.
    — Что́ с ва́ми?
    — У меня́ гри́пп. Но я́ уже́ почти́ здоро́ва.
    — А я́ ка́ждый де́нь приношу́ ва́м кни́гу, кото́рую вы́ проси́ли.
    — Ка́ждый де́нь прино́сите мне́ кни́гу?
    — Да́, и уношу́ её сно́ва домо́й. Когда́ вы́ придёте на рабо́ту?
    — Ещё не зна́ю. За́втра то́лько пойду́ к врачу́.
    — Е́сли хоти́те, я́ принесу́ её ва́м домо́й.
    — Спаси́бо, не на́до. Положи́те, пожа́луйста, кни́гу на мо́й сто́л.
    — Хорошо́.
    — Е́сли вы́ поло́жите её на мо́й сто́л, я́ попрошу́ Ма́шу принести́
      её мне́. Она́ хоте́ла ко мне́ сего́дня прийти́. Спаси́бо, что
      позвони́ли.
    — Не́ за что. До свида́ния.

5. — Вы́ шу́тите?
    — Да́, шучу́, коне́чно.
    — Не шути́те та́к бо́льше. Та́к нельзя́ шути́ть.

11. *Read aloud. Pay attention to evaluative intonation.*

1. — К на́м сего́дня придёт Ната́ша.
    — Ка́к я́ ра́да!

2. — Вы́ ви́дели но́вый фи́льм?
    — Не́т ещё.
    — Како́й прекра́сный фи́льм!

3. — Вы́ бы́ли в теа́тре? Ва́м понра́вился бале́т?
    — Не́т, не о́чень.
    — А мне́ о́чень не понра́вился. Како́й плохо́й бале́т!

4. — Кака́я сего́дня пого́да!

— Да́, пого́да сего́дня хоро́шая.

5. — А́нна! Ка́к хорошо́, что ты́ пришла́! Я́ та́к ра́да тебя́ ви́деть!
— Я́ то́же о́чень ра́да.

6. — Ве́ра, ка́к ты́ пло́хо вы́глядишь! Тебе́ нельзя́ та́к мно́го занима́ться. Ка́к ра́но ты́ встаёшь!
— Ничего́, ма́ма. Сда́м экза́мены, тогда́ отдохну́.

7. — Ка́к здесь краси́во!
— Да́, о́чень краси́во. Я́ ра́да, что тебе́ здесь нра́вится.

8. — Посмотри́, я́ купи́ла но́вый костю́м.
— Како́й краси́вый костю́м!
— Тебе́ нра́вится?
— Да́, о́чень.

12. *Read, paying attention to the intonation of non-final syntagms.*

Éсли у ва́с бу́дет свобо́дное вре́мя,[3] / приходи́те к на́м у́жинать.[1]

Éсли вы́ вернётесь в понеде́льник,[3] / позвони́те мне́, пожа́луйста.[2]

Éсли вы́ к на́м придёте,[3] / мы́ бу́дем о́чень ра́ды.[1]

Éсли вы́ сдади́те пло́хо экза́мены,[4] / вы́ не посту́пите в институ́т.[1]

Éсли я́ сда́м экза́мены пло́хо,[3] / я́ не бу́ду поступа́ть в институ́т.[1]

Его́ не́т сего́дня на ле́кции,[3] / потому́ что о́н бо́лен.[1]

Я́ опа́здываю,[3] / потому́ что живу́ о́чень далеко́ от институ́та.[1]

Вы́ ча́сто опа́здываете,[4] / потому́ что по́здно встаёте.[1]

Когда́ я́ на́чал рабо́тать,[3] / мне́ бы́ло девятна́дцать ле́т.[1]

Когда́ я́ бы́л на конфере́нции,[3] / я́ ви́дел та́м Ма́шу.[1]

Когда́ мы́ пришли́,[3] / Серге́й уже́ жда́л на́с.[1]

Когда́ пришли́ го́сти,[3] / Оле́г уже́ пригото́вил у́жин.[1]

Ве́ра сказа́ла:[3] / «Я́ жду́ ва́с уже́ два́дцать мину́т».[1]

«Я́ жду́ ва́с уже́ два́дцать мину́т»,[1] — сказа́ла Ве́ра.

Оле́г сказа́л:[1] / «До́брый де́нь!»[2]

«До́брый де́нь!»[2] — сказа́л Оле́г.

Ка́тя спроси́ла:[1] / «Тебе́ понра́вился фи́льм?»[3]

«Тебе́ понра́вился фи́льм?»[3] — спроси́ла Ка́тя.

А́нна отве́тила:[3] / «Не́т,[1] / о́чень не понра́вился».[1]

«Мне́ фи́льм не понра́вился»,[1] — отве́тила А́нна.

Она́ сказа́ла, что ей фи́льм не понра́вился.

Она́ сказа́ла, что не придёт.

Она́ сказа́ла, что не придёт.

Я зна́ю, что ле́кции не бу́дет.

Я зна́ю, что ле́кции не бу́дет.

Э́то она́ сказа́ла нам, что ле́кции не бу́дет.

13. *Listen to and read the text. Pay attention to speed, fluency and intonation.*

Кто́ «за́», кто́ «про́тив»?

Что́ тако́е физте́х? Всё о́чень про́сто. Вы́ е́дете на ста́нцию Долгопру́дная / (э́то недалеко́ от Москвы́). Зде́сь нахо́дится физте́х. Но всё и не та́к про́сто. Не та́к про́сто поступи́ть в физте́х. У студе́нта физте́ха должна́ бы́ть хоро́шая голова́.

А сего́дня в за́ле институ́та / собрали́сь акаде́мики, / профессора́, / студе́нты. Они́ прие́хали в институ́т потому́, / что институ́т выбира́л ре́ктора. Сейча́с в СССР перестро́йка. В Сове́тском Сою́зе выбира́ют директоро́в заво́дов, / ре́кторов университе́тов / и институ́тов. Ка́ждый кандида́т выступа́ет, / расска́зывает о свое́й програ́мме. Его́ спра́шивают, / о́н отвеча́ет. Все́ хотя́т зна́ть, / како́й э́то челове́к, / ка́к о́н бу́дет рабо́тать.

В физте́хе / ре́ктора выбира́л учёный сове́т институ́та. В э́том учёном сове́те / бы́ли и студе́нты. Ка́к обы́чно, / ра́зные факульте́ты институ́та / предлага́ли свои́х кандида́тов. Кандида́ты выступа́ли на учёном сове́те / и расска́зывали о свое́й програ́мме. Всё о́чень внима́тельно их слу́шали. Не́сколько часо́в / учёный сове́т обсужда́л програ́ммы, / кото́рые предложи́ли кандида́ты. Лю́ди ду́мали, / выступа́ли, / спо́рили, / говори́ли эмоциона́льно, / потому́ что обсужда́ли бу́дущее институ́та.

Учёный совет вы́брал Никола́я Васи́льевича Ка́рлова. Óн учи́лся в МГУ́, / до́ктор нау́к, / профе́ссор, / член-корреспонде́нт Акаде́мии наук СССР. Хорошо́ зна́ет физте́х / и его́ пробле́мы. Н.В. Ка́рлов говори́л о демокра́тии и перестро́йке, / о пробле́мах институ́та, / о то́м, / что молодёжь, / студе́нты / должны́ акти́вно уча́ствовать в реше́нии все́х вопро́сов. Óн сказа́л, / что на́до стро́ить но́вые зда́ния институ́та и общежи́тий, / улучша́ть рабо́ту библиоте́к, / лаборато́рий, / клу́бов, / стадио́нов, / столо́вой. «А вы́ бу́дете ходи́ть в студе́нческую столо́вую?» — / спроси́ли его́ на вы́борах. Óн отве́тил: / «Я́ и сейча́с всё вре́мя в не́й обе́даю. И столо́вая начала́ рабо́тать немно́го лу́чше».

Н.В. Ка́рлов сказа́л: / «Мы́ должны́ учи́ть молодёжь рабо́тать самостоя́тельно, / ду́мать самостоя́тельно, / нестанда́ртно. Гла́вное / — на́до всё вре́мя, / всю жи́знь учи́ться, / всё вре́мя иска́ть но́вое. Мы́ должны́ гото́вить специали́стов широ́кого про́филя.

Мы́ должны́ дава́ть студе́нтам хоро́шую фундамента́льную подгото́вку / и учи́ть и́х проводи́ть иссле́дования в конкре́тной о́бласти».

А че́рез не́сколько ле́т / в э́том за́ле опя́ть бу́дет говори́ть ре́ктор, / бу́дет отвеча́ть на вопро́с, / ка́к он вы́полнил свою́ програ́мму.

Formation Practice

1. (a) *Study and learn the prefixed forms of the verbs of motion as given in Analysis 2.1, 2.2. Write down complete conjugations for the following stems.*

приходи́-, приезжа́й-, уноси́-, унёс-́, увёз-́, привози́-

(b) *Write out all forms of the irregular verbs.*

прийти́ (приду́т), прие́хать (прие́дут), уйти́ (уйду́т), пойти́ (пойду́т).

2. *Supply complete conjugations for the following stems. Mark stress throughout.*

возвращай-ся/верну́-ся, нра́ви-ся/понра́ви-ся, шути́-/пошути́, выступа́й-/вы́ступи-, клад́-/положи́, приводи́-/привёд́-, жда́- (imp.).

3. *Change each of the following imperatives to a first-person imperative. (See Analysis 5.0.)*

Model: Отдыха́йте! Дава́йте отдыха́ть. Отдохни́те! Дава́йте отдохнём.

1. Рабо́тайте!
2. Напиши́ письмо́ Та́не.
3. Поезжа́йте на юг!
4. Посмотри́ э́тот но́вый фильм!
5. Прочита́йте э́ту статью́!
6. Чита́йте газе́ты ка́ждый де́нь!
7. Реши́ ещё одну́ зада́чу.
8. Переведи́те э́тот расска́з.

4. *Answer the question, using the time information given below. (See Analysis IX, 1.10-1.43.) Write out all numerals and mark stress throughout.*

Когда́ Бори́с прие́хал в Москву́?

Wednesday, in September, at 4 P.M., on December 3, 1989, on Sunday, February 1st, at 3:45 P.M., on Monday, 5 May 1987, in the summer, 16 June 1988, July 4, March 8, 1990, on Tuesday, at 2 A.M., on Saturday, in 1991, April 2nd.

Written Exercises for General Review

1. *Translate. Mark stress and intonational centers throughout.*

1. "John, where are you from?"
"I am from America, from Chicago. And where are you from?"
"I am from the Ukraine, from Kiev."

2. James comes to Boston every day from Springfield on the train. In Boston he goes to Professor Bordon's lectures on geography, works in the library, and sometimes buys gifts in the stores or visits museums. Today James was late for the lecture. He got up only at 8:15 and arrived in Boston at South Station only at 11:30.

3. "Where are you vacationing this summer?"
"I don't know yet. Perhaps I will go south to Sochi or the Crimea."

---

[1] This stress mark indicates fixed stress on the root in the past tense, but fixed stress on the endings in the present.

4. "Ira, you weren't here this morning when I came by."
"No, I was out. I went to the doctor's."

5. "When did you come home, Mike?"
"At two."
"Why so early?"
"Valya brought me home in her car."

6. "Has Vanya gotten home from school?"
"No, he hasn't come home yet. He wanted to go to Kolya's after school today and that is why he is late. Usually he goes home on the bus, which brings him here at 2:40 p.m."

7. "Did John call me today?"
"I don't know, I went out to the store this morning; but this afternoon he did not call."
"He arrived here in Philadelphia yesterday from Boston and is living at the home of his friend Bob's parents. Tomorrow he is leaving for New York for a conference and will return only on Saturday. Perhaps he will come to see us then."

8. "Have you been to London?"
"No, but I want to go there very much. My father is going to London in two weeks. Perhaps I will be able to go too."

9. Professor Markov has already left the meeting.

10. "I don't like this movie at all. Let's go to a cafe and have supper."
"Fine, let's go."

11. "Ira liked the new French film very much. Let's go and see it."
"I would like to see it too. Where is it showing?"
"It's showing at the 'Oktyabr' on Novyi Arbat. The beginning of the showing is at 8:20."
"We have very little time, we will have to take a taxi."

2. *Translate. Write out all the numerals and mark stress throughout.*

1. Anna arrived in Moscow on Tuesday and is living at the University Hotel.

2. Vasya came by this morning and brought you these two books. You should write him a letter and tell him "thank you".

3. "Let's go to the movies this evening."
"What is playing?"
"The film *Andrey Rublev* is at the Oktyabr Cinema. My brother saw that film last week and he liked it very much."
"Good. Let's go. I'll be in the city this afternoon and I'll buy the tickets then. But where is the Oktyabr Cinema?"
"It's on Novyj Arbat. Where will you be?"
"I'll be at the Lenin Library."
"The Oktyabr Cinema is not far from there. Bus No. 89 goes along Novyj Arbat, the third stop

is called 'Oktyabr'. Or, if you want, you can go there on foot."

4. "Vladimir Sergeyevich, when did you get here?"
"An hour ago. Pyotr Nikolayevich also came to see you but he had to leave."

Unit 13

Practice Exercises

> **I** Óн **был студе́нтом.**
> Ке́м óн ста́л тепе́рь?
> Óн **ста́л врачо́м.**

1. *Answer the questions. Write down your answers.*

   1. Ке́м бы́л Никола́й? (футболи́ст) Ке́м о́н ста́л? (тре́нер)
   2. Ке́м была́ его́ сестра́? (студе́нтка) Ке́м она́ ста́ла? (журнали́стка)
   3. Ке́м бы́л Андре́й? (студе́нт) Ке́м о́н ста́л? (инжене́р)
   4. Ке́м бы́л Достое́вский? (писа́тель)
   5. Ке́м бы́л Ле́рмонтов? (поэ́т)

2. *Answer the questions. Write down your answers.*

   Model: — Вы́ не зна́ете, ке́м бу́дет То́м? (инжене́р и́ли журнали́ст)
   — То́м бу́дет журнали́стом.

   1. Вы́ не зна́ете, ке́м бы́л Макси́м Го́рький? (писа́тель и́ли поэ́т)
   2. Вы́ зна́ете, ке́м бы́л Ни́льс Бо́р? (фи́зик и́ли матема́тик)
   3. Вы́ не зна́ете, ке́м бы́л Менделе́ев? (хи́мик и́ли фи́зик)
   4. Вы́ не зна́ете, ке́м бы́л Эйнште́йн? (фи́зик и́ли гео́граф)
   5. Вы́ не зна́ете, ке́м бы́л Джо́ Луи́с? (боксёр и́ли шахмати́ст)
   6. Вы́ не зна́ете, ке́м бы́л Че́хов? (писа́тель и́ли вра́ч)
   7. Вы́ не зна́ете, ке́м бы́л Бороди́н? (компози́тор и́ли хи́мик)

3. *Compose sentences, as in the model, using the words given below. Write down the sentences.*

   Model: Бори́с ста́л врачо́м. Ве́ра бу́дет писа́тельницей.

   инжене́р, студе́нт, студе́нтка, гео́лог, хи́мик, шахмати́ст, вра́ч,
   учи́тельница, преподава́тель, журнали́ст, журнали́стка.

4. *Answer the questions. Write down your answers.*

1. Ва́ш дру́г у́чится в медици́нском институ́те. Ке́м о́н бу́дет?
2. Ро́берт изуча́ет фи́зику. Ке́м о́н ста́нет?
3. Джи́м рабо́тал на заво́де. Ке́м о́н бы́л?
4. Ра́ньше Мэ́ри рабо́тала в больни́це. Ке́м она́ была́?
5. Али́са бу́дет рабо́тать в газе́те. Ке́м она́ бу́дет?
6. Йра в э́том году́ конча́ет хими́ческий институ́т. Ке́м она́ бу́дет?
7. Джо́н поступи́л в университе́т. Ке́м о́н ста́л?

II Студе́нты **разгова́ривали с профе́ссором.**

5. *Complete the sentences. Write them out.*

1. Ле́том я́ рабо́тал ... (Анто́н).
2. О́н разгова́ривал ... (журнали́ст).
3. Ле́том в Белору́ссии о́н познако́мился... (Бори́с).
4. На уро́ке мы́ разгова́риваем по-францу́зски ... (профе́ссор).
5. В лаборато́рии я́ рабо́тала ... (Ка́тя).
6. До́ма я́ ча́сто говорю́ по-ру́сски ... (бра́т и сестра́).
7. Ве́чером я́ встре́чусь в теа́тре ... (дру́г).
8. Ни́на до́лго разгова́ривала ... (подру́га).

6. *Answer the questions. Write down your answers.*

1. С ке́м вы́ бы́ли в теа́тре? (бра́т и сестра́)
2. С ке́м вы́ отдыха́ли ле́том? (ма́ма и па́па)
3. С ке́м вы́ бы́ли в Ленингра́де? (профе́ссор)
4. С ке́м вы́ встре́тились в клу́бе? (журнали́стка)
5. С ке́м вы́ рабо́тали в библиоте́ке? (Оле́г и Йра)
6. С ке́м вы́ разгова́ривали по́сле ле́кции? (Анто́н, Та́ня и Зи́на)

7. *Complete the sentences, using personal pronouns.*

Model: Э́то Ро́берт Сми́т. Я́ учи́лся с ни́м в Бо́стоне.

1. Э́то Па́вел Ники́тин. Я́ познако́мился ... в Белору́ссии.
2. Э́то Кэ́т Ро́бертсон. Мы́ разгова́ривали ... по́сле ле́кции.
3. Мо́й бра́т хорошо́ зна́ет неме́цкий язы́к. Я́ то́же изуча́ю э́тот язы́к. Мо́й бра́т ча́сто говори́т ... по-неме́цки. Ты́ то́же изуча́ешь неме́цкий язы́к? Е́сли хо́чешь, о́н мо́жет говори́ть ... по-неме́цки.
4. Профе́ссор сказа́л на́м, что ле́том о́н пое́дет ... на экску́рсию.
5. Зи́на и Ле́на — сёстры. Вчера́ я́ ходи́ла ... в теа́тр.
6. — Вы́ по́мните меня́? — Да́, я́ по́мню, что мы́ познако́мились ... в университе́те.

7. Я зна́ю его́. Я рабо́тал ... ле́том.

8. Джейн хорошо́ говори́т по-ру́сски. Я всегда́ разгова́риваю ... по-ру́сски.

9. Ты́ по́мнишь, как мы́ встре́тились ... в Москве́ на Тверско́й у́лице?

8. *Supply responses, as in the model. Write down both the statements and the responses.*

    Model: — Джо́н хорошо́ говори́т по-ру́сски.
                  — Я́ с удово́льствием бу́ду говори́ть с ни́м по-ру́сски.

1. Джейн хорошо́ игра́ет в те́ннис.
2. Мы́ пойдём сего́дня в теа́тр.
3. То́м бу́дет рабо́тать в на́шей лаборато́рии.
4. Я́ зна́ю, что ве́чером вы́ пойдёте на конце́рт.
5. Ты́ хорошо́ зна́ешь францу́зскую литерату́ру.

> ## Его́ бра́т бы́л **знамени́тым футболи́стом.**

9. *Complete the sentences, using the preposition* **с** *+ the instrumental case construction. Write out the sentences.*

    Model: Ле́том я́ е́здил отдыха́ть в дере́вню с мои́м бра́том.

1. Ве́чером я́ игра́л в ша́хматы ... . (мо́й това́рищ)
2. Вчера́ я́ ходи́л в теа́тр ... . (твоя́ сестра́)
3. Я́ пойду́ на ма́тч ... . (э́та спортсме́нка)
4. Я́ познако́мился ... . (интере́сный челове́к)
5. Ви́ктор в Ленингра́де встре́тился ... . (ста́рый това́рищ) Он учи́лся с ни́м в институ́те.
6. Он разгова́ривает ... то́лько по-ру́сски. (на́ш преподава́тель)
7. В Ленингра́де мы́ познако́мились ... . (сове́тская писа́тельница)

10. *Complete the sentences. Write them out.*

1. Ви́ктор бы́л шко́льником, он ста́л ... . (хоро́ший спортсме́н)
2. Моя́ сестра́ была́ студе́нткой, она́ ста́ла ... . (хоро́шая спортсме́нка)
3. Бори́с учи́лся в на́шем институ́те. Сейча́с он ста́л ... . (знамени́тый учёный)
4. Ро́берт бы́л студе́нтом. Он ста́л ... . (хоро́ший вра́ч)
5. Мэ́ри учи́лась в на́шем университе́те. Она́ ста́ла ... . (популя́рная журнали́стка)
6. Мы́ зна́ли её, когда́ она́ была́ ма́ленькой де́вочкой. Сейча́с она́ ста́ла ... . (хоро́ший преподава́тель)

11. *Complete the sentences. Write them out.*

Model: Его́ ма́ма была́ спортсме́нкой, и о́н хо́чет ста́ть хоро́шим спортсме́ном.

1. Её оте́ц бы́л популя́рным журнали́стом, и она́ ... .
2. Его́ бра́т бы́л рабо́чим, и о́н ... .
3. Её бра́т бы́л знамени́тым спортсме́ном, и она́ ... .
4. Её това́рищ бы́л хоро́шим баскетболи́стом, и она́ ... .
5. Его́ подру́га была́ популя́рной волейболи́сткой, и о́н ... .
6. Его́ сестра́ была́ хоро́шей шахмати́сткой, и о́н ... .

12. *Answer the questions. Write down your answers.*

1. Каки́е иностра́нные языки́ вы́ изуча́ете? С ке́м вы́ говори́те по-ру́сски, по-францу́зски, по-неме́цки?
2. Вы́ сего́дня ходи́ли в кино́? С ке́м вы́ ходи́ли в кино́?
3. Вы́ вчера́ обе́дали в столо́вой? С ке́м вы́ обе́дали?
4. Вчера́ вы́ бы́ли в библиоте́ке? С ке́м вы́ встре́тились та́м?
5. Вы́ ходи́ли в музе́й совреме́нного иску́сства? С ке́м вы́ ходи́ли в музе́й?
6. Вы́ бы́ли вчера́ на конце́рте? С ке́м вы́ познако́мились та́м?

III О́н занима́ется спо́ртом.

13. *Answer the questions. Write down your answers.*

1. Че́м руководи́т профе́ссор Бело́в? (институ́т меха́ники)
2. Че́м руководи́т това́рищ Анто́нов? (э́та лаборато́рия)
3. Че́м руководи́т инжене́р Серге́ев? (э́тот институ́т)
4. Че́м руководи́т Серге́й Петро́вич? (э́тот студе́нческий теа́тр)
5. Че́м занима́ется Па́вел? (наро́дная му́зыка)
6. Че́м занима́ется Анто́н? (францу́зский язы́к)
7. Че́м интересу́ется Ири́на? (биоло́гия)
8. Че́м занима́ется Ни́на? (бале́т)
9. Че́м интересу́ется Ве́ра? (дре́вняя архитекту́ра)

14. *Insert the verb* руководи́ть, занима́ться, интересова́ться, учи́ться *or* явля́ться *as required by the sense.*

Влади́мир Королёв ... в институ́те физкульту́ры. О́н ... физиоло́гией и психоло́гией челове́ка. Сего́дня днём о́н бы́л на семина́ре по психоло́гии, кото́рым ... профе́ссор Попо́в. Ве́чером о́н ... в спорти́вном за́ле. Королёв — хоро́ший спортсме́н. О́н ... чемпио́ном институ́та по спорти́вной гимна́стике.

15. *Answer the questions, using the words* исто́рия, му́зыка, ру́сская архитекту́ра, бокс, ша́хматная се́кция.

    1. Че́м руководи́т Анто́н Серге́ев в спорти́вном клу́бе?

    2. Че́м интересу́ется Ко́ля?

    3. Я́ слы́шал, что вы́ уже́ не занима́етесь ру́сской литерату́рой. А чём вы́ сейча́с занима́етесь?

    4. Ви́ктор, че́м ты́ интересова́лся в шко́ле?

    5. Ты́ не зна́ешь, че́м интересу́ется Ле́на? Я́ хочу́ подари́ть ей кни́гу.

16. *Answer the questions.*

    1. Вы́ занима́етесь спо́ртом?

    2. Каки́м ви́дом спо́рта вы́ занима́етесь сейча́с?

    3. Каки́м ви́дом спо́рта вы́ занима́лись в шко́ле?

    4. Ча́сто у ва́с быва́ют трениро́вки?

    5. Вы́ лю́бите смотре́ть футбо́льные ма́тчи? А хокке́йные?

    6. Вы́ смо́трите э́ти ма́тчи по телеви́зору и́ли хо́дите на стадио́н?

17. *Compose dialogues, as in the model, using the words* му́зыка, гимна́стика, футбо́л, ша́хматы, те́ннис, волейбо́л; занима́ться, интересова́ться.

    Model: — Вы́ занима́етесь спо́ртом?

                — Не́т, у меня́ не́т вре́мени занима́ться спо́ртом.

> Мне́ **нра́вится** э́та кни́га.
> Бале́т **ко́нчился** по́здно ве́чером.

18. *Supply continuations. Write down your sentences.*

    Model: Мы́ бы́ли на конце́рте.

                На́м (не) понра́вился э́тот конце́рт.

    1. Са́ша бы́л на но́вом спекта́кле.

    2. Мы́ ви́дели интере́сный фи́льм.

    3. Я́ слу́шал хоро́шую ле́кцию.

    4. Ве́ра ви́дела но́вое зда́ние музыка́льного теа́тра.

    5. Ты́ смотре́л вчера́ бале́т?

    6. Вы́ бы́ли в музе́е архитекту́ры?

19. *Translate.*

1. John was at the Bolshoi Theater and saw the ballet *Spartacus.* He liked the ballet.

2. Vera visited the exhibition of modern art. She is interested in modern art. She liked the exhibition.

3. Robert was at a concert of folk music. He likes folk music. He liked the concert.

4. "Do you like old architecture?" "Yes, I do." "And what about modern architecture?" "I don't like modern architecture."

20. *Complete the sentences, using the verbs* нача́ть/нача́ться, ко́нчить/ко́нчиться.

    1. Студе́нты консерато́рии ... свой конце́рт в 19 часо́в.
    2. Профе́ссор... чита́ть ле́кцию в 11 часо́в.
    3. Конфере́нция ... в 10 часо́в и ... в 5 часо́в.
    4. Уро́к ... в 8 часо́в.
    5. Заня́тия ... , и студе́нты пошли́ домо́й.
    6. Бо́ря ... гото́вить уро́ки и пошёл гуля́ть.

21. *Translate.*

1. I like this film.

2. Many people are interested in old books.

3. I met a famous writer recently.

4. The lesson was over and everyone went home.

5. In the evening the boys and girls gathered together at their club.

6. At the stadium a soccer match began.

7. The lecture was over at 2 o'clock.

во- Ле́на **во**шла́ в кла́сс и сказа́ла: «Здра́вствуйте».
вы- В 7 часо́в о́н **вы́**шел из до́ма и пошёл на ста́нцию.

---

22. *Read the sentences and answer the questions.*

    1. Серге́й вы́шел из ко́мнаты. О́н сейча́с в ко́мнате?
    2. Анто́н вошёл в за́л. О́н в за́ле?
    3. А́нна стоя́ла на у́лице, а пото́м вошла́ в до́м. Она́ сейча́с в до́ме?
    4. Профе́ссор бы́л в лаборато́рии, а пото́м вы́шел в коридо́р. О́н сейча́с в лаборато́рии?
    5. Ве́ра вошла́ в ко́мнату. Она́ в ко́мнате?

23. *Insert the correct verbs of motion chosen from those in brackets.*

    1. (пришла́ — вошла́) — Вы́ не зна́ете, А́нна Петро́вна сейча́с на заво́де? — Да́, она́ ... .
    2. (ушла́ — вы́шла) — Скажи́те, пожа́луйста, где Ни́на Васи́льевна? — Она́ должна́ бы́ть здесь, в лаборато́рии. Мо́жет бы́ть, она́ ... .

3. (ушёл — вышел) — Ве́ра, Оле́г до́ма? — Не́т, о́н ... в библиоте́ку.

4. (пришёл — вошёл) Ви́ктор ... домо́й, ... в ко́мнату, се́л в кре́сло и на́чал чита́ть но́вый журна́л.

5. (ушли́ — вы́шли) Мы́ встре́тили Анто́на на у́лице, когда́ ... из институ́та.

6. (пришла́ — вошла́) Сего́дня Та́ня опозда́ла. Когда́ она́ ... в аудито́рию, ле́кция уже́ начала́сь.

24. *Translate.*

1. When Sergei entered the hall, we were training.

2. The professor entered the room, and the lecture began.

3. She entered the room and sat down in a chair.

4. When we entered the hall, the film had already begun.

5. Sergei told us that the seminar in history would be held the next day, and (then) he left.

6. The lecture was over and the professor and the students left the room.

7. She left that house and (then) remembered that she had left her dictionary behind.

| VI | Пого́да была́ плоха́я, **поэ́тому мы́ не пое́хали в ле́с.** |

25. *Combine pairs of suitable sentences in the two columns into complex sentences containing the conjunction* поэ́тому.

Model: Пе́тя — чемпио́н институ́та по ша́хматам. Его́ зна́ют все́ студе́нты.

Пе́тя — чемпио́н институ́та по ша́хматам, поэ́тому его́ зна́ют все́ студе́нты.

1. Вчера́ ве́чером у Ви́ктора была́ трениро́вка.
2. Кома́нда на́шего заво́да вы́играла футбо́льный ма́тч.
3. Ещё в шко́ле Анто́н интересова́лся геогра́фией.
4. Бори́с Смирно́в бы́л чемпио́ном респу́блики по ша́хматам.
5. Ни́на о́чень весёлый челове́к.
6. Э́то о́чень просто́й те́кст.

1. Мы́ его́ бы́стро перевели́ без словаря́.
2. О́н не ходи́л в библиоте́ку.
3. О не́й написа́ли в заводско́й газе́те.
4. Она́ почти́ всегда́ улыба́ется.
5. О́н поступи́л на географи́ческий факульте́т.
6. О́н сейча́с руководи́т ша́хматной се́кцией спорти́вного клу́ба.

26. *Translate.*

1. Anton became a good boxer because he had trained a lot. Anton had trained a lot, therefore he became a good sportsman.

2. Our team won the match because everyone had played very well. All the sportsmen had played very well, therefore our team won the match.

3. Komarov has become a popular singer because he sings Russian songs very well. Komarov sings Russian songs very well, therefore he has become a popular singer.

Usage of Verbs

27. *Answer the questions in the negative. Give a reason for your failure to perform the action.*

Model: — Ты́ купи́л хле́б?
— К сожале́нию, не́т. Магази́н уже́ закры́лся.

1. Вы́ бы́ли на ле́кции профе́ссора Королёва? (забы́ть)
2. Вы́ бы́ли вчера́ в теа́тре? (боле́ть)
3. Вы́ бы́ли в пя́тницу на стадио́не? (рабо́тать)
4. Вы́ бы́ли на конце́рте совреме́нной му́зыки? (интересова́ться)

28. *Answer the questions, using the verbs* учи́ться, рабо́тать, познако́миться, уча́ствовать, гото́виться.

1. Вы́ знако́мы с Ю́рой Смирно́вым?
2. Вы́ знако́мы с И́рой Бело́вой?
3. Вы́ зна́ете дире́ктора на́шего институ́та?
4. Кого́ из на́шего университе́та вы́ зна́ете?
5. Вы́ зна́ете э́тих спортсме́нов?

29. *Answer the questions, using the words in brackets in your answers.*

1. Вы́ зна́ете пье́су А.П. Че́хова «Дя́дя Ва́ня»? (смотре́ть)
2. Ва́ш дру́г интересу́ется теа́тром? (ходи́ть)
3. Каки́е литерату́рные журна́лы е́сть у ва́с до́ма? (получа́ть)
4. У ва́с до́ма е́сть библиоте́ка? (покупа́ть)
5. Ва́ши друзья́ лю́бят му́зыку? (быва́ть)

Phonetic Exercises

1. *Read, paying attention to the pronunciation of the relevant sounds.*

[п], [т], [к]: побе́да, победи́ть, поэ́тому, та́к, та́м, тако́й, такси́, тури́ст, ко́нчить, конча́ть, ката́ться, коньки́;

[л]: си́ла, лы́жи, сла́ва, сла́бый, све́тлый;

[л']: боле́ть, лёд, льда́, любо́вь, шко́льница, специа́льность, си́льный, основа́тель, преподава́тель;

[р]: дорого́й, тру́д, пра́вда, игра́ть, проигра́ть, гру́ппа, сра́зу, спо́рт, разгово́р, ма́стер, боксёр;

[р']: аре́на, поговорю́, сре́дний, тре́нер;

[ш]: ба́бушка, вы́шла, вы́шел, успе́шно;

[ж]: чужо́й, вхожу́, движе́ние, побежда́ть;

[ц]: лы́жница, ката́ться, конча́ться [кан'ча́ццъ], каза́ться, гото́виться, явля́ться, интересова́ться, специа́льность;

[х]: хокке́й [хак'е́j], вы́ход, выходи́ть, вхо́д, входи́ть, шахмати́ст, успе́х;

[ч]: чемпио́н, начина́ть, нача́ть, случи́ться, учи́ться, учу́сь, у́чишься, переда́ча, хо́чется, уча́ствовать, конча́ть, ко́нчить, новички́, ма́тч;

[щ]: бу́дущий, сле́дующий, счёт [щёт], до́ждь [до́щ] и [до́шт'] — дожди́ [даж'ж'и́] и [дажд'и́];

soft consonants: без, бе́г, дебю́т, ви́д, идти́ [ит'т'и́], войти́, вы́йти, иди́те, идёте, победи́те, себя́, неве́ста, уме́ть, ста́ть, любо́вь, коньки́.

2. *Read, paying attention to the pronunciation of unstressed syllables.*

— ´ —   ката́ться, каза́ться, гото́влюсь;

— — ´   дорого́й, разгово́р, высота́, выходи́ть, воспита́ть, начина́ть, проигра́ть;

´ — —   ба́бушка, вы́играть, ко́нчиться, хо́чется, ка́жется, шко́льница;

— — — ´   поговори́ть, руководи́ть;

— — ´ —   подгото́вка, начина́ться, научи́ться, основа́тель, шахмати́стка, непого́да, переда́ча, специа́льность, занима́ться;

| — — — — | готовиться, каникулы, поэтому, участвовать; |

| ' — — — | некоторый, плавание; |

| — — — — — | подготовиться, с удовольствием; |

| — — — — — | преподаватель, международный; |

| — — — — — — | интересоваться; |

| — — — — — — | интересуетесь, соревнования; |

дорого — дорогой; дождь — дождя — дожди; мастер — мастера;
вход — выход; войти — выйти, войду — выйду, вошёл — вышел;
играть — выиграть; кончать — кончить; проигрывать — проиграть;
хотеться — хочется; начал — начала — начали; учиться — учусь —
учишься — учитесь; входить — вхожу — входишь — входите —
входите; выходить — выхожу — выходишь — выходите — выходите.

3. *Read aloud. Underline the devoiced and voiced consonants.*

без, бег, вид, снег, вход, входить, выход, дождь, баскетбол, идти,
инвалид, под, труд, подготовка, против, футбол, хочешь быть
журналистом.

4. *Read aloud. Mark the stress.*

1. Он мастер спорта. Они тоже мастера спорта.
2. Вчера шёл дождь. Сегодня тоже идут дожди.
3. — Это дорогой костюм? — Да, он стоит очень дорого.
4. Его отец врач. Мои родители тоже врачи.
5. Можно войти? Можно выйти?
6. Вы входите? Входите, пожалуйста.
7. Вы выходите? Выходите, пожалуйста.
8. Она вошла, а я вышла.
9. Когда ты войдёшь, я выйду.
10. Он хочет играть в шахматы.
11. Мы должны сегодня выиграть.
12. — Когда вы кончаете работать? — В пять часов.
13. — Когда вы кончите эту работу? — Через две недели.
14. Я очень не люблю проигрывать. Нам нельзя проиграть сегодня.
15. — Когда вы начали учить русский язык? — Я начала два года
    назад, а Джон начал год назад.
16. — Таня, ты хочешь учиться? — Хочу.
17. — Ты хорошо учишься? — Хорошо. — Твои братья тоже учатся?
    — Да.

5. *Read, making sure you pronounce each of the following phrases as a single unit. Dramatize the dialogues.*

ста́ть врачо́м, ста́ну журнали́стом, ста́нут архите́кторами, ста́нешь инжене́ром, бу́ду преподава́телем, бу́дет лётчиком, бу́дешь шко́льницей, бы́л студе́нтом, была́ учи́тельницей, ста́л знамени́тым хиру́ргом, ста́ли знамени́тыми спортсме́нами.

1. — Та́ня, ке́м ты́ хо́чешь бы́ть?
   — Учи́тельницей и́ли лётчицей.
   — А твои́ бра́тья?
   — Они́ хотя́т бы́ть космона́втами.
2. — Пётр, ке́м вы́ бу́дете, когда́ ко́нчите институ́т?
   — Хиру́ргом.
   — А ва́ш дру́г Андре́й?
   — О́н бу́дет журнали́стом.
   — А ва́ша жена́ уже́ ко́нчила институ́т?
   — Не́т ещё.
   — Ке́м она́ ста́нет по́сле оконча́ния?
   — Преподава́телем францу́зского языка́.
3. — Андре́й, ты́ встреча́ешь свои́х ста́рых друзе́й? Ке́м они́ ста́ли?
   — Да́, я́ ча́сто встреча́ю свои́х друзе́й. О́ля ста́ла врачо́м, Анто́н и Ма́ша ста́ли матема́тиками, Пе́тя и Ди́ма — знамени́тыми хоккеи́стами.

6. *What will the following people become?*

Model: — Анто́н бу́дет матема́тиком.

1. Серге́й у́чится на хими́ческом факульте́те.
2. Пётр у́чится на факульте́те журнали́стики.
3. Ка́тя у́чится на биологи́ческом факульте́те.
4. Мои́ друзья́ у́чатся на филологи́ческом факульте́те. Они́ изуча́ют ру́сский язы́к.
5. Э́то студе́нты медици́нского институ́та.

7. *Read, making sure you pronounce each of the following prepositional phrases as a single unit. Indicate the types of ICs. Dramatize the dialogues.*

с ке́м, со мно́й, с тобо́й, с ни́м, с не́й, с на́ми, с ва́ми, с ни́ми, с профе́ссором, с на́шим преподава́телем, с ва́шим но́вым преподава́телем.

1. — Ты́ знако́м с мое́й сестро́й?
   — Не́т, я́ с не́й не знако́м.

2. — Ири́на, познако́мься с мои́м дру́гом.
   — Я́ давно́ хочу́ познако́миться с ва́ми. И́горь.
   — О́чень прия́тно. Ири́на.
3. — Ната́ша!
   — Извини́те, мы́ с ва́ми незнако́мы.
   — Не́т, знако́мы. Мы́ познако́мились с ва́ми на конфере́нции в Ки́еве.
4. — Пе́тя, с ке́м ты́ разгова́ривал сейча́с?
   — Я́ разгова́ривал со свои́м нау́чным руководи́телем.
5. — Ребя́та, познако́мьтесь со свои́м но́вым учи́телем.
   — Здра́вствуйте. Я́ ва́ш но́вый учи́тель матема́тики. Меня́ зову́т Пётр Петро́вич Семёнов.

8. *Read, making sure you pronounce each of these phrases as a single unit. Dramatize the dialogues. Compose similar dialogues.*

занима́ться спо́ртом, занима́юсь гимна́стикой, занима́ются ру́сским языко́м, руководи́ть се́кцией, руководи́т семина́ром, интересова́ться ру́сской литерату́рой, интересу́юсь му́зыкой, интересу́етесь совреме́нной архитекту́рой.

1. — И́ра, ты́ занима́ешься спо́ртом?
   — Не́т. А ты́?
   — А я́ занима́юсь.
   — Че́м?
   — Я́ ката́юсь на конька́х, хожу́ на лы́жах.
   — А я́ хочу́ нача́ть занима́ться те́ннисом. Я́ немно́го игра́ла ра́ньше.
2. — Что́ вы́ чита́ете?
   — Статью́ об архитекту́ре совреме́нных городо́в.
   — Вы́ интересу́етесь совреме́нной архитекту́рой?
   — Да́, я́ архите́ктор.
3. — Кака́я у ва́с специа́льность?
   — Я́ фило́лог. Я́ занима́юсь ру́сской литерату́рой девятна́дцатого ве́ка.
   — Кто́ руководи́т ва́шим семина́ром?
   — Профе́ссор Рома́нов.

9. *Read, paying attention to the intonation of non-final syntagms.*

Джо́ну нра́вится ру́сская литерату́ра, / поэ́тому о́н хо́чет изуча́ть ру́сский язы́к.

Ка́тя лю́бит биоло́гию, / поэ́тому она́ хо́чет бы́ть био́логом.

Я́ верну́лась вчера́ о́чень по́здно, / поэ́тому не могла́ к ва́м прийти́.

Бы́ло о́чень хо́лодно, / поэ́тому мы́ не пое́хали на стадио́н.

Мы́ о́чень до́лго жда́ли авто́бус, / поэ́тому опозда́ли.

На́ш преподава́тель бо́лен, / поэ́тому уро́ка не́ было.

Ва́ш преподава́тель бо́лен, / поэ́тому у ва́с уро́ка за́втра не бу́дет.

10. *Read, paying attention to the pronunciation and intonation of invitations and responses to invitations.*

1. — Вы́ не хоти́те пойти́ с на́ми в кино́?

   — Спаси́бо. С удово́льствием.

2. — Ната́ша, / ты́ не хо́чешь пое́хать с на́ми за́втра ката́ться на лы́жах?

   — Хочу́. Спаси́бо. Когда́ вы́ пое́дете?

   — В во́семь утра́. Мы́ бу́дем жда́ть тебя́ у метро́.

   — Хорошо́.

3. — Ве́ра, / ты́ не хо́чешь вы́пить ча́ю?

   — С удово́льствием.

   — Пойдём в буфе́т.

   — Пойдём.

4. — Сего́дня прекра́сный конце́рт в консервато́рии. Е́сли хо́чешь, / пойдём с на́ми.

   — Спаси́бо. К сожале́нию, я́ сего́дня не могу́.

5. — Мы́ сего́дня идём в музе́й. Пойдём с на́ми.

   — Не́т, / спаси́бо. Не хо́чется.

11. *Read, paying attention to fluency and the pronunciation of the following phrases. Dramatize the dialogues. Compose similar dialogues.*

на остано́вке, на сле́дующей остано́вке, выходи́ть на сле́дующей остано́вке; ста́нция, сле́дующая ста́нция, на сле́дующей ста́нции, выходи́ть на сле́дующей ста́нции; выходи́ть — выхожу́ — выхо́дишь — выхо́дите — выходи́те.

Сле́дующая остано́вка — / у́лица Пу́шкина.

Сле́дующая остано́вка — / у́лица Пу́шкина.

Сле́дующая остано́вка — / у́лица Че́хова.

Сле́дующая остано́вка — / Университе́тский проспе́кт.

Сле́дующая ста́нция — / «Пло́щадь Револю́ции».

Сле́дующая ста́нция — / «Пу́шкинская пло́щадь».

Сле́дующая ста́нция — / «Смоле́нская».

Сле́дующая ста́нция — / «Ки́евская».

1. — Вы́ выхо́дите на у́лице Че́хова?

   — Да́, / выхожу́.

   — А пе́ред ва́ми то́же выхо́дят?

   — Да́, / выхо́дят.

2. — Вы́ не выхо́дите на сле́дующей ста́нции?

   — А кака́я сле́дующая?

   — «Ки́евская».

   — Выхожу́.

3. — Извини́те, / вы́ выхо́дите на сле́дующей?

   — А что́ сейча́с бу́дет?

   — «Пло́щадь Маяко́вского».

   — Не́т, / не выхожу́. Выходи́те, пожа́луйста.

4. — Извини́те, / вы́ не зна́ете, кака́я сле́дующая остано́вка?

   — Сле́дующая — / Кузне́цкий мо́ст.

   — Мне́ ну́жно на пло́щадь Револю́ции. Вы́ не ска́жете, когда́ мне́ выходи́ть?

   — Ва́м на́до вы́йти у Большо́го теа́тра. Э́то сле́дующая остано́вка по́сле Кузне́цкого мо́ста.

   — Спаси́бо большо́е.

12. *Read, making sure you pronounce each of the following phrases as a single unit. Pay attention to fluency and intonation.*

ката́ться, уме́ете ката́ться, ката́ться на конька́х, ката́ться на лы́жах, ката́ться на велосипе́де, учи́тесь ката́ться на лы́жах, учи́тесь ката́ться на конька́х, ката́юсь на лы́жах хорошо́, ката́етесь на конька́х пло́хо, люблю́ ходи́ть на лы́жах, не лю́бите ката́ться на конька́х, уча́ствовать, соревнова́ния, уча́ствовать в соревнова́ниях, занима́ться спо́ртом.

1. — Ка́тя, / ты уме́ешь ката́ться на конька́х?

 — Не́т, / не уме́ю.

 — А ты́ не хо́чешь научи́ться?

 — Хочу́, / но я́ ду́маю, что я́ уже́ не научу́сь.

 — Хо́чешь, я бу́ду тебя́ учи́ть?

 — Хочу́.

2. — Андре́й, / ты хо́дишь на лы́жах?

 — Хожу́, / но не ча́сто. Вре́мени не́т. Пое́дем в воскресе́нье за́ город ката́ться на лы́жах?

 — С удово́льствием. То́лько я́ пло́хо хожу́ на лы́жах.

 — Ничего́. Я то́же не о́чень хорошо́.

 — Похо́дим по́ лесу. Сейча́с прекра́сная пого́да.

3. — Ма́ша, / ты занима́ешься спо́ртом?

 — Да́, / спорти́вной гимна́стикой. А ты́?

 — А я́ фигу́рным ката́нием.

 — Когда́ ты начала́ занима́ться фигу́рным ката́нием?

 — Когда́ мне́ бы́ло четы́ре го́да.

 — Та́к давно́? Ты́ ма́стер спо́рта?

 — Да́.

 — Ты́ мно́го занима́ешься?

 — Да́, / не́сколько часо́в ка́ждый де́нь.

 — Ты́ ча́сто уча́ствуешь в соревнова́ниях?

 — Не о́чень. А ты́ лю́бишь фигу́рное ката́ние?

— Да́, / о́чень люблю́. Я всегда́ смотрю́ по телеви́зору соревнова́ния по фигу́рному ката́нию. Ты́ побежда́ла в соревнова́ниях?

— Да́, / два́ ра́за.

13. *Read, paying attention to the pronunciation of prepositional phrases and grammatical endings. Dramatize the dialogues.*

пе́ред до́мом, пе́ред Больши́м теа́тром; над столо́м, над го́родом; под столо́м, под сту́лом; гото́виться к экза́мену, гото́влюсь к ле́кции, гото́вятся к соревнова́ниям; со словарём, без словаря́, с ю́мором, без ю́мора.

1. — Ната́ша, / у меня́ е́сть биле́ты в Большо́й теа́тр на за́втра. Пойдём?

 — С удово́льствием. Где́ и когда́ мы́ встре́тимся?

 — Дава́й встре́тимся в се́мь часо́в / пе́ред теа́тром.

 — Хорошо́.

2. — Андре́й, / ты́ чита́ешь по-англи́йски со словарём?

 — Обы́чно без словаря́.

3. — Ты́ не ви́дел мою́ газе́ту?

 — Во́н она́, / под столо́м.

 — А где́ слова́рь?

 — Слова́рь на по́лке над столо́м.

4. — Та́ня, / приходи́ к на́м ве́чером. У на́с бу́дут го́сти.

 — Спаси́бо, / но я́, к сожале́нию, не могу́. Мне́ на́до гото́виться к экза́мену.

 — А Ви́ктор свобо́ден?

 — Ду́маю, что не́т. О́н гото́вится к докла́ду на конфере́нции.

 — А ты́ не зна́ешь, че́м занима́ются Пе́тя и Андре́й?

 — Они́ гото́вятся к соревнова́ниям.

 — Хорошо́. Та́ня, / когда́ сда́шь экза́мен, / приходи́. Бу́дем ра́ды тебя́ ви́деть.

 — Спаси́бо. До свида́ния.

14. *Read, paying attention to fluency and intonation. Read several times, using the indicated intonation, each time increasing the reading speed.*

В де́тстве, о́чень мно́го боле́л. В де́тстве о́н о́чень мно́го боле́л.

занима́лся гимна́стикой, занима́лся лы́жами, занима́лся пла́ванием.

Я́ занима́лся гимна́стикой, / лы́жами, / конька́ми, / пла́ванием, / волейбо́лом, / тури́змом.

мы́ с бра́том, познако́мились с альпини́стами. Одна́жды мы́ с бра́том познако́мились с альпини́стами; вме́сте с ни́ми, на́чали тренирова́ться, на́чали тренирова́ться вме́сте с ни́ми.

Одна́жды мы́ с бра́том познако́мились с альпини́стами / и на́чали тренирова́ться вме́сте с ни́ми.

е́й бы́ло четы́рнадцать ле́т, ста́ла ма́стером спо́рта.

Е́й бы́ло то́лько четы́рнадцать ле́т, / а она́ ста́ла ма́стером спо́рта.

ста́нет альпини́стом, ва́ш вну́к ста́нет альпини́стом, ва́ш вну́к то́же ста́нет альпини́стом.

Вы́ ду́маете, что ва́ш вну́к то́же ста́нет альпини́стом?

15. *Listen to and read the text, paying attention to speed, rhythm and intonation.*

Отве́ты альпини́ста

На́ш корреспонде́нт побыва́л у альпини́ста Вита́лия Абала́кова.

— Вита́лий Миха́йлович, / расскажи́те, ка́к вы́ начина́ли?

— В де́тстве я́ о́чень мно́го боле́л. Мои́ това́рищи бы́ли здоро́выми и си́льными, / а я́ бы́л о́чень сла́бым. Я́ занима́лся гимна́стикой, / лы́жами, / конька́ми, / пла́ванием, / волейбо́лом, / тури́змом. И всё без успе́ха. Мы́ жи́ли в Сиби́ри, / недалеко́ от знамени́тых Столбо́в. Одна́жды мы́ с бра́том познако́мились с альпини́стами / и на́чали тренирова́ться вме́сте с ни́ми. Пе́рвое на́ше восхожде́ние бы́ло[1] на Кавка́зе. Мы́[1] — / я́[4], / бра́т Евге́ний и моя́ неве́ста Ва́ля[4] — / сра́зу ста́ли мастера́ми спо́рта. Сле́дующие четы́ре го́да[4] / бы́ли года́ми больши́х успе́хов и сла́вы. Мы́ бы́ли мо́лоды и ду́мали:[1] / всё мо́жем. И то́лько по́сле восхожде́ния на Ха́н-Те́нгри[1], / когда́ поги́б оди́н на́ш това́рищ[4], / я́ по́нял, что для альпини́ста са́мое ва́жное не си́ла[1], / не высо́кая те́хника[4], / а све́тлая голова́[1].

— Ка́к э́то случи́лось?[2]

— Мы́ бы́ли мо́лоды и сильны́[1]. На́чали восхожде́ние почти́ без подгото́вки[1]. И вдру́г ве́тер[2], / сне́г[1]. Мы́ обморо́зились. Мне́ ампути́ровали ча́сть стопы́[3] / и се́мь па́льцев на рука́х[1]. Мне́ бы́ло тогда́ то́лько три́дцать ле́т[3], / а я́ ста́л инвали́дом. Вра́ч сказа́л мне́:[1] / «Об альпини́зме забу́дьте[2]. Занима́йтесь нау́кой[2]». Я́ не хоте́л э́тому ве́рить[1]. Я́ не мо́г жи́ть без го́р. Я́ смо́г верну́ться в го́ры то́лько че́рез де́вять ле́т[1].

— Что́ ва́м да́л альпини́зм?[2]

— Альпини́зм да́л мне́ интере́сную жи́знь[1], / помо́г победи́ть боле́знь[1]. Все́ мои́ са́мые сло́жные восхожде́ния бы́ли уже́ по́сле Ха́н-Те́нгри. По́сле Ха́н-Те́нгри и опера́ции[4] / я́ не боле́л[1] / и сейча́с я́ без труда́ могу́ идти́ на лы́жах пятьдеся́т киломе́тров и бо́льше[1].

— Говоря́т, что не́которые знамени́тые альпини́сты не лю́бят[4], / когда́ их де́ти занима́ются альпини́змом[1]. Они́ не разреша́ют и́м занима́ться альпини́змом.

— Я́ мно́го ходи́л в го́ры с бра́том[1], / с неве́стой[1], / кото́рая пото́м ста́ла мое́й жено́й. И де́ти ходи́ли с на́ми. Мне́ ка́жется, что, когда́ та́к говоря́т[4], / ду́мают о ри́ске[1]. Но альпини́зм не быва́ет без ри́ска. А ри́ск быва́ет ра́зный. Нельзя́ рискова́ть жи́знью[1], / и для э́того мы́[1] до́лго гото́вимся. Для э́того е́сть голова́[1].

Я рад, что наша семья такая спортивная. Много лет мы ходили в горы вместе с женой. Она тоже мастер спорта. Сын Олег — / мастер спорта по альпинизму. Дочка — / горнолыжница. Зимой, осенью и весной / у нас тренировки: / лыжи, / бег, / гимнастика. Каждое восхождение — / это экзамен.

— Что вам нравится в альпинизме?

— Говорят, что альпинизм — / спорт интеллектуалов. И это правильно. Альпинист, / если он хочет победить, / всегда должен думать, / находить быстрые и правильные решения. Почти все альпинисты — / прекрасные люди. Эгоист не может быть альпинистом.

И потом горы. Это такая красота... Белые горы, / а ты над ними. Не каждый человек может всё это увидеть.

— Что вам хотелось сделать / и чего вы не сделали в вашей жизни?

— Мне очень хотелось побывать на Эвересте. Думаю, что это сделает мой сын / или внук.

— Вы думаете, ваш внук тоже станет альпинистом?

— Не знаю. Он должен быть здоровым / и больше времени проводить на лыжах, / а не перед телевизором.

— Вы против телевизора?

— Нет, / я против того, / что люди весь день сидят перед телевизором / и смотрят на то, что делают другие, / и у них нет времени для чтения, / занятий спортом, / для активной жизни.

— Какая работа у вас сейчас?

— Пишу книгу об альпинистах / и о своём времени.

Formation Practice

1. *Change each of the following nouns to the instrumental singular. Mark stress throughout. (See Analysis 1.5.)*

стóл BB, сторонá CC, дúктор, столúца, отéц BB, спортсмéн, руководúтель, статья́ BB, гóрод AB, лаборатóрия, журналúст, ребёнок[1], дерéвня AC, музéй, комáнда, чемпиóн, дрýг AB[1], баскетболúстка, лицó BA, инженéр, вáза, брáт[1], старýшка, америкáнец, двéрь *f.* AC, президéнт, буквáрь BB, рýбль BB, рóль *f.* AC, рукá CC, сáд AB.

2. *Give short answers to the question, using the noun phrases given below and the appropriate instrumental case forms. (See Analysis 1.6., 1.7.)*

С кéм разговáривал Сáша?

мóй брáт, твоя́ сестрá, нóвая студéнтка, Вúктор Ивáнович Семёнов, нáш руководúтель, стáрший преподавáтель, америкáнский студéнт, я́, олимпúйский чемпиóн, úх мáма, профéссор Морóзов и егó женá, Áнна Михáйловна Михáйлова, óн úли онá.

3. *Review the formation and pronunciation of verbs containing the particle* **-ся**. *Write down conjugations for the following verb stems, giving present (or non-past), past, imperative and infinitive forms.*

боя́-ся, находú-ся, записá-ся

4. (a) *Study the following sentences; then rewrite each, promoting the object to the rank of the subject of the sentence and making all the necessary changes in word order and case. Translate each new sentence into English. (See Analysis 2.0.)*

| Model: | Учёные обсуждáют нóвую теóрию. | The scholars are discussing a new theory. |
| | Нóвая теóрия обсуждáется учёными. | The new theory is being discussed by the scholars. |

1. Прогрáмму концéрта открывáет выступлéние молоды́х артúстов.

   The young actors' number opens the concert program.

2. Аспирáнты обрабáтывают результáты эксперимéнтов.

   The graduate students analyze the results of the experiments.

---

[1] For declensional peculiarities of these irregular nouns, consult Appendix, Irregular Plurals, 1.1-1.5.

3. Маши́ны о́чень интересу́ют моего́ бра́та.	Cars interest my brother very much.
4. Бале́т всегда́ интересова́л Мари́ю Ива́новну.	Ballet has always interested Mariya Ivanovna.
5. Профе́ссор Ва́гнер разраба́тывает тео́рию во́лн гравита́ции.	Professor Wagner is developing a theory of gravitational waves.

(b) *Transform each of the following sentences so that the object becomes the subject of the sentence. Note that agency is not expressed in these examples.*

Model:	Когда́ начина́ют собра́ние?	When are they beginning the meeting?
	Когда́ начина́ется собра́ние?	When does the meeting begin?
1.	Где́ стро́ят но́вое зда́ние институ́та?	Where is the new institute building being built?
2.	Вчера́ на собра́нии обсужда́ли но́вый уче́бник.	The new textbook was discussed at the meeting yesterday.
3.	Когда́ ко́нчат э́тот спо́р?	When will they conclude this dispute?
4.	Сего́дня открыва́ют вы́ставку в на́шем музе́е.	Today an exhibit is opening in our museum.
5.	Э́тот вопро́с реша́т сего́дня.	They will resolve this issue today.
6.	Магази́н закрыва́ют на ремо́нт.	They are closing this store for remodeling.

5. *Read the following sentences containing verbs with and* without *the particle* **-ся**. *Explain the function of* **-ся** *in each case* (PO, *promoted object;* IO, *implied object;* L, *lexicalized* **-ся**) *and translate the sentences into English. (See Analysis 2.0, 2.1, 2.2.)*

1. Ка́к э́то сло́во пи́шется по-ру́сски?
2. Пётр Никола́евич интересу́ется рома́нами Турге́нева.
3. Профе́ссор то́лько начина́ет свою́ ле́кцию. Ле́кция уже́ начина́ется.
4. Пиани́ст конча́ет сво́й конце́рт. Конце́рт уже́ конча́ется.
5. Студе́нты начина́ют свою́ пра́ктику. Пра́ктика начина́ется сего́дня.
6. — Ва́ня, э́то мо́й дру́г Ди́ма. — Да́, мы́ уже́ зна́ем дру́г дру́га. Мы́ познако́мились вчера́.
7. — Ва́м понра́вилась э́та симфо́ния Шостако́вича? — Мне́ понра́вилась, а мое́й сестре́ не понра́вилась.

8. Не понима́ю, ка́к о́н мо́жет та́к ме́дленно одева́ться.

9. Че́м вы́ бо́льше интересу́етесь, поэ́зией и́ли теа́тром?

10. Меня́ бо́льше интересу́ет поэ́зия.

Written Exercises for General Review

1. *Translate. Write out all the numerals and mark stress throughout.*

I. 1. I am already acquainted with your father, your sister, her husband and her husband's elder brother, but I have not met your mother.

2. The lecture will soon conclude. Let's go to a restaurant and have supper.

3. "Where is John?"

"He is out. He will be here in 20 minutes."

"And where were you when I called you an hour ago?"

"I too was out. I was speaking with Professor Ivanov. He hopes we'll come to the meeting tonight after Professor Andreyev's lecture on the history of the Olympic Games."

4. I have read Anton's new novel and I must say that I liked it very much.

5. When Vitya was a school student, he used to read books on architecture and talk about architecture with his friends. Now he is studying at the Institute of Architecture and wants to become an architect.

6. Leningrad is a major industrial and cultural center of the USSR. Magnitogorsk is an important industrial center of the country. (*Use equational verb other than ø.*)

7. Oleg has been interested in biology for a long time and has recently decided to become a biologist. His brother, Victor, wants to enter a medical school and reads a great deal about the history of medicine.

8. "It is very warm today. Let's finish this exercise quickly and go outside (на у́лицу), where it is nice."

"Thank you but I can't. I play soccer and our team is preparing for a major competition on Friday. We have been training for 2 months and practice starts today at 4:30 p.m."

II. 1. "Are you acquainted with my friend, Georgy Ivanovich Ivanov, and his wife, Natalya Sergeyevna?"

"No, but I would like to meet them."

2. "Are you interested in sports?"

"Yes, I participate in soccer and gymnastics. Now I want to learn to play tennis."

"Good, let's go to the stadium and I will introduce you to my friend Seryozha. He is a tennis master."
"With pleasure. Perhaps he can help me to start learning."

3. "In September Nikolay Lvovich became professor of chemistry at our university."
"I have read about his work in various journals."

4. John built this house with his own hands.

5. The new trainer will arrive at the university in September and training will begin on September 7. If you want, you can begin training in a month.

6. Peter the First was born on the 30th of May, 1672, and became tsar in 1682, when he was only 10 years old. He died on January 28, 1725.

7. It was very cold yesterday, therefore we decided not to go to the seashore.

8. "We're going to town tomorrow. Come with us!"

"Thanks, but I can't. I have to work."

Unit 14

Practice Exercises

> Через год студе́нты **ста́нут инжене́рами.**

1. *Answer the questions.*

1. Че́м интересу́ется Джо́н? (ша́хматы, ма́рки)
2. Ке́м ста́нут э́ти студе́нты? (врачи́, инжене́ры)
3. С ке́м вы́ разгова́ривали на конфере́нции? (журнали́сты, исто́рики)
4. С ке́м вы́ ходи́ли в теа́тр? (друзья́, бра́тья)
5. С ке́м вы́ познако́мились на вы́ставке? (писа́тели, худо́жники)
6. С ке́м о́н встре́тился в университе́те? (био́логи, хи́мики)

> Э́ти де́вочки ста́нут **хоро́шими гимна́стками.**

2. *Complete the sentences. Write them out.*

Model: Его́ бра́т интересу́ется австрали́йскими ма́рками.

1. Ро́берт интересу́ется... (дре́вние кни́ги, совреме́нные пе́сни, наро́дные та́нцы).
2. А́нна познако́милась с... (молоды́е худо́жники, англи́йские учёные, совреме́нные знамени́тые музыка́нты).

I   Никто́ ничего́ не зна́л о конфере́нции.

3. *Supply continuations, as in the model. Note the use of the verb. Write out the sentences.*

Model: За́втра я пойду́ в э́тот музе́й. Я никогда́ не́ был в э́том музе́е.

1. Ле́том я пое́ду во Фра́нцию.
2. Я хочу́ прочита́ть расска́зы Че́хова.
3. Ро́берт хо́чет пое́хать в Ки́ев.
4. Джон хо́чет пойти́ в Эрмита́ж.
5. Кэт хо́чет прочита́ть рома́ны Л.Толсто́го.
6. Они́ пошли́ в Ру́сский музе́й.

4. *Give negative answers, using negative pronouns. Write down your answers.*

Model: — Что́ вы зна́ете о го́роде Магнитого́рске?
          — Я ничего́ не зна́ю о го́роде Магнитого́рске.

1. Что́ вы зна́ете о реке́ Ле́не?
2. Что́ вы де́лали вчера́ ве́чером?
3. Что́ отве́тил профе́ссор э́тому студе́нту?
4. Что́ он рассказа́л о свое́й рабо́те?
5. Что́ вы говори́ли ва́шему дру́гу об экспеди́ции?
6. Кому́ он помога́л переводи́ть те́кст?
7. Кому́ он подари́л свою́ карти́ну?
8. Кому́ он чита́л свои́ стихи́?
9. Кому́ она́ пока́зывала свои́ фотогра́фии?
10. О чём расска́зывал э́тот студе́нт?
11. У кого́ есть кни́га об Ура́ле?

5. *Translate. Write down your translation.*

1. I don't know anyone at this institute.

2. We asked him. He said nothing.

3. I haven't met anyone in the library.

4. She didn't go anywhere on Sunday. She was at home.

5. No one has a dictionary today.

6. No one has that journal.

7. She spoke quickly and we didn't understand anything.

8. We've never been to Paris.

9. I won't tell anyone about it.

6. *Supply responses. Write down the sentences.*

Model: — В воскресéнье мы́ бы́ли на концéрте.
             — А мы́ нигдé нé были.

1. Вчерá я́ читáла интерéсный расскáз.
2. Лéтом óн бы́л в Лóндоне.
3. Мэ́ри со всéми лю́бит разговáривать.
4. В суббóту мы́ ходи́ли в музéй.
5. Джóн лю́бит всéм объясня́ть.
6. Я́ чáсто игрáю в шáхматы.

II   Мы́ пошли́ на концéрт, чтобы **послу́шать** молоду́ю певи́цу.
       Мы́ сказáли Ви́ктору, чтобы вéчером **óн пришёл** к нáм.

7. *Combine the pairs of sentences into complex sentences containing the conjunction* чтобы. *Write down your sentences.*

Model: Вéра купи́ла кни́гу. Онá хóчет подари́ть её брáту. — Вéра
             купи́ла кни́гу, чтобы подари́ть её брáту.

1. Óля купи́ла пласти́нку. Онá хóчет подари́ть её сестрé.
2. Вéра звони́ла Рóберту. Онá хотéла сказáть ему́ о концéрте.
3. Джéйн написáла письмó сестрé. Онá хотéла рассказáть éй о своём экзáмене.
4. Ви́ктор позвони́л Лéне. Óн хотéл дáть éй свóй áдрес.

Model: Вéра далá кни́гу брáту. Брáт прочитáет её. — Вéра далá
             кни́гу брáту, чтобы óн прочитáл её.

1. Ни́на звони́ла Рóберту. Рóберт придёт в институ́т в дéвять часóв.
2. Óн написáл письмó дру́гу. Дру́г дóлжен приéхать в ию́ле.
3. Джéйн позвони́ла сестрé. Сестрá ку́пит éй билéт на концéрт.
4. Ни́на далá журнáл Ѝре. Ѝра прочитáет егó.

8. *Put the verbs in brackets in the correct form. Write out the sentences.*

1. Я́ реши́л éхать на трамвáе, чтобы не ... (опоздáть) на рабóту.
2. Отéц привёз меня́ в институ́т на маши́не, чтобы я́ не ... (опоздáть) на заня́тия.
3. Мы́ купи́ли билéты в ци́рк, чтобы ... (посмотрéть) выступлéние знамени́того арти́ста.
4. Мы́ купи́ли билéты в ци́рк, чтобы всé нáши товáрищи ... (посмотрéть) выступлéние знамени́того арти́ста.
5. Андрéй купи́л гитáру, чтобы егó сестрá ... (учи́ться) игрáть на гитáре.

6. Андре́й купи́л гита́ру, чтобы ... (учи́ться) игра́ть на гита́ре.
7. Я́ взя́л слова́рь, чтобы ... (перевести́) те́кст.
8. Бори́с взя́л слова́рь, чтобы Ле́на ... (перевести́) ему́ те́кст.

9. *Compose complex sentences, using sentences* (a) *and* (b) *as clauses.*

Model: Я́ взя́л э́тот журна́л (a) Я́ прочита́ю его́.
(b) Ро́берт прочита́ет его́.
(a) Я́ взя́л журна́л, чтобы прочита́ть его́.
(b) Я́ взя́л журна́л, чтобы Ро́берт прочита́л его́.

1. О́н купи́л биле́ты. (a) О́н пойдёт на конце́рт. (b) Кэ́т пойдёт на конце́рт.
2. Ро́берт взя́л слова́рь. (a) О́н переведёт статью́. (b) Ма́ша переведёт ему́ статью́.
3. Джо́н ча́сто покупа́ет пласти́нки. (a) Его́ сы́н слу́шает му́зыку. (b) О́н слу́шает му́зыку.
4. Анто́н купи́л биле́ты в теа́тр. (a) О́н посмо́трит бале́т «Спарта́к». (b) Никола́й посмо́трит бале́т «Спарта́к».
5. Ве́ра взяла́ э́тот журна́л. (a) Ни́на прочита́ет интере́сный расска́з. (b) Ве́ра прочита́ет интере́сный расска́з.
6. Серге́й купи́л уче́бник англи́йского языка́. (a) Ка́тя бу́дет изуча́ть англи́йский язы́к. (b) О́н бу́дет изуча́ть англи́йский язы́к.

10. *Translate.*

1. Victor came to Moscow to see the Tretyakov Gallery.

2. The parents wanted their son to become an engineer.

3. To become a good singer, he studied a lot.

4. The school pupils wrote a letter to the famous soccer player so that he should help them organize a sports club.

5. In order not to get tired, they often rested.

11. *Answer each question twice, as in the model. Write down your answers.*

Model: Заче́м ты́ купи́л уче́бник англи́йского языка́?
(a) Я́ купи́л уче́бник, чтобы изуча́ть англи́йский язы́к.
(b) Я́ купи́л уче́бник, чтобы мо́й бра́т изуча́л англи́йский язы́к.

1. Заче́м вы́ звони́ли Джо́ну?
2. Заче́м вы́ купи́ли э́ту кни́гу?

3. Заче́м вы́ взя́ли в библиоте́ке э́тот журна́л?
4. Заче́м вы́ ходи́ли в библиоте́ку?
5. Заче́м вы́ е́здили в Ки́ев?
6. Заче́м вы́ купи́ли ру́сско-англи́йский слова́рь?

Denoting the Time of Action

12. *Answer the questions. Write down your answers.*

1. Когда́ вы́ бы́ли на вы́ставке? (понеде́льник и вто́рник)
2. Когда́ у ва́с быва́ют уро́ки ру́сского языка́? (понеде́льник, среда́ и четве́рг)
3. Когда́ вы́ занима́лись в библиоте́ке? (вто́рник и пя́тница)
4. Когда́ вы́ бы́ли в теа́тре? (суббо́та и воскресе́нье)
5. Когда́ Джо́н е́здил в Вашингто́н? (четве́рг и суббо́та)
6. Когда́ Кароли́на выступа́ет на конце́рте? (вто́рник и пя́тница)

13. *Ask questions and answer them.*

Model:　— За́втра у меня́ ле́кция.
　　　　— Когда́ у ва́с начина́ется ле́кция?
　　　　— В 10 часо́в.

1. За́втра мы́ пойдём в музе́й. (3 ч.)
2. Сего́дня мы́ пойдём в теа́тр. (6 ч.)
3. Ско́ро начина́ется ле́кция? (11 ч. 30 мин.)
4. Идём быстре́е. Ско́ро начина́ется фи́льм. (16 ч. 15 мин.)
5. Вчера́ я́ ходи́ла в библиоте́ку. (1 ч.)
6. Ско́ро мы́ пойдём обе́дать? (2 ч.)
7. Сего́дня я́ уезжа́ю. (20 ч. 43 мин.)

14. *Complete the sentences, using the words in brackets in the required form and with the correct preposition. Write out the sentences.*

Model:　Они́ прие́дут в сре́ду в два́ часа́.

1. Ви́ктор Никола́евич бу́дет чита́ть ле́кцию ... . (понеде́льник, 10 ч.)
2. Семина́р по матема́тике бу́дет ... . (вто́рник, 1 ч.)
3. Конце́рт совреме́нной му́зыки бы́л ... . (четве́рг, 8 ч.)
4. Уро́к ру́сского языка́ бу́дет ... . (среда́, 2 ч.)
5. Они́ пойду́т в музе́й ... . (суббо́та, 5 ч.)
6. Она́ пойдёт в теа́тр ... . (пя́тница, 7 ч.)
7. А́нна прие́дет из Ленингра́да ... . (воскресе́нье, 9 ч.)

15. *Expand the questions and answer them. Write down the questions and answers.*

Model: — Когда́ он роди́лся: в 1944 году́ и́ли в 1945 году́?
— Он роди́лся в 1945 году́.

1. Когда́ он поступи́л в шко́лу? (1978 и́ли 1979)
2. Когда́ он ко́нчил шко́лу? (1988 и́ли 1989)
3. Когда́ она́ поступи́ла в университе́т? (1989 и́ли 1990)
4. Когда́ она́ ко́нчит университе́т? (1995 и́ли 1996)
5. Когда́ они́ жи́ли в Ки́еве? (1979 и́ли 1980)
6. Когда́ он прие́хал в Москву́? (1982 и́ли 1983)
7. Когда́ она́ начала́ рабо́тать в э́той лаборато́рии? (1982 и́ли 1983)

16. *Complete the sentences, using the words in brackets. Write them out.*

Model: Они́ прие́хали в Москву́ в сентябре́ 1987 го́да.

1. Он ко́нчил шко́лу ... . (ию́ль, 1984)
2. Он на́чал учи́ться в университе́те ... . (сентя́брь, 1981)
3. Он на́чал рабо́тать в э́том институ́те ... . (а́вгуст, 1972)
4. Они́ прие́хали в Ленингра́д ... . (дека́брь, 1983)
5. Он бы́л на пра́ктике в Ми́нске ... . (апре́ль, 1984)
6. Он ко́нчил сво́й рома́н ... . (ма́рт, 1977)
7. Они́ е́здили во Фра́нцию ... . (ма́й, 1986)

17. *Expand the questions and answer them.*

Model: Когда́ вы́ бу́дете у́жинать? В 7 часо́в и́ли в 9 часо́в?

1. Когда́ начина́ется конце́рт? (7 ч. и́ли 7 ч. 30 мин.)
2. Когда́ вы́ бу́дете обе́дать? (3 ч. и́ли 5 ч.)
3. Когда́ вы́ уйдёте на рабо́ту? (8 ч. и́ли 9 ч.)
4. Когда́ вы́ ходи́ли в музе́й? (суббо́та и́ли воскресе́нье)
5. Когда́ у ни́х бу́дет экза́мен? (вто́рник и́ли среда́)
6. Когда́ у ва́с бу́дет ле́кция по исто́рии? (понеде́льник и́ли пя́тница)
7. Когда́ жи́л Турге́нев? (XIX и́ли XX ве́к)
8. Когда́ жи́л Шекспи́р? (XVI и́ли XVII ве́к)

18. *Complete the sentences. Write them out.*

1. Обы́чно мы́ за́втракаем ... . (9 ч.)
2. Пойдёмте в кино́. Нача́ло фи́льма ... . (3 ч. 15 мин.)
3. У на́с о́чень ма́ло вре́мени: го́сти приду́т ... . (6 ч.)
4. На́м на́до спеши́ть: конце́рт начина́ется ... . (7 ч. 30 мин.)
5. Я́ познако́мился со студе́нтами из Гру́зии на ве́чере ... . (понеде́льник)

6. Вчера́ мы́ не рабо́тали, но ... бу́дем рабо́тать. (пя́тница)

7. Я́ к ва́м приду́ и́ли сего́дня, и́ли ... . (суббо́та)

8. Вчера́ у на́с не́ было ле́кции по литерату́ре, она́ бу́дет ... . (среда́)

9. Гео́логи уе́хали в экспеди́цию ... . (ма́й)

10. На́ша кома́нда победи́ла ... кома́нду студе́нтов-фи́зиков. (дека́брь)

11. Комаро́в ста́л чемпио́ном ... . (э́тот го́д)

12. На́ша гру́ппа уча́ствовала в соревнова́ниях по волейбо́лу ... . (1990 г.)

13. Го́род Магнитого́рск появи́лся на ка́рте ... . (XX ве́к)

14. Го́род Оде́сса ста́л кру́пным по́ртом ещё ... . (про́шлый ве́к)

19. *Answer the questions, using the words in brackets with the preposition* че́рез.

Model: Ле́кция начина́ется через 10 мину́т.

1. Вы́ написа́ли письмо́ това́рищу? Когда́ вы́ полу́чите отве́т? (неде́ля)

2. В го́роде на́чали стро́ить гости́ницу. Когда́ её постро́ят? (3 ме́сяца)

3. Когда́ у ва́с начина́ются экза́мены? (5 дне́й)

4. Когда́ откро́ют кни́жный магази́н? (5 мину́т)

5. — Никола́й до́ма? — Не́т, о́н пошёл в институ́т. — Когда́ о́н придёт? (2 часа́)

6. Когда́ Бори́с пое́дет в Ленингра́д? (ме́сяц)

7. Когда́ бу́дет ле́кция профе́ссора Ерёмина? (ча́с)

★ **20.** *Insert the preposition* че́рез *or* по́сле. *Write out the sentences.*

1. Сейча́с Ви́ктор у́чится в институ́те. ... пя́ть ле́т, ... оконча́ния институ́та о́н бу́дет рабо́тать в лаборато́рии.

2. И́ра у́чится в шко́ле. ... во́семь ле́т, ... оконча́ния шко́лы она́ ста́нет студе́нткой.

3. Студе́нты бы́ли на конце́рте наро́дной му́зыки. ... конце́рта они́ до́лго разгова́ривали.

4. — Когда́ мы́ с тобо́й встре́тимся? — Сейча́с у меня́ ле́кция. Встре́тимся ... два́ часа́, ... ле́кции.

5. В воскресе́нье мы́ ходи́ли в теа́тр. ... теа́тра мы́ гуля́ли.

6. — Когда́ начина́ется фи́льм? — ... де́сять мину́т.

21. *Answer the questions, using temporal constructions.*

Model: — Когда́ о́н ко́нчил шко́лу?
    — О́н ко́нчил шко́лу го́д наза́д.
    — Когда́ о́н начнёт рабо́тать?
    — О́н начнёт рабо́тать через три́ ме́сяца.
    — Ско́лько вре́мени вы́ бу́дете сего́дня рабо́тать?
    — Я́ бу́ду рабо́тать во́семь часо́в.

1. Когда́ вы́ ко́нчили шко́лу?
2. Когда́ вы́ ко́нчите университе́т?
3. Ско́лько вре́мени вы́ бу́дете учи́ться в университе́те?
4. Когда́ вы́ пришли́ в библиоте́ку?
5. Ско́лько вре́мени вы́ бу́дете занима́ться в библиоте́ке?
6. Когда́ вы́ пойдёте домо́й?
7. Когда́ вы́ прие́хали в Москву́?
8. Когда́ вы́ уе́дете из Москвы́?
9. Ско́лько вре́мени вы́ бу́дете жи́ть в Москве́?

22. *Answer the questions. Write down your answers.*

Model:　— Вы́ ча́сто хо́дите в бассе́йн?
　　　　— В январе́ я́ ходи́л в бассе́йн ка́ждый де́нь.

1. Вы́ ча́сто хо́дите в кино́?
2. Вы́ ча́сто хо́дите в теа́тр? А на конце́рты?
3. У ва́с ча́сто быва́ют уро́ки ру́сского языка́? А ле́кции по литерату́ре?
4. Вы́ ча́сто игра́ете в те́ннис? А в волейбо́л?
5. Вы́ ча́сто хо́дите в музе́й? А на вы́ставки?
6. Вы́ ча́сто занима́етесь в библиоте́ке?

23. *Answer the questions, giving the day of the week and the date.*

Model:　— Когда́ вы́ идёте в теа́тр?
　　　　— Мы́ идём в теа́тр в понеде́льник пя́того января́.

1. Когда́ у ва́с бу́дет докла́д?
2. Когда́ начина́ется конфере́нция?
3. Когда́ в Большо́м теа́тре бу́дет бале́т «Роме́о и Джулье́тта»?
4. Когда́ бу́дет ле́кция профе́ссора Корне́ева?
5. Когда́ бу́дет конце́рт ру́сской му́зыки?
6. Когда́ у ва́с бу́дет пе́рвый экза́мен?
7. Когда́ вы́ пойдёте на конце́рт ро́к-му́зыки?

Usage of the Verb уча́ствовать

24. *Read and translate.*

1. Э́тот молодо́й музыка́нт уча́ствовал в Междунаро́дном ко́нкурсе и́мени П.И. Чайко́вского в Москве́.
2. Бори́с уча́ствовал в спорти́вных соревнова́ниях по гимна́стике.
3. Сове́тские спортсме́ны уча́ствуют в Олимпи́йских и́грах.

4. В концéрте учáствовали артúсты москóвских теáтров.

5. В мáе Вúктор Петрóвич бъíл на конферéнции в Кúеве. В конферéнции учáствовали совéтские и инострáнные учёные.

6. В суббóту Сергéй и Олéг бъíли на шáхматном мáтче. В áтом мáтче учáствовали студéнты Москóвского университéта.

25. *Supply continuations, using the verb* учáствовать *in the required form and the phrases* студéнты из рáзных городóв СССР, совéтские и инострáнные спортсмéны, учёные-фúзики из рáзных стран, совéтские шахматúсты, артúсты балéта, молодъíе учёные, рóк-певцъí.

Model: Вчерá мъí бъíли на концéрте. В концéрте учáствовали украúнские артúсты.

1. Лéтом в Москвé бъíли соревновáния гимнáстов.

2. Вчерá мъí смотрéли по телевúзору интерéсную передáчу.

3. В мáрте в Ленингрáде былá наýчная конферéнция.

4. В воскресéнье в клýбе бýдет интерéсный концéрт.

5. — Въí не знáете, чтó сейчáс в шáхматном клýбе? — Тáм сейчáс интерéсный мáтч.

6. В áвгусте в Мúнске бýдет кóнкурс студéнческой пéсни.

Phonetic Exercises

1. *Read, paying attention to the pronunciation of the relevant sounds.*

[л]: талáнт, гóлос, лýчше, смéлый, балалáйка, соглáсен;

[л']: лéтний, легкó [л'ихкó], балерúна, гастрóли, победúтель, гóспиталь, довóльный, правúтельство;

[ш]: афúша, послýшать, прошý, прóсишь, матрёшка, чтóбы [штóбы];

[ж]: подхожý, подвожý, подбежúшь, продолжáешь, подъезжáешь;

[ц]: цéх, певúца, певéц, испáнец, итальянец, боя́ться, остáться, дéтство;

[х]: похóжий, подъéхать, цéх, успéх;

[щ]: обещáть, обещáю, обещáешь, пóмощь, пóмощи;

[ч]: чáсть, звучáть, учáстник [учáс'н'ик], вечéрний, зачéм, классúческий, академúческий;

[р]: бюро́, умира́ть, разме́р, горди́ться, горжу́сь, гру́стно [гру́снъ], до́брый;

[р']: рису́нок, стари́нный, интере́с, умере́ть, ря́д, вре́мя, прогре́сс, у́тренний;

soft consonants: име́ть, име́ете, идти́, иди́те, идёте, зи́мний, ле́тний, интере́с, сосе́д, секре́т, сезо́н, коме́дия, геро́иня, проси́те, ча́сть, пу́сть.

2. *Read, paying attention to the pronunciation of unstressed syllables.*

—́ —	го́лос, де́тство, по́мощь, вре́мя, лу́чше;
— —́	легко́, сезо́н, секре́т, дневно́й;
— —́ —	афи́ша, послу́шать, боя́ться, певи́ца, испа́нец, согла́сен, рису́нок, вече́рний;
—́ — —	го́спиталь, у́тренний;
— — —́	зазвуча́ть, подвози́ть, подходи́ть, подойти́, обеща́ть, подбежа́ть, подвезти́, подъезжа́ть, интере́с, мастерство́, никогда́, никого́ [н'икаво́], ничего́ [н'ичиво́];
— — —́ —	балала́йка, остава́ться, по-друго́му, балери́на, геро́иня, италья́нец, победи́тель, госуда́рство;
— — — —́	пообеща́ть, производи́ть, произвести́;
— —́ — —	действи́тельно, прави́тельство, сове́товать, по-но́вому, по-ра́зному, коме́дия;
— — —́ — —	посове́товать, выступле́ние, впечатле́ние;
— — — —́ —	экзамена́тор;
—́ — — — —	не́которое;
— — — —́ — —	образова́ние;

ве́чер — вече́рний; го́лос — голоса́; ря́д — ряды́ — в ряду́; зима́ — зи́мний; геро́й — геро́иня; учи́тель — учителя́ — учителя́ми; подвози́ть — подвожу́ — подво́зишь, подво́зите — подвози́те; подводи́ть — подвожу́ — подво́дишь, подво́дите — подводи́те; подходи́ть — подхожу́ — подхо́дишь, подхо́дите — подходи́те; проходи́ть — прохожу́ — прохо́дишь, прохо́дите — проходи́те; проси́ть — прошу́ — про́сишь, про́сите — проси́те; попроси́ть — попрошу́ — попро́сишь, попро́сите — попроси́те.

3. *Read the following. Underline the devoiced, voiced and silent consonants.*

сосе́д, идти́, подходи́ть, подвезти́, впечатле́ние, экзамена́тор, гру́стно, уча́стник, ва́ш бра́т, с друзья́ми.

4. *Read, paying attention to the pronunciation of grammatical endings and fluency. Dramatize the dialogues.*

интересова́ться ша́хматами, интересу́етесь ма́рками, ста́ть инжене́рами, ста́нут журнали́стами, бы́ть врача́ми, бу́дут учёными, разгова́ривать со студе́нтами; интересу́етесь ру́сскими ма́рками, ста́ли знамени́тыми учёными, бу́дут олимпи́йскими чемпио́нами, познако́миться со свои́ми студе́нтами, ходи́ли со свои́ми но́выми друзья́ми.

1. — Оле́г, с ке́м ты́ е́здил в э́том году́ отдыха́ть?
   — Я́ е́здил со свои́ми но́выми друзья́ми.
   — Познако́мь меня́ с ни́ми.
   — С удово́льствием.
2. — Вы́ собира́ете ма́рки?
   — Да́.
   — Каки́ми ма́рками вы́ интересу́етесь: совреме́нными и́ли стари́нными?
   — Совреме́нными.
3. — Ке́м вы́ ста́нете по́сле оконча́ния ва́шего институ́та?
   — Врача́ми. Мы́ у́чимся в медици́нском институ́те.
   — Кака́я специа́льность у ва́с и у ва́шей жены́? Ке́м вы́ хоти́те бы́ть?
   — Мы́ хоти́м ста́ть хиру́ргами.
4. — С ке́м ты́ бы́л в теа́тре?
   — Со свои́ми друзья́ми — Пе́тей и Ната́шей.
5. — Ты́ интересу́ешься ру́сскими ма́рками?
   — Да́, о́чень.
   — Хо́чешь, я́ покажу́ тебе́ свою́ колле́кцию?
6. — С ке́м ты́ сейча́с разгова́ривал?
   — С на́шими студе́нтами.

5. *Read aloud.*

никто́, никого́ [н'икаво́], ничего́, никогда́, нигде́, никуда́, никому́, нике́м, ниче́м, ни с ке́м, ни о ко́м, ни о чём.

1. — Кто́ зна́ет, кака́я за́втра пого́да?
   — Никто́ не зна́ет.

2. — Кто́ бы́л вчера́ на конце́рте?

— Никто́ не́ был.

— А кто́ зна́ет, что́ та́м бы́ло?

— Никто́ ничего́ не зна́ет.

3. — Ты́ не зна́ешь, где́ мо́жно сейча́с купи́ть сигаре́ты?

— Ду́маю, что нигде́ нельзя́. Все́ магази́ны уже́ закры́ты. Сейча́с о́чень по́здно.

4. — О ко́м вы́ говори́ли?

— Мы́ ни о ко́м не говори́ли. Мы́ говори́ли о свои́х дела́х.

5. — Вы́ бы́ли в Ки́еве?

— Не́т, я никогда́ та́м не́ был.

6. — Что́ вы́ купи́ли де́тям?

— Ничего́ не купи́л.

7. — Кто́ у ва́с сего́дня бу́дет? Кого́ вы́ пригласи́ли?

— Мы́ ещё никого́ не приглаша́ли.

8. — О чём ты́ ду́маешь?

— Ни о чём.

— Ни о чём? Не мо́жет бы́ть!

9. — Куда́ ты́ идёшь сего́дня ве́чером?

— Никуда́ не иду́.

— А где́ ты́ бы́л днём?

— Нигде́ не́ был. Занима́лся до́ма.

10. — Ка́тя, тво́й бра́т, ка́жется, собира́ет ма́рки? У меня́ е́сть одна́ прекра́сная ма́рка.

— Ничего́ о́н не собира́ет.

— А чём о́н интересу́ется?

— Ду́маю, что ниче́м. О́н всё вре́мя прово́дит в свое́й больни́це.

— Ну е́сть же у него́ хо́бби?

— Не́т у него́ никако́го хо́бби. То́лько рабо́та.

11. — Ты́ сказа́л ребя́там, что за́втра не бу́дет ле́кции?

— Я́ никому́ ничего́ не говори́л. Я́ ничего́ не зна́л. Я́ пе́рвый ра́з об э́том слы́шу.

6. *Read, using the indicated intonation.*

Ну́жно ко́нчить медици́нский институ́т, / чтобы ста́ть врачо́м.

Чтобы ста́ть врачо́м, / ну́жно ко́нчить медици́нский институ́т.

Чтобы ста́ть хоро́шим врачо́м, / ну́жно име́ть тала́нт.

Звони́л Ви́ктор, / чтобы пригласи́ть на́с у́жинать.

Я́ ходи́л в магази́н, / чтобы купи́ть сигаре́ты.

Вы́ мо́жете позвони́ть в спра́вочное, / что́бы узна́ть его́ но́мер телефо́на.

Мы́ должны́ взя́ть такси́, / что́бы не опозда́ть в университе́т.

Что́бы поступи́ть в университе́т, / ну́жно хорошо́ сда́ть экза́мены.

Я́ звони́л ва́м, / что́бы сказа́ть, что ле́кции за́втра не бу́дет.

Я́ пришёл, что́бы помо́чь.

Я́ пришёл, / что́бы посмотре́ть телеви́зор.

7. *Read the dialogues. Indicate the syntagmatic division and the types of ICs in the complex sentences with the conjunction* что́бы. *Dramatize the dialogues. Compose similar dialogues.*

1. — Скажи́, Оле́г, ты́ зна́ешь, что́ ну́жно, что́бы ста́ть врачо́м?
   — Что́бы ста́ть врачо́м, ну́жно ко́нчить медици́нский институ́т.
   — А что́ ну́жно, что́бы ко́нчить медици́нский институ́т?
   — Хоро́шее здоро́вье.
   — Прекра́сный отве́т. Но э́того ма́ло.
   — Тогда́ не зна́ю.
   — Что́бы ко́нчить медици́нский институ́т, ну́жно снача́ла в него́ поступи́ть.
   — А ты́ зна́ешь, что́ ну́жно, что́бы ста́ть хоро́шим врачо́м?
   — Зна́ю. Что́бы ста́ть хоро́шим врачо́м, ма́ло ко́нчить институ́т, ну́жно име́ть тала́нт.

2. — Куда́ ты́ идёшь, Андре́й?
   — Я́ иду́ к Серге́ю, что́бы посмотре́ть хокке́й по телеви́зору. Я́ ско́ро верну́сь.
   — Серге́й, мо́жно к тебе́?
   — Ну, коне́чно, входи́, Андре́й.
   — Я́ пришёл, что́бы посмотре́ть телеви́зор. Ты́ бу́дешь смотре́ть хокке́й?
   — Ну, коне́чно. Сего́дня са́мая ва́жная игра́. На́ша кома́нда должна́ сего́дня вы́играть, что́бы ста́ть чемпио́нами страны́.

3. — Кто́ на́м звони́л сего́дня?
   — Звони́л Серге́й, что́бы пригласи́ть на́с у́жинать.
   — Кто́ ещё звони́л?
   — Бо́льше никто́ не звони́л.
   — Где́ ты́ была́?
   — Нигде́ не была́. То́лько выходи́ла в магази́н, что́бы купи́ть хле́б. Да́, я́ забы́ла. Ещё тебе́ звони́ла Ната́ша, что́бы сказа́ть, что за́втра ле́кции не бу́дет.

8. *Read the dialogues and dramatize them. Compose similar dialogues.*

пра́в [пра́ф], права́, пра́вы; согла́сен, согла́сна, согла́сны.

1. — Она́ права́.[2]

   — Не́т,[1] / не права́. Вы́ то́же не пра́вы.

   — А я́ ду́маю, что вы́ не пра́вы, / а я́ пра́в.

2. — Ты́ согла́сен?[3]

   — Согла́сен.[1]

   — Я́ то́же согла́сна.

   — А мы́ не согла́сны.

   — Вы́ то́же не согла́сны со мно́й?[3]

   — Не́т,[1] / согла́сны.

3. — Я́ ду́маю, что Ви́ктору не ну́жно поступа́ть в консервато́рию.

   — Почему́?[2] Он мно́го занима́ется / и прекра́сно игра́ет.

   — Да́,[1] / согла́сна. Он мно́го рабо́тает,[4] / у него́ хоро́шая те́хника. Но и то́лько. Хоро́шим музыка́нтом о́н никогда́ не бу́дет.

   — Да́,[1] / ду́маю, что ты́ права́. Чтобы ста́ть хоро́шим музыка́нтом,[4] / ма́ло мно́го рабо́тать, / ну́жно име́ть тала́нт.

4. — Ма́шенька,[2] / пойдём в кино́.

   — Не хо́чется.[1]

   — Тогда́ пойдём гуля́ть.[2]

   — То́же не хо́чется.

   — Ну пойдём.[2] Сего́дня тако́й[5] прекра́сный ве́чер. Нельзя́[1] сиде́ть до́ма. Прошу́[2] тебя́.

   — Ну, е́сли ты́ та́к про́сишь, / я́ согла́сна.

   — Во́т и хорошо́.[1]

5. — Ни́на,[2] / тебе́ нра́вится Оле́г?[3]

   — Не́т,[1] / не нра́вится.

   — Почему́?[2]

   — Ну, во-пе́рвых,[3] / у него́ не́т никако́го ю́мора. Согла́сна?[3]

— Не зна́ю.

— Во-вторы́х, / о́н некраси́вый / и о́чень неинтере́сный челове́к. Всё вре́мя за́нят то́лько свое́й рабо́той. Ниче́м бо́льше не интересу́ется / и ничего́ бо́льше не зна́ет / и не ви́дит. Согла́сна?

— Не́т, / не согла́сна. Вчера́, наприме́р, / о́н интересова́лся тобо́й. Сказа́л, что ты́ краси́вая. Проси́л тво́й но́мер телефо́на.

— Ты́ дала́?

— Не́т.

— Почему́?

— А заче́м? О́н неинтере́сный, / без ю́мора.

9. *Read, paying attention to speed and intonation. Dramatize the dialogues. Compose similar dialogues.*

Что́ идёт в на́шем кинотеа́тре? Что́ идёт в Большо́м теа́тре? Что́ сего́дня в Большо́м теа́тре? Что́ идёт сего́дня в клу́бе? Скажи́те, пожа́луйста, / что сего́дня идёт? Вы́ не зна́ете, что сего́дня идёт в Ма́лом теа́тре?

Понра́вился? Ва́м понра́вился фи́льм? Ва́м понра́вился но́вый италья́нский фи́льм? Ва́м понра́вился но́вый италья́нский фи́льм, в кото́ром игра́ет Софи́ Лоре́н?

Ната́ше / фи́льм не понра́вился.

Андре́ю / фи́льм понра́вился.

Андре́ю фи́льм понра́вился?

1. — Андре́й, / ты́ ви́дел но́вый италья́нский фи́льм?

— В кото́ром игра́ет Софи́ Лоре́н? Ви́дел.

— Ну и ка́к?

— Мне́ о́чень понра́вился. Прекра́сный фи́льм. Пра́вда?

— Да́. Мне́ то́же понра́вился.

2. — Та́ня, / пойдём в кино́.

— А что́ смотре́ть?

— Ты́ не зна́ешь, что́ идёт в «Росси́и»?

— Не зна́ю.

— А в на́шем клу́бе?

— То́же не зна́ю.

— Дава́й тогда́ пойдём в «Росси́ю» / и узна́ем, что́ та́м идёт.

— Хорошо́. А е́сли не пойдём в кино́, / тогда́ погуля́ем.

3. — Где́ вы́ бы́ли?

— На конце́рте совреме́нной му́зыки.

— Ну и ка́к? Понра́вился ва́м конце́рт?

— Мне́ не понра́вился.

— Мне́ то́же не о́чень.

— А кому́ понра́вился?

— Оле́гу.

— Кому́? Оле́гу конце́рт понра́вился?

— Да́. Оле́гу / конце́рт понра́вился. О́н лю́бит совреме́нную му́зыку.

10. *Read the following aloud.*

подошёл к столу́, подъе́хал к ста́нции, подъе́хал к до́му, подвёз к институ́ту, на у́тренний сеа́нс, на вече́рние сеа́нсы, биле́ты на дневны́е сеа́нсы, зи́мние кани́кулы, на зи́мние кани́кулы. Когда́ мы́ подошли́ к теа́тру, спекта́кль уже́ начался́. Когда́ мы́ подъе́хали к до́му, бы́ло ше́сть часо́в.

— У ва́с е́сть биле́ты на вече́рние сеа́нсы?
— Е́сть биле́ты то́лько на дневны́е сеа́нсы.
— Куда́ вы́ пое́дете на зи́мние кани́кулы?
— На зи́мние кани́кулы мы́ пое́дем в Ленингра́д.

11. *Read the following aloud. Mark the stress in the underlined words.*

1. Какóй прекрáсный <u>вечер</u>.
2. У вáс éсть билéты на <u>вечерние</u> сеáнсы?
3. — Какóй э́то <u>ряд</u>? — Седьмóй. — А в какóм <u>ряду</u> нáши местá?
   — В <u>двенáдцатом</u>.
4. Мóй мýж — <u>учитель</u>. Дéти тóже хотя́т бы́ть <u>учителя́ми</u>.
5. Ужé <u>зима</u>. Скóро <u>зимние</u> канúкулы.
6. — <u>Вы́</u> выхóдите на слéдующей останóвке? — Нéт, не <u>выхожу́</u>.
   — Разрешúте <u>пройти</u>. — <u>Проходúте</u>, пожáлуйста.
7. — Вы́ <u>попросите</u> Нúну помóчь мнé? — Конéчно, <u>попрошу́</u>.
   — <u>Попросúте</u>, пожáлуйста.
8. Вы́ скóро <u>получите</u> нóвый нóмер журнáла «Москвá»? — Дá, в
   начáле мéсяца.
9. Вы́ Иванóва? <u>Получите</u> телегрáмму.
10. Э́то Крáсная <u>площадь</u>. Лéтом на <u>ýлицах</u> и <u>площадях</u> Москвы́
    осóбенно мнóго турúстов.

12. *Listen to and read the text, paying attention to speed, rhythm and intonation.*

Я́ вéрю в своё искýсство

(интервью́)

— Мы́ исполня́ем мýзыку нáшего врéмени — / энергúчный, /
эмоционáльный «Хард энд хэ́ви». И вмéсте с нúм / рýсскую
нарóдную мýзыку — / ромáнсы, / нарóдные пéсни. Мы́ не хотúм их
забывáть, — / тáк сказáл Алексáндр Малúнин журналúстам, / когдá
получúл «Гран-прú» / на телекóнкурсе в Ю́рмале.

Алексáндр Малúнин / родúлся в небольшóй дерéвне на Урáле.
Пéть нáчал ещё в дéтстве. Гóлос у негó бы́л сúльный и красúвый, / и
пéл óн легкó. Когдá учúлся в девя́том клáссе, / поступúл в Стýдию
эстрáдного искýсства Свердлóвской филармóнии. Тáм получúл
музыкáльное образовáние. Пéл в Урáльском нарóдном хóре. Потóм
бы́л солúстом рáзных популя́рных грýпп. И вдрýг остáлся одúн.
Почемý? Мóжет быть, бы́ли конфлúкты с руководúтелями грýпп?

Алекса́ндр Мали́нин: Всё у меня́ бы́ло норма́льно. Бы́л успе́х. Бы́ли де́ньги. На конце́ртах гру́пп, в кото́рых я́ рабо́тал, / всегда́ бы́ло мно́го наро́да. Но ка́ждый музыка́нт в свое́й рабо́те / до́лжен по́лностью выража́ть себя́. Не́которые певцы́ мо́гут де́лать э́то в гру́ппе, / а я́ не могу́. В гру́ппе всё одина́ковые, / похо́жи дру́г на дру́га. Я́ всегда́ чу́вствовал, / что могу́ де́лать бо́льше. Я́ по́нял, / что до́лжен рабо́тать самостоя́тельно. Что́ на́до сде́лать для э́того? Каки́е пе́сни на́до пе́ть? Во́т об э́том я́ спроси́л себя́. Меня́ никто́ не зна́ет. Ну́жно, чтобы меня́ зна́ли. Ка́к мо́жно э́то сде́лать? Зде́сь мо́жет помо́чь или ко́нкурс, / или телеви́дение. Ко́нкурс — / э́то, коне́чно, лотере́я, / но э́то и реа́льный ша́нс. Телеко́нкурс в Ю́рмале / бы́л для меня́ таки́м ша́нсом. Боя́лся ли я́? Не́т, / не боя́лся.

Телеви́дение три́ дня́ пока́зывало мои́ выступле́ния. Тогда́ во вре́мя ко́нкурса / меня́ узна́ла вся́ страна́. А я́ давно́ выступа́ю. В про́шлом году́ / успе́шно вы́ступил на «Ро́к-панора́ме», / рабо́тал в США́, / но меня́ никто́ не зна́л.

Корреспонде́нт попроси́л А. Мали́нина отве́тить на не́сколько вопро́сов:

— Сейча́с / вы́ действи́тельно ста́ли популя́рным певцо́м. На у́лицах афи́ши с ва́шими портре́тами. Молодёжь зна́ет ва́ши пе́сни, / лю́бит пе́сню «Две́ри закрыва́ются» / и други́е. Тепе́рь вы́ ста́ли звездо́й. И не́т никаки́х пробле́м?

А. Мали́нин: Пробле́мы е́сть. По́сле ко́нкурса в Ю́рмале / на́до бы́ло выступа́ть ка́ждый де́нь. Я́ совсе́м не отдыха́л. Но тепе́рь я́ самостоя́тельно реша́ю, / что бу́ду пе́ть, / и пою́, что хочу́. Но на́до о́чень мно́го рабо́тать, / на́до иска́ть но́вое. Гла́вное — / на́до де́лать всё че́стно. И пе́сни я́ таки́е выбира́ю, / в кото́рых могу́ отве́тить за ка́ждое сло́во. Мо́й при́нцип — пе́ть на сце́не, / а не открыва́ть ро́т под фоногра́мму. Тако́е выступле́ние — / не иску́сство, / а обма́н людей. Я всегда́ бу́ду петь на сце́не — / э́то моя́ тво́рческая пози́ция.

Корреспонде́нт: Вы — / рок-певе́ц. А поёте рома́нсы и наро́дные пе́сни. Вы пропаганди́руете в ро́ке наро́дную культу́ру?

А. Мали́нин: А что́ тако́е рок? Кто́ мо́жет сказа́ть то́чно? Мой рок — / э́то пе́сни, кото́рые я не могу́ не петь. Я про́сто пою́ пе́сни, / кото́рые люблю́, / и хочу́, чтобы их люби́ли други́е. Я ду́маю, что рок — / э́то му́зыка, / кото́рая звучи́т в се́рдце, / пе́ние на преде́ле. Так / я стара́юсь петь. Вре́мя изменя́ет жизнь. И мно́гие стари́нные наро́дные пе́сни, / рома́нсы / я пою́ в совреме́нной аранжиро́вке, / то́ есть пою́ по-друго́му, / по-сво́ему.

Корреспонде́нт: Каки́е у вас пла́ны?

А. Мали́нин: Гла́вное — / рабо́та. Бу́ду продолжа́ть петь: / репети́ции, / конце́рты. Хочу́ игра́ть в кино́, / но не в музыка́льных фи́льмах. Пра́вда, сейча́с не могу́: / о́чень мно́го выступа́ю. Бу́ду де́лать но́вую програ́мму. / В бу́дущем году́ / пое́ду на междунаро́дный ко́нкурс. Я ве́рю в своё иску́сство, / ве́рю в себя́.

Formation Practice

1. *Write down complete conjugations for the following stems. Mark stress throughout.*

сове́това-, *перевёд-*, *мёт-* "sweep", *бе́гай-*, бежа́ть (irreg.), *боро́-ся, звони́-*, петь (irreg.)

2. *Form instrumental plurals of the following nouns. Mark stress throughout.*

инжене́р, сто́л BB, лаборато́рия, две́рь *f.* AC, го́род AB, статья́ BB, студе́нтка, зда́ние, тетра́дь *f.*, письмо́ BA, ста́нция, ле́с AB, до́ждь, но́ж BB.

3. *Decline the following nouns, paying particular attention to stress patterns.*

бе́рег АВ (-á), буты́лка, война́ ВА, вра́ч ВВ, дру́г АВ (irreg.), вода́ СС, пода́рок, учи́тель АВ (-я́), до́ктор АВ (-á), мо́ре АВ, сы́н АВ (irreg.), язы́к ВВ.

4. *Give short answers to the question, using each of the noun phrases listed below.*

С ке́м вы́ прие́хали?

иностра́нные тури́сты, знамени́тые спортсме́ны, мои́ ста́ршие сыновья́, её мла́дшие до́чки, вы́, на́ши студе́нты, они́, америка́нские фи́зики, твои́ друзья́, на́ши сосе́ди Соколо́вы, францу́зские арти́сты, на́ши друзья́ Покро́вские.

Written Exercises for General Review

1. *Translate. Write out all the numerals and mark stress throughout.*

1. "No one knows anything about the new teachers who arrived at our school month ago. Can you introduce me to them?"
"I am not acquainted with them. Ask Nikolay Petrovich. I think he is acquainted with them."

2. "Have you been to Odessa?"
"No, I have never been in Odessa, but I want to go there."

3. "Where are you going this summer on vacation?"
"I am not going anywhere. I have to work at the university."
"And where will Vera Semyonova be vacationing?"
"I don't know. She hasn't told anybody anything."

4."When are you leaving for the university?"
"I am leaving in two weeks; probably on Saturday, August 31, or on Sunday, September 1."
"Are you going by train or by car?"
"Perhaps father will take me to the university by car; if not, I will take the train."
"How long does one have to travel by train?"
"Four hours by train, three hours by car."

5. Nikita is very interested in foreign stamps. He has been collecting them for several years. His friend gave him his first stamp when he was only 8 years old. When Nikita was twelve years old, he began collecting stamps. Now he has 2,135 stamps in his collection.

years old, he began collecting stamps. Now he has 2,135 stamps in his collection.

6. The concert begins at 7:30. The soloist who is performing this evening is one of the winners of the Tchaikovsky Competition. After the concert my friend wants to ask him what one must do in order to take part in the competition. He has been studying music for four years and his teachers tell him he has a very good voice.

7. Moscow became the capital of all Russia in the 15th century.

8. "Let's go to the movies tonight, Lena. Do you know what is on at the theater near the city park?"

"Yes, Seryozha says that there is a new French film on there, but I have heard nothing about it yet. He called to invite me to see that film two days ago, but I was busy with an article on physics which I was supposed to have translated during the vacation and which I did not finish."

9. Seryozha has seen the new film and liked it very much.

Unit 15

Practice Exercises

I	Кра́сная пло́щадь **бо́льше пло́щади** Маяко́вского. Кра́сная пло́щадь **бо́льше, чем пло́щадь** Маяко́вского. Пе́рвая зада́ча была́ **бо́лее тру́дная, чем втора́я.**

1. *Ask questions and answer them, using the words in brackets.*

Model:　　— Ты́ не зна́ешь, что́ бо́льше, Москва́ и́ли Ленингра́д?
　　　　　　— Москва́ бо́льше Ленингра́да.

1. Что́ бо́льше? (Ки́ев — Ха́рьков, Ло́ндон — Нью-Йо́рк, Фра́нция — Ита́лия)

2. Что́ интере́снее? (вы́ставка де́тского рису́нка — фотовы́ставка, спорти́вная газе́та — спорти́вный журна́л, фи́льм о космона́втах — кни́га о космона́втах)

3. Кто́ ста́рше? (вы́ — ваш това́рищ, ваш оте́ц — ва́ша ма́ма, вы́ — ва́ша сестра́, ва́ша сестра́ — ваш бра́т)

Model: — Како́е мо́ре бо́льше, Бе́лое и́ли Чёрное?
         — Чёрное мо́ре бо́льше, чем Бе́лое.

1. Каки́е го́ры вы́ше? (Ура́льские — Кавка́зские, Тибе́т — Кордилье́ры)
2. Кака́я река́ длинне́е? (Во́лга — Днепр, Ле́на — Енисе́й)
3. Како́е о́зеро глу́бже? (Байка́л — Сева́н)

2. *Complete the sentences, as in the model, using the words in brackets.*

Model: Сто́л, кото́рый стои́т о́коло окна́, бо́льше стола́, кото́рый стои́т о́коло две́ри.

1. В ко́мнате два́ кни́жных шка́фа. Шка́ф, кото́рый стои́т спра́ва, ... (высо́кий)
2. Фотогра́фия, кото́рая виси́т о́коло шка́фа, ... (ма́ленький)
3. Цветы́, кото́рые привезли́ с ю́га, ... (краси́вый)
4. Журна́л «Спу́тник», кото́рый вы́ на́м показа́ли, ... (интере́сный)
5. Кинофи́льм, кото́рый мы́ смотре́ли в понеде́льник, ... (хоро́ший)
6. Контро́льная рабо́та, кото́рую мы́ писа́ли, ... (тру́дный)
7. Те́ксты, кото́рые мы́ перево́дим, ... (лёгкий)

3. *Complete the sentences, putting the words in brackets in the required form.*

1. Де́рево ле́гче ... (вода́).
2. Э́тот га́з тяжеле́е ... (во́здух).
3. Ле́тние кани́кулы бо́льше ... (зи́мние кани́кулы).
4. Янва́рь длинне́е ... (февра́ль).
5. Одна́ э́та ма́рка доро́же ... (все́ ва́ши ма́рки).
6. Проспе́кт Ми́ра ши́ре ... (э́та у́лица).
7. Э́тот велосипе́д лу́чше ... (ва́ш ста́рый велосипе́д).

4. *Answer the questions. Write down your answers.*

1. Что́ трудне́е: фи́зика и́ли хи́мия?
2. Что́ поле́знее: пла́вание и́ли гимна́стика?
3. Что́ доро́же: биле́т на самолёт и́ли биле́т на по́езд?
4. Что́ краси́вее: мо́ре и́ли го́ры?
5. Что́ для ва́с интере́снее: бале́т и́ли о́пера?

5. *Complete the sentences. Write them out.*

Model: Ты́, коне́чно, си́льный, но о́н сильне́е тебя́.

1. О́н, коне́чно, высо́кий, но Андре́й ... .
2. Москва́, коне́чно, дре́вний го́род, но Ки́ев ... .

3. В Крыму́, коне́чно, тёплый кли́мат, но ... .

4. Ивано́в о́чень популя́рный певе́ц, но ... .

5. Зда́ние по́чты о́чень высо́кое, а зда́ние гости́ницы бу́дет ... .

6. *Form the comparatives of the following adjectives and compose sentences with them. Write down your sentences.*

Model: Э́та кни́га интере́снее то́й кни́ги. Э́та кни́га интере́снее, чем та́ кни́га.

тру́дный/ зада́ча, лёгкий/ экза́мен, ва́жный/ пробле́ма, оригина́льный/ рису́нок, ко́мната/ све́тлый, плохо́й/ аудито́рия, хоро́ший/ кварти́ра, за́л/ ма́ленький, па́рк/ большо́й, доро́га/ дли́нный.

7. *Complete the sentences, as in the model, using the words in brackets.*

Model: О́зеро в гора́х ме́ньше э́того о́зера.
О́зеро в гора́х ме́ньше, чем э́то о́зеро.

1. Зда́ние вокза́ла ... . (высо́кий)
2. Пло́щадь Револю́ции ... . (большо́й)
3. Кли́мат в э́том райо́не ... . (плохо́й)
4. Вода́ в реке́ ... . (чи́стый)
5. Преподава́тель матема́тики ... . (молодо́й)
6. Се́верный ве́тер ... . (холо́дный)

II   Пами́р — **са́мые высо́кие** го́ры в СССР.
Сиби́рь — **богате́йший** райо́н страны́.

8. *Change the sentences. Write them out.*

Model: Сего́дня я́ счастли́вейший челове́к в ми́ре.
Сего́дня я́ са́мый счастли́вый челове́к в ми́ре.

1. На́ша шко́ла лу́чшая в го́роде.
2. Петро́в — популя́рнейший арти́ст в на́шем го́роде.
3. Мо́й де́душка — добре́йший челове́к.
4. Тури́зм явля́ется интере́снейшим ви́дом спо́рта.
5. Ле́то — лу́чшее вре́мя го́да.
6. Эльбру́с — высоча́йшая гора́ Кавка́за.
7. Э́ту доро́гу на́до постро́ить в кратча́йший пери́од вре́мени.
8. Его́ оте́ц бы́л популя́рнейшим спортсме́ном своего́ вре́мени.
9. Я́ не мо́г реши́ть просте́йшую зада́чу.

9. *Compose sentences, using the words and phrases given below.*

Model: Это о́зеро — са́мое глубо́кое о́зеро в на́шей стране́.

1. предложе́ние в те́ксте/дли́нный;
2. пра́здник в э́том году́/весёлый;
3. спортсме́н в на́шей кома́нде/си́льный;
4. те́кст в уче́бнике/тру́дный;
5. о́тдых в гора́х/хоро́ший.

III
Лю́да поёт **лу́чше А́ни.**
Лю́да поёт **лу́чше, чем А́ня.**
Анто́н **бо́льше** лю́бит **слу́шать, чем чита́ть.**

---

10. *Read and translate.*

1. Ве́ра живёт далеко́ от институ́та, а Та́ня ещё да́льше.
2. Э́тот молодо́й арти́ст поёт лу́чше, чем други́е арти́сты.
3. Никола́й выступа́ет на семина́рах лу́чше други́х студе́нтов.
4. Я бо́льше люблю́ купа́ться в мо́ре, чем в о́зере.
5. Учи́тель сказа́л, что мы должны́ лу́чше реша́ть зада́чи.
6. Ми́ша чита́ет бо́льше всех в кла́ссе.

11. *Complete the sentences, as in the model.*

Model: Ви́ктор рабо́тает хорошо́, а мы бу́дем рабо́тать ещё лу́чше.

1. Ве́ра бежи́т бы́стро, а Ле́на бежи́т ещё ... .
2. Карти́на виси́т высоко́, а портре́т виси́т ещё ... .
3. Воло́дя расска́зывает интере́сно, а его́ брат расска́зывает ещё ... .
4. Я неплохо́ (хорошо́) игра́ю в ша́хматы, но вы игра́ете ... .
5. Пе́рвая гру́ппа бы́стро сдала́ все экза́мены, но втора́я гру́ппа сдала́ экза́мены ещё ... .

12. *Give advice, using the words given below. Write down your sentences.*

Model: Говори́те ме́дленнее.

говори́ть (ти́хо, гро́мко); слу́шать (внима́тельно); ходи́ть (мно́го); идти́ (бы́стро).

IV

Ýтром вáм **кто́-то** звони́л по телефо́ну.
Расскажи́те **что́-нибудь** о вáшем институ́те.
Дáйте мне́ **каку́ю-нибудь** тетра́дь.
Воло́ди не́т до́ма. О́н **куда́-то** ушёл.

13. *Read the sentences. When are indefinite adverbs and pronouns with the particle* -то *or* -нибу́дь *used?*

1. О́н тепе́рь живёт где́-то в Крыму́.
2. Ле́том о́н е́здил куда́-то на Кавка́з.
3. Скажи́те кому́-нибудь из ва́шей гру́ппы, что за́втра я́ не приду́.
4. Студе́нты пе́ли каку́ю-то незнако́мую пе́сню.
5. В за́ле бы́ло мно́го студе́нтов. Кто́-то выступа́л, но его́ не слу́шали.
6. Я́ хочу́ что́-нибудь почита́ть.
7. Никола́й что́-то чита́л, а Ва́ля сиде́ла ря́дом и слу́шала.

14. *Replace the underlined words by the indefinite pronouns and adverbs* кто́-то, что́-то, где́-то, куда́-то.

Model: У Серге́я в ко́мнате пе́л Никола́й. — У Серге́я в ко́мнате кто́-то пе́л.

1. О́н написа́л письмо́ Ни́не.
2. Ле́том о́н е́здил отдыха́ть в Кры́м.
3. О́н ко́нчил шко́лу и тепе́рь рабо́тает в Ленингра́де.
4. Преподава́тель объясня́л ученика́м пра́вило.
5. Ви́ктор до́лго иска́л тетра́дь у себя́ в портфе́ле.
6. А́ня расска́зывает о жи́зни на се́вере, а ребя́та её внима́тельно слу́шают.
7. Я́ ви́дел вчера́ Ю́рия в институ́те: о́н разгова́ривал с Ни́ной в коридо́ре.

15. *Insert indefinite pronouns or adverbs with the particle* -нибудь.

1. Сего́дня мы́ идём к Анто́ну. На́до купи́ть ... для его́ жены́.
2. Вы́ говори́ли с ... о ва́шей рабо́те?
3. Когда́ вы́ шли́ на стадио́н, вы́ встре́тили ... по доро́ге?
4. Ви́ктор сейча́с подходи́л к ва́м. О́н о ... спра́шивал ва́с?
5. Вы́ чита́ли стихи́ М.Ю. Ле́рмонтова. Ва́м ... понра́вилось?

16. *Complete the sentences, using the required word in the required form.*

кто́-то, кто́-нибудь

1. — Оле́г, ты́ не зна́ешь, Серёжа сказа́л на́шим ребя́там, что за́втра не бу́дет семина́ра? — Зна́ю, что ... о́н говори́л.
2. — Ка́к узна́ть, когда́ бу́дет ле́кция? — Позвони́ ... .
3. — Я́ не зна́ю, ка́к перевести́ э́то сло́во. — Спроси́ ... .
4. — Когда́ я́ бы́л в столо́вой, сюда́ ... приходи́л и положи́л мне́ на сто́л письмо́.
5. — Алёша, с ке́м ты́ пойдёшь на конце́рт? — Ещё не зна́ю, ... приглашу́.
6. — Алёша оди́н пошёл на конце́рт? — Не́т, о́н ... пригласи́л.
7. — Ты́ спроси́, где́ нахо́дится музе́й. — Коне́чно, ... спрошу́.

куда́-то, куда́-нибудь

1. — Вы́ бу́дете отдыха́ть до́ма? — Не́т, пое́дем ... .
2. — Где́ Ви́ктор Петро́вич? — О́н ... ушёл.
3. В воскресе́нье мы́ хоти́м ... пойти́, но́ ещё не реши́ли, куда́.
4. — Вы́ не зна́ете, Ивано́вы сейча́с в Москве́? — Не́т, они́ уе́хали ... отдыха́ть.
5. Не зна́ю, где́ моя́ газе́та. Положи́л её ... и не могу́ найти́.
6. — Куда́ положи́ть э́ту кни́гу? — Положи́ ... .

Phonetic Exercises

1. *Read, paying attention to the pronunciation of the relevant sounds.*

[л]: ло́жка, лу́чше [лу́тшъ], хо́лод, во́лосы, жела́ть, ви́лка, глубо́кий, глу́пый, пла́н;

[л']: бо́лее, телегра́мма, длина́, дли́нный, земля́, после́дний, плюс, сплю́; сме́лый — смеле́е, весёлый — веселе́е;

[р]: ра́дио, о́зеро, гра́дус, огро́мный, вокру́г, про́за, прошла́, парте́р [партэ́р];

[р']: ре́дкий, террито́рия [т'ир'ито́р'иjъ], приве́т, вре́мя, гря́зный, до́брый — добре́е, бы́стрый — быстре́е;

[ш]: широ́кий, ло́жка, но́ж, пейза́ж, по-ва́шему, вы́ше, бо́льше, ме́ньше, ста́рше, лу́чше;

[ж]: прохожу́, жела́ть, жена́т, ножи́, моло́же, доро́же, рожде́ние, проезжа́ть [пръjижжа́т'];

[ц]: пти́ца, краса́вица, измени́ться, экспеди́ция;

[х]: ху́же, плохо́й, проходи́ть, прое́хать, происходи́ть, во́здух, ле́гче [л'е́хчи], сохраня́ть;

[ч]: чём, чи́стый, бога́че, значе́ние;

[щ]: про́ще, освеща́ть, пло́щадь, бу́дущее, счастли́вый [щисл'и́вый];

soft consonants: ме́нее, ме́тр, весно́й, измени́ть, изменя́ть, ми́нус, ни́зкий, после́дний [пасл'е́д'н'иj], поэ́зия, кра́йние, расти́ [рас'т'и́], освети́ть, о́сень, ду́мать, разви́тие, де́нь рожде́ния.

2. *Read, paying attention to the pronunciation of unstressed syllables.*

— ´ — поду́мать, бога́тство, како́й-то;

— — ´ астрона́вт, пожела́ть, изменя́ть, называ́ть, освеща́ть, освети́ть, проезжа́ть, переда́ть, почита́ть, сантиме́тр [сън'т'им'е́тр];

´ — — во́лосы, бо́лее, ме́нее, ду́маю, о́зеро, вы́расти;

— — ´ — телегра́мма;

— ´ — — поду́маю, краса́вица, разви́тие, откры́тие, рожде́ние, по ра́дио, по-мо́ему, по-ва́шему;

— — — ´ происходи́ть, произойти́, передава́ть, экспериме́нт;

´ — — — бу́дущее;

— — — ´ — оригина́льный;

— — ´ — — террито́рия, экспеди́ция;

о́зеро — озёра; но́ж — ножи́; пло́щадь — пло́щади — площаде́й; просто́й — про́ще; молодо́й — моло́же; дорого́й — доро́же; сме́лый — смеле́е; весёлый — веселе́е; до́брый — добре́е; бы́стрый — быстре́е; высо́кий — вы́ше; большо́й — бо́льше; расти́ — вы́расти; ро́с — росла́; переда́ла — переда́л — переда́ли; происходи́ть — происхо́дит.

3. *Read the words aloud. Underline the devoiced and silent consonants.*

у́зкий, ло́жка, астрона́вт, вокру́г, но́ж, хо́лод, ре́дкий, пейза́ж, пло́щадь, како́й-нибудь, счастли́вый, гру́стный, пра́здник, по́здно.

4. *Read the following aloud. Indicate the types of ICs. Dramatize the dialogues. Compose similar dialogues.*

лу́чше, ху́же, доро́же, вы́ше, ни́же, моло́же, ста́рше, ме́ньше, бо́льше, ле́гче, про́ще, интере́снее, краси́вее, са́мый краси́вый, са́мое глубо́кое, са́мая больша́я.

1. — Джо́н, тво́й бра́т ста́рше тебя́ и́ли моло́же?
   — Моло́же.
   — А сестра́?
   — Ста́рше.

2. — Де́вушка, покажи́те на́м, пожа́луйста, во́т э́ти два́ костю́ма.
   — Пожа́луйста.
   — Ни́на, како́й тебе́ бо́льше нра́вится?
   — Во́т э́тот, зелёный. О́н краси́вее.
   — А мне́ ка́жется, что жёлтый лу́чше.
   — А по-мо́ему, ху́же. Но ты́ купи́ то́т, кото́рый тебе́ бо́льше нра́вится.
   — Мне́ бо́льше нра́вится зелёный, но о́н доро́же.

3. — Ка́тя, сего́дня хо́лодно?
   — Да́, о́чень.
   — Холодне́е, чем вчера́?
   — Да́, холодне́е.

4. — Кака́я Ната́ша у́мная!
   — Да́, о́чень. По-мо́ему, она́ са́мая у́мная де́вушка в институ́те.
   — По-мо́ему то́же.

5. — Где́ ты́ бо́льше лю́бишь отдыха́ть?
   — В Крыму́. Для меня́ э́то са́мое краси́вое ме́сто на земле́.

6. — Джо́н, ты́ зна́ешь, како́е са́мое глубо́кое о́зеро в ми́ре?
   — Зна́ю. Байка́л. Я́ та́м бы́л в про́шлом году́.

7. — Анто́н во́дит маши́ну лу́чше, чем ты́.
   — Коне́чно, у него́ давно́ маши́на, а у меня́ неда́вно.

8. — Дже́йн лу́чше все́х в на́шей гру́ппе говори́т по-ру́сски.
   — Да́, она́ бо́льше все́х занима́ется. Я́ начала́ учи́ть язы́к ра́ньше, чем она́, но говорю́ ху́же.

9. — Андре́й, пое́дем в воскресе́нье ката́ться на лы́жах.
   — Пойдём лу́чше ката́ться на конька́х.
   — Не́т, я́ бо́льше люблю́ ката́ться на лы́жах, чем на конька́х. Я́ ка́ждое воскресе́нье е́зжу за́ город.

5. *Read the following aloud. Indicate the types of ICs. Dramatize the dialogues. Compose similar dialogues.*

кто́-то, что́-то, како́й-то, кому́-то, кто́-нибудь, что́-нибудь, како́й-нибудь, куда́-нибудь, где́-нибудь, кому́-нибудь.

1. — А́нна, ты́ была́ до́ма?
   — Да́.
   — Мне́ кто́-нибудь звони́л?
   — Да́, кто́-то звони́л.
   — Мужчи́на и́ли же́нщина?
   — Мужчи́на. Како́й-то незнако́мый го́лос.
   — Он проси́л что́-нибудь переда́ть мне́?
   — Не́т, то́лько спроси́л, когда́ ты́ бу́дешь до́ма. Сказа́л, что позвони́т ве́чером.

2. — Ве́ра до́ма?
   — Не́т.
   — А где́ она́?
   — Не зна́ю, куда́-то ушла́.
   — Она́ ничего́ не сказа́ла?
   — Не́т. Она́ с ке́м-то поговори́ла по телефо́ну и ушла́.

3. — Вы́ куда́-нибудь е́здили ле́том?
   — Не́т, никуда́ не е́здили. Мы́ пое́дем отдыха́ть зимо́й.

4. — Да́й мне́ что́-нибудь почита́ть.
   — Что́ тебе́ да́ть?
   — Не зна́ю. Что́-нибудь интере́сное.
   — Хо́чешь детекти́в?
   — Хочу́.

5. — Извини́те, вы́ что́-нибудь сказа́ли? Я́ не слы́шал.
   — Не́т, я́ ничего́ не говори́л.

6. — Вы́ куда́-то идёте?
   — Не́т, я́ никуда́ не иду́. Я́ гуля́ю.
   — Вы́ кого́-то ждёте?
   — Не́т, я́ никого́ не жду́.

7. — Ты́ идёшь к кому́-то в го́сти?
   — Не́т, я́ хочу́ пойти́ в кино́.
   — А я́ ду́мал, что ты́ идёшь в го́сти. Тебе́ звони́л како́й-то мужчи́на и проси́л переда́ть, что они́ жду́т тебя́ ве́чером.
   — А! Это Андре́й. Я́ забы́л, что обеща́л прийти́ к ни́м сего́дня.

6. *Read the following aloud. Pay attention to intonation.*

Ма́ма сказа́ла, чтобы О́льга пошла́[1] в магази́н.

Ма́ма сказа́ла, чтобы О́льга пошла́[1] в магази́н.

Ма́ма сказа́[3]ла, / чтобы О́льга пошла́ в магази́[1]н.

Ма́ма сказа́[4]ла, / чтобы ты́ пригото́вил уро́[1]ки.

Андре́й попроси́л, чтобы я́ помо́г ему́ реши́ть зада́[1]чу.

Андре́й попроси́л, / чтобы я́ помо́г ему́ реши́[3]ть зада́[1]чу.

Мы́ о́чень хоти́м, чтобы вы́ пришли́ к на́м в го́[1]сти.

7. *Read the following aloud. Pay attention to intonation.*

1. — Переда́[3]йте, пожа́луйста, биле́ты.

   — Пожа́[1]луйста.

   — Спаси́[1]бо.

2. — Алло́! А́нна Ива́[3]новна? Попроси́[3]те, пожа́луйста, Ната́шу.

   — Её не́т до́[1]ма.

   — Переда́[3]йте ей, пожа́луйста, / что семина́ра за́втра не бу́[1]дет. Пу́сть она́ мне́ ве́чером позвони́[1]т.

   — Хорошо́[1], / я́ переда́[1]м.

3. — Ната́[2]ша, / Андре́й проси́л тебе́ переда́[3]ть, / что за́втра у ва́с не бу́дет семина́[1]ра.

   — О́чень хорошо́[1].

   — О́н проси́л, чтобы ты́ позвони́ла ему́ ве́[1]чером.

4. — Андре́[2]й, / ма́ма сказа́ла, что ты́ проси́л меня́ позвони́[1]ть.

   — Да́[1], / дава́[3]й куда́-нибудь пойдём сего́дня.

   — Куда́[2]?

   — Куда́[1] хо́чешь. Мо́жно пойти́ в кино́[1].

   — Приходи́[3] лу́чше к на́м пи́ть ча́й. У на́с е́сть вку́сный то́[1]рт.

   — С удово́льствием. Сейча́с прие́[1]ду.

5. — Извини́[2]те, / вы́ сейча́с не выхо́[3]дите?

   — Не́[1]т, / не выхожу́[1].

   — Разреши́[3]те пройти́.

   — Проходи́[1]те, пожа́луйста.

8. *Read, paying attention to the pronunciation of congratulations. Dramatize the dialogues. Compose similar dialogues.*

поздравля́ть, поздравля́ю ва́с, поздравля́ю ва́с с пра́здником [с пра́з'н'икъм], де́нь рожде́ния [ражд'éн'jъ], с днём рожде́ния, поздравля́ем ва́с с днём рожде́ния, поздра́вить, поздра́влю, разреши́те поздра́вить, не забу́дьте поздра́вить, жела́ть, пожела́ть, жела́ю сча́стья [щáс'т'jъ], успе́х, жела́ем успе́хов.

1. — Ни́на, / за́втра у О́ли де́нь рожде́ния. Не забу́дь её поздра́вить.

  — Не́т, / я́ по́мню. Она́ пригласи́ла меня́ в го́сти. Ты́ то́же пойдёшь?

  — Да́. Пойдём вме́сте.

  — Хорошо́. Дава́й встре́тимся у её до́ма в се́мь часо́в.

2. — Здра́вствуй, Оле́г! Поздравля́ем тебя́ с днём рожде́ния.

  — Спаси́бо.

  — Жела́ем тебе́ сча́стья / и всего́ са́мого хоро́шего.

  — Спаси́бо большо́е.

3. — Ната́ша, / поздравля́ю тебя́ с Но́вым го́дом.

  — Спаси́бо, дорога́я. Я́ то́же тебя́ поздравля́ю.

  — Жела́ю тебе́ здоро́вья / и успе́хов в но́вом году́.

  — Спаси́бо, / спаси́бо, Ма́ша. Жела́ю тебе́ сча́стья.

4. — Серге́й Миха́йлович, / разреши́те поздра́вить ва́с с пра́здником.

  — Спаси́бо, друзья́. Спаси́бо, что не забы́ли.

  — Жела́ем ва́м успе́хов в рабо́те / и хоро́шего здоро́вья.

  — Большо́е спаси́бо.

9. *Situations.*

Wish your friend many happy returns of the day, a Happy New Year. Congratulate him on his graduation from the University.

10. *Read the following aloud. Mark the stress in the underlined words.*

1. Байка́л — са́мое глубо́кое <u>о́зеро</u> в ми́ре. Где́ нахо́дятся Вели́кие <u>озёра</u>?
2. Это <u>пло́щадь</u> Револю́ции.
3. Вы́ зна́ете назва́ния э́тих <u>площаде́й</u>?
4. Эта зада́ча <u>проста́я</u>, а та́ ещё <u>про́ще</u>.
5. Этот костю́м <u>дорого́й</u>, но то́т ещё <u>доро́же</u>.
6. На́ш преподава́тель <u>молодо́й</u>, а ва́ш ещё <u>моло́же</u>.
7. Это зда́ние <u>высо́кое</u>, а то́ ещё <u>вы́ше</u>.
8. — Вы́ <u>переда́ли</u> приве́т Ната́ше? — <u>Передала́</u>.

11. *Read, paying attention to the intonation of amplifying phrases or clauses.*

В Зи́мнем дворце́,³ постро́енном в восемна́дцатом ве́ке, / сейча́с нахо́дится Эрмита́ж.¹

В Зи́мнем дворце́,⁴ постро́енном в восемна́дцатом ве́ке, / сейча́с нахо́дится Эрмита́ж.¹

В Зи́мнем дворце́, постро́енном в восемна́дцатом ве́ке,³ / сейча́с нахо́дится Эрмита́ж.¹

В Зи́мнем дворце́, постро́енном в восемна́дцатом ве́ке,⁴ / сейча́с нахо́дится Эрмита́ж.¹

Певцы́,³ кото́рых пригласи́ли на ко́нкурс, / прие́дут в Москву́ пя́того сентября́.¹

Певцы́,⁴ кото́рых пригласи́ли на ко́нкурс, / прие́дут в Москву́ пя́того сентября́.¹

Певцы́, кото́рых пригласи́ли на ко́нкурс,³ / прие́дут в Москву́ пя́того сентября́.¹

Певцы́, кото́рых пригласи́ли на ко́нкурс,⁴ / прие́дут в Москву́ пя́того сентября́.¹

12. *Listen to and read the text, paying attention to fluency, speed and intonation.*

Что́ тако́е Сиби́рь?

В 1890 году́ / знамени́тый ру́сский писа́тель Анто́н Па́влович Че́хов / пое́хал на о́стров Сахали́н. О́н прое́хал че́рез всю́ Сиби́рь.

Анто́н Па́влович писа́л: / «Е́сли пейза́ж в доро́ге для ва́с не после́днее де́ло, / то, когда́ вы́ е́дете из Росси́и в Сиби́рь, / вы́ бу́дете скуча́ть от Ура́ла до Енисе́я... Приро́да оригина́льная и прекра́сная / начина́ется с Енисе́я.

Ско́ро по́сле Енисе́я / начина́ется знамени́тая тайга́. О не́й мно́го говори́ли и писа́ли, / а потому́ от неё ждёшь не того́, что она́ мо́жет да́ть. Си́ла и очарова́ние тайги́ / не в дере́вьях-гига́нтах / и не в тишине́, / а в то́м, / что то́лько пти́цы зна́ют, / где она́ конча́ется.

В свое́й жи́зни я́ не ви́дел реки́ прекра́снее Енисе́я. Во́лга — скро́мная, гру́стная краса́вица, / а Енисе́й — могу́чий богаты́рь, / кото́рый не зна́ет, куда́ дева́ть свои́ си́лы и мо́лодость.

Та́к ду́мал я́ на берегу́ широ́кого Енисе́я / и смотре́л на его́ во́ду, / кото́рая с огро́мной быстрото́й и си́лой мчи́тся в Ледови́тый океа́н. На э́том берегу́ / Красноя́рск — / са́мый лу́чший и краси́вый из все́х сиби́рских городо́в, / а на то́м — го́ры.

Я́ стоя́л и ду́мал, / кака́я у́мная и сме́лая жи́знь освети́т в бу́дущем э́ти берега́!»

Сиби́рь с её исто́рией, / с её огро́мными бога́тствами / давно́ интересу́ет люде́й. Ка́ждый наро́д, ма́ленький и́ли большо́й, / хо́чет уви́деть бу́дущее свое́й земли́. Бу́дущее сиби́рской земли́ интересу́ет не то́лько сибиряко́в. Потенциа́льные ресу́рсы сырья́ и эне́ргии зде́сь та́к огро́мны, / что бу́дущее разви́тие Сиби́ри явля́ется пробле́мой, интересу́ющей все́х, / пробле́мой, / ва́жной для все́й плане́ты.

Сиби́рь начина́ется та́м, / где конча́ются Ура́льские го́ры. До́лго Сиби́рь была́ спя́щей землёй. И сейча́с, / в конце́ XX ве́ка, происхо́дит но́вое откры́тие Сиби́ри.

Геóлоги помогли́ уви́деть, как бога́та земля́ Сиби́ри. Не́т в ми́ре друго́го ме́ста, / где бы́ло бы та́к мно́го приро́дных бога́тств / и где бы́ло бы так тру́дно для челове́ка взя́ть и́х.

Иногда́ ка́жется, / что приро́да Сиби́ри не хо́чет, чтобы лю́ди взя́ли её бога́тства: / 4/5 (четы́ре пя́тых) террито́рии Сиби́ри / лежи́т в зо́не ве́чной мерзлоты́, / 7 ме́сяцев в году́ на се́вере и восто́ке Сиби́ри — зима́, / зимо́й температу́ра быва́ет — 40, — 60 (по Це́льсию).

Говоря́т, что в Сиби́ри е́сть всё: / не́фть, / га́з, / у́голь, / мета́ллы, / алма́зы. Сиби́рь — э́то ле́с, / э́то хле́б, / э́то электроэне́ргия.

Пе́рвый пла́н разви́тия Сиби́ри / появи́лся в 1926-1927 года́х. Но то́лько сейча́с челове́к мо́жет успе́шно реши́ть таку́ю зада́чу, / как освое́ние Сиби́ри.

В шестидеся́тые го́ды о́коло Новосиби́рска / со́здали крупне́йший нау́чный це́нтр — / Сиби́рское отделе́ние Акаде́мии нау́к СССР. В э́том це́нтре 48 институ́тов.

Вопро́сами разви́тия эконо́мики Сиби́ри / занима́ются ра́зные учёные: / геóлоги, / геóграфы, / биóлоги, / инжене́ры, / экономи́сты, / социóлоги.

Не́которые лю́ди ду́мают, что Сиби́рь — / э́то холо́дная земля́. Но в Сиби́ри не всегда́ хо́лодно, / ле́том быва́ет и о́чень тепло́: + 28, + 30 (по Це́льсию). И всё бо́льше тури́стов / ле́том е́дет в Сиби́рь.

Сиби́рская тайга́ — э́то тако́й ле́с, / како́го вы́ не уви́дите уже́ нигде́. Сло́вом «тайга́» называ́ют все́ сиби́рские леса́. Тайга́ — / э́то са́мый большо́й ле́с в Се́верном полуша́рии. А сиби́рские ре́ки? Бы́стрые, / могу́чие, / чи́стые. А города́?

В Сиби́ри е́сть ста́рые города́ — / Ирку́тск, / Краснoя́рск, / То́мск, / Новосиби́рск, / О́мск — / и́м бо́льше 100 (ста́) ле́т. И е́сть молоды́е города́: / Бра́тск, / Анга́рск, / Ми́рный.

О́чень бы́стро растёт населе́ние молоды́х сиби́рских городо́в. И населе́ние э́тих городо́в молодо́е: / бо́льше всего́ здесь молодёжи.

Изменя́ются и ста́рые города́. Во́т, наприме́р, Омск.
Ф.М. Достое́вский бы́л в Омске в XIX ве́ке. Го́род ему́ не
понра́вился: / «Омск — га́дкий городи́шко... Дере́вьев почти́ не́т».
Совреме́нный Омск — / са́мый зелёный го́род в РСФСР. Он похо́ж на
ю́жный го́род. Четвёртая ча́сть пло́щади го́рода — / э́то па́рки, / сады́,
/ скве́ры, / со́зданные рука́ми жи́телей го́рода. Жи́тели Омска мно́го
де́лают для того́, / чтобы сохрани́ть красоту́ сиби́рской приро́ды, /
чтобы вода́ в река́х и во́здух в го́роде оста́лись чи́стыми.

Сибиряки́ лю́бят госте́й. Они́ хорошо́ встреча́ют тури́стов / и ещё
лу́чше встреча́ют те́х, / кто́ приезжа́ет помога́ть рабо́тать, / кто́ хо́чет
побли́же познако́миться с Сиби́рью, / кто́ хо́чет поня́ть, что́ тако́е
Сиби́рь / и что́ та́м сейча́с происхо́дит.

Formation Practice

1. *Form synthetic comparatives for each of the following adjectives. (See Analysis 1.2-1.3.)*

Model: но́вый — нове́е

бе́дный, бога́тый, большо́й, вку́сный, весёлый, высо́кий, глубо́кий,
глу́пый, гру́стный, гря́зный, дли́нный, до́брый, дорого́й, интере́сный,
краси́вый, коро́ткий, ма́ленький, плохо́й, просто́й, си́льный, све́тлый,
симпати́чный, скро́мный, ти́хий, у́зкий, у́мный, чи́стый, холо́дный,
хоро́ший.

2. *Form analytic comparatives and superlatives for each of the adjectives listed in 1.*

Model: но́вый — бо́лее но́вый, са́мый но́вый

3. *Supply imperatives for each of the following verb stems.*

б/ра́-, ве́ри-, встава́й-, сказа́-, лете́-, наде́я-ся, купи́-, танцова́-, ста́ви-,
сдава́й-, сади́-ся, откро́й-, отве́ти-, организова́-

Written Exercises for General Review

1. *Translate, referring to Analysis XV, 1.0-1.4 as necessary. Mark stress throughout.*

1. Moscow is older than Leningrad.

2. This novel is more interesting than the stories we read in March.

3. Irkutsk is farther away from Moscow than Vladimir.

4. Everyone knows that children who play soccer are more cheerful than children who take exams.

5. The sky is darker now than a few hours ago.

6. My father is taller than my mother, but shorter than my elder brother.

7. Your dormitory is quieter than the student club of course, but the library is the quietest place of all.

8. Boris is younger than his sister, but older than my brother.

9. This music is sad, but the music they played before was still sadder.

10. These exercises are very important, but the exercises in Lesson 5 are more important and more difficult.

2. *Translate into Russian, marking stress throughout.*

1. "Did any of our students take part in the competition?"
   "No, no one took part in the competition this semester."

2. "It's Friday. Let's go somewhere this evening!"

"Fine. Where do you want to go?"

"Have you ever been to "Club Montana?""

"Yes, my older brother went there when it was just opened. He didn't like it and it's very far away. He advised us to go somewhere closer to the unviersity."

"I think we had better go to a movie. What's on?"

"Tonight they are showing the film "2001.""

3. If I had the time, I would go to Samarkand. I have never been to Uzbekistan.

4. "May I please speak to Masha?"
   "She is not here now. May I give her a message?"
   "Do you know when she will be back?"
   "This evening. She went to work."
   "Please let her know that Sasha called."
   "Fine, I will."
   "Thank you."

Unit 16

Practice Exercises

| I | Э́тот райо́н хорошо́ **изу́чен** гео́логами. |

1. *Read and translate.*

1. Арти́ст М. Улья́нов чита́л по ра́дио рома́н М. Шо́лохова «Ти́хий Дóн». Вчера́ бы́ло прочи́тано нача́ло рома́на.
2. Недалеко́ от Бре́ста архео́логами бы́ло откры́то ме́сто, где мно́го веко́в наза́д жи́ли лю́ди. Та́м на́чаты археологи́ческие рабо́ты. Рабо́ту та́м на́чали не́сколько ле́т наза́д.

2. *Change the sentences.*

Model: Э́тот рома́н напи́сан молоды́м писа́телем.
         Э́тот рома́н написа́л молодо́й писа́тель.

1. Телегра́мма по́слана Ви́ктором из Ки́ева.
2. Э́та пе́сня давно́ забы́та все́ми.

3. Мы́ живём в до́ме, кото́рый постро́ен на́шим де́душкой.
4. Э́та колле́кция ма́рок со́брана мои́м бра́том.

Model: Телегра́мма была́ полу́чена то́лько в понеде́льник.
Телегра́мму получи́ли то́лько в понеде́льник.

1. В воскресе́нье магази́н бы́л откры́т в де́вять часо́в.
2. Э́та рабо́та была́ начата́ го́д наза́д.
3. Вре́мя нача́ла конце́рта бы́ло изменено́.
4. Э́ти цветы́ бы́ли привезены́ из Кры́ма.
5. В во́семь часо́в ве́чера магази́н уже́ бы́л закры́т.
6. Чья́ э́то ру́чка? Мо́жет бы́ть, она́ забы́та и́ли поте́ряна?
7. Э́ти дере́вья привезены́ сюда́ из Кана́ды.

3. *Complete the sentences on the left, using those on the right as relative clauses.*

Model: Михаи́л подари́л мне́ небольшу́ю ла́мпу, кото́рая была́ сде́лана из де́рева.

1. Институ́т нахо́дится в зда́нии, ...	Э́то зда́ние постро́ено в 1952 году́.
2. В музе́е на́м показа́ли колле́кцию дре́вних кни́г, ...	Колле́кция со́брана ста́рым писа́телем.
3. Хоти́те посмотре́ть кни́ги, ...	Кни́ги ку́плены для студе́нтов пе́рвого ку́рса.
4. Я́ могу́ показа́ть ва́м откры́тки, ...	Откры́тки при́сланы мне́ из А́нглии.
5. Мы́ занима́емся в клу́бе тури́стов, ...	Клу́б тури́стов со́здан в 1975 году́.
6. Неда́вно мы́ бы́ли на вы́ставке, ...	Вы́ставка откры́та в зда́нии До́ма худо́жников.
7. Мы́ получи́ли телегра́мму, ...	Телегра́мма по́слана пе́ред пра́здником.
8. Мы́ прочита́ли расска́з, ...	Расска́з напи́сан писа́телем-био́логом.

Expression of Spatial Relations

4. *Insert the preposition* в *or* на. *Write out the sentences.*

1. Ло́жки и ви́лки лежа́т ... столе́. Таре́лки стоя́т ... по́лке.
2. Костю́м виси́т ... шкафу́. Портфе́ль лежи́т ... сту́ле. Телегра́мма лежи́т ... портфе́ле.
3. Пти́ца сиди́т ... де́реве.

4. Ребя́та сидя́т ... дива́не и игра́ют в ша́хматы. Ша́хматы стоя́т ... сту́ле.

5. Ва́за с цвета́ми стои́т ... окне́.

5. *Compose sentences with the following nouns. Note their endings. Write down your sentences.*

г д е́? — в саду́, в лесу́, в порту́, на берегу́, в шкафу́.

6. *Read the phrases. Compose sentences with them and write them down.*

(a) в шко́ле, в го́роде, в дере́вне, в зда́нии;

(b) на стадио́не, на у́лице, на пло́щади, на пя́том этаже́, на берегу́, на о́строве, на доро́ге;

(c) на ле́кции, на семина́ре, на конфере́нции, на уро́ке, на вы́ставке, на конце́рте.

7. *Complete the sentences, using the words in brackets in the required form with the preposition* в *or* на.

1. Мы́ живём ... (небольшо́й го́род). На́ш до́м нахо́дится ... (у́лица), недалеко́ от вокза́ла. На́ша кварти́ра нахо́дится ... (тре́тий эта́ж).

2. ... (пло́щадь) Маяко́вского стои́т па́мятник. Па́мятник нахо́дится ... (це́нтр) пло́щади.

3. Это зда́ние биологи́ческого факульте́та. ... (это зда́ние) нахо́дятся аудито́рии, лаборато́рии. Зде́сь же студе́нты мо́гут пообе́дать ... (студе́нческая столо́вая).

4. Ле́том мы́ жи́ли ... (бе́рег) о́зера. Недалеко́ от бе́рега бы́л небольшо́й о́стров. Иногда́ мы́ пла́вали туда́. ... (э́тот о́стров) бы́л небольшо́й до́мик, где́ жи́ли рыбаки́.

5. Сего́дня пра́здник. Везде́ мно́го наро́да: ... (у́лицы, пло́щади, па́рки).

8. *Compose dialogues, as in the model, and write them down.*

Model: — Смотри́те, во́т ка́рта. Это на́ш райо́н. Зде́сь небольшо́й ле́с.
— А что́ та́м?
— За э́тим ле́сом не́сколько дереве́нь.

1. Это о́зеро.

2. Зде́сь река́, а да́льше го́ры.

3. Зде́сь дома́, па́рк.

4. В э́том ме́сте бу́дут стро́ить гости́ницу.

5. Зде́сь дере́вня, а немно́го да́льше доро́га.

6. Дере́вня нахо́дится недалеко́ от ле́са.

9. *Compose sentences with the following phrases. Write them down.*

(a) о́коло ле́са, недалеко́ от реки́, вокру́г дере́вни; (b) ря́дом с заво́дом, пе́ред зда́нием, за до́мом, над го́родом, под горо́й, за реко́й.

10. *Answer the questions, using nouns preceded by the prepositions in brackets in your answers.*

1. Вы́ живёте далеко́ от шко́лы? (ря́дом с, о́коло)
2. Что́ стро́ят та́м, на берегу́ реки́? (о́коло, за)
3. Зде́сь бу́дут дома́. А где́ бу́дут дере́вья, па́рки? (вокру́г, ря́дом с, пе́ред)
4. Зде́сь бу́дут дере́вья. А где́ бу́дут цветы́? (о́коло, за)
5. Э́то центра́льная пло́щадь? Зде́сь по́чта. А та́м что́ нахо́дится? (ря́дом с, недалеко́ от, за)

11. *Complete the sentences, using the words in brackets in the required case.*

Мы́ тури́сты. Мы́ лю́бим ходи́ть по ... (незнако́мые доро́ги). В про́шлое воскресе́нье мы́ бы́ли за ... (го́род). Де́нь бы́л тёплый. Мы́ вы́брали хоро́шее ме́сто недалеко́ от ... (доро́га), на ... (бе́рег реки́), в ... (ле́с). Де́вушки пошли́ гуля́ть по ... (ле́с), мы́ на́чали гото́вить обе́д. Пото́м мы́ обе́дали под... (дере́вья), разгова́ривали, пе́ли. Вокру́г ... (мы́) бы́ло мно́го цвето́в. Над ... (река́) лета́ли каки́е-то пти́цы.

12. *Read the text. Ask questions* (г д е́?, к у д а́?, о т к у́ д а?) *about the underlined phrases.*

Мы́ шли́ из ле́са в дере́вню и о́чень уста́ли. Неда́вно шёл до́ждь, и доро́га была́ плоха́я. С реки́ возвраща́лись ребя́та. Они́ спеши́ли домо́й: бы́ло уже́ хо́лодно. Ле́том в на́шу дере́вню приезжа́ют отдыха́ть лю́ди из го́рода. Ле́том хо́чется отдыха́ть та́м, где есть ле́с, река́. Ле́том у на́с хорошо́. К на́м приезжа́ет мно́го молодёжи, быва́ет ве́село. Ве́чером мы́ собира́емся на гла́вной пло́щади и́ли о́коло клу́ба. Мно́го ра́зных люде́й прихо́дит к на́м на вечера́. Одни́ прихо́дят к на́м, чтобы послу́шать выступле́ние хо́ра, други́е — чтобы танцева́ть, встре́титься с друзья́ми.

13. *Ask questions and answer them, using the words given below.*

Model: — Куда́ де́ти иду́т у́тром?
         — Они́ иду́т в шко́лу.
         — Отку́да они́ возвраща́ются днём?
         — Они́ возвраща́ются из шко́лы.

студе́нты, спортсме́ны, врачи́, инжене́ры, учителя́.

14. *Change the sentences. Write them out.*

Model: Мы́ идём в клу́б на конце́рт.
    Мы́ идём из клу́ба с конце́рта.

1. Студе́нты иду́т в институ́т на ле́кции.
2. Мы́ спеши́м в университе́т на семина́р.
3. Шко́льники иду́т в шко́лу на уро́к англи́йского языка́.
4. Рабо́чие е́дут в го́род на заво́д.
5. А́нна е́дет в це́нтр го́рода на рабо́ту.
6. Ве́чером мы́ идём в теа́тр на но́вый спекта́кль.
7. По́сле заня́тий де́ти иду́т в па́рк на стадио́н.
8. Гру́ппа студе́нтов идёт в музе́й на вы́ставку.

15. *Answer the questions, using the words on the right.*

Model: — Куда́ и к кому́ о́н идёт сего́дня ве́чером?
    — О́н идёт в общежи́тие к дру́гу.
    — Отку́да о́н идёт?
    — О́н идёт из общежи́тия от дру́га.

1. Куда́ и к кому́ вы́ е́дете? Отку́да вы́ е́дете?	Ки́ев, ма́ма
2. Куда́ вы́ пойдёте ве́чером? Отку́да вы́ пришли́ та́к по́здно?	теа́тр, знако́мый арти́ст
3. Куда́ они́ пое́дут в воскресе́нье? Отку́да они́ верну́лись в понеде́льник?	друго́й го́род, друзья́
4. Куда́ вы́ е́здили с ва́шими друзья́ми? Отку́да вы́ прие́хали с ва́шими друзья́ми?	дере́вня, шко́льный това́рищ

16. *Complete the sentences, inserting the words in brackets in the required case.*

 Ве́ра Миха́йловна давно́ не была́ в ... (сво́й родно́й го́род): два́ го́да она́ рабо́тала за ... (грани́ца). Она́ с удово́льствием шла́ по ... (знако́мая у́лица). Заме́тила, что за ... (шко́ла) появи́лся па́рк и вокру́г ... (шко́ла) бы́ло мно́го дере́вьев. Она́ подошла́ к ... (зда́ние) шко́лы, хоте́ла войти́, но в э́то вре́мя из ... (шко́ла) вы́шла гру́ппа ребя́т. Они́ уви́дели Ве́ру Миха́йловну и подошли́ к ... (она́): «Здра́вствуйте, Ве́ра Миха́йловна!» — «Здра́вствуйте, ребя́та! Ка́к ва́ши дела́?» Ребя́та рассказа́ли свое́й бы́вшей учи́тельнице, Ве́ре Миха́йловне, о то́м, что́ измени́лось в ... (и́х го́род), в ... (и́х жи́знь). Они́ сообщи́ли, что за ... (река́) постро́или электроста́нцию, а о́коло ... (стадио́н) стро́ят бассе́йн. Ребя́та рассказа́ли, как ле́том они́ е́здили в ... (го́род Арха́нгельск). Э́тот го́род нахо́дится на ... (се́вер) СССР. Они́ про́жили в ... (э́тот го́род) три́ дня́. Пото́м они́ е́здили на ... (острова́) в Бе́лом мо́ре. Они́ мно́го ходи́ли по ... (леса́).

В э́том году́ они́ хотя́т пое́хать на ... (юг), в ... (Сре́дняя А́зия).

Phonetic Exercises

1. *Read, paying attention to the pronunciation of the relevant sounds.*

[л]: золота́я, уста́ла, оде́ла, нема́ло, тяжёлый, пла́тье, кана́л, уста́л, оде́л, победи́л;

[л']: любо́й, уста́ли, победи́ли, оде́ли, да́льний, пальто́, национа́льность, жа́ль;

[р]: уве́рен, уве́рена, уве́рены, брю́ки, приве́тствие, ры́царь;

[т], [д], [н], [с], [з]: зо́нт, уста́ну, веду́, да́льний, садово́д, боти́нки;

[п], [к]: пара́д, пое́здка, колхо́з, корреспонде́нт, кана́л;

[ш]: ба́шня, путеше́ствие, путеше́ствуешь;

[ж]: неожи́данно, оде́жда, возмо́жность, освобожда́ешь;

[щ]: защи́та, защища́ю, защища́ешь, защищу́, защити́м, настоя́щее, ве́щи, ве́щь, плащи́, пла́щ;

[ч]: замеча́ть, замеча́ешь, заме́чу, мечта́ть, мечта́, тво́рчество;

[х]: эпо́ха, колхо́з, колхо́зник;

[ц]: одева́ться, наде́яться, собира́ться, со́лнце [со́нцъ], национа́льность;

soft consonants: вести́, не́бо, мечта́ть, оде́ть, заме́тить, защити́ть, освободи́ть, нефтя́ник, приве́тствие, произведе́ние.

2. *Read, paying attention to the pronunciation of unstressed syllables.*

— ´ —	оде́жда, защи́та, пое́здка, стара́ться, возмо́жность;
— — ´	садово́д, аспира́нт, устава́ть, выбира́ть, выража́ть, замеча́ть, защища́ть;
´ — —	вы́разить, тво́рчество, а́рмия;
— — ´ —	собира́ться, постара́ться, совреме́нник;
— ´ — —	наде́яться, приве́тствие, тяжёлое;

— — — ´   освобожда́ть, освободи́ть;

— — — ´ — — неожи́данно, настоя́щее, путеше́ствовать, путеше́ствие, путеше́ственник;

— — — — ´ — национа́льность;

— — — — ´ — — произведе́ние;

— — — — — ´ — необыкнове́нный;

вра́г — враги́, зо́нт — зонты́, ве́щь — ве́щи — веще́й, выбира́ть — вы́брать, выража́ть — вы́разить, замеча́ть — заме́тить, носи́ть — ношу́ — но́сишь, но́сите — носи́те.

3. *Read aloud. Underline the devoiced, voiced and silent consonants.*

вра́г, ги́д, садово́д, моро́з, пара́д, пое́здка, со́лнце, изве́стна, изве́стный, сде́лан.

4. *Read, paying attention to the pronunciation of, and the stress in, short-form verbal adjectives.*

написа́ть, напи́санный, напи́сана, напи́сан; подари́ть, пода́ренный, пода́рен, пода́рена, пода́рены; постро́ить, постро́енный, постро́ен, постро́ена, постро́ены; реши́ть, решённый, решён, решена́, решены́; назва́ть, на́званный, на́зван, на́звана, на́званы; сказа́ть, ска́занный, ска́зано; нача́ть, на́чатый, на́чат, начата́, на́чаты; показа́ть, пока́занный, пока́зан, пока́зана, пока́заны.

1. — Ке́м напи́сан э́тот портре́т Л. Н. Толсто́го?
   — Я́ ду́маю, что И. Е. Ре́пиным.
2. — Когда́ осно́ван Моско́вский университе́т?
   — В 1755 году́.
   — А ке́м?
   — М. В. Ломоно́совым.
3. — Где́ ты́ купи́л э́ту кни́гу?
   — Э́та кни́га мне́ пода́рена отцо́м.
4. — Ке́м постро́ено ста́рое зда́ние Моско́вского университе́та?
   — Архите́ктором Казако́вым.
5. — Ка́к ты́ ду́маешь, музе́й уже́ закры́т?
   — Ду́маю, что ещё откры́т.
6. — Когда́ на́чато э́то строи́тельство?
   — Го́д наза́д.
7. — Чьи́м и́менем на́звана Моско́вская консерва́тория?
   — И́менем П. И. Чайко́вского.

5. *Read, making sure you pronounce each prepositional phrase as a single unit. Indicate the types of ICs. Dramatize the dialogues.*

в го́роде, на берегу́ мо́ря, на Кавка́зе, на Украи́не, о́коло до́ма, ря́дом с до́мом, пе́ред консервато́рией, над столо́м, под сту́лом, по́ лесу, недалеко́ от Москвы́, за́ городом.

1. — Где́ вы́ живёте?
   — Недалеко́ от Москвы́, за́ городом.
   — А рабо́таете вы́ то́же за́ городом?
   — Не́т, рабо́таю я́ в Москве́.

2. — Ка́к вы́ е́здите на рабо́ту?
   — Я́ не е́зжу, я́ хожу́ пешко́м. Я́ живу́ ря́дом с институ́том. А вы́?
   — Я́ то́же живу́ недалеко́ от заво́да, где́ я́ рабо́таю. Я́ е́зжу на метро́. Ста́нция метро́ о́коло моего́ до́ма.

3. — Где́ вы́ обы́чно отдыха́ете?
   — В Крыму́ и́ли на Кавка́зе. А вы́?
   — А я́ бо́льше люблю́ Приба́лтику. На ю́ге для меня́ сли́шком мно́го со́лнца.

4. — Вы́ не ска́жете, где́ зде́сь метро́?
   — На то́й стороне́ у́лицы, во́н за те́м до́мом.
   — Спаси́бо.

5. — На како́й у́лице вы́ живёте?
   — На у́лице Че́хова.
   — Э́то далеко́ отсю́да?
   — Не́т, недалеко́. Две́ авто́бусные остано́вки.

6. — Ната́ша, пое́дем за́втра за́ город.
   — А что́ та́м де́лать?
   — Погуля́ем по́ лесу.
   — Мне́ не хо́чется никуда́ е́хать. У меня́ пе́ред до́мом большо́й па́рк. Мы́ та́м хо́дим зимо́й на лы́жах, а ле́том гуля́ем.

7. — Ты́ не зна́ешь, где́ мо́й слова́рь? Нигде́ не могу́ его́ найти́.
   — Я́ ви́дела его́ на по́лке над столо́м.
   — А где́ моя́ ру́чка?
   — Во́н лежи́т под сту́лом. На́до всё ве́щи кла́сть на свои́ места́, тогда́ не ну́жно бу́дет иска́ть и́х.

6. *Read, making sure you pronounce each prepositional phrase as a single unit. Indicate the types of ICs. Dramatize the dialogues. Compose similar dialogues.*

в Москве́, в Москву́, из Москвы́; в институ́те, в институ́т, из институ́та; в теа́тре, в теа́тр, из теа́тра; в магази́не, в магази́н, из магази́на; у врача́, к врачу́, от врача́.

1. — Куда́ ты́ идёшь?
   — В институ́т. А ты́?
   — А я́ из институ́та.
   — Ты́ не ви́дел в институ́те Пе́тю?
   — Не́т, не ви́дел.
2. — Куда́ ты́ ходи́ла?
   — К подру́ге.
   — Та́к до́лго была́ у подру́ги?
   — Почему́ до́лго? Я́ пришла́ от неё ча́с наза́д. Пото́м я́ ещё ходи́ла в магази́н.
3. — Куда́ вы́ е́здили?
   — На Кавка́з.
   — Вы́ до́лго бы́ли на Кавка́зе?
   — Не́т, недо́лго. Две́ неде́ли.
4. — Что́ ты́ бу́дешь де́лать ве́чером?
   — Пойду́ в теа́тр.
   — А когда́ вернёшься из теа́тра?
   — В де́сять часо́в.
   — Дава́й я́ тебя́ встре́чу у теа́тра, и мы́ немно́го погуля́ем.
   — Хорошо́.

7. *Read aloud. Indicate the types of ICs. Dramatize the dialogues. Compose similar dialogues.*

мы́ хоте́ли бы пое́хать, о́н хоте́л бы купи́ть, она́ бы купи́ла, они́ бы пое́хали.

1. — Что́ ты́ сего́дня собира́ешься де́лать ве́чером?
   — Не зна́ю. Зна́ю то́лько, что я́ бы не хоте́л сего́дня сиде́ть до́ма оди́н. Я́ бы пошёл куда́-нибудь.
   — Куда́? В кино́, в го́сти, в рестора́н?
   — Слу́шай, дава́й пойдём в рестора́н. Мы́ же сда́ли сего́дня после́дний экза́мен.
   — С удово́льствием. Я́ бы то́лько позвони́л и пригласи́л на́ших ребя́т: Ма́шу, Серёжу, Андре́я, Ната́шу.
   — Коне́чно, дава́й и́м позвони́м.
2. — Ка́к по-тво́ему, что на́м купи́ть Ната́ше на де́нь рожде́ния?
   — Я́ бы хоте́л подари́ть е́й кни́гу, кото́рую она́ хо́чет, но нигде́ не могу́ её найти́.
   — А я́ бы подари́л е́й цветы́ и конфе́ты. Все́ же́нщины лю́бят цветы́ и сла́дкое.
   — Хорошо́. Дава́й ку́пим цветы́ и конфе́ты.

3. — Я́ бы купи́ла вот э́то пла́тье.
   — А я́ бы не ста́ла его́ покупа́ть. По-мо́ему, оно́ некраси́вое и сли́шком дорого́е.
4. — Куда́ Серге́й хо́чет поступа́ть по́сле шко́лы?
   — О́н хоте́л бы поступи́ть в университе́т на биологи́ческий факульте́т.
   — А по-мо́ему, ему́ ну́жно бы́ть худо́жником. У него́ тала́нт.

8. *Read, paying attention to the pronunciation of expressions of gratitude. Dramatize the dialogues. Compose similar dialogues.*

Спаси́бо. Большо́е спаси́бо. Большо́е ва́м спаси́бо. Спаси́бо за по́мощь. Спаси́бо за поздравле́ние.

1. — Ири́на Ива́новна, большо́е спаси́бо ва́м за по́мощь.
   — Не́ за что. Я́ всегда́ ра́да ва́м помо́чь.
2. — Ната́ша, я́ купи́л ва́м биле́ты в кино́.
   — Спаси́бо большо́е.
   — Пожа́луйста.
3. — Поздравля́ем ва́с. Жела́ем сча́стья.
   — Большо́е спаси́бо.
4. — Спаси́бо за обе́д. Всё бы́ло о́чень вку́сно.
   — На здоро́вье. Мне́ о́чень прия́тно, что ва́м понра́вилось.
5. — Ната́ша, пойдём с на́ми сего́дня в теа́тр.
   — Спаси́бо за приглаше́ние, но я́ сего́дня не могу́.

9. *Read, paying attention to the intonation of verbal adverb constuctions.*

Верну́вшись в университе́т о́сенью, / студе́нты расска́зывали о своём путеше́ствии по Сре́дней А́зии.

Верну́вшись в университе́т о́сенью, / студе́нты расска́зывали о своём путеше́ствии по Сре́дней А́зии.

Изуча́я ру́сский язы́к, / вы́ должны́ мно́го чита́ть.

Изуча́я ру́сский язы́к, / вы́ должны́ мно́го чита́ть.

Путеше́ствуя по Сре́дней А́зии, / мы́ знако́мились с па́мятниками дре́вней архитекту́ры, / с исто́рией страны́.

Путеше́ствуя по Сре́дней А́зии, / мы́ знако́мились с па́мятниками дре́вней архитекту́ры, / с исто́рией страны́.

10. *Listen to and read the text, paying attention to speed, fluency and intonation.*

Приглашéние к путешéствию

В дéтстве я́ мечтáл стáть путешéственником, / но ви́дел тóлько Москву́,³ где́ я́ роди́лся, / и небольшóй городóк недалекó от Москвы́, / в котóром прошлá чáсть моегó дéтства.

Поездá пробегáли ми́мо нáшей стáнции,⁴ / унося́ мою́ мечту́ к высóким горáм, / к далёким моря́м и океáнам.

Прошлó немáло лéт. Я́ мнóго éздил по странé.¹ Бы́л в Каракýмах,⁴ / на Сéверном пóлюсе,⁴ / на берегáх Балти́йского мóря,⁴ / в Сиби́ри⁴ / и на Дáльнем Востóке. Э́ти поéздки давáли мнé возмóжность ви́деть,⁴ / кáк изменя́ется лицó страны́.¹ И́, мóжет бы́ть, поэ́тому я́ могу́ стáть вáшим ги́дом.

Кáк мы́ начнём нáше путешéствие?³ Мóжет бы́ть, мы́ поéдем в гóры?³ Нó куда́?² На Урáл?³ На Кавкáз?³ На Пами́р?³

Урáльские гóры³ — / óчень стáрые гóры, / они́ невысóкие. И человéк, / впервы́е éдущий из Москвы́ на востóк,³ / мóжет проéхать, не замéтив и́х. Éсли вы́ хоти́те уви́деть чтó-нибудь необыкновéнное,³ / то поезжáйте на Пами́р. Э́то высочáйшие гóры. Осóбенно краси́в бывáет Пами́р,³ / когдá у́тром появля́ется сóлнце.

А мóжет бы́ть, вáм интерéсно посмотрéть местá,³ / где́ рáньше никогдá не бывáл человéк?

Дóлго на географи́ческой кáрте Росси́и⁴ / бы́ло мнóго «бéлых пя́тен». Путешéственники,⁴ / геóграфы⁴ / вели́ наýчную рабóту, / нó и́х бы́ло óчень мáло. В начáле XX вéка³ / в Сиби́ри рабóтал тóлько оди́н госудáрственный геóлог.

В студéнческие гóды³ / я́ мнóго путешéствовал по мáло изýченным Пами́ру³ / и Тя́нь-Шáню.

Стáв взрóслым, / я́ пóнял, что ещё интерéснее,³ / путешéствуя, знакóмиться с культýрой прóшлого. Как пáмятники кáждой эпóхи, / остаю́тся на землé городá,⁴ / канáлы и сады́,⁴ / пéсни и тáнцы.

Страна́ — э́то не про́сто земля́. Э́то земля́, / на кото́рой живу́т лю́ди. В Сове́тском Сою́зе живёт 290 миллио́нов челове́к. И е́сли ве́жливый го́сть захо́чет сказа́ть «здра́вствуйте» на языка́х наро́дов, живу́щих в СССР, / он до́лжен бу́дет вы́учить бо́лее 100 (ста́) слов.

Вы́ познако́митесь с ра́зными национа́льностями, / с ра́зными тради́циями, / кото́рые выража́ются в архитекту́ре городо́в, / в иску́сстве, / в наро́дном тво́рчестве, / в то́м, что лю́ди говоря́т на ра́зных языка́х, / по-ра́зному одева́ются, / по-ра́зному встреча́ют госте́й. Вы́ послу́шаете и́х национа́льные пе́сни, / посмо́трите национа́льные та́нцы. Я наде́юсь, что в ка́ждом тако́м путеше́ствии / вы́ откро́ете что́-то но́вое.

Вы́ мо́жете мно́го ме́сяцев е́здить по дре́вним ру́сским города́м. Вы́ хоти́те зна́ть, интере́сно ли э́то? По-мо́ему, о́чень интере́сно, / и ва́м не бу́дет ску́чно. Я уве́рен: / чтобы уви́деть что́-то интере́сное, / не на́до е́хать сли́шком далеко́. Мно́го интере́сного е́сть в це́нтре Росси́и, / в Москве́ / и о́коло Москвы́. Во́т, наприме́р, го́род Влади́мир. О́н нахо́дится недалеко́ от Москвы́ (178 киломе́тров). Го́род бы́л осно́ван в 1108 году́ / на высо́ком берегу́ реки́ / Влади́миром Монома́хом / и на́зван его́ и́менем.

В XII ве́ке / Влади́мир бы́л столи́цей Влади́мирско-Су́здальской земли́, / одни́м из са́мых краси́вых и бога́тых городо́в Се́веро-Восто́чной Руси́.

Путеше́ствие во Влади́мир / откро́ет пе́ред ва́ми не́сколько страни́ц исто́рии ру́сского наро́да.

Подъезжа́я к го́роду, / вы́ заме́тите дре́вние собо́ры. В нача́ле гла́вной у́лицы го́рода / вы́ уви́дите Золоты́е воро́та. И́х стро́или 6 ле́т (1158-1164 гг.). Золоты́е воро́та бы́ли ча́стью кре́пости, / кото́рая защища́ла го́род от враго́в. Золоты́е воро́та по́мнят тяжёлые времена́ тата́ро-монго́льского и́га, / когда́ враги́ вошли́ в го́род, / когда́ горе́л го́род, / горе́ли его́ деревя́нные дома́ и собо́ры, / когда́ бы́ли уби́ты все́ жи́тели го́рода. По́мнят Золоты́е воро́та и други́е собы́тия.

Зде́сь влади́мирцы встреча́ли отря́ды Алекса́ндра Не́вского, / победи́вшие неме́цких ры́царей (1242 г.), / а́рмию Дми́трия Донско́го (1380 г.). Че́рез Золоты́е воро́та проходи́ли отря́ды Дми́трия Пожа́рского, / освобожда́вшие ру́сскую зе́млю от по́льско-лито́вских интерве́нтов.

Во вре́мя пра́здников / открыва́лись две́ри Успе́нского собо́ра. Собо́р бы́л постро́ен в 1158 году́. Та́м нахо́дятся произведе́ния худо́жников XII-XVII веко́в, / чьи́ имена́ на́м неизве́стны, / и фре́ски знамени́того древнеру́сского ма́стера Андре́я Рублёва.

Мо́жно до́лго ходи́ть по Влади́миру, / и жа́ль уезжа́ть из го́рода. Но на́с ждёт Су́здаль! И если вы́ не уста́ли, / мы́ пое́дем в Су́здаль.

Вы́ интересу́етесь, далеко́ ли е́хать до Су́здаля. Не́т, / недалеко́. Через два́дцать мину́т / вы́ на авто́бусе прие́дете в Су́здаль, / го́род, / кото́рый явля́ется архитекту́рным запове́дником. Зде́сь не стро́ят совреме́нные зда́ния, / поэ́тому го́род мы́ ви́дим почти́ таки́м, / каки́м о́н бы́л мно́го веко́в наза́д.

Выбира́йте любо́й маршру́т. Перед ва́ми больша́я и интере́сная страна́. И, знако́мясь с па́мятниками совреме́нной культу́ры, / с па́мятниками про́шлых веко́в, / постара́йтесь поня́ть те́х, / кто́ и́х создава́л и создаёт, / постара́йтесь бо́льше узна́ть о лю́дях, / кото́рые явля́ются ва́шими совреме́нниками.

Formation Practice

I. Verbal Adjective Formation and Verb Conjugation

Form short form past passive verbal adjectives from the following basic stems and use each in a Russian sentence. Mark stress in each. (See XVI, 1.10-1.11.)

прочит**а́й**-, откр**о́й**-, куп**и̯**-, сде́лай -, включ**и́**-, организов**а́**-, прож**и̯в**-, сказ**а̯**-, за́йм-, уви́де-, реш**и́**-, встре́ти-, унёс-.

II. Verbal Adjective Formation and Verb Conjugation. *(See XV, 4.10.)*

Conjugate the following verbs in the non-past and past. Form imperatives and infinitives. Form and write down present active verbal adjectives for all imperfective verbs, and past active verbal adjectives for all perfective verbs. Form past passive verbal adjectives from all those marked with*.

дикт**ова́**- I, терп**е̯**- 'endure' I, *закр**о́й**- p., бо**я́**-ся (active verbal adjectives require **-ся** throughout, incl. after vowels), интерес**ова́**- I, *реш**и́** - p., *напис**а̯**- p., *перевёд- p., открыв**а́й**- I, *спрос**и̯**- p., *уви́де- p., *сказ**а̯**- p.

Written Exercises for General Review

I. Verb Formation

Supply conjugations for each of the following basic stems; include past tense (m., f., pl.), infinitive, imperative and present (or perfective future) (1st, 2nd sing., third pl.). Mark stress in all forms.

лов**и̯**- 'catch', ликвиди́рова- 'liquidate', встав**а́й**- 'get up', вяз**а̯**- 'knit', откр**о́й**-, плы̯в-, привёз-, спа́ть (irreg.)

II. Written Practice

Write 7-10 sentences in Russian in which you tell an acquaintance about a close friend or member of your family. State when this person was born, where he/she went to school, where he/she works, vacations; include information about his/her interests in literature, sciences, sports.

III. Translation

Translate. Mark stress throughout. Write out all the numerals.

1. Puskhin is the greatest Russian poet. He was born on June 6, 1799, and died in 1837 at the age of 37.

2. Valya called this morning to invite us to the Bolshoi Theater tonight. Yelena Obraztsova is performing in *Carmen*. The beginning of the opera is at 7. Valya said that her brother would take us there in his car. We'll all have supper here first, then we will leave for the Bolshoi at 6:15. So, come here at about 6.

3. "Do you know that young writer's name?"

"Yes, he has a beautiful Russian name, Oleg."

4. "Whose book were you reading at the library yesterday?"

"I wanted to read Vasily Shukshin's book, *Characters,* which has been talked about a great deal. I don't have it yet. It wasn't in the library yesterday either. That is why I decided to read *Anna Karenina*. I study Russian literature and I am very fond of Tolstoy's novels."

5. "What is the weather like in Philadelphia now?"

"A week ago it was very nice, but now it isn't."

6. "Who is your favorite composer?"

"I love Bach, Tchaikovsky and Prokofiev."

7. My friend Anya's brother, Anton, knows contemporary cinema very well. In September, for example, when he wasn't working, he saw a film every day. He said that he had seen all the new Soviet, American and French films.

Units 14-16

Review Assignment

I. Verb Formation

Supply conjugations for each of the following stems (include past tense, non-past, infinitives and imperatives). Stems not included in first-year vocabulary are translated. Mark stress in all forms.

торгова́- 'trade', *гла́ди-* 'iron', *сдава́й-*, хоте́ть (irreg.), *нӑчн-, искӑ-,* пойти́ (irreg.)

II. Written Practice

Compose a brief letter to a pen-pal in the Soviet Union, whom you are writing to for the first time. Introduce yourself, tell where you live, where you go to school, what you are studying (which department, which year), what you plan to do after graduation, your other interests.

III. Translation

1. *Translate. Mark stress throughout. Write out all numerals.*

1. "Mary, would you like to go to a theater on the fifteenth?"

"Which theater?"

"The Art Theater."

"And what will be on on the fifteenth?"

"*Ivanov.* It is a well-known play by Chekhov."

"Oh, I'd love to go. I am very fond of Chekhov and I haven't seen that play. They say there are very good actors at the Art Theater."

"Yes, there are many talented young actors there. I'm sure you will like the performance."

"But it'll be difficult for me to understand the words. I must read *Ivanov* in Russian before the fifteenth. I've already read *The Three Sisters* in Russian, but I haven't seen it on stage either."

"After we have seen *Ivanov,* we must go and see *The Three Sisters.*"

"That's a good idea."

2. "Hello, Mary. Have you forgotten that we're going to the theater tonight?"

"No, I haven't. Where and when do we meet?"

"Let's meet at the theater at 7:30. But if you want, I could call for you at your institute. When do you finish your work tonight?"

"At 6:15."

"Fine. I'll be waiting for you at your institute at 6:15. We'll be able to have supper before the show."

3. "Excuse me. May I speak to Mikhail Ivanovich?"

"Mikhail Ivanovich is not in today. He is sick."

"Could you tell him that Semyonov called. I wanted to discuss my article with him."

"I'll tell him. Call in a week, please."

"I will. Thank you."

4. We are hikers. We like to hike. We often go hiking in the summer. Last Sunday we went on a hike to the country. The weather was fine. We found a nice place on the river-bank near a wood. The girls went for a walk in the woods and we began to cook lunch. Then we had lunch under a tree. We talked and we sang. There were lots of flowers around. Birds were flying overhead.

2. *Translate each pair of sentences into English so as to show the differences in meaning.*

1. Ма́ма сказа́ла, что все́ пое́хали домо́й.
   Ма́ма сказа́ла, что́бы все́ пое́хали домо́й.

2. Андре́й не хоте́л сказа́ть на́м, что о́н де́лает.
   Андре́й не хоте́л сказа́ть на́м, что́ о́н сде́лает.

3. — Где́ Ле́на? — Она́ вы́шла.
   — Где́ Ле́на? — Она́ ушла́.

4. Ле́том мы́ е́здим в Ленингра́д.
   Ле́том мы́ пое́дем в Ленингра́д.

5. И́ра поступа́ла в медици́нский институ́т.
   И́ра поступи́ла в медици́нский институ́т.

6. Профе́ссор зна́ет, что студе́нты пи́шут.
   Профе́ссор зна́ет, что́ студе́нты пи́шут.

ANALYSIS & COMMENTARY

Unit 1

Basic Sounds. Phonetics and Spelling System. The Russian Sentence. Word Structure. Gender of Nouns in the Nominative Case. Nominative Plural. Pronouns in the Nominative Case. Word Order. Adverbs of Place.

1.1. Basic Sounds, Phonetics and Spelling System

Like any other language, Russian can be understood as having three linguistic levels. The first and most prominent is the phonetic level, which distinguishes how the elements of the language are pronounced. The second is the orthographic level, which distinguishes how they are spelled. The third level is the structural one, and shows how the language is built. Especially for a language like Russian, which is highly "inflectional" (i.e. it actively uses distinct word endings to transmit grammatical information), understanding the basic structure of a language greatly helps the student learn and eventually master how, why and when a noun, verb or other part of speech changes as it does; and even more importantly, it helps to predict and generate that change in his or her active use of the language.

Understanding the structure of Russian is also helpful, as it reveals the simplicity and sensibility of the language's basic framework, a framework sometimes hidden by surface peculiarities on the phonetic or the orthographic level — or both. In some cases, the way a word is written does not fully reflect how it is pronounced (though in much fewer instances than in English). In more cases, putting a spoken word into writing is made difficult due to inconsistencies of the opposite type: a word is not always written as it sounds. Mastering the structural level allows the student to bridge the gap created by these inconsistencies.

Thus, throughout this textbook, you will come across three different "alphabets": one portraying the language in its standard written form (presented in regular Cyrillic type-face, e.g. дóг "Great Dane"), another showing its phonetic make-up (Cyrillic letters enclosed in brackets, e.g. [дóк] {when located at the end of a word, as you will learn, a "г" letter will assume a [к] sound}), and a third portraying the basic structure, or what will henceforth be referred to as the "basic sounds" of the language (written in italicized, Latin letters, e.g. *dóg*).

The term "basic sounds" is used because they show the underlying "essence" of a word (which in its primary form is spoken) prior to the application of a finite and predictable set of phonetic and/or orthographic rules. By knowing the basic sounds of Russian, the student needs simply to refer to this additional — yet manageable — set of rules in order to generate the many forms assumed by familiar and unfamiliar words alike — an attractive alternative to memorizing not only each new word, but also each new form as a separate and unique entity.

1.2 The Five Basic Vowels and the Spelling of "Jot"

Russian has *five* basic vowel sounds, for which there are

ten vowel letters, two for each basic sound:	*a*	*e*	*o*	*u*	*i*
	↓	↓	↓	↓	↓
	а	**э**	**о**	**у**	**ы**
	я	**е**	**ё**	**ю**	**и**

The vowel letters have two functions: each *pair* of Cyrillic letters represents one of the five basic vowels, and each individual letter provides information about the *preceding consonant*. The letters of the upper row spell the basic vowel sound and indicate that any preceding consonant is *hard;* the letters of the lower row also spell the basic vowel sound, but they indicate that any preceding consonant is *soft*. If there is no preceding consonant, the letters **я, е, ё** and **ю** spell the respective basic vowel sounds and *a preceding "jot"*.[1]

Examine the following words containing a "jot" and the accompanying basic sound equivalents.

ёж contains *three* basic sounds *j+o+ž̆* [jóш] "hedgehog"

ем contains *three* basic sounds *j+e+m* [jém] "I am eating"

юбка contains *five* basic sounds *j+u+b +k+a* [jýпкъ] "skirt"

яблоко contains *seven* basic sounds *j+a +b+l+o+k+o* [jáблъкъ] "apple"

здание contains *seven* basic sounds *z+d+a+n'+i+j+o* [здáн'ијъ] "building"

ноябрь contains *six* basic sounds *n+o+j+a+b+r''* [нajáбр'] "November"

комедия contains *eight* basic sounds *k+o+m'+e+d'+i+j+a* [кам'éд'ијъ] "comedy".

When "jot" occurs in a Russian word in any position other than before a vowel (before a consonant, at the end of a word and in certain foreign word), it is spelled by the letter **й**:

война spells *vojná* "war"
мой spells *mój* "my"
фойе spells *fojé* "lobby"

---

[1] "Jot" is the name of a Russian sound slightly more tense than the English "y", as in the word "yellow". It is represented in the basic sound alphabet by the letter "j".

1.30 The Spelling of Consonant Sounds

The Cyrillic writing system represents the basic consonant sounds of Russian in an economical and, for the most part, simple and direct way. There is one letter for each hard-soft *pair* of consonants; each of the unpaired consonants has its own Cyrillic character.

1.31 Paired Consonants

The correspondence between basic sounds and their representations in Cyrillic are shown in the following table.

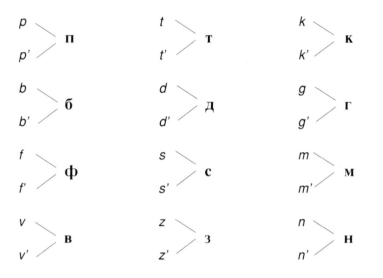

As has been said in I, 1.2, the hardness or softness of a paired consonant is marked by the following *vowel letter.* If a consonant sound is hard, it is followed by a vowel letter from the upper row; if a consonant sound is soft, it is followed by a letter from the lower row. Hence:

а э о у ы designate a preceding hard consonant

я е ё ю и designate a preceding soft consonant.

Cyrillic		Basic Sounds
газе́та	"newspaper"	*gaz'éta*
студе́нт	"student"	*studént*
спаси́бо	"thank you"	*spas'íbo*
сы́н	"son"	*sín*
но́с	"nose"	*nós*
нёс	"carried"	*n'ós*
ту́т	"here"	*tút*

A soft consonant which is not followed by a vowel letter (i.e. at the end of a word or before a consonant) is marked in Russian with a "soft sign", **ь**, a purely graphic symbol with no phonetic value:

де́нь	"day"	*d'én'*
письмо́	"letter"	*p'is'mó.*

The soft sign's counterpart, the "hard sign", **ъ**, is used to preserve hardness of consonant prefixes attached to roots beginning in "jot":

объясни́ть	"explain"	*objasn'ít'*
подъе́хать	"approach"	*podjéxat'.*

1.32 "Jot" after a Soft Consonant

A soft vowel letter can either identify a preceding consonant as "soft", or spell a "jot" (in the absense of a consonant). It cannot do both at the same time. Thus, in combinations such as *soft consonant + jot + vowel,* Russian uses the soft sign to mark the soft consonant, followed by a soft vowel letter to spell the "jot". Compare the spelling and pronunciation of the following examples:

Ка́тя "Katya" *kát'a* (four basic sounds)
статья́ "article" *stat'já* (six basic sounds)
лёд "ice" *l'ód* (three basic sounds)
льёт "(he) pours" *l'jót* (four basic sounds).

1.33 Special Spelling Rules

The choice of vowel letter after the unpaired consonants **ш, ж, ц, ч** and **щ** (called "sibilants") and the velars **к, г** and **х** is arbitrary and requires the knowledge of three special spelling rules.
After **к, г, х** and **ш, ж, ч, щ** only **и** is spelled (never **ы**).
After **к, г, х** and **ш, ж, ч, щ, ц** only **а** and **у** are spelled (never **я** and **ю**).
After **ш, ж, ч, щ, ц** in the endings of nouns and adjectives the letter **о** may be written only if it is stressed; otherwise the letter **е** should be used.
Learn these rules well, returning to them as often as necessary until they have become completely automatic for you when writing Russian.

1.34 Spelling at Odds with Pronunciation

Remember that **ш** and **ж** are *hard* consonants, which, even when followed by "**и**" (as required by the arbitrary spelling rule), retain their hardness. Compare carefully the basic sounds, pronunciation and spelling in the following examples: *mašina* "car, machine" is pronounced [машы́нъ], but spelled маши́на; *žóltij* "yellow" is pronounced [жóлтый], but spelled жёлтый.

1.4 The Cyrillic Alphabet

The Russian Cyrillic alphabet contains 33 letters. Study these letters in their printed and longhand forms (see also p. xiii).

Note that:

1. Only **б** and **в** among small letters stand as high as capitals, **к** does not:

$$\mathcal{б}, \mathcal{в}, \mathcal{к}$$

2. The letters **м** and **я** begin with an initial hook:

$$\mathcal{м}, \mathcal{я}$$

3. Note that, in the context of a word, all letters are joined together:

$$\textit{автобус, магазин}$$

4. For clarity many Russians place a bar under the letter **ш** and over the letter **т**:

$$\underline{ш}, \overline{m}$$

5. Note also the difference between the longhand and the printed representations of the letter "**т**" [т vs. *m*]: only the printed version resembles its English counterpart.

As you learn new letters over the first few lessons, be sure to pay special attention to the relevant spelling practice exercises.

2.0 The Russian Sentence

The basic components of the Russian sentence are *subject* and *predicate.* The subject of a sentence is usually a noun, noun phrase (i.e. a noun with modifiers or other subordinate words), pronoun or the indeclinable introductory demonstrative **э́то** ("this/that is", "these/those are"). The predicate of a sentence may be a verb, a noun, a noun phrase, an adjective or an adverb.

Sentence

Subject	Predicate	
Э́то	Анто́н.	This is Anton.
А́нна	до́ма. *(adv.)*	Anna is at home.
Э́то	на́ш до́м.	This/That is our house.
На́ш до́м	та́м. *(adv.)*	Our house is over there.
Баку́	по́рт.	Baku is a port.

This basic sentence structure may be extended through the addition of adverbs or adverbal phrases, prepositional phrases and other syntactic units.

Note that Russian has no articles. The notions of definite and indefinite, expressed in English by the definite article "the" or the indefinite article "a", may be expressed through other means in Russian.

2.1 "To be" in Russian

In Russian sentences like those given as examples in 2.0 above, the link verb (the Russian equivalent of "to be") is omitted in the present tense. Because such an absence is unique to this particular verb and tense, any sentence missing an overt verb may be translated using the simple "am", "are" or "is" form of the verb "to be". The form in Russian is sometimes referred to as the "zero-form", as it stands in contrast to the past and future tenses of "to be", which are never omitted:

Анто́н до́ма.	Anton *is* at home.
Анто́н **бы́л** до́ма. (See Unit IV)	Anton *was* at home.
Анто́н **бу́дет** до́ма. (See Unit VI)	Anton *will be* at home.

3.0 Word Structure

As mentioned above (1.1), Russian is an inflected language; therefore, within each word we can distinguish the unchangeable part of the word *(stem)* from the changeable part *(ending)*. Compare two forms of the word Москва́ "Moscow".

Э́то **Москва́**.	*Moskv + á*
This is Moscow.	(stem) + (ending)
В **Москву́!**	*Moskv + ú*
To Moscow!	(stem) + (ending)

Note the division of the following words into stems and endings.

окно́	*okn + ó*
"window"	
ма́ма	*mám + a*
"mama"	

Within the stem of a word one may further distinguish a *root*,[1] which may or may not be accompanied by prefixes or suffixes. Since the kernel of every Russian word is the root, and one root may produce as many as dozens of related words, the recognition of roots is extremely important for word analysis and practical word-building.

4.0 Gender of Nouns in the Nominative Case

Russian nouns belong arbitrarily to one of three grammatical classes called *genders:* masculine, neuter or feminine. In the *nominative case* (i.e. the usual form of the sentence subject and the form in which nouns are given in all dictionaries), gender is indicated by one of three possible endings: Ø, -o or -a. Masculine nouns end in Ø[2], neuter nouns in the basic vowel sound -o (spelled -**o** or -**e**), and feminine nouns in the basic -a (spelled -**a**/-**я**). Study the gender endings of each of the following nouns:

Nominative Singular of Nouns

Gender	Endings		Forms	
	Bas. S.	Russ.	Bas. S.	Russ.
m.	Ø →	—	*kót + Ø* →	кот
n.	*-o* →	**-o/-e**	*okn+ó* → *p'is'm+ó* → *mór'+ó* →	окно́ письмо́ мо́ре
f.	*-a* →	**-a/-я**	*káss+a* → *mám+a* → *t'ót'+a* →	ка́сса ма́ма тётя

---

[1] Hereafter, a root may be represented by the formula CVC, where C stands for any consonant or consonant cluster and V represents any vowel. Note that CVC may have several modifications, all of which are relatively infrequent: occasionally disyllabic roots occur (CVCVC), a small number of roots lack the first consonant (VC), a few are non-syllabic (C/C). *All roots end in a consonant.* Borrowed words may have polysyllabic roots.

[2] Ø stands for "zero": the absence of an overt ending is a signal of the same order as the presence of such endings as -o and -a.

5.0 Nominative Plural

5.1 Nominative Plural of Nouns

Gender	Endings		Forms	
	Bas.S.	Russ.	Bas.S.	Russ.
m.	*-i* →	**-ы/-и**	*vagón+i* →	вагóны
			portf'él'+i →	портфéли
n.	*-a* →	**-а/-я**	*ókn+a* →	óкна
			p'ís'm+a →	пúсьма
			mor'+á →	моря́
f.	*-i* →	**-ы/-и**	*gaz'ét+i* →	газéты
			z'éml'+i →	зéмли

To form the nominative plural of all nouns ending in *-a*(**-а/-я**) and of most nouns in ∅, the nominative singular *-a* or ∅ is replaced by *-i* (**-ы/-и**). The nominative plural of neuter nouns is formed by replacing the nominative singular *-o* by *-a*.

Spelling Note: in accordance with 1.33 the basic *-i* must be spelled with the letter **и** after **ш, ж, ч, щ, г, к, х**. This spelling convention does not affect the pronunciation of the vowel after two unpaired consonants, **ж** and **ш**: нóж "knife" has the plural ножи́, for example, but is nevertheless pronounced [нажы́].

6.0 Pronouns

6.10 The Nominative Case of Personal Pronouns

Nouns of any gender may be replaced by the corresponding personal pronouns.

The Nominative Case of Personal Pronouns

Gender	Endings	Noun	Pronoun	Examples
m.	*-∅* → —	дóм	óн	Э́то дóм. Óн тýт.
n.	*-o* → **-о**	окнó	онó	Э́то окнó. Онó тýт.
f.	*-a* → **-а**	А́нна	онá	Э́то А́нна. Онá тýт.
pl.	*-i* → **-и**	газéты	они́	Э́то газéты. Они́ тýт.

Note that pronouns must reflect the grammatical gender of their antecedent (i.e. the noun to which they refer), whether referring to animate beings or to inanimate objects. Compare the following examples in Russian and in English:

Э́то институ́т. **Он** та́м.	This is an institute. *It* is over there.
Э́то студе́нт. **Он** ту́т.	This is a student. *He* is here.
Э́то ма́ма. **Она́** ту́т.	This is mama. *She* is here.
Э́то окно́. **Оно́** ту́т.	This is a window. *It* is here.
Э́то газе́ты. **Они́** ту́т.	These are newspapers. *They* are here.

6.11 Second Person Pronouns

The second person singular pronoun **ты́** is used by Russians when addressing relatives, children, intimate friends and animals. The second person plural form **вы́** is the normal polite way of addressing one person, and is the only way of addressing two or more persons.

6.2 Possessive Pronouns in the Nominative Case

The forms of the possessive pronouns are as follows:

мо́й "my", **тво́й** "your", **на́ш** "our", **ва́ш** "your".

6.3 Agreement

Adjectives and most pronouns change their form in accordance with the gender of the noun which they accompany or replace. This adaptation of one word to reflect grammatically the form of another is called *agreement*. The word which dictates the form is called the *head word* and the word which agrees with it is a *modifier*.

Note how each of the following possessive pronouns changes form according to the gender of the head word.

Agreement of Possessive Pronouns

Gender	Endings		Forms		
	Bas.S.	Russ.	"my"	"our"	"whose"
m.	-∅ →	—	мо́й до́м	на́ш до́м	че́й до́м
n.	-o →	-о, -е, -ё	моё окно́	на́ше[1] окно́	чьё окно́
f.	-a →	-а, -я	моя́ кни́га	на́ша кни́га	чья́ кни́га

---

[1] The basic -*o* is spelled -*e* after the unpaired consonant ш when not under stress. The dieresis in *ё* is *not* written in an unstressed position. See Spelling Rules 1.33.

6.4 The Interrogative Pronoun **кто́**

Unlike in English, the interrogative pronoun **кто́** "who" is used with respect to all animals:

Кто́ э́то?   What is that?
Э́то ко́шка.   That is a cat.

7.0 Word Order

On the communicative level, the simple Russian sentence may be divided into two parts: the old information (the *theme)* and the new information (the *rheme*). The general rule for neutral word order in such a sentence is *theme + rheme.* In other words, the new information is normally placed at the end.

IC-1 is usually centered within the rheme portion of the sentence. IC-2 center often coincides with the question word.

Examine the word order in the replies to the following questions. Compare with the English word order.

— Кто́ до́ма?   "Who is at home?"
rheme theme

— До́ма Анто́н.   "Anton is at home."
theme rheme

— Кто́ Анто́н?   "What does Anton do?"

— Анто́н — до́ктор.   "Anton is a doctor."
theme   rheme

8.0 Adverbs of Place

Location in Russian may be expressed with the help of such adverbs of place as **ту́т** "here", **та́м** "there", **до́ма** "at home", **где́** "where".

— Где́ А́нна?   "Where is Anna?"
— А́нна ту́т.   "Anna is here."
— Где́ Анто́н?   "Where is Anton?"
— Анто́н до́ма.   "Anton is at home."

Unit II

The Russian Verb. Third-Person Possessive Pronouns. Adverbs. The Prepositional Case.

1.0 The Russian Verb (cf. also V, 5.0; XI, 2)

Russian has three tenses: the past (preterite), the present and the future. There are no Russian equivalents of the English Indefinite, Continuous or Perfect forms or of the forms of the Future-in-the-Past. Thus, a past tense form of the Russian verb corresponding to the English "read" may, depending on context, be translated as "read", "was reading", "used to read", "would read", "had read", etc.; the present tense has possible English equivalents in "am reading", "read", "has been reading", etc.; and the future tense may be rendered by "will read", "will be reading", "will have read", "will have been reading", etc. Context and your native intuition of English will help you select the appropriate English equivalents for Russian tense forms.

Inflection in the Russian verb is more complex than in the noun. A given verb form may express tense, number, gender and person. In practice, the student will be required to learn a single *basic stem* for each regular verb, to which are added the necessary tense / gender / person / number endings.

1.10 The Present Tense

Я рабо́таю до́ма.	I work at home.
Ты́ рабо́таешь та́м.	You work over there.
Óн/она́/оно́ рабо́тает ту́т.	He/she/it works here.
Мы́ рабо́таем до́ма.	We work at home.
Вы́ рабо́таете та́м.	You work over there.
Они́ рабо́тают ту́т.	They work here.

The present tense of the Russian verb has six forms, each of which expresses *tense* and *person*. Each form has a stem and an ending. The stem contains the lexical meaning of the verb, and consists of at least a root [CVC[1]] and perhaps up to three additional suffix elements [V/C/V] (depending on the particular stem). The ending has an initial vowel letter or ø (in the 1st person, singular form), which identify the form as being one of the present tense. Two different vowels (**-ё-** and **-и-**) function as tense markers, marking what are referred to arbitrarily as the *first [I]* and the *second [II]* conjugations, respectively. The second part of the ending (consisting of one or two letters) marks the person (first, second or third) and number (singular or plural) of the verb. The verb must agree in person and number with the subject, which is normally a noun or pronoun.

---

[1] See footnote 1, Unit I, 3.0 for comment on notation.

Table 1.11 below shows the formation process in basic sounds for both conjugations. Tables 1.12 and 1.13 use common verbs to exemplify the formation of first and second conjugation verbs.

1.11 Formation of the Present Tense: Basic Sounds

Formation of the Present Tense: Basic Sounds

Root + Suffix +		Ending Markers		
		Conj.		+ Person
		I	II	
Sing. 1. CVC + V/C/V +		-ø	-ø	+ -u
2. CVC + V/C/V +		-'o*	-i	+ -š'
3. CVC + V/C/V +		-'o*	-i	+ -t
Pl. 1. CVC + V/C/V +		-'o*	-i	+ -m
2. CVC + V/C/V +		-'o*	-i	+ -t'e
3. CVC + V/C/V +		-u	-a	+ -t

1.12 Formation of the Present Tense: First Conjugation

The verb stem corresponding to "work" is *rabótaj-* (*рабóтай-*). To form the first person singular present tense corresponding to "I work", add the present tense marker from column I (ø) and the 1st person singular marker *-u* (**-у/-ю**) to the stem:

rabótaj- + ø + u = rabótaj -u

Recall that a vowel preceded by *j* is spelled with a single symbol (here, **й** + **у** = **ю**). Hence:

рабóтай + ø + у = рабóтаю.

The entire present tense conjugation pattern is as follows:

Formation of the Present Tense: First Conjugation

		Root	+ Suffix +	Ending Markers		→	Form	
				Conj.(I) + Person				
Sing.	1.	рабо́т	+ -ай- +	—	+ -у/-ю	→	рабо́таю	*I*
	2.	рабо́т	+ -ай- +	-ё	+ -шь	→	рабо́таешь	*you*
	3.	рабо́т	+ -ай- +	-ё	+ -т	→	рабо́тает	*he/it*
Pl.	1.	рабо́т	+ -ай- +	-ё	+ -м	→	рабо́таем	*we*
	2.	рабо́т	+ -ай- +	-ё	+ -те	→	рабо́таете	*you*
	3.	рабо́т	+ -ай- +	-у/-ю	+ -т	→	рабо́тают	*they*

Study also the present tense formation of the non-suffixed first conjugation verb *жив-* "live":

		Root	+ Suffix +	Ending Markers		→	Form
				Conj. (I) + Person			
Sing.	1.	жив-	+ ø +	—	+ -у/-ю	→	живу́
	2.	жив-	+ ø +	-ё	+ -шь	→	живёшь
	3.	жив-	+ ø +	-ё	+ -т	→	живёт
Pl.	1.	жив-	+ ø +	-ё	+ -м	→	живём
	2.	жив-	+ ø +	-ё	+ -те	→	живёте
	3.	жив-	+ ø +	-у/-ю	+ -т	→	живу́т

1.13 Formation of the Present Tense: Second Conjugation

The verb *govori-* (говори́-) "say, speak" offers a good example of the formation process for second conjugation verbs:

Formation of the Present Tense: Second Conjugation

		Root +	Suffix +	Ending Markers		→	Form	
				Conj. (II) + Person				
Sing.	1.	говор-	+ -и́- +	—	+ -у/-ю	→	говорю́	*I*
	2.	говор-	+ -и́- +	-и	+ -шь	→	говори́шь	*you*
	3.	говор-	+ -и́- +	-и	+ -т	→	говори́т	*he/she/it*
Pl.	1.	говор-	+ -и́- +	-и	+ -м	→	говори́м	*we*
	2.	говор-	+ -и́- +	-и	+ -те	→	говори́те	*you*
	3.	говор-	+ -и́- +	-а/-я	+ -т	→	говоря́т	*they*

The present tense of a large majority of Russian verbs is formed with the help of the column I (i.e. first conjugation) vowel. (See Table 1.11.) For that reason we shall assume for now that all stems take 1st conjugation vowels unless specifically indicated as 2nd conjugation. In Unit V we will observe how the type of basic stem itself enables us to predict the choice of conjugation vowel.

1.2 The Infinitive

The infinitive is the normal citation form of the Russian verb in dictionaries, glossaries and handbooks. (For other uses of the infinitive, see below.) The infinitive ending is -t' (**-ть**), in certain limited cases -t'i (**-ти**) or -č' (**-чь**).

> *govor'í- + t' = govor'ít'*
> **говори́- + ть = говори́ть** "speak"

1.3 The Past Tense

Анто́н говори́л бы́стро.	Anton spoke fast.
А́нна говори́ла бы́стро.	Anna spoke fast.
Мы́ говори́ли бы́стро.	We spoke fast.

The past tense marker is -*l*-, which is followed by the appropriate gender/number marker so as to agree with the subject:

		In spelling:
	-Ø for masculine subject	**-л**
-l- +	-*a* for feminine subject	**-ла**
	-*o* for neuter subject	**-ло**
	-'*i* for plural subject	**-ли**

Note that *person* is not expressed in the past tense, only gender. Anton would say, Я́ говори́л; whereas Anna would say, Я́ говори́ла. Also note that all genders share the same plural past tense form:

Де́вушки чита́ли.	The girls were reading.
Ма́льчики чита́ли.	The boys were reading.

1.4 The Combination Rules

These rules apply to the *junctures* where endings are combined with stems. You can see from the foregoing examples that some verb stems end in a consonant (e.g. *жи́в-, рабо́тай-*), whereas others end in a vowel (e.g., *говори́-*). Moreover, some endings begin with a consonant (**-ть, -л, -ла,** etc.), whereas others begin with a vowel (**-у, -ёшь, -т,** etc.). Simple addition of endings to stems as, in all the above examples, will take place *whenever* *unlikes are combined,* i.e. whenever a stem that ends in a *vowel* is combined with a vocalic ending, or whenever a stem ending in a *consonant* is combined with a vocalic ending.

When two consonants or two vowels come together at the juncture of stem and ending, the first one will "truncate", or be deleted. Note the form of the infinitive and past tense forms of the consonantal stem жив-:

ž iv-	+ *-t' = ž it'*	$(C^1+C^2=C^2)$	жив- + ть = жи́ть	
ž iv-	+ *-l = ž il*		жив- + л = жи́л	
	+ *-la = ž ila*		+ ла = жила́	
	+ *-lo = ž ilo*		+ ло = жи́ло	
	+ *-l'i = ž il'i*		+ ли = жи́ли	

Stated briefly, *unlikes add, likes truncate.*
Thus, if C stands for "consonant" and V for "vowel",

$$C + V = CV \qquad V + C = VC$$

whereas,

$$C^1 + C^2 = C^2 \qquad V^1 + V^2 = V^2$$

Sample Conjugation: *rabótaj-* (рабóта**й**-) "work"

Present Tense:		Basic Sounds		Form
Sing.	1st pers.	*rabótaj+ø +u*	рабóтай+ø+у	я рабóтаю
	2nd pers.	*rabótaj+'o +š'*[1]	рабóтай+е+шь	ты́ рабóтаешь
	3rd pers.	*rabótaj+'o + t*	рабóтай+е+т	óн/онá/онó рабóтает
Pl.	1st pers.	*rabótaj+'o+m*	рабóтай+е+м	мы́ рабóтаем
	2nd pers.	*rabótaj+'o +t'e*	рабóтай+е+те	вы́ рабóтаете
	3rd pers.	*rabótaj+u+t*	рабóтай+у+т	они́ рабóтают

Infinitive:	*rabótaj + t'*	рабóтай + ть	рабóтать
	[j + t'=t' (й+ть=ть)] because $C^1+C^2=C^2$		

Past (Preterite):	*rabótaj + l*	рабóтай + л	óн рабóтал
	rabótaj + la	рабóтай + ла	онá рабóтала
	rabótaj + l'i	рабóтай + ли	они́ рабóтали
	[j + l = l (й + л = л)]		

---

[1] *š'* is used to signal the Cyrillic spelling **-шь.** This graphic convention cannot affect the pronunciation of the preceding unpaired *hard* consonant.

1.5 Stress in Verbs

A stress mark (´) placed over a basic stem indicates that the stress falls on the marked syllable in *all* forms of the conjugation. The mark (ˣ) over a stem signals a *shifting* stress pattern, of which there are but two possible varieties: for basic stems containing suffixes (added onto the root), the stress shifts in the *present* tense; for basic stems without suffixes, the stress shifts in the *past* tense. In the past tense shift, stress moves from the ending to the stem in all forms except for the feminine singular (in present tense, these forms have stress over the ending). Present tense shift will be discussed later. Note the stress in the following conjugation of *žĭv-* (жив-) "live":

Present Tense:

Sing.:	1st pers. я живу́	Pl.:	1st pers. мы́ живём
	2nd pers. ты́ живёшь		2nd pers. вы́ живёте
	3rd pers. о́н живёт		3rd pers. они́ живу́т

Infinitive: жи́ть

Past (Preterite):
о́н жи́л
она́ жила́
оно́ жи́ло
они́ жи́ли

2.0 Third-Person Possessive Pronouns

Keep in mind that the third-person possessive pronouns *never* change for agreement.

Э́то его́ до́м.	This is his house.
Э́то его́ ко́мната.	This is his room.
Э́то её до́м.	This is her house.
Э́то её ко́мната.	This is her room.
Э́то и́х до́м.	This is their house.
Э́то и́х ко́мнаты.	These are their rooms.

3.0 The Meaning and Use of Adverbs

In addition to place, Russian adverbs may denote the time, quality or manner of action. Though their usage is similar to that of English adverbs, it is important to keep in mind the basic rule of Russian word order (*theme* plus *rheme;* cf. Unit I, 7.0) when building or analyzing sentences. Note the position of the adverbs in the following neutral sentences. (Pay particular attention to the relation between the type of adverb and its position within the theme portion of the sentence).

Place:

Óн рабóтает **здéсь**.	He works here.
Мы́ жи́ли **тáм**.	We used to live over there.

Time:

Лéтом они́ отдыхáют.	They vacation in the summer.
Днём я́ рабóтаю.	I work during the day.

Manner:

Óн говори́т **по-рýсски**.	He speaks Russian.
Я́ читáю **по-англи́йски**.	I read English.

Quality:

Óн **грóмко** говори́т.	He speaks loudly.
Онá **хорошó** читáет.	She reads well.

Note that adverbs of time normally *precede* the *subject* of the sentence, whereas adverbs of quality *precede* the *predicate verb*. Adverbs of place and manner generally *follow* the predicate verb.

Compare the position of the adverbs in the following sentences where they in each case contain new information.

— Когдá вы́ рабóтаете?	"When do you work?"
— Я́ рабóтаю **днём**.	"I work during the day."
— Кáк онá говори́т?	"How does she speak?"
— Онá говори́т **грóмко**.	"She speaks loudly."
— Кáк óн понимáет по-рýсски?	"How (well) does he understand Russian?"
— Óн понимáет по-рýсски **óчень хорошó**.	"He understands Russian very well."

4.0 The Prepositional Case

Place may also be indicated in Russian by means of prepositional phrases consisting of the preposition **в** "in" or **на** "on the surface of" and the *prepositional case* of a noun.

Máрк живёт **в Ки́еве.**	Mark lives *in Kiev.*
Máма рабо́тает **в шко́ле.**	Mother works *at a school.*
Кни́га лежи́т **на столе́.**	The book is *on the desk.*
Cf.:	
Кни́га лежи́т **в столе́.**	The book is *in the desk.*

4.1 Formation of the Prepositional Case of Nouns

The prepositional case ending for most Russian nouns is '*e* (**-e**).[1] (Remember that ' indicates automatic softening of any paired consonant at the end of a stem before this ending, i.e. a paired consonant at the end of a stem is replaced by the corresponding soft consonant.)

Formation of the Prepositional Case of Nouns

Case/Gen.		Endings		Forms
		Bas.S.	Russ.	
Nom.	m.	-ø →	—	стол
	n.	-o →	-о/-е	окно́, по́ле
	f.	-a →	-а/-я	ка́рта, дере́вня
Prep.	m.			на столе́
	n.	-'e →	-е	на окне́, в по́ле
	f.			на ка́рте, в дере́вне

5.0 Masculine nouns denoting a person's profession, trade, occupation, etc., may refer to female as well as male members of that profession, trade, etc.

| Мо́й бра́т — фи́зик, его́ жена́ то́же фи́зик. | My brother is a physicist, his wife is also a physicist. |
| Мо́й оте́ц — вра́ч, моя́ сестра́ то́же вра́ч. | My father is a doctor, my sister is also a doctor. |

---

[1] This ending is pronounced [b] when unstressed.

6.0 Grammar for Reading. Titles

Titles of newspapers, periodicals, books, articles, names of ships, trains, etc. are always set off in quotation marks; only the first letter of the first word is capitalized.

Э́то газе́та «Пра́вда».	This is the newspaper *Pravda*.
Э́то журна́л «Но́вый мир».	This is the magazine *New World*.
Влади́мир Петро́вич рабо́тает в журна́ле «Москва́».	Vladimir Petrovich works at the magazine *Moscow*.

Unit III

Adjectives. Numerals. Demonstrative Pronouns. The Prepositional Case. Time Expressions.

1.0 Adjectives

1.1 The Nominative Case of Adjectives

Russian adjectives agree in number, gender and case with their head word. The nominative case endings are *-ij* (**-ый/-ий**) (masculine), *-aja* (**-ая/-яя**) (feminine), *-ojo* (**-ое/-ее**) (neuter) and *-ije* (**-ые/-ие**) (plural). In the case of ending-stressed adjectives, the masculine nominative singular form is *-ój* (**-о́й**). Note the nominative adjective endings in the following examples with the adjective stems *nóv-* (**но́в-**) "new", *sín'-* (**си́н'-**) "blue" and *molod-* (**молод-**) "young":

но́вый журна́л	но́вая кни́га	но́вое окно́	но́вые кни́ги
си́ний каранда́ш	си́няя ру́чка	си́нее не́бо	си́ние ру́чки
молодо́й челове́к	молода́я семья́	молодо́е живо́тное	молоды́е фи́зики

1.2 Adjectives and the Spelling Rules

The special spelling rules must be taken into consideration when writing adjectives with stems ending in velars (**г, к, х**) or sibilants (**ш, ж, щ, ч, ц**). (See I, 1.33) After sibilants, the basic *o* is spelled with the letter **о́** only when under stress; otherwise it is spelled with the letter **e** (which in this case equals **ё**).

Note the spelling of the basic *o* and the basic *i* in the following adjectives with stems terminating in **к** and **ш**. (See I, 1.33 for complete statement of spelling rules.)

Stem stress:	ру́сский	ру́сская	ру́сское	ру́сские	"Russian"
Stem stress:	хоро́ший	хоро́шая	хоро́шее	хоро́шие	"good"
Ending stress:	большо́й	больша́я	большо́е	больши́е	"large"

1.3 Adjectives Used as Predicates

Э́тот до́м но́вый.	This house is new.
	(...a new one.)
Э́тот до́м ста́рый.	This house is old.
	(...an old one.)
Э́та гости́ница но́вая.	This hotel is new.
	(...a new one.)
Э́ти иде́и не но́вые.	These ideas are not new.
	(...are not new ones.)

Adjectives in the nominative may be used as predicates, agreeing in number and gender with the subject.

2.0 Ordinal Numerals

Like English, Russian distinguishes *cardinal* and *ordinal* numerals. The ordinal numerals function and decline like adjectives.

Here is a table of cardinal numerals with the corresponding ordinals from one to ten. These should be memorized.

1. оди́н, одна́, одно́, одни́	пе́рвый,	пе́рвая,	пе́рвое	first
2. два́ (*m.* and *n.*), две́ (*f.*)	второ́й,	втора́я,	второ́е	second
3. три́	тре́тий,	тре́тья¹,	тре́тье	third
4. четы́ре	четвёртый,	четвёртая,	четвёртое	fourth
5. пя́ть	пя́тый,	пя́тая,	пя́тое	fifth
6. ше́сть	шесто́й,	шеста́я,	шесто́е	sixth
7. се́мь	седьмо́й,	седьма́я,	седьмо́е	seventh
8. во́семь	восьмо́й,	восьма́я,	восьмо́е	eighth
9. де́вять	девя́тый,	девя́тая,	девя́тое	ninth
10. де́сять	деся́тый,	деся́тая,	деся́тое	tenth

3.0 The Demonstrative Pronouns э́тот and то́т

Note the forms of the demonstrative pronouns **э́тот** and **то́т** in the nominative singular and plural.

э́тот (то́т) го́род, э́та (та́) ко́мната, э́то (то́) окно́, э́ти² (те́) кни́ги

---

¹ Note that the ordinal numeral тре́тий "third" (basic sounds: *tr'ét'ij-ø*) has the vowel *i* in position before the zero-ending only: тре́тья, тре́тье, тре́тьи (*tr'ét'j-a, tr'ét'j-o, tr'ét'j-i*). See also VIII, 1.14.

² Note that the basic vowel *e* is pronounced more closed before the soft *t'* in the plural form.

The use of **тóт** (as opposed to **э́тот**) is more restricted in Russian than in the case with the English "that". **Тóт** describes a head word which is markedly removed in space or time from the speaker or is clearly the second element of an opposition. Examine the following Russian-English equivalents; note that the English "that" very often corresponds to the Russian **э́тот**.

Compare Russian and English:

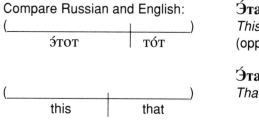

Э́та кни́га моя́, **тá** кни́га егó.
This book is mine, *that* book is his.
(opposition)

Э́та кни́га стáрая.
That book is old.

3.1 The Indeclinable э́то and the Demonstrative Pronoun э́тот

We have seen that in Russian sentences the subject may be the indeclinable word **э́то**. (See Analysis I, 2.0.)

Э́то нóвая кни́га.   *This is* a new book.
(subj.) + (pred.)

This indeclinable **э́то** should not be confused with the neuter form of the demonstrative pronoun **э́тот** (**э́то**) used to modify a noun. (See 3.0 above.) Cf.:

Э́то окнó.   *This is* a window.
Э́то окнó большóе.   *That* window is large.

Examine the use of the indeclinable **э́то** and the demonstrative pronoun **э́тот** in this example:

— Чтó **э́то**?   "What *is that?*"
— **Э́то** магази́н.   "*That is* a store."
— А когдá рабóтает   "And when is *that* store open?"
   э́тот магази́н?

The indeclinable **э́то** may also fulfil a function close to that of an emphatic particle.

Чья́ **э́то** газéта?   Whose newspaper is *this?*

4.0 The interrogative pronoun **какой** "what (kind of)", "which" and the demonstrative pronoun **такой** "that kind of", "such" have the same endings as ending-stressed adjectives.

какой журнал, какая книга, какое здание, какие газеты

The pronoun **какой** occurs in various interrogative sentences.

— Какой это город?	"What city is it?"
— Это Киев.	"It is Kiev."
— Какая это квартира?	"Which apartment is it?"
— Это вторая квартира.	"It is Apartment No. 2."
— Какое это здание?	"What kind of building is it?"
— Это старое здание.	"It is an old building."
— Какие это студенты?	"What students are they?"
— Это историки.	"They are history students."

The pronoun **такой** is often used after the interrogative pronoun **что** "what", in which case it has a specifying meaning.

— Что это **такое**?	"What can *that* be?"
— Это новое кафе.	"It's a new cafe."

When used after **что**, the pronoun **такой** invariably takes the neuter gender singular.

Что **такое** «глагол»?	What is a "verb"?
Что **такое** «аптека»?	What is a "pharmacy"?

Note that the pronoun **кто** is used in questions about a person's (or persons') profession or occupation.

— Кто это?	"Who is that?"
— Это Антон.	"It is Anton."
— Кто он?	"What is he?"
— Он инженер.	"He is an engineer."

5.0 The Prepositional Case of Possessive and Demonstrative Pronouns

The prepositional case endings for possessive and demonstrative pronouns are *-om* (spelled **-ом/-ём/-ем**) for pronouns with masculine or neuter head words, and *-oj* (**-ой/-ей**) and *-ej* (**-ей**) for pronouns with feminine head words (*-oj* occurs after stems ending in a hard consonant and *-ej* after stems ending in a soft consonant). Remember that an *unstressed o* is spelled **e** (from ё) after sibilants (such as **ш**).

The Prepositional Case of Possessive and Demonstrative Pronouns

Case/Gen.		Endings		Possessive Pronouns			Demonstrative Pronouns	
		Bas. S.	Russ.					
Nom.	m.	-ø	—	мóй	твóй	нáш	э́тот	тóт
	n.	-o	**-о, -е**	моё	твоё	нáше	э́то	тó
	f.	-a	**-а/-я**	моя́	твоя́	нáша	э́та	тá
Prep.	m.	-om	**-ом, -ем, -ём**	моём	твоём	нáшем	э́том	тóм
	n.							
	f.	-oj, -ej	**-ой, -ей**	моéй	твоéй	нáшей	э́той	тóй

6.0 Time Expressions with the Prepositional Case and with Adverbs

In expressing the *time when* an action occurs the preposition **в** + *the prepositional case* form of the noun denoting the unit of time is used in Russian. (Note that this is the usual formula for segments of time longer than a *week;* for other segments of time, see units VIII and IX.)

в сентябрé	in September
в январé	in January
в э́том семéстре	(in) this semester (*nom.* семéстр)
в э́том вéке	(in) this century (*nom.* вéк)

Parts of the day and seasons of the year are expressed by special adverbs of time and not by prepositional phrases.

у́тром	in the morning	лéтом	in the summer
вéчером	in the evening	зимóй	in the winter
днём	in the afternoon	веснóй	in the spring
нóчью	at night (after midnight)	óсенью	in the fall

7.0 The Prepositional Case of Nouns with Stems in *-ij*

The prepositional case ending of all nouns (masculine, feminine and neuter) with stems ending in *-ij* is spelled **и**, rather than the expected **e**.

m.	*ø*	*kaf'et'ér'ij + ø*	кафете́рий	в кафете́рии	"in the cafeteria"
f.	*-a*	*laboratór'ij + a*	лаборато́рия	в лаборато́рии	"in the laboratory"
n.	*-o*	*zdán'ij + o*	зда́ние	в зда́нии	"in the building"

8.0 Grammar for Reading. Irregular Noun Plurals

This unit contains some commonly used nouns which have irregular plural forms.

бра́т "brother" — бра́тья   дру́г "friend"— друзья́
сту́л "chair" — сту́лья   сы́н "son"— сыновья́
                                 му́ж "husband"— мужья́

Two other very common words have plural forms derived from historically different roots (suppletion).

ребёнок "child" — де́ти "children"
челове́к "person" — лю́ди "people"

A more detailed list of irregular plurals can be found in Appendix IV, pp. 472-474.

9.0 The Irregular Verb **хоте́ть** "want"

Infinitive: хоте́ть

Past:	о́н хоте́л	Present:	я́ хочу́	мы́ хоти́м
	она́ хоте́ла		ты́ хо́чешь	вы́ хоти́те
	(оно́) хоте́ло		о́н/она́ хо́чет	они́ хотя́т
	они́ хоте́ли			

10.0 Expressions of Nationality

The word ру́сский normally serves as a noun meaning "a Russian (man)," ру́сская "a Russian woman," ру́сские "Russians." This usage of an adjective as a noun denoting nationality is very unusual in Russian. Normally, Russian has separate nouns for male and female natives of a country and also for the name of the country itself. Here is a list of countries, the names of their inhabitants and the adjectives for referring to them. Only the name of the country should be spelled with a capital letter.

	Country	Masc.	Fem.	Adjective
Аме́рика (США)	America (USA)	америка́нец	америка́нка	америка́нский
Австра́лия	Australia	австрали́ец	австрали́йка	австрали́йский
А́нглия	England	англича́нин	англича́нка	англи́йский
Испа́ния	Spain	испа́нец	испа́нка	испа́нский
Йндия	India	инди́ец	индиа́нка	инди́йский
Ита́лия	Italy	италья́нец	италья́нка	италья́нский
Кана́да	Canada	кана́дец	кана́дка	кана́дский
Кита́й	China	кита́ец	китая́нка	кита́йский
По́льша	Poland	поля́к	по́лька	по́льский
Фра́нция	France	францу́з	францу́женка	францу́зский
ФРГ	Federal Republic of Germany (FRG)	не́мец	не́мка	неме́цкий
Шве́ция	Sweden	шве́д	шве́дка	шве́дский
Япо́ния	Japan	япо́нец	япо́нка	япо́нский
Гру́зия	Georgia	грузи́н	грузи́нка	грузи́нский
Литва́	Lithuania	лито́вец	лито́вка	лито́вский
Украи́на	the Ukraine	украи́нец	украи́нка	украи́нский
Таджикиста́н	Tajikistan	таджи́к	таджи́чка	таджи́кский

The name of the language is always conveyed by the adjective followed by the noun язы́к, e.g: ру́сский язы́к "Russian," "the Russian language"; испа́нский язы́к "Spanish," "the Spanish language."

Unit IV

The Prepositional Case of Pronouns and Adjectives. Nouns Used with the Preposition **на**. The Conjunctions **и** and **а**.

1.0 The Preposition **о** (**об, обо**)

The meaning "about" or "concerning" is expressed in Russian by the preposition **о** followed by the prepositional case of the noun in question. The preposition **о** becomes **об** before a vowel sound and **обо** before the pronoun **мне́** (see below, 2.0).

Мы́ говори́ли о письме́.	We spoke about the letter.
Мы́ говори́ли об А́нне.	We spoke about Anna.
Гео́лог расска́зывал об Ура́ле.	The geologist spoke about the Urals.

2.0 The Prepositional Case of Personal and Interrogative Pronouns

2.10 The Prepositional case forms of the personal pronouns must be memorized.

	Singular		Plural	
	nom.	prep.	nom.	prep.
1st pers.	я́	обо мне́	мы́	о на́с
2nd pers.	ты́	о тебе́	вы́	о ва́с
3rd pers.	о́н/оно́	о нём	они́	о ни́х
	она́	о не́й		

2.11 Initial **н** in Third-Person Pronouns

Whenever a third-person pronoun is the object of a preposition (regardless of case), the pronoun form takes on an initial **н**. Since the prepositional case forms never occur except after prepositions, they have been listed throughout together with the initial **н**:

о нём о не́й о ни́х

2.2 The prepositional case forms of the interrogative pronouns are:

кто́ → о ко́м
что́ → о чём

3.0 The Prepositional Case of Adjectives

As in the case of the third-person personal pronoun, the prepositional case ending for adjectives is *-om* (**-ом**) for masculine and neuter and *-oj / -ej* (**-ой/-ей**) for feminine — *-oj* (**-ой**) after a hard consonant and *-ej* (**-ей**) after a soft consonant.

Remember that an unstressed *o* is spelled **e** after sibilants (**ш**).

Prepositional Case of Adjectives

Case/Gen.		Endings		Forms
		Bas. S.	Russ.	
Nom.	m.	*-ij/-oj* →	**-ый, -ий/-о́й**	но́вый, си́ний, хоро́ший, молодо́й
	n.	*-ojo* →	**-ое, -ее**	но́вое, си́нее, хоро́шее, молодо́е
	f.	*-aja* →	**-ая, -яя**	но́вая, си́няя, хоро́шая, молода́я
Prep.	m.	*-om* →	**-ом, -ем**	но́вом, си́нем, хоро́шем, молодо́м
	n.			
	f.	*-oj/-ej* →	**-ой, -ей/-ей**	но́вой, си́ней, хоро́шей, молодо́й

4.0 Grammar for Reading. Nouns Used with the Preposition **на**

A small group of Russian nouns occur in the prepositional case only with the preposition **на** when location is to be designated.[1] For these nouns the preposition **на** is the only means of expressing "in", "at", as well as "on".

О́н живёт на ю́ге.	He lives in the south.
О́н рабо́тает на заво́де.	He works at a factory.
Мы́ тепе́рь живём на Украи́не.	We now live in the Ukraine.

The group includes nouns denoting the main directions of the compass, certain geographical areas (mainly of the USSR), islands, open spaces, certain gathering places, and other nouns which must be memorized.

на ю́ге	in the south	на уро́ке	in class
на се́вере	in the north	на факульте́те	in the department
на за́паде	in the west		(academic)
на восто́ке	in the east	на пра́ктике	on practical training
на Кавка́зе	in the Caucasus	на конце́рте	at the concert
на Ура́ле	in the Urals	на о́пере	at the opera
на Украи́не	in the Ukraine	на бале́те	at the ballet
на рабо́те	at work	на спекта́кле	at the performance
на заво́де	at the factory (heavy industry)	на вы́ставке	at the exhibition
на фа́брике	at the factory (light industry)	на у́лице	on the street
на собра́нии	at the meeting	на вокза́ле	at/in the station
на ле́кции	at the lecture	на войне́	in the war

Keep in mind that whenever the preposition **на** is used with any noun other than the above group of words, the preposition retains its literal meaning "on the surface of" or "on top of". (See II, 4.0.)

5.0 The Conjunctions **и** and **а**

The Russian conjunction **и** is used to join coordinate subjects and predicates, as does the English "and". It also introduces clauses in which the speaker wants to express parallelism of actors, actions, places or time segments.

The conjunction **а** introduces clauses containing an opposition of actors, actions, places or time segments, and corresponds to the English "and", "whereas", "while".

---

[1] In connection with the preposition **на** the temporal phrase на э́той неде́ле "this week" should be mentioned.

Compare:

Ве́ра живёт **в го́роде, и** её
роди́тели (то́же) живу́т **в го́роде.**
Vera lives in town and her
parents also live in town.

Ни́на живёт **в го́роде, а** её
роди́тели живу́т **в дере́вне.**
Nina lives in town and her
parents live in the country.

Ви́ктор отдыха́л **на ю́ге, и**
А́нна отдыха́ла **на ю́ге.**

Victor vacationed in the
South and so did Anna.

Ви́ктор отдыха́л **на ю́ге, а**
А́нна отдыха́ла **на се́вере**, в
Арха́нгельске.
Victor vacationed in the South and
Anna vacationed in the North, in
Arhangelck.

В ию́не я́ **рабо́тал, и** в
а́вгусте я́ **рабо́тал.**
In June I worked and in
August I also worked.

В ию́не и в ию́ле я́ **рабо́тал**, а в
а́вгусте я́ **отдыха́л.**
In June and July I worked and in
August I vacationed.

Note that clauses introduced by **и** and **а** must be set off by commas.

6.0 The Irregular Verb **бы́ть** "be"

The verb **бы́ть** "be" is irregular; its forms must therefore be memorized. (See also
Analysis VI, 2.0.)

Present:	Past:	Past Tense with Negation
ø	о́н бы́л	о́н не́ был [н'е́был]
Infinitive:	она́ была́	она́ не была́ [н'ибыла́]
бы́ть	оно́ бы́ло	оно́ не́ было [н'е́былъ]
	они́ бы́ли	они́ не́ были [н'е́был'и]

7.0 Grammar for Reading. Masculine Nominative Plurals in **-а́**

Masculine nouns with the nominative plural ending in *-á* (**-а́, -я́**) are limited in number,
but common in usage and must be memorized. They will be specially marked in the vocabularies with the notation (**-á**). Nouns of this type have stem stress in the singular and ending
stress throughout the plural (AB). Here are some common examples:

Masculine Nominative Plurals in **-а́**

	Endings		Forms			
	Bas.S.	Russ				
Sing.	*-ø* →	—	до́м	ле́с	профе́ссор	учи́тель
Pl.	*-a* →	**-а/-я**	дома́	леса́	профессора́	учителя́[1]

[1] Note that the stress in учи́тель is exceptional for nouns in **-тель**. Compare: писа́тель — писа́тели,
чита́тель — чита́тели.

Unit V

The Genitive Case. The Accusative Case. The Conjunction **что**. Apposition. The Verb Classifier.

1.0 The Genitive Case

1.1 Use of the Genitive

One of the most frequent uses of the genitive is to show that not the whole object (in genitive) or not the object *itself* is affected, but rather some specific part, aspect or character-istic of that object.

Э́то **нача́ло сло́ва**.	This is the beginning of the word.
На стене́ виси́т **ка́рта А́фрики**.	A map of Africa hangs on the wall.
На столе́ лежи́т **уче́бник фи́зики**.	A physics text is lying on the table.
Он пи́шет о **красоте́ приро́ды**.	He writes about the beauty of nature.
Мы́ говори́ли о **кли́мате Ура́ла**.	We spoke about the climate of the Urals.

The increased degree of specificity is also inherent in cases of possession, another high-frequency domain of the genitive.

Э́то **до́м Бори́са**.	This is Boris' house.
Э́то **фами́лия журнали́ста**.	This is the journalist's last name.
Они́ говори́ли о **рабо́те студе́нта**.	They spoke about the student's work.
Столи́ца Украи́ны — Ки́ев.	The capital of the Ukraine is Kiev.

Forms of the genitive in Russian thus correspond to English of phrases and possessive forms by means of -'s (-s').

Note, however, that in Russian the genitive in most cases *follows* the noun denoting the thing possessed:

Э́то ко́мната **сы́на**.	This is the *son's* room.
Э́то ко́мната **сы́на Анто́на**.	This is *Anton's son's* room.

Finally, the genitive is also used whenever things or concepts are counted, measured or limited in some way. Both definite (один, два, три, etc.) and indefinite numerals (много, мало, сколько, etc.) provide obvious examples of such quantification. Although most quantified nouns assume the genitive plural form (and will be treated thoroughly in Unit VIII), a small number which have no plural will take the genitive singular when quantified:

В этом районе **мало воды**.	There is little water in this region.
На юге страны **много железа**.	There is much iron in the south of the country.

1.2 Formation of the Genitive of Nouns

1.21 First Declension (masculine/neuter)

Case	Endings		Forms
	Bas.S.	Russ.	
Nom.	-ø/-o →	—/-о, -е	студент гость Дмитрий / окно здание
Gen.	-a →	-а, -я	студента гостя Дмитрия / окна здания

In the genitive singular, first declension nouns take the ending -a (spelled **a** or **я**), i.e. the nominative singular ø or -o in such nouns is replaced by the basic -a.

1.22 Second Declension (feminine)

Case	Endings		Forms
	Bas.S.	Russ.	
Nom.	-a →	**-а, -я**	картина река улица деревня
Gen.	-i →	**-ы, -и**	картины реки улицы деревни

In the genitive singular, second declension nouns take -i (spelled **ы** or **и**). Note that in keeping with the spelling rules (cf. I, 1.33) the basic i must be spelled **и** after **к, г** and **х** and also after all sibilants except **ц**.

2.0 The Accusative Case

2.1 Use of the Accusative

The accusative is the case of the *direct object*. Any verb which takes a direct object is called *transitive*.

Антóн	пи́шет	письмó.	Anton is writing a letter.
Subject +	Predicate +	Object	
(nom.)	(trans. verb)	(acc.)	
Мари́я чита́ет кни́гу.			Mariya is reading a book.

2.20 Formation of the Accusative Case of Nouns

2.21 First Declension (masculine/neuter)

Case	Endings		Forms
	Bas.S.	Russ.	
Nom.	*-ø/-o* →	—/**-o, -e**	вагóн дру́г бра́т окнó зда́ние
Acc. (inanim.)	*-ø/-o* →	—/**-o, -e**	вагóн окнó зда́ние
(anim.)	*-a* →	**-а/-я**	дру́га бра́та

The accusative of first declension nouns is identical with their nominative, except for masculine nouns denoting animals (including humans — hereafter referred to as "animate nouns"). The ending of the accusative of animate first declension nouns is *-a* (**-а,-я**) (which coincides with the first declension *genitive* ending).

2.22 Second Declension (feminine)

Case	Endings		Forms
	Bas.S.	Russ.	
Nom.	*-a* →	**-а/-я**	шкóла дере́вня
Acc.	*-u* →	**-у/-ю**	шкóлу дере́вню

The ending of the accusative singular of second declension nouns is -*u* (spelled **-у** or **-ю**).

Study the following examples:

Джóн изучáет фи́зику.	John is studying physics.
И́ра хорошó знáет гóрод.	Ira knows the city well.
Я знáю профéссора Гри́на.	I know Professor Greene.
Натáша читáет письмó.	Natasha is reading a letter.

2.23 Summary of Noun Endings

Case	First Declension						Second Declension	
	Masculine				Neuter		Feminine	
Nom.	-ø	→	—	áдрес брáт	-o →	-о, -е	окнó	-a →	-а, -я	газéта
Acc.	-ø	→	—	áдрес	-o →	-о, -е	окнó	-u →	-у, -ю	газéту
(anim)	-a	→	-а, -я	брáта					
Gen.	-a	→	-а, -я	áдреса брáта	-a →	-а, -я	окнá	-i →	-ы, -и	газéты
Prep.	-'e	→	-е	áдресе брáте	-'e →	-е	окнé	-'e →	-е	газéте

2.3 The Genitive and Accusative Cases of Personal and Interrogative Pronouns

Examine and memorize the forms of the personal and interrogative pronouns summarized in the following box. Note that with the exception of the interrogative pronoun **чтó** the genitive and accusative case forms of the personal and interrogative pronouns are identical.

	Personal Pronouns							Interrogative Pronouns	
Nom.	я	ты	óн/онó	онá	мы́	вы́	они́	ктó	чтó
Acc.	меня́	тебя́	егó	её	нáс	вáс	и́х	когó[1]	чтó
Gen.	меня́	тебя́	егó	её	нáс	вáс	и́х	когó	чегó[1]
Prep.	обо мнé	о тебé	о нём	о нéй	о нáс	о вáс	о ни́х	о кóм	о чём

---

[1]Когó is pronounced [кавó]; and чегó [чивó].

Study the following examples:

— Кого́ она́ лю́бит?	"Whom does she love?"
— Она́ лю́бит тебя́.	"She loves you."
Óн зна́ет меня́, а она́ зна́ет ва́с.	He knows me and she knows you.
Мы́ ви́дели его́ на Кавка́зе.	We saw him in the Caucasus.

The genitive forms of the pronouns я́, ты́, мы́, вы́ and кто́ are never used to mean possession. Instead, there are special possessive pronouns which *precede,* and agree with, the noun denoting the object possessed. These special possessive pronouns are мо́й, тво́й, на́ш and че́й, respectively.

2.4 The Genitive and Accusative Cases of Demonstrative and Possessive Pronouns

Demonstrative and possessive pronouns must agree with their head word in number, gender and case. The accusative forms of the masculine demonstrative and possessive pronouns are identical with the genitive forms when in agreement with an animate noun; otherwise they are identical with the nominative forms.

The Genitive and Accusative Cases of Demonstrative and Possessive Pronouns

			Masculine/Neuter										
Nom.	*-ø/-o*		э́тот	э́то	на́ш	на́ше	ва́ш	ва́ше	мо́й	моё	че́й	чьё	
Acc.	*-ø/o*		э́тот	э́то	на́ш	на́ше	ва́ш	ва́ше	мо́й	моё	че́й	чьё	
	-ogo[1]	**-ого, -его**	э́того	—	на́шего	—	ва́шего	—	моего́	—	чьего́	—	
Gen.	*-ogo*	**-ого, -его**	э́того		на́шего		ва́шего		моего́		чьего́		
Prep	*-om*	**-ом, -ем**	э́том		на́шем		ва́шем		моём		чьём		

			Feminine					
Nom.	*-a*	**-а, -я**	э́та	на́ша	ва́ша	моя́	чья́	
Acc.	*-u*	**-у, -ю**	э́ту	на́шу	ва́шу	мою́	чью́	
Gen.	*-oj/ej*[2]	**-ой, -ей**	э́той	на́шей	ва́шей	мое́й	чье́й	
Prep.	*-aj/-ej*	**-ой, -ей**	э́той	на́шей	ва́шей	мое́й	чье́й	

---

[1] The pronominal and adjectival genitive ending *-ogo* is invariably pronounced as though the consonant were the basic *v,* rather than *g:* его́ [jиво́], кого́ [каво́], молодо́го [мълодо́въ], э́того [э́тъвъ].

[2] There are two endings here: *-oj* **(-ой)** after a hard consonant and *ej* **(-ей)** after a soft consonant (cf. the prepositional case).

Remember that **твой** is declined as **мой**; **ваш** is declined as **наш**. Recall also that the third-person possessive pronouns (**его, её, их**) never change (cf. II, 2.0). Here are a few examples of agreement between pronouns and their head word:

Это дом моего преподавателя.	This is my teacher's house.
Мы говорили о вашей жене.	We were speaking about your wife.
Я знаю этого человека.	I know that man.
О чьей работе говорила Маша?	Whose work was Masha talking about?
Эта картина висит в моей квартире.	This picture is hanging in my apartment.

But:

Он расскáзывал о её сестре и об их квартире в Москве.	He was telling about her sister and their apartment in Moscow.

2.5 The Genitive and Accusative Cases of Adjectives

Adjectives agree in number, gender and case with their head word. As was the case with demonstrative and possessive pronouns, Russian adjectives also distinguish animate from inanimate accusative masculine. In ending-stressed pronouns (see 2.4) the stress falls on the final syllable, whereas in ending-stressed adjectives the stress falls on the penultimate syllable; cf. моего, but дорогого.

	Stem-Stressed			Ending-Stressed		
	Masculine	Neuter	Feminine	Masculine	Neuter	Feminine
Nom.	новый	новое	новая	молодой	молодое	молодая
Acc.	новый нов'ого	новое	новую	молодой молодого	молодое	молодую
Gen.	нов'ого		новой	молодого		молодой
Prep.	новом		новой	молодом		молодой

Мы видели только начало этого очень интересного фильма.	We saw only the beginning of that very interesting film.
Я не знаю этого молодого человека.	I don't know that young man.
Кто автор этого нового романа?	Who is the author of this new novel?

3.0 The Conjunction **что** "that"

Russian subordinate clauses are often introduced by the unstressed conjunction **что** ("that"). It is pronounced [штъ]. Unlike in English, the Russian conjunction **что** is usually not omitted, and is always preceded by a comma (separating the subordinate from the principal clause).

Óн зна́ет, что вы́ живёте в Ташке́нте.	He knows (that) you live in Tashkent.
Я́ зна́ю, что её оте́ц о́чень мно́го рабо́тает.	I know (that) her father works a lot.

Compare the use of a stressed **что́** (conjunctive word) in the following sentence:

Я́ не зна́ю, что́ Ви́ктор пи́шет.	I don't know what Victor is writing.

But:

Я́ зна́ю, что Ви́ктор пи́шет кни́гу.	I know (that) Victor is writing a book.

4.0 Apposition

When a noun (together with its modifiers) is in apposition to another noun, i.e. when it specifies or explains that noun by giving it a different name, there are two possibilities in Russian:

1. If the first noun denotes a person, we have *strict apposition,* when both the nouns (or noun phrases) take the same case.

Мы́ говори́ли о её бра́те Никола́е.	We spoke about her brother, Nikolai.
Ле́кцию чита́ет профе́ссор Кузнецо́в.	The lecture is being read by Professor Kuznetsov.
Я́ зна́ю това́рища Петро́ва.	I know Comrade Petrov.
Я́ ви́дел Анто́нова, на́шего до́ктора.	I saw Antonov, our doctor.

2. If the first noun does not denote a person, we have *non-strict apposition,* when the second noun (or noun phrase) takes the nominative.

Я́ ви́дел дра́му «Ива́нов».	I saw the play *Ivanov.*
Кто́ геро́й рома́на «А́нна Каре́нина»?	Who is the hero of the novel *Anna Karenina?*

In conversational Russian, the head word may be omitted, in which case the apposition takes the case of the head noun that has been omitted.

Твардо́вский до́лго рабо́тал в журна́ле «Но́вый ми́р».

Tvardovsky worked for a long time at the magazine *New World.*

And:

Мо́й дру́г то́же рабо́тал в «Но́вом ми́ре».

My friend also worked at *New World.*

5.0 The Russian Verb

5.1 The Verb Classifier

In studying and conjugating Russian verbs we have so far centered our attention on combining verb stems and grammatical endings. Let us now examine the basic stem itself more closely.

The stem consists of a *root* (CVC)[1] with or without prefixes and is followed by a *suffix,* which we shall call the *verb classifier.*

повтори́ть "repeat" *povtor'i-*

	stem			+	ending
po	*vtor*	*i*			*t'*
по	втор	и́			ть
(prefix)	(root) CVC	suffix or verb classifier			

In all, there are eleven verb classifiers in Russian: *-i-* (**-и-**), *-e-*(**-e-**), *-ža-* (**-жа-**), *-a-* (**-а-**), *-ova-* (**-ова- / -ева-**), *-aj-* (**-ай-**), *- ej-* (**-ей-**), *-avaj-* (**-авай-**), *-nu-* (**-ну-**) , *-o-* (**-о-**), and ø (which indicates the absence of a suffix after the root). Of these, only three (*-i-*, *-ova-*, *-aj-*) are "productive", that is, only three classifiers are used to form new verbs which appear in the modern language.

In reviewing some familiar basic stems we can readily identify the verb classifier in each:

"read"	*čitáj-*	(чита́й-)	*čit-* + *-aj*	(чит- + -а́й-)
"speak"	*govor'i-*	(говори́-)	*govor'* + *-i-*	(говор- + -и́-)
"live"	*žǐv-*	(жи́в-)	*žǐ v-* + ø	(жи́в- + ø)

The analysis of Russian verbs according to verb classifiers has immediate practical consequences for conjugation. The verb classifier determines which present tense vowel (i.e. the first conjugation **-ет** or **-ут** or the second conjugation **-ит** or **-ят**)[2] a verb requires.

---

[1] See I, 3.0 and footnote.
[2] See II, 1.1.

Moreover, the classifier enables one to anticipate the two other processes which may occur in the formation of Russian verbs: (1) *alternation* of the final root consonant, and (2) *shift of stress*. Once the rules for each verb classifier are learned, one will be able to conjugate any regular basic stem in Russian, regardless of whether or not one has previously encountered that particular verb.

5.2 Classes of Verbs

Only three classes of verbs in Russian take second conjugation endings: *-i-, -e-* and *-ža*-verbs; the remaining eight classes take first conjugation endings. All classes except ø-class may have stress shift in the *present* tense; only "zero" verbs may have stress shift in the *past* tense.

Let us analyze the three second conjugation classes more closely.

Second Conjugation Verbs

1. Verb Classifier *-i-* (spelled **-и-**)

    Final root consonant *alternates*[1] before first person singular *-u*.
    Productive group, numbering thousands of verbs, mostly transitive.

Example: *проси́-* "ask (a favor)"
проси́ть
прошу́ (прос-и-у;
с → ш before **у**)
про́сишь
про́сит   проси́л
про́сим   проси́ла
про́сите   проси́ло
про́сят   проси́ли

2. Verb Classifier *-e-* (**-е**)

    Final root consonant *alternates*[1] before first person singular *-u*.
    About 50 verbs, mostly intransitive.

ви́де- "see"
ви́деть
ви́жу (вид-е-у;д → ж before у)
ви́дишь
ви́дят   ви́дел
           ви́дела
           ви́дело
           ви́дели

---

[1] See V, 5.5.

3. Verb Classifier -*ža*

    Where -*ža*- represents *a* preceded by a sibilant: **жа, ша, ща, ча** (and also **-j + a** in two exceptional cases: боя́ться *boj-á*- "fear" and стоя́ть *stoj-á*- "stand").
    Above 30 verbs, mostly intransitive.

лежа́- "lie", "be in a lying position"
лежа́ть
лежу́
лежи́шь
лежа́т   лежа́л
            лежа́ла
            лежа́ло
            лежа́ли

All other regular verbs take first conjugation endings. In previous units we have encountered verbs with classifiers in -*aj*- and ø; in this unit we have come across verbs with classifiers in -*a*- and -*ova*-.

First Conjugation Verbs

4. Verb Classifier -*a*- (**-а-**)

    Final root consonant alternates before *all vocalic endings* (thus throughout the present tense).
    About 60 verbs.

писа́- "write"
писа́ть
пишу́ (пис-а-у; **с → ш** before **у**)
пи́шешь
пи́шут   писа́л
            писа́ла
            писа́ло
            писа́ли

5. Verb Classifier -*ova*- (**-ова-/-ева-**)

    . -*ова*- replaced by -*ýй* before *all vocalic endings*. Note that in verbs with stressed -*ova*- the stress shifts back to -*új*-.
    Thousands of verbs, mostly with foreign roots.

диктова́- "dictate"
диктова́ть
дикту́ю
дикту́ешь
дикту́ют   диктова́л
             диктова́ла
             диктова́ло
             диктова́ли

6. Verb Classifier -*aj*- (**-ай-**)

    Thousands of verbs, mostly imperfective.[1]

чита́й- "read"
чита́ть
чита́ю
чита́ешь
чита́ют   чита́л, чита́ла

---

[1] See Unit VI, 1.3

7. Verb Classifier ø

About 80 verbs in all (unprefixed). This group will be analyzed in much greater detail in subsequent units. Stress may shift in the past tense only.

жив- "live"

жить
живу́
живёшь
живу́т жил
        жила́
        жи́ло
        жи́ли

5.30 Stress in the Verb

5.31 Fixed Stress

A large majority of Russian verbs have fixed stress, i.e. the stress in them falls on the same syllable in all forms of their conjugation. Stress may be fixed on the root or on the syllable immediately following the root (the "post-root" syllable). As you remember from II, 1.5, fixed stress is indicated by the sign ´ placed over the appropriate syllable of the basic stem.

Fixed Stress

root (CVC)		post-root[1]	
ви́де- "see"	*ста́н-ø* "become"	*чита́й-* "read"	*говори́-* "speak", "say"
ви́жу	ста́ну	чита́ю	говорю́
ви́дишь	ста́нешь	чита́ешь	говори́шь
ви́дит	ста́нет	чита́ет	говори́т
ви́дим	ста́нем	чита́ем	говори́м
ви́дите	ста́нете	чита́ете	говори́те
ви́дят	ста́нут	чита́ют	говоря́т
ви́деть	стать	чита́ть	говори́ть
ви́дел	стал	чита́л	говори́л
ви́дела	ста́ла	чита́ла	говори́ла
ви́дело	ста́ло	чита́ло	говори́ло
ви́дели	ста́ли	чита́ли	говори́ли

---

[1] Note that *-ova-* verbs with stress on the post-root syllable have stressed *-ová-*, but the stress shifts to *-új-* in the forms with alternation. See above 5.2, item 5.

5.32.0 Shifting Stress

A number of Russian verbs, including some of the most commonly used ones, have shifting stress. Shifting proceeds from right to left, *from the post-root syllable onto the root.* There are but two patterns of stress shift in Russian verbs: one affecting the present tense and one affecting the past tense. If one has learned the two patterns, one can predict the proper stress for any form of any basic stem. Shifting stress is indicated by an ^{x} placed over the basic stem: *pisǎ- (писǎ-).*

Since stress is always shifted to the *left* (i.e. from the post-root syllable onto the root), one need learn only those forms in which the shift occurs. *In all other forms the stress remains on the post-root syllable.*

5.32.1 Present tense stress shift occurs in verbs with suffixes other than ø and affects all present tense forms except the first person singular.

5.32.2 Past tense shift occurs only in verbs with the ø classifier and affects all past tense forms except the feminine.[1]

	p' i s ǎ-			*ž ǐ v — ø*	
root	post-root syllable		root	post-root syllable	
	пишу́			живу́	
пи́шешь				живёшь	
пи́шет				живёт	
пи́шем				живём	
пи́шете				живёте	
пи́шут				живу́т	
	писа́ть		жи́ть		
	писа́л		жи́л ø		
	писа́ла			жила́	
	писа́ло		жи́ло		
	писа́ли		жи́ли		

To summarize, for verbs with shifting stress the stress falls on the post-root syllable, except for those forms of the conjugation in which the stress shifts. (Always from the post-root syllable to the root). In suffixed verbs (i.e. verbs with stems other than ø) the stress is "retracted" in all *present* tense forms except first person singular; in non-suffixed verbs the stress is retracted in all *past* tense forms except feminine.

---

[1] Later on we shall have occasion to contrast present tense retraction (a one-syllable shift to the left) with past tense retraction, which may shift the stress as far to the left in the word or phonological unit as it can go. The negative past tense of *ž ǐ v-* provides an example: о́н не́ жил [н'е́жил], она́ не жила́ [н'ижила́], оно́ не́ жило [н'е́жилъ], они́ не́ жили [н'е́жили]. The same shift of the stress occurs in the negative form of the verb **бы́ть.** (See IV, 6.0.)

5.4 Summary

In addition to rules for joining verb stems and endings discussed in Unit II, there are three other factors which must be taken into account if one is to be able to conjugate fully any Russian verb:

(1) Choice of present tense vowel (i.e. conjugation type);
(2) Possibility of alternation (of a final root consonant with another consonant; see 5.5 below);
(3) Possibility of shifting stress.

The *verb classifier* determines the outcome of the conjugation. Only three classes of Russian verbs have second conjugation endings: *-i-* (**-и-**), *-e-* (**-е-**) and *-ža-* (**-жа-**) types. All other stems are first conjugation ones. Alternation occurs before the first person singular ending - *u* (**-у/-ю**) of all *-i-* and *-e-* verbs, and before any vocalic ending for stems in *-a-* and *-ova-*. If stress shift in a verb occurs at all, it will be limited to a single possible type of shift in the *past tense* of verbs with the ø-suffix and to one possible type of *present tense* shift for verbs with classifiers other than ø. Hence, there are but two types of stress shift in Russian verbs: past tense (affecting ø-suffixes) and present tense (affecting suffixes other than ø).[1]

5.5 Chart of Alternations of Consonants

In the conjugation of Russian verbs, alternation of a final root consonant (CVC) occurs at predictable points. It also occurs in the formation of the comparative degree of adjectives and in word-building. Note that not every consonant undergoes alternation, nor are all the alternations listed below of equal importance or frequency. Those listed in light upright type are infrequent and included here for completeness, as well as to aid the student at more advanced levels of study.

Dentals (hard or soft)	Labials (hard or soft)
д — ж	**б — бл'**
т — ч	п — пл'
з — ж	м — мл'
с — ш	в — вл'
ст — щ	**ф — фл'**
ск — щ	
ц — ч	

Velars (hard or soft)	Church Slavonic
г — ж	д — жд
к — ч	т — щ
х — ш	

[1]For past passive verbal adjective stress, see Unit XV.

6.0 The Particle **-ся**

In this lesson you have encountered a small number of verbs ending in the particle **-ся.** This particle is an indication of voice in Russian and will be discussed in detail in Unit XIII, 2.0. The particle does not affect the conjugation of the verb; however, it must always be added to the conjugated verb. This particle has the form *-s'* (**-сь**) after vowel endings and *-s'a* (**-ся**) after consonant endings.

Study the forms of the verb *находи́-ся* "be located":

Stem: *находи́-ся*

Infinitive: находи́ться

Past:	находи́лся	Present:	нахожу́сь	нахо́димся
	находи́лась		нахо́дишься	нахо́дитесь
	находи́лось		нахо́дится	нахо́дятся
	находи́лись			

Unit VI

Verb Aspect. The Future Tense. The Verb **бы́ть**.

1.0 Verb Aspect

1.1 Meaning of Aspect

In his or her use of verbs, a speaker of Russian must choose in almost every case between perfective and imperfective expressions of the action in question. The perfective form of a verb characterizes its action as completed and taking place "at one go"; it also signals that these two qualities are relevant to the speaker at the moment of speech. The imperfective form, on the other hand, does not qualify the action in this way.

Perfective verbs always convey the meaning of an action performed *on one occasion* and *completed "once and for all"*. By contrast, imperfective verbs reveal a wide variety of potential meanings. Only an imperfective verb can express a single action as *a process,* a single action *in progress* (a non-completed action) or an action performed *on more than one occasion* and *completed* on each occasion. In addition, a speaker of Russian may indeed have in mind an action performed on one occasion and brought to a completion, yet choose to emphasize something else in the sentence instead — the performer of the action or some other circumstance surrounding the performance of the action. In this case, too, the speaker would select the imperfective form of the verb. The perfective form is used only when *all* of the three conditions are met — when the action is completed, on one occasion, and relevant to the speaker at the time of its expression.

Aspect is expressed formally through the existence of pairs of verbs consisting of a imperfective verb and its perfective counterpart. The majority of the verbs you have encountered heretofore have been *imperfective*. It should be noted in passing that imperfective verbs outnumber perfective verbs both in sheer numbers and in frequency of occurrence.

In order to understand Russian and express yourself freely in that language, it is essential to master both the perfective and imperfective forms of each verb. Study the choice of aspect in Russian sentences you encounter, paying particular attention to the role played be context. As your knowledge of aspect deepens, you will gradually develop rationales for aspectual choice which will more and more approximate those of a native speaker.

Begin by comparing verb aspects in the following groups of sentences. As a rule of thumb, keep in mind that the perfective verb is called for only in the case of *completed* actions which occur only on one occasion and the force of which is relevant to, or impinges upon, the speaker at the time of the utterance. In all other cases the imperfective is the proper form.

— Вчера́ ве́чером моя́ жена́ **писа́ла** письмо́. (Imperfective, process.)	"Last night my wife was writing a letter."
— Она́ **написа́ла** письмо́? (Perfective, emphasis on the result.)	"Did she finish writing the letter?"
— Да́, оно́ уже́ на по́чте.	"Yes, it's already at the post office."

In the following examples note how words like **всегда́** or **ка́ждый де́нь** bring out the *frequentative* meaning in the imperfective verb.

— Ро́берт, почему́ ты́ та́к хорошо́ говори́шь по-ру́сски?	"Robert, why do you speak Russian so well?"
— Я́ **всегда́** мно́го **рабо́тал.** Ка́ждый де́нь **чита́л** те́кст, **писа́л** упражне́ния и **учи́л** слова́. (Imperfective, repeated action.)	"I always worked a lot. Every day I would read a text, write out exercises and learn words."
— А что́ ты́ сейча́с де́лаешь?	"And what are you doing now?"
— Весно́й я́ **ко́нчил** шко́лу, и тепе́рь я́ студе́нт. (Perfective, emphasis on the result.)	"I finished high school in the spring and now I am a (college) student."

The imperfective aspect is also expected in contexts where the speaker is simply verifying whether or not an action took place.

— Вы́ вчера́ **чита́ли** расска́з Че́хова «Ма́льчики»? (Imperfective, completedness of action not relevant to speaker.)	"Did you read Chekhov's story *The Boys* yesterday?"
— И́ра, ты́ не по́мнишь, мы́ **де́лали** упражне́ние № 5? (Imperfective, main concern is verification of exercise number, rather than completedness of action.) — Не́т, не де́лали.	"Ira, do you remember — did we do Exercise 5?" "No, we didn't do it."
— Я́ прочита́л рома́н. Вы́ хоти́те прочита́ть его́? (Perfective, result.)	"I've finished reading the novel. Would you like to read it?"

1.20 Aspect and Tense

The one-time, completed nature of a perfective action is incompatible with the Russian conception of present time. A perfective action is possible only in the past or future. This relationship may be shown graphically by representing perfective actions as small circles on the chart below and imperfective actions by line segments. If the left to right line is a time vector upon which a perpendicular line marks *now*, then every perfective action must necessarily fall to the left (past tense) or to the right (future tense) of the *now* line. Imperfective verbs, on the other hand, can refer to actions in progress (perhaps intermittently) in the past (i.e. wholly to the left of the *now* line), in the future (i.e. wholly to the right of the *now* line), or in the present (i.e. crossing the *now* line).

⊙	**Now**	⊙
О́н прочита́л кни́гу. He read the book (once, completed).		О́н прочита́ет кни́гу. He will read the book (once, completed).
О́н чита́л кни́гу. He was reading/ used to read/ read the book.	О́н чита́ет кни́гу. He is reading the book.	О́н бу́дет чита́ть кни́гу. He will be reading the book (process)/will read the book (regularly).

TIME: ⟶

1.21 Present Tense

The present tense is expressed by imperfective verbs only.

1.22 Future Tense

As is evident from the chart in 1.20 above, a speaker of Russian makes the choice of aspect in the future and the past tenses. The future tense endings of perfective verbs are identical in form to those of the present of imperfective verbs. Therefore a foreign speaker of Russian should exercise care not to confuse perfective future and imperfective present.

прочитáй- "shall/will read, have read, finish reading"

я́ прочитáю	мы́ прочитáем
ты́ прочитáешь	вы́ прочитáете
óн/онá/онó прочитáет	они́ прочитáют

Imperfective future requires the appropriate form of the verb **бы́ть** "be" (agreeing with the subject) followed by the imperfective infinitive.

читáй- "shall/will read, be reading"

я́ бýду читáть	мы́ бýдем читáть
ты́ бýдешь читáть	вы́ бýдете читáть
óн/онá/онó бýдет читáть	они́ бýдут читáть

The use of aspect in the future tense is, for the most part, similar to that of the past. Study the following examples, taking particular care to distinguish imperfective *present*, perfective *future* and imperfective *future*.

— Мáрк, чтó ты́ **бýдешь дéлать** лéтом?	"Mark, what will you be doing in the summer?"
— Лéтом я́ **бýду отдыхáть** на юге.	"In the summer I shall be vacationing in the South."
— Чтó сейчáс дéлает Сáша?	"What is Sasha doing right now?"
— Óн пи́шет статью́.	"He is writing an article."
— Óн скóро её **напи́шет?** (Perfective, result.)	"Will he finish it soon?"
— Нéт, я́ дýмаю, óн **бýдет** ещё дóлго **писáть**. (Imperfective.)	"No, I think he will be writing for a long time yet."

Ната́ша о́чень лю́бит Со́чи. Я ду́маю, что она́ **бу́дет отдыха́ть** та́м ка́ждое ле́то. (Imperfective, repeated action.)	Natasha is very fond of Sochi. I think she will vacation there every summer.

1.3 Formation of Aspect

In order to speak and read Russian fluently, it is necessary to master the basic stems of both the perfective and imperfective verbs of the aspect pair. Aspect pairs are differentiated by one of three means:

a. *Suffixation* (with possible alternation of final root consonant)

Imperfective		Perfective	
включа́й-	"turn on"	*включи́-*	"turn on"
отвеча́й-	"answer"	*отве́ти-*	"answer"
реша́й-	"decide", "solve", "attempt to solve"	*реши́-*	"decide", "solve", "obtain a solution"

b. *Prefixation* (which does not affect conjugation)

Imperfective		Perfective	
писа́-	"write"	*написа́-*	"get written"
чита́й-	"read"	*прочита́й-*	"finish reading"
де́лай-	"do"	*сде́лай-*	"get done"

c. *Suppletion* (verbs of the aspect pair have different roots. This formation is rare.)

Imperfective		Perfective	
говори́-	"say", "tell"	*сказа́-*	"say", "tell"

At a later stage in the study of Russian, the student will learn rules for deriving certain types of perfective verbs from their imperfective counterparts and vice versa.

1.4 Examples of the Use of Aspect

Я до́лго чита́л э́ту кни́гу, но ещё не **прочита́л** её. (Result.)	I have been reading this book for a long time, but still *have not finished* it.

Мы́ до́лго реша́ли зада́чу и наконе́ц **реши́ли** её. (Result.)

We worked on the problem for a long time and finally *solved* it.

Мы́ не **реши́ли** э́ту зада́чу. (Failed to obtain a solution.)

We *did not solve* this problem.

Мы́ не **реша́ли** э́ту зада́чу. (Statement that no action took place.)

We *did not work on* this problem.

Я́ вчера́ **включи́л** ра́дио и забы́л его́ вы́ключить. (Result of the initial action is still relevant to the speaker.)

Yesterday I *turned on* the radio and forgot to turn it off.

Ты́ вчера́ **включа́л** ра́дио? (Had the radio on yesterday, but it is off now; result canceled out.)

Did you *have* the radio *on* yesterday?

Вчера́ я́ не́сколько ра́з **включа́л** ра́дио. (Repeated action.)

I *had* the radio *on* several times yesterday.

Сего́дня ве́чером я́ **включу́** ра́дио и бу́ду слу́шать му́зыку. (Result of a single completed action will be relevant to the speaker.)

This evening I *will turn on the* radio and will listen to music.

— Ле́том ва́ш сы́н **бу́дет рабо́тать?**

"*Will* your son *be* working in the summer?"

— Не́т, о́н **бу́дет поступа́ть** в институ́т. И я́ ду́маю, что о́н **посту́пит.**

"No, he *will be entering (applying to)* college. And I think he *will get in (be accepted)*."

— Ни́на, что́ ты́ **де́лала** вчера́ ве́чером?

"Nina, what *were you doing* last night?"

— Я́ была́ на вокза́ле.

"I was at the train station."

— А почему́ ты́ была́ на вокза́ле?

"And why were you at the station?"

— Я́ **встреча́ла** бра́та.

"I *was meeting* my brother."

— Ну и ка́к, **встре́тила?**

"Well, how was it, *did* you *meet* him?"

— Да́, **встре́тила.**

"Yes, I *did*."

Оле́г, что́ ты́ **сде́лал?** Ра́дио не рабо́тает.

Oleg, what *did* you *do?* The radio doesn't work.

— Ники́та, что́ ты́ **бу́дешь де́лать** сего́дня ве́чером?

"Nikita, what *are* you *doing* tonight?"

— Я бу́ду **смотре́ть** телеви́зор. Сего́дня ве́чером бу́дет Олимпиа́да.	"I *am going to watch* television. The 'Olympics' are on tonight."
— Пра́вда? Я то́же хочу́ **посмотре́ть** Олимпиа́ду.	"Is that so? I want *to watch* the 'Olympics', too."

Two more examples (from classical Russian literature):

Колу́мб был сча́стлив не тогда́, когда́ **откры́л** Аме́рику, а когда́ **открыва́л** её.	Columbus was happy not when he *had discovered* America, but when he *was in the course of discovering* it. (Dostoyevsky, *The Idiot*)
Что́ же **де́лал** Бе́льтов в продолже́ние 10 лет? Всё и́ли почти́ всё. Что́ он **сде́лал?** Ничего́ и́ли почти́ ничего́.	What *did* Beltov *do* during the 10 years? Everything, or almost everything. What *did* he *achieve?* Nothing, or almost nothing. (Herzen, *Who Is Guilty?*)

1.5 Consecutive and Simultaneous Actions

Two or more perfective verbs in the same sentence convey consecutive actions, one following the other. Imperfective verbs may convey actions overlapping in time.

Вчера́ ве́чером я **вы́учил** но́вые слова́, **прочита́л** но́вый текст и **написа́л** упражне́ния.	Last night I *learned* the new words, *read* the new text, and *wrote out* the exercises.
Мари́на **посмотре́ла** на карти́ну и **сказа́ла**: «Нет, спаси́бо, я её не куплю́».	Marina *glanced* at the picture and *said,* "No, thank you, I won't buy it."
Вчера́ ве́чером я **сиде́л** до́ма и **чита́л**.	Last night I *stayed* at home and *read*.
Когда́ я **чита́л** текст, я **учи́л** но́вые слова́.	As I *read* the text I *studied* the new words.

2.0 The Verb **быть** "be"

The verb **быть** "be" is irregular. In the case of an irregular verb it is necessary to learn more than one stem. In the given verb, the irregularity appears in the unpredictable alternation of the root vowel from **y** in the future tense to **ы** in the past tense and infinitive. (Note also the root stress in the future tense.)

Infinitive: бы́ть

Past Tense:	Present Tense:	Future Tense:	
о́н бы́л	ø	я́ бу́ду	мы́ бу́дем
она́ была́		ты́ бу́дешь	вы́ бу́дете
оно́ бы́ло		о́н/она́/оно́ бу́дет	они́ бу́дут
они́ бы́ли			

Negated Past Tense:

о́н не́ был [н'е́был]
она́ не была́ [н'ибыла́]
оно́ не́ было [н'е́былъ]
они́ не́ были [н'е́были]

— Вы́ бу́дете сего́дня на ле́кции? "Will you be at the lecture today?"
— Да́, обяза́тельно бу́ду. "Yes, I shall be there for sure."

Та́ня была́ на рабо́те вчера́ и бу́дет на рабо́те за́втра.

Tanya was at work yesterday and will be at work tomorrow.

3.0 Non-Suffixed Verbs with Stems Terminating in -д/-т

There are 9 different types of non-suffixed [ø] verb stems, each of which contains one or two special formation features. Stems which have a final consonant of either -д or -т, for example, show an unexpected replacement of the -д/-т by -с before the -ти́ infinitive ending (e.g. *перевёд-* → перевести́). The deletion д + л = л in past tense forms follows the normal truncation rules, where $C^1 + C^2 = C^2$ (See Analysis II, 1.4).

p'er'ev'ód- (**перевёд-**) "translate" (perfective)

Infinitive: перевести́[1]

Past Tense:	Present Tense:	Future Tense:	
перевёл		переведу́	переведём
перевела́	(none)	переведёшь	переведёте
перевело́		переведёт	переведу́т
перевёли			

---

[1] Note that the stress falls on the post-root syllable throughout. In the case of non-suffixed verbs with this pattern the infinitive ending is **-ти́**.

Unit VII

Éсть-нéт Constructions. The Imperative. Russian Names. Special Noun Declensions (Neuter **-мя**, Second Declension Masculines). The Irregular Verb **мóчь.** Non-Syllabic Verb Stems.

1.0 Constructions with the Words **éсть** and **нéт**

1.1 The verb **éсть** occurs in Russian in statements of existence, availability or possession. **Éсть** is a general statement of existence (cf. the English "there is/are...",[1] the German "es gibt" and the French "il y a").

Éсть does not change for agreement in the present tense.

В э́том гóроде **éсть теáтр**.	*There is a theater* in that town.
Об э́том писáтеле **éсть кни́га**.	*There is a book* about that writer.
В нáшем гóроде **éсть теáтры**.	*There are* (some) *theaters* in our city.

The future and the past tense forms of éсть (бы́л, былá, бы́ло; бýдет, бýдут) agree in gender and number with the subject of the sentence.

В э́том гóроде **бы́л теáтр**.	There used to be a theater in that town.
В э́том гóроде **бýдет теáтр**.	There will be a theater in that town.
Об э́том писáтеле **былá кни́га**.	There was a book about that writer.

1.2. Нéт is the negative form of **éсть**. It represents a denial of existence, presence, availability or possession (cf. the English "there is/are no...", the German "es gibt nicht" and the French "il n'y a pas"). A negative sentence with **нéт** has *no nominative subject* and is called *impersonal*. The past tense form of **нéт**-sentences is always neuter singular, and the logical subject is in the *genitive*.

Здéсь **нéт теáтра**.	There is no theater here.
Нéт кни́ги об э́том писáтеле.	There is no book about that writer.

---

[1] Note that in English the word "there" in "there is/are" is not a demonstrative, nor does it specify position; it merely functions as an introductory word within the sentence.

There is only one form in the future and one in the past tense.

Здесь **не бу́дет** теа́тра.	There will be no theater here.
Здесь **не́ было** теа́тра.	There was no theater here.
Не бу́дет кни́ги об э́том писа́теле.	There will be no book about this writer.
Не́ было кни́ги об э́том писа́теле.	There was no book about this writer.

		Affirmative	Negative
	Fut.	бу́дет, бу́дут	не бу́дет
	Pres.	есть[1]	нет
	Past	был, была́, бы́ло, бы́ли	не́ было

1.3 The Preposition **у** + genitive + **есть/нет** "One has/One doesn't have"

The preposition **у** requires the genitive case. When **у** is followed by the genitive of a noun or pronoun denoting a person or persons and the word есть or нет (see 1.1 and 1.2 above), it represents the normal Russian expression of possession or denial of possession, such a construction corresponding to the English "one has/one doesn't have".

У него́ есть бра́т.	He has a brother.
У него́ нет бра́та.	He doesn't have a brother.
У него́ есть э́та кни́га.	He has this book.
У него́ нет э́той кни́ги.	He doesn't have this book.
У него́ есть маши́на.	He has a car.
У него́ нет маши́ны.	He doesn't have a car.
У него́ была́ маши́на.	He had a car.
У него́ не́ было маши́ны.	He didn't have a car.
У него́ бу́дет маши́на.	He will have a car.
У него́ не бу́дет маши́ны.	He won't have a car.

---

[1] Есть may be replaced by ø. See 1.5 below.

1.4 The prepositional phrase **у** + noun denoting a person (without **есть/нет**) may be translated as "at the place of", "at the home/country of". This usage is similar to that of "chez" in French or "bei" in German.

Она́ сейча́с **у врача́**.	She is now *at the doctor's.*
Ле́том мы́ жи́ли в дере́вне у **на́шего дру́га.**	In the summer we lived in the country *at our friend's.*

Note the following two types of constructions which are synonymous expressions of possession in Russian:

В на́шем го́роде есть музе́й.	In our town there is a museum.
У на́с в го́роде есть музе́й.	In our town there is a museum.

In conversational Russian the latter form is more frequent.

1.5 Contrastive Usages of **есть/нет**

In any of the constructions involving **есть/нет,** the verb of existence may be omitted if the emphasis is on *the thing at hand* (its description or location) rather than on the fact of its existence, availability or possession. This is the case, for example, when context (expressed or implied) makes it unimportant to affirm existence or possession. Cf. the following examples.

— У ва́с есть соба́ка?	"Do you have a dog?"
— Да́.	"Yes."
— Больша́я?	"A large one?"
— Да́, у меня́ больша́я соба́ка.	"Yes, I have a large dog."
— У ва́с в го́роде есть музе́и?	"Are there any museums in your city?"
— Да́, есть.	"Yes, there are."
— У ва́с мно́го музе́ев?	"Do you have many museums?"
— Да́, у на́с в го́роде мно́го музе́ев.	"Yes, we have many museums in our city."
— У неё голубы́е глаза́?	"Does she have blue eyes?"
— Да́, голубы́е.	"Yes, she does." (The questioner certainly knows she *has* eyes.)

Personal constructions do appear with the negated past and future tenses of **есть** (i.e. **Он не́ был, Она́ не была́. Они́ не бу́дут**, etc.), but contain the specific meaning of "He has not been to", "She has not visited", "They will not go or visit", etc., such as in the sentences:

Антóн нé был сегóдня в музéе.	Anton didn't go to the museum today.
Óн давнó нé был в Москвé.	He hasn't visited (or: hasn't been in) Moscow for a long time.

In contrast, the impersonal constructions stress the absence of a person or object from a certain place:

Антóна нé было сегóдня в музéе.	Anton wasn't at the museum today. (The speaker was looking for him there and couldn't find him.)
Тогдá егó нé было в Москвé.	At that time he wasn't in Moscow.

1.6 Possession Other Than by a Person

The construction "the preposition **у** + the genitive + **éсть/нéт**" applies only to possession by persons. When the possessor is not a person, the construction "the preposition **в** + the prepositional + **éсть/нéт**" is used.

В э́том гóроде éсть музéй.	This city has a museum.
В нáшем гóроде скóро бýдет нóвый теáтр.	Our city will soon have a new theater.

1.7 Initial **н** in Third-Person Pronouns

The normal genitive forms of the third-person personal pronouns, егó, её, и́х become негó, неё, ни́х, respectively, when preceded by prepositions governing the genitive. (See also IV, 2.11.)

У неё éсть маши́на.	She has a car.
У негó былá маши́на.	He had a car.
У ни́х скóро бýдет маши́на.	They will soon have a car.

The above rule does not apply to the third person possessive pronouns егó, её, и́х.

У её отцá скóро бýдет маши́на.	Her father will soon have a car.

2.0 The Imperative

2.1 Use of Second-Person Imperative

The imperative form of the verb expresses injunctions, commands, requests or recommendations. Second-person imperative distinguishes a familiar form (corresponding to the singular **ты**) and a plural or polite form (used with persons or a person addressed as **вы**).

Скажи́, где́ твоё письмо́?	Tell me, where is your letter?
Скажи́те, пожа́луйста,[1] где́	Tell (me) please, where is the
гости́ница «Росси́я»?	Hotel Rossiya?
Откро́й окно́!/Откро́йте окно́,	Open the window, please!
пожа́луйста!	

2.20 Formation of Second-Person Imperative

The imperative is formed by adding the ending *-'i* **(-и)**[2] to the basic stem. The normal truncation and alternation rules apply.

End-stressed Imperative:

говори́- + и	=	Говори́!		"Speak!"
сиде́- + и	=	Сиди́!		"Sit!"
писа́- + и	=	Пиши́!	(с → ш)	"Write!"

Note that before the imperative ending alternation occurs only in those verbs which require alternation before *all* vocalic endings (**-а**-verbs, **-ова**-verbs and **-о**-verbs).

2.21 If the **и** of the imperative is not stressed, it is dropped[3], and the preceding consonants, except **й**, take on a soft sign in spelling. Cf.:

Stem-stressed Imperative:

отве́ти- + и	=	Отве́ть!		"Answer!"
ре́за- + и	=	Ре́жь!	(з → ж)	"Cut!"

---

[1] The word пожа́луйста "please" usually occurs *after* the imperative, with the exception of negative imperatives: Пожа́луйста, не говори́те об э́том. "Please don't talk about that."

[2] Throughout the verb system any final paired stem consonant softens regularly before all vowels except the basic *u*.

[3] Three important Russian verbs with post-root stress nevertheless drop the *-'i* and thus constitute exceptions. They are the *-ža*-verbs *bojá-s'a + i = bójs'a* бо́йся! and *stójá + i = stój* сто́й!, and the *-a*-verb *sm'ejá-s'a = sm'éjs'a* сме́йся!

Stem-stressed Imperative with Stem-final **й**:

чита́й- + и	=	Чита́й!	"Read!"
откро́й- + и	=	Откро́й!	"Open!"
организова́- + и	=	Организу́й!	"Organize!"

However, **и** is never dropped after a double consonant, regardless of stress:

по́мни- + и	=	По́мни!	"Remember!"

2.3 Aspect in the Imperative

Use of the imperative usually poses the problem of the choice of aspect; the only exception being negative imperatives, since **не** + *a perfective imperative* is reserved in Russian for strong warnings against actions a person might inadvertently or unintentionally perform (Не упади́! "Don't fall!"). Cf. the use of perfective and imperfective imperatives in the following examples:

Говори́те, пожа́луйста, гро́мче. Я ва́с не слы́шу.
Speak louder, please. I can't hear you.

Скажи́те, пожа́луйста, где́ нахо́дится вокза́л?
Please tell (me) where the train station is located.

Слу́шайте внима́тельно!
Listen carefully!

Послу́шайте э́ту пе́сню.
Listen to this song.

Чита́йте журна́л «Семья́ и шко́ла».
Read the journal *Family and School.*

Прочита́йте, пожа́луйста э́тот те́кст.
Read this text, please.

In the negative form, the meaning of advice not to do something or prohibition to do something is conveyed only by *imperfective* imperatives. (As has been said above, perfective imperatives have a different meaning.)

Открыва́йте окно́ ка́ждое у́тро.
Open the window every morning.
Откро́йте окно́!
Open the window!

Не открыва́йте окно́ (ка́ждое у́тро).
Don't open the window (every morning).

Не разгова́ривайте на уро́ке!
Не смотри́те э́ту переда́чу.
Не чита́йте э́тот те́кст.

Don't talk in class!
Don't watch that program.
Don't read this text.

3.0 Grammar for Reading. Russian Names

3.1 Usage and Social Convention

Russian names consist of a first name (и́мя), patronymic (о́тчество) and a last name (фами́лия). The normal polite or official form of address is to use the person's *first name and patronymic.* Use of the last name or the last name preceded by the word това́рищ or the word denoting the person's profession, rank, etc. is reserved for people with whom one is not personally acquainted.

3.20 Formation and Declension

3.21 Surnames

Russian surnames usually end in one of a small number of suffixes; among the most important are *-ov* (**-ов/-ев**) and *-'in* (**-ин**). The nominative of names of male persons ends in ø, whereas the nominative of names of female persons ends in **-a**. Masculine surnames in **-ов/-ев** and **-ин** are declined as masculine nouns (except in the instrumental); feminine surnames in **-ова/-ева** and **-ина** follow the pronominal declension (as, for example, э́та, э́ту, э́той, э́той).

Foreign surnames ending in vowel sounds are indeclinable. Foreign surnames ending in a consonant are declined if they refer to males, and are indeclinable when referring to women.

First names and patronymics are declined like nouns throughout.

Note the following declension patterns of names.

	Masculine	Feminine
Nom.	Алекса́ндр Серге́евич Пу́шкин	Ната́лья Никола́евна Пу́шкина
Acc.	Алекса́ндра Серге́евича Пу́шкина	Ната́лью Никола́евну Пу́шкину
Gen.	Алекса́ндра Серге́евича Пу́шкина	Ната́льи Никола́евны Пу́шкиной
Prep.	(об) Алекса́ндре Серге́евиче Пу́шкине	(о) Ната́лье Никола́евне Пу́шкиной

	Masculine	Feminine
Nom.	Уи́льям Шекспи́р	Дже́йн О́стин
Acc.	Уи́льяма Шекспи́ра	Дже́йн О́стин
Gen.	Уи́льяма Шекспи́ра	Дже́йн О́стин
Prep.	(об) Уи́льяме Шекспи́ре	(о) Дже́йн О́стин

3.22 The Patronymic

The patronymic means "son of..." or "daughter of..." and is formed by adding the derivational formant *-ov* (**-ов/-ев**) to the father's first name, followed by either *-'ič* (**-ич**) for the son or -*na* (**-на**) for the daughter. For example:

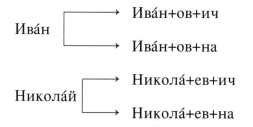

Ива́н → Ива́н+ов+ич
Ива́н → Ива́н+ов+на

Никола́й → Никола́+ев+ич
Никола́й → Никола́+ев+на

4.0 Special Noun Declensions (Neuter **-мя**, 2nd declension Masculines)

4.1 Grammar for Reading. Second Declension Masculine Nouns

A few nouns denoting male persons belong formally to the *second* declension. This group includes the nouns па́па "dad(dy)", де́душка "grandfather", дя́дя "uncle", ю́ноша "youth" and also a large number of diminutives of masculine first names, such as Ва́ня from Ива́н, Ди́ма from Дми́трий, Воло́дя from Влади́мир.

Each is declined as a noun ending in -*a*: па́па, па́пу, па́пы, па́пе, etc. *Syntactically,* however, second declension masculine nouns require the same agreement as do first declension masculines.

Тво́й Ва́ня.	"Your Vanya" (closing on a letter).
Я зна́ю твоего́ Ва́ню.	I know your Vanya. He's my neighbor.
О́н мо́й сосе́д.	They spoke about my uncle.
Они́ говори́ли о моём дя́де.	

4.2 Neuter Nouns in **-мя**: **и́мя** "first name" and **вре́мя** "time"

There are less than a dozen neuter nouns of this type in Russian. These two, however, appear frequently enough to warrant memorization.

Nom.	и́мя	вре́мя	Ка́к ва́ше и́мя?
Acc.	и́мя	вре́мя	Я зна́ю ва́ше и́мя.
Gen.	и́мени	вре́мени	У него́ ещё не́т и́мени.
Prep.	об и́мени	о вре́мени	Она́ говори́ла о его́ и́мени.
Nom. Pl.	имена́	времена́	

5.0 The Irregular Verb **мо́чь** "to be able", "can", "may"

The forms and stress pattern of this verb must be memorized. The perfective counterpart of **мо́чь** is formed by means of the prefix **c-** and is the only way of expressing the future tense with this aspect pair; no imperfective future exists.

Imperfective

Infinitive: мо́чь
Imperative: ø

Past:	мо́г	Present:	могу́	мо́жем	Future: (none)
	могла́		мо́жешь	мо́жете	
	могло́		мо́жет	мо́жете	
	могли́			мо́гут	

Perfective

Infinitive: смо́чь
Imperative: ø

Past:	смо́г	Present: (none)	Future:	смогу́	смо́жем
	смогла́			смо́жешь	смо́жете
	смогло́			смо́жет	смо́жете
	смогли́				смо́гут

6.0 Non-Syllabic Verb Stems

In this unit two classes of non-syllabic Russian verb stems — one suffixed, one non-suffixed — are introduced. "Non-syllabic" means that the root in question consists only of consonants (C/C), without the usual intervening vowel (CVC). The stem б/ра̌- contains the verbal classifier **-a-** preceded by a non-syllable: б/р + а̌. In the stems на̌-**чн**- and по̌-**йм**- the verbal classifier is ø (i.e. the stems are non-suffixed), and the roots are non-syllabic: -чн- and -йм-, respectively. The elements на- and по- are prefixes.

6.1. Non-Syllabic **a**-Verbs

Unlike other *a*-verbs encountered here, non-syllabic *a*-verbs have no alternation of consonants in the present tense. If there is shifting stress, it follows the *past tense* pattern rather than the present tense pattern common to suffixed stems. In some verbs of this class an *o* or *e* is inserted between the two root consonants when vocalic endings are added to the stem. The two stems encountered in Unit VII are of this type:

b/rǎ - (б/ра̌-) "take"   *z/vǎ* - (з/ва̌-) "call"

Present Tense:	беру́	берём		зову́	зовём
	берёшь	берёте		зовёшь	зовёте
	берёт	беру́т		зовёт	зову́т
Infinitive:	бра́ть			зва́ть	

Past Tense:	бра́л	зва́л
	брала́	звала́
	бра́ло	зва́ло
	бра́ли	зва́ли
Imperative:	бери́!	зови́!
	бери́те!	зови́те!

6.2 Non-Syllabic Stems -чн-, -йм-

Vocalic endings are added to these consonantal stems normally. Consonant endings, predictably, bring about changes in the stems. In all five of the non-syllabic stems the final root *m* or *n* is replaced by *'a* (where the diacritic ' indicates replacement of any preceding paired consonant with the corresponding soft consonant). The single root *-jm-* changes to *-n'a-* before consonant endings.

Stress shifts in the past tense, with the indicator [x] showing which syllable the masculine singular stress falls upon. (See Appendix, p. 481)

nǎ-čn- (нǎ**чн**-)"begin"   *pǒ-jm-*(пǒйм-) "understand"

Non-	начну́	начнём	пойму́	поймём
Past Tense:	начнёшь	начнёте	поймёшь	поймёте
	начнёт	начну́т	поймёт	пойму́т

Infinitive:	нача́ть	поня́ть
Past Tense:	на́чал	по́нял
	начала́	поняла́
	на́чало	по́няло
	на́чали	по́няли
Imperative:	начни́!	пойми́!
	начни́те!	пойми́те

7.0 Non-Suffixed Stems in -óй-

In this group of five basic stems in *j* preceded by *o*, the *o* is replaced with *i* before all consonant endings. (See Appendix, p. 480) Stress remains on the root throughout.

za-krój- (закр**óй**-)   Non-Past Tense: Past Tense:
"close"

закро́ю	закро́ем	закры́л
закро́ешь	закро́ете	закры́ла
закро́ет	закро́ют	закры́ли

Imperative: закро́й!   Infinitive: закры́ть
             закро́йте!

8.0 Short-Form Adjectives

8.1 Formation of Short-Form Adjectives

Short-form adjectives are formed by adding the appropriate gender and/or number ending (-ø [m.], -o [n.], -a [f.], -i [pl.]) to the adjectival stem:

Long-form: здоро́вый "healthy"
Short-form: (m.) здоро́в + ø → здоро́в
                 (n.) здоро́в + о → здоро́во
                 (f.) здоро́в + а → здоро́ва
                 (pl.) здоро́в + ы → здоро́вы

A long-form adjective stem which ends in a consonant preceded by a vowel remains unchanged, as with the above word. If, however, the stem ends in two consonants, the masculine short-form will take an inserted **e** or **o** between the two consonants:

Long form	Masculine	Feminine	Neuter	Plural
свобо́дн-ый "free"	свобо́ден	свобо́дна	свобо́дно	свобо́дны
больн-о́й "sick, ill"	бо́лен	больна́	больно́	больны́
коро́тк-ий "short"	коро́ток	коротка́	коро́тко	коро́тки

Although it is impossible to predict which adjectives will display shifting stress, the shift — if it does occur — will always oppose the end-stressed feminine form to the other three, stressed on the stem. These four are the only forms — they do not decline, as do long-form adjectives, and convey past and future meaning only with the help of the link-verb **бы́ть**.

Я́ бы́л ра́д ва́с ви́деть.   I'm glad to have seen you.
Я́ то́же была́ ра́да.   I'm also glad.
Бу́дем ра́ды тебя́ ви́деть.   We'll be happy to see you.

8.2 Usage of Short-Form Adjectives

Whereas long-form adjectives can be used both attributively (Па́вел хоро́ший музыка́нт "Pavel is a good musician") and as a predicate (Э́тот музыка́нт тала́нтливый "This musician is talented"), the short-form can appear only as a predicate.

In cases where both long and short forms are possible, the short form frequently marks the quality in question as being temporary, or relative in some way — in contrast to the long-form, which denotes a more permanent quality. Contrast the following sentences:

На́ш де́душка — больно́й челове́к.   На́ш де́душка *сейча́с* бо́лен.
(permanent feature)   (temporary feature)
Our grandfather is a sick man.   Our grandfather is ill now.

Это трýдное упражнéние.
(permanent feature)
This is a difficult exercise.

Это упражнéние трýдно *для меня*.
(relational feature)
This exercise is difficult for me.

Other short-form adjectives may either contain an altogether different meaning from that of their long-form counterparts, or have no such counterpart at all:

Мы́ ужé знакóмы.	We are already acquainted. (versus знакóмый, an adjectival noun meaning "acquaintance")
Рáд тебя́ ви́деть!	Glad to see you! (no long-form)

Unit VIII

The Plural of Nouns, Pronouns and Adjectives (the Nominative, the Genitive, the Accusative). Numerals. Telling TIme. Noun Declensions. Irregular Verb **взять**.

1.0 The Plural

Gender and declension type are not distinguished in the plural.

1.1 The Plural of Nouns

1.11 Summary of Nominative Plurals

You have learned that the nominative plural ends either in *-i* or *-a*. (See I, 5.1). All nouns (of the first, second and third declensions) have the nominative plural ending in *-i*, except neuter nouns and a small number of masculine ones, which take the ending *-a*.

Nominative Plurals in *-i*

Sing.	*-ø/-a* —/-*o*, -*e*	рестора́н	писа́тель	музéй	кóмната	дерéвня	двéрь
Pl.	*-i* **-ы, -и**	рестора́ны	писа́тели	музéи	кóмнаты	дерéвни	двéри

Nominative Plurals in -*a*

Sing.	-o	**-o, -e**	окно́ зда́ние
Pl.	-a	**-а, -я**	о́кна зда́ния

The small number of masculine nouns with the nominative plural ending in -*a* must be memorized. Nouns of this type are of the AB stress pattern, i.e. in their declension stress on the root in the singular is opposed to stress on the endings throughout the plural. So far we have encountered:

Nominative Plurals in -*á*

Sing.	-ø	—	до́м	го́род	до́ктор	ле́с	профе́ссор	учи́тель
Pl.	-a	**-а, -я**	дома́	города́	доктора́	леса́	профессора́	учителя́[1]

1.12 The Accusative Plural

The accusative plural of all inanimate nouns is identical with the nominative. Accusative plural nouns denoting animals (including humans) have the same form as the genitive.

1.13 The Genitive Plural

The genitive plural of nouns is formed by means of one of three possible endings: ø or one of two vocalic (-*ov* — **-ов/-ев/-ёв**, or -*ej* — **-ей**). The choice of the proper ending depends on the form of the nominative singular. If the nominative singular of the noun ends in -*a* or -*o*, the genitive plural ending is ø. If the nominative singular ending is ø, the genitive plural ending is vocalic.

This relationship between the nominative singular of a noun and its genitive plural can be represented by the following formula:

	Nom. Sing.	Gen. Pl.
A.	VOCALIC (-*a*, -*o*)	ø
B.	ø	VOCALIC (-*ov*, -*ej*)

The genitive plural vocalic ending -*ov* is used after hard consonants and also after *j*. The genitive plural vocalic ending -*ej* is used after soft consonants and also after *š* and *ž*.[2] Cf. the following examples:

---

[1] Note that the stress in the plural of учи́тель is exceptional for nouns in **-тель**. Cf.: писа́тель — писа́тели, чита́тель — чита́тели.

[2] Exceptions to the basic rule of vocalic versus zero ending are very few. Russian has two soft-stem neuter nouns, по́ле "field" and мо́ре "sea", both of which take the ending -*ej* rather than the expected ø: поле́й, море́й. There are also a very small number of second declension nouns with stems ending in a soft consonant or sibilant: тётя — тёте́й, дя́дя — дяде́й.

A. Vocalic ending nominatives:

кни́га — кни́г   о́тчество — о́тчеств
геройня — геройнь   зда́ние — зда́ний

B. Zero ending nominatives:

-ov — **-ов/-ёв/-ев**   *-ej* — **-ей**
(after hard consonant and *j*)   (after soft consonant and *š*, *ž*)[1]

сто́л — столо́в   учи́тель — учителе́й
оте́ц — отцо́в   две́рь— две́рей
музе́й — музе́ев   каранда́ш — карандаше́й

1.14 Vowel/Zero Alternations

Whenever a consonant cluster (i.e. two or more consonants in a row) precedes a zero-ending, a vowel is inserted before the final consonant. The inserted vowel is:

1. *-o-* before a hard consonant (spelled **ё**, except with an adjoining **к, г** or **x**).

сестра́ — сестёр (сест/р-ø)
ша́пка — ша́пок (шап/к-ø)

2. *-e-* before a soft consonant and also before **ц**.

дере́вня — дереве́нь (дерев/нь-ø)
(от/ц-ø) оте́ц — отцо́в

Note, however, that there are three "acceptable" clusters of consonants which do not call for the insertion of a vowel: **ст, зд, ств.** No vowels are inserted in some other words:

Nom. sing.		Gen. pl.
ка́рта	→	ка́ртø
ла́мпа	→	ла́мпø
теа́трø	→	теа́тров
по́чта	→	по́чтø

---

[1] Recall that among unpaired consonants *š*, *ž*, *c* (**ж, ш, ц**) are hard and *č*, *šč*, *j* (**ч, щ, й**) are soft.

1.20 Memorize the formation and the plural endings of the personal, possessive and demonstrative pronouns.

The Plural of Pronouns

Nom.	*-i*	**-и**	они́	э́ти	мои́	ва́ши	чьи́	те́	все́
Acc.	*-i/-ix*	**-и/-их**	и́х	(same as genitive or nominative)					
Gen.	*-ix*	**-их**	и́х	э́тих	мои́х	ва́ших	чьи́х	те́х	все́х

Тво́й is declined like мо́й, and на́ш like ва́ш. With the exception of они́ — и́х, the accusative plural of pronouns is identical with the genitive when their head word is an animate noun, and with the nominative when their head word is an inanimate noun.

1.21 Russian Surnames in the Plural

Russian surnames have pronominal endings throughout the plural. Nom. Ивано́вы "the Ivanovs", Gen./Acc. Ивано́вых. Note that the plural of a surname is used when more than one member of the same family is implied in the sentence:

Ива́н, Дми́трий и Алёша Карама́зовы.	Ivan, Dmitry and Alyosha Karamazov.
В теа́тре мы́ встре́тили Дми́трия и Ве́ру Ивано́вых.	We ran into Dmitry and Vera Ivanov at the theater.

1.3 The Plural of Adjectives

Sing.	Nom.			но́вый	молодо́й	ру́сский	большо́й
Pl.	Nom.	*-ije*	**-ые, -ие**	но́вые	молоды́е	ру́сские	больши́е
	Acc.	*-ije/-ix*		(same as genitive or nominative)			
	Gen.	*-ix*	**-ых, -их**	но́вых	молоды́х	ру́сских	больши́х

2.0 Numerals

2.10 Numerals in Sentences

With the exception of the numeral оди́н, одна́, одно́, одни́ "one" and its compounds (see 2.11 below), Russian numerals function as *noun-quantifiers,* i.e. in a sentence, they may occupy the position of the subject or object, governing, in turn, the appropriate genitive form of the word(s) quantified. (See V, 1.1.) As subjects of a sentence or clause, numerals govern either the neuter singular or the plural form of the verb.

На нáшем завóде рабóта**ет** вóсемьдесят инженéров.	Eighty engineers *work* at our factory.
На стенé висéл**о** двé картúны. На стенé висéл**и** двé картúны. }	There *were* two pictures on the wall.

The plural form of the verb conveys a greater degree of individualization of the objects quantified.

Indefinite quantifiers, such as мнóго, мáло and нéсколько, usually govern the neuter singular form of the verb. Otherwise they function in the sentence in the same way as cardinal numerals. This unit deals only with numerals in the nominative and inanimate accusative cases. Although relatively infrequent, inflected forms of the numerals do occur in the oblique cases. (See XIV, 5.2, 5.3.)

Numerals are frequently used in Russian in various speech situations involving counting, enumerating, buying, selling, telling time, specifying duration, distance, etc.; therefore the rules for numeral government must be learned actively.

2.11 The Numeral 1 and Its Compounds (21, 31, etc.)

All numerals whose last element is одúн, однá, однó, однú "one" (but *not* the numeral одúннадцать "eleven") function like *modifiers,* agreeing in gender and case with their head word. The numeral is always *singular,* except when quantifying nouns which occur only in the plural; e.g., часы́ "watch".

одúн большóй стóл	one big table
двáдцать одúн большóй стóл	twenty-one big tables
трúдцать однá нóвая машúна	thirty-one new cars
стó однó мáленькое окнó	one hundred and one small windows
однú нóвые часы́	one new watch
сóрок однú нóвые часы́	forty-one new watches

The inanimate accusative forms behave similarly.

Мы́ купúли однý нóвую кнúгу.	We bought one new book.
Я́ купúл двáдцать однý нóвую кнúгу.	I bought twenty-one new books.
Библиотéка получúла трúдцать одúн нóвый журнáл.	The library has received thirty-one new journals.

2.12 The Numerals 2, 3, 4 and Their Compounds (22, 23, 24; 32, 33, etc.)

Numerals whose last element is двá/двé "two", трú "three", четы́ре "four" (but not двенáдцать "twelve", тринáдцать "thirteen", четы́рнадцать "fourteen") function as noun-quantifiers, and govern the genitive singular:

два́ рома́на	two novels
два́дцать две́ кни́ги	twenty-two books
два́дцать три́ уче́бника	twenty-three textbooks
три́дцать четы́ре окна́	twenty-four windows

Я прочита́л два́ рома́на Толсто́го.	I have read two novels by Tolstoy.
Мы́ ви́дели две́ маши́ны.	We saw two cars.

2.13 The Numerals 5 and Above

All other numerals, including the teens, govern the *genitive plural:*

пя́ть кни́г	five books
оди́ннадцать кни́г	eleven books
двена́дцать столо́в	twelve tables
два́дцать ше́сть газе́т	twenty-six newspapers
мно́го кни́г	many books

О́н прочита́л мно́го кни́г.	He has read many books.
Ско́лько кни́г вы́ прочита́ли?	How many books have you read?

2.14 Adjectives after Numerals

After the numeral оди́н, одна́, одно́, одни́ and its compounds, adjectives agree in gender, number (singular) and case with their head word.

На столе́ лежи́т[1] два́дцать одна́ ста́рая кни́га.	There are twenty-one old books on the table.
Мы́ купи́ли три́дцать одну́ но́вую кни́гу.	We bought thirty-one new books.

In all other instances adjectives following quantifiers take the *plural.* Adjectives which modify feminine nouns governed by 2, 3 or 4 and their compounds take the *nominative* plural ending. Masculine and neuter nouns (and also all other quantified feminine nouns) are preceded by adjectives with the *genitive* plural ending. In colloquial Russian, the genitive plural form of the adjective is encountered after all numerals except оди́н, одна́, одно́, одни́.

---

[1] The singular form of the verb is obligatory.

	Masculine/Neuter		Feminine
1	оди́н но́вый слова́рь	одно́ но́вое письмо́	одна́ но́вая кни́га
2	два́ но́вых словаря́	два́ но́вых письма́	две́ но́вые кни́ги
3	три́ но́вых словаря́	три́ но́вых письма́	три́ но́вые кни́ги
4	четы́ре но́вых словаря́	четы́ре но́вых письма́	четы́ре но́вые кни́ги
5	пя́ть но́вых словаре́й	пя́ть но́вых пи́сем	пя́ть но́вых кни́г
6 etc.	ше́сть но́вых словаре́й	ше́сть но́вых пи́сем	ше́сть но́вых кни́г

2.15 Some Special Cases

When used with definite numerals and the indefinites **не́сколько** and **ско́лько**, the word **челове́к** takes a zero ending in the genitive plural (identical with nominative singular): **пя́ть челове́к, со́рок се́мь челове́к**. Indefinite quantifiers take the regular genitive plural ending: **мно́го/ма́ло/немно́го люде́й**. Note also the genitive plural form of the word **солда́т**: оди́н солда́т, два́дцать **солда́т**.

The noun **ча́с** "hour" follows the BB stress pattern (i.e. ending-stress) when quantified, otherwise it follows the AB stress pattern: два́ часа́ "two hours", but: до э́того ча́са (gen.) "until that hour".

3.0 The 24-Hour Clock

The 24-hour clock is regularly used in the Soviet Union on nearly all official time schedules (for example, for railroads, planes, radio, theater and concert performances). The words for "hour" and "minute" may be omitted.

7.25	се́мь часо́в два́дцать пя́ть мину́т	7:25
10.51	де́сять часо́в пятьдеся́т одна́ мину́та	10:51
14.22	четы́рнадцать часо́в два́дцать две́ мину́ты	14:22
20.03	два́дцать часо́в три́ мину́ты	20:03

4.0 Time of Duration

The time of the duration of an *imperfective verb* is expressed by means of the usual rules for numeral government. Note that the time expression is syntactically *accusative*.

— Ско́лько вре́мени вы́ **жи́ли** на ю́ге? "How long did you live in the South?"

— **Два́ го́да.** "Two years."

— Вы́ давно́ **рабо́таете** в лаборато́рии? "Have you been working in that laboratory for a long time?"

— Не́т, то́лько **неде́лю.** "No, only a week."

5.0 Noun Declensions

As you have observed, except the nominative and accusative forms, neuter nouns and masculine ø-nouns have identical paradigms (i.e. their case endings for the genitive, prepositional, dative and the instrumental are the same). For this reason, we list both types as *first declension* nouns.

All nouns whose nominative singular ends in -*a* belong to the *second declension*.

There is one more declension of nouns: the *third declension.*

5.1 Third Declension

Third declension nouns make up a small and mostly inproductive group of words, but some of them are frequently used and are therefore important. All third declension nouns are grammatically *feminine;* their stem terminates in a soft consonant, and their nominative and accusative ending is ø, represented in spelling by a soft sign (**-ь**).

Third Declension: тетра́дь "notebook"

Nom. ø	тетра́дь	
Acc. ø	тетра́дь	
Gen. *i*	тетра́ди	**-и**
Prep. -*i*	тетра́ди	**-и**

The nominative *plural* ending is -*i*: тетра́ди.

At least in the nominative and often in the accusative, third declension nouns look identical to the more frequent first declension masculine nouns ending in soft consonants (e.g. **писа́тель, учи́тель, портфе́ль, слова́рь**). For this reason, dictionaries and vocabularies will always have them marked **(f.)**, which stands for "feminine, third declension." If this marking does not follow a noun with a soft final consonant and zero ending, you may presume it to be a masculine, first declension noun.

5.2 Noun Declension Types

First Declension				
Num.	Case	Endings		Forms
Sing.	Nom.	-ø/-o	—/-o, -e	а́втор окно́
	Acc.			
	(inanim.)	-ø/-o	—/-o, -e	окно́
	(anim.)	-a	-а, -я	а́втора
	Gen.	-a	-а, -я	а́втора окна́
	Prep.	-'e	-e	об а́вторе об окне́
Pl.	Nom.	-i/-a	-ы, -и/ -а, -я	а́вторы о́кна

Second Declension				Third Declension		
Sing.	Nom.	-a	-а, -я	ка́рта	-ø	—	две́рь
	Acc.	-u	-у, -ю	ка́рту	-ø	—	две́рь
	Gen.	-i	-ы, -и	ка́рты	-i	-и	две́ри
	Prep.	-'e	-e	о ка́рте	-i	-и	о две́ри
Pl.	Nom.	-i	-ы, -и	ка́рты	-i	-и	две́ри

* 5.3 The Special Third Declension Nouns мать "mother", дочь "daughter"

These two nouns deserve special attention because they take **-ер-** before all endings of the third declension except ø in the nominative and the accusative.

Nom.	мать	дочь	Её до́чь у́чится.
Acc.	мать	дочь	Вчера́ я ви́дел ва́шу до́чь.
Gen.	ма́тери	до́чери	Э́то кварти́ра мое́й до́чери.
Prep.	о ма́тери	о до́чери	О́н расска́зывал о ва́шей до́чери.
Nom. Pl.	ма́тери	до́чери	

6.0 The Predicate **до́лжен** "must", "obliged", "should", "ought to"

The predicate до́лжен, должна́, должно́, должны́ "must", "obliged", "should", "ought" agrees in number and gender with the subject of the clause or sentence in which it stands. Past and future are expressed by the appropriate forms of был, была́, бы́ло, бы́ли; бу́дет, бу́дут. When followed by an infinitive, до́лжен functions as a modal word.

О́н до́лжен ко́нчить рабо́ту.	He must (or: should) finish work.
Она́ должна́ ко́нчить рабо́ту.	She must (or: should) finish work.
Они́ должны́ ко́нчить рабо́ту.	They must (or: should) finish work.
Они́ должны́ бу́дут рабо́тать.	They will have to work.
Они́ должны́ бы́ли рабо́тать.	They had to work.

7.0 Aspect in Infinitives

After verbs of beginning, continuing or concluding, *imperfective* infinitives are used.

О́н на́чал **реша́ть** э́ту зада́чу.	He began to solve the problem.
О́н ко́нчил **гото́вить** уро́ки.	He finished preparing the lessons.

The verb люби́ть "to like", "to be fond of", "to love" is usually also followed by an *imperfective* infinitive.

О́н лю́бит **чита́ть** кни́ги.	He likes reading books.

Modal verbs (e.g. хоте́ть) are followed by a *perfective* infinitive when a wish *to complete* an action is expressed and by an *imperfective* infinitive when merely a wish for a certain action *to take place* is conveyed.

Я́ хочу́ **прочита́ть** ва́шу статью́.	I want to read your article.
Дже́йн хоте́ла **посмотре́ть** но́вый фи́льм.	Jane wanted to see the new film.
О́н хо́чет **реши́ть** э́ту зада́чу.	He wants to solve that problem.
Я́ хочу́ **жи́ть** в э́том го́роде.	I want to live in this town.

8.0 The Irregular Verb **взя́ть** *p.* "take"

Study and learn the forms of the irregular verb взя́ть. Note that this verb has shifting stress in the past tense. (See also the imperfective counterpart б/ра́-, Analysis VII, 6.1. Refer to Appendix, Inventory of Irregular Verbs.)

Infinitive: взя́ть

Imperative: Возьми́! Возьми́те!

Past:	взя́л	Present:	Future:	возьму́	возьмём
	взяла́	(none)		возьмёшь	возьмёте
	взя́ло			возьмёт	возьму́т
	взя́ли				

Unit IX

Time Expressions. The Prepositional Plural. The Reflexive Possessive Pronoun **свой.**
General Questions in Reported Speech (The Particle **ли**).

1.0 Time Expressions

In the following paragraphs we shall distinguish equational time expressions ("What day/
hour is it?") from specifications of "*time when*" an action takes place.

In Unit III, 6.0, "time when" utterances involving months, semesters, years and centuries
were presented in connection with uses of the prepositional case (the preposition **в** + *the
prepositional*). In expressing "time when" with periods of time *shorter than a week* the preposition **в** + *the accusative case* is generally required.

1.10 Days of the Week

The days of the week are:

понедéльник "Monday"
втóрник "Tuesday"
средá (CC) "Wednesday"
четвéрг (BB) "Thursday"
пя́тница "Friday"
суббóта "Saturday"
воскресéнье "Sunday"

Note first that the Russian week starts with Monday, and, secondly, that Russian day
names are never capitalized.

1.11 Equational:

— Какóй сегóдня дéнь?	"What day is today?"
— Сегóдня **четвéрг.**	"Today is Thursday".
— Какóй вчерá бы́л дéнь?	"What day was yesterday?"
— Вчерá былá **средá.**	"Yesterday was Wednesday".
— Вчерá бы́ло **воскресéнье.**	"Yesterday was Sunday".

1.12 Time When:

— Когдá бýдет лéкция?	"When will the lecture be?"
— Лéкция бýдет **в пя́тницу.**	"The lecture will be on Friday".

1.20 Dates with Months

The months of the year are all masculine nouns of the first declension:

янва́рь "January"	ию́ль "July"
февра́ль "February"	а́вгуст "August"
ма́рт "March"	сентя́брь "September"
апре́ль "April"	октя́брь "October"
ма́й "May"	ноя́брь "November"
ию́нь "June"	дека́брь "December"

The words for the months of September through February have ending stress (BB) throughout, while stress of March through August falls on the stem (AA). Like the day names, names of months in Russian are never capitalized. The Russian for "day of the month" or "date" is число́ (BA), which is usually omitted when specifying dates.

1.21 Equational:

— Како́е сего́дня число́?	"What is the day today?"
— Сего́дня два́дцать пе́рвое (число́).	"Today is the 21st."
Вчера́ бы́ло двадца́тое.	Yesterday was the 20th.
За́втра бу́дет четве́рг, тре́тье апре́ля.	Tomorrow will be Thursday, April 3.

The equational verb agrees with the nearest noun.

1.22 Time When

The expression of "time when" in terms of date of the month constitutes an exception to the general rule; the ordinal numeral takes the genitive case *without* any preposition.

— Когда́ бу́дет конце́рт Ри́хтера?	"When will Richter's recital take place?"
— Конце́рт бу́дет **два́дцать тре́тьего а́вгуста.**	"The recital will be on August 23."
Сего́дня, **оди́ннадцатого января́,** на́ша гру́ппа организу́ет бесе́ду о но́вой кни́ге Евге́ния Попо́ва.	Today, January 11, our group is organizing a discussion of Evgeny Popov's new book.
Ле́кция была́ в сре́ду, **седьмо́го ию́ля.**	The lecture was on Wednesday, July 7th.

1.31 Equational:

"What time is it?" may be rendered formally as **Кото́рый ча́с?** or, more colloquially, as **Ско́лько вре́мени?** and other situationally conditioned expressions, especially the colloquial Ско́лько на ва́ших (часа́х)? Note that with one o'clock the numeral is omitted.

Кото́рый ча́с?	What time is it?
Ско́лько вре́мени?	
Сейча́с ча́с.	It is now one o'clock.
Уже́ бы́ло оди́ннадцать часо́в.	It was already eleven o'clock.
Ско́ро бу́дет три часа́.	It will soon be three o'clock.

1.32 Time When:

This expression requires the preposition **в** + *the accusative case* of the numeral (which is identical to the nominative). The numeral, in turn, governs the genitive of **ча́с** "hour" (cf. VIII, 2-3).

— Когда́ у на́с сего́дня обе́д?	"When do we have dinner today?"
— Обе́д **в ча́с.**	"Dinner is at one o'clock."
Экску́рсия была́ **в два́ часа́.**	The excursion was at two o'clock.
Переда́ча бу́дет **в де́вять часо́в.**	The program will be at nine o'clock.

Since the 24-hour clock is not used in informal or colloquial Russian, the notion of a.m./p.m. is conveyed by the following words, which immediately follow the specified time.

но́чи	refers to late night and early morning (sleeping hours);
утра́	refers to morning hours;
дня́	refers to afternoon hours;
ве́чера	refers to evening and night (waking hours).

These forms are used only when specific times are given, and primarily in cases where there might be some ambiguity over the part of day to which the speaker is referring.

— Ми́ша, собра́ние бу́дет за́втра в се́мь часо́в ве́чера.	"Misha, the meeting will be tomorrow at seven in the evening."
— Спаси́бо.	"Thank you."

— Пётя, когда́ у ва́с по́езд за́втра?	"Petya, when is your train tomorrow?"
— В де́сять часо́в утра́.	"At ten in the morning."

But:

— Друзья́, за́втрак за́втра в во́семь три́дцать.	"Friends, breakfast is at eight thirty tomorrow."
— А обе́д?	"And lunch?"
— Обе́д в два́.	"Lunch is at two."

1.40 Dates with Years

1.41 The equational sentence for years is rarely used: Како́й сейча́с го́д? "Which year is it now?" Both the question and the answer follow the rules for this type of time expression: Сейча́с ты́сяча девятьсо́т девяно́сто пе́рвый го́д. "It is 1991 now."

1.42 Time When

"*Time when*" is expressed by the preposition **в** + *the prepositional case*. The noun **го́д** "year" has the special prepositional case form — году́ — in this usage. (See also XI, 3.0.)

— **В како́м году́** вы́ ко́нчили шко́лу?	"In what year did you graduate from school?"
— Я́ ко́нчил шко́лу **в э́том году́.**	"I graduated this year."

Years are expressed by ordinal numerals in the appropriate case. Remember that only the final word in a compound ordinal numeral is declined (made to agree with its head word).

Я́ роди́лся **в** ты́сяча девятьсо́т два́дцать **пе́рвом году́.**	I was born in 1921.
Пётр Пе́рвый роди́лся в ты́сяча шестьсо́т се́мьдесят **второ́м году́** и у́мер[1] **в** ты́сяча семьсо́т два́дцать **пя́том году́.**	Peter the First was born in 1672 and died in 1725.
Ники́та ко́нчил университе́т **в** ты́сяча девятьсо́т во́семьдесят **тре́тьем году́.**	Nikita graduated from the University in 1983.

---

[1]For у́мер, see p. 481.

1.43 When the expression of "time when" includes the day, the month and the year, *the genitive* is always used without prepositions, as in the case of dates with months. (See above, 1.22.)

Чайко́вский роди́лся два́дцать **пя́того апре́ля** ты́сяча **восемьсо́т сороково́го го́да** и у́мер два́дцать **пя́того октября́** ты́сяча восемьсо́т девяно́сто **тре́тьего го́да.**	Tchaikovsky was born on April 25, 1840, and died on October 25, 1893.

2.0 The Indefinite-Personal Construction (or Sentence)

Говоря́т, что о́н хоро́ший преподава́тель.	He is said to be a good teacher. (They say he is a good teacher.)
Зде́сь не ку́рят.	No smoking (here).

In Russian the use of the third-person plural form of the verb without the third-person pronoun is a common means of building an indefinite-personal construction or sentence, in which the subject is implied but not expressed. Such constructions or sentences may be translated into English by a passive construction.

Об э́том сейча́с мно́го **пи́шут.**	A lot *is being written* about it now.
Та́м **бу́дут стро́ить** гости́ницу.	Over there a hotel *will be built.*
Об э́том **писа́ли** в газе́те.	That *was written* about in the paper.

3.0 The Prepositional Plural

3.1 The prepositional plural ending for all nouns is -*ax* (**-ах/-ях**).

		1st Decl.			2nd Decl.	3rd. Decl.
Nom. Sing.	-ø, -o, -a	ба́нк	музе́й	окно́	ка́рта	две́рь
Prep. Pl.	-ax **-ах, -ях**	о ба́нках	о музе́ях	об о́кнах	о ка́ртах	о дверя́х

3.2 The prepositional plural ending for all types of pronouns and adjectives is -*ix* (**-ых, -их**). Compare the following nominative and prepositional plurals:

Prepositional Plural for Pronouns and Adjectives

Nom. Pl.	-*i*	они́	э́ти	мой	ва́ши	чьй
Prep. Pl.	-*ix*-**их**	о ни́х	об э́тих	о мои́х	о ва́ших	о чьи́х

Nom. Pl.	-*ije*		но́вые	ру́сские	больши́е
Prep. Pl.	-*ix* **-ых, -их**		о но́вых	о ру́сских	о больши́х

4.0 Summary Tables of Noun, Pronoun and Adjective Declensions and Examples

4.1 Declension of Nouns

Sing.	1st Decl.					2nd Decl.		3rd Decl.	
Nom.	*-ø/-o*		стадио́н	го́сть	окно́	зда́ние	*-a* **-а, -я**	ка́рта	*-ø* —	две́рь
Acc.	*-ø/-a, -o*		стадио́н	го́стя	окно́	зда́ние	*-u* **-у,-ю**	ка́рту	*-ø* —	две́рь
Gen.	*-a*	**-а, -я**	стадио́на	го́стя	окна́	зда́ния	*-i* **-ы, -и**	ка́рты	*-i* **-и**	две́ри
Prep.	*-'e*	**-е, -и**	стадио́не	го́сте	окне́	зда́нии	*-'e* **-е**	ка́рте	*-i* **-и**	две́ри

Pl.	1st Decl.					2nd	3rd
Nom.	*-i, -a*	**-ы, -и, -а, -я**	стадио́ны	го́сти	о́кна	зда́ния	ка́рты	две́ри
Acc.		*(as Nom. or Gen.)*	стадио́ны	госте́й	о́кна	зда́ния	ка́рты	две́ри
Gen.	*-ø, -ov, -ej*	**-ов, -ей**	стадио́нов	госте́й	о́кон	зда́ний	ка́рт	двере́й
Prep.	*-ax*	**-ах, -ях**	стадио́нах	гостя́х	о́кнах	зда́ниях	ка́ртах	дверя́х

4.2 Declension of Personal and Interrogative Pronouns

Singular

Nom.	я́	ты́	о́н/оно́	она́
Acc.	меня́	тебя́	его́	её
Gen.	меня́	тебя́	его́	её
Prep.	обо мне́	о тебе́	о нём	о не́й

Plural   Interrogative Pronouns

Nom.	мы́	вы́	они́	кто́	что́
Acc.	на́с	ва́с	и́х	кого́	что́
Gen.	на́с	ва́с	и́х	кого́	чего́
Prep.	о на́с	о ва́с	о ни́х	о ко́м	о чём

4.3 Declension of Demonstrative and Possessive Pronouns

Singular: Masc./Neuter

Nom.	*-ø/-o*	**—/-о, -е**	э́тот	э́то	наш[1]	на́ше	мо́й[1]	моё	че́й	чьё
Acc.	*-ø/-o*	**—/-о, -е**	э́тот	э́то	наш	на́ше	мо́й	моё	че́й	чьё
(anim.)	*-ogo*	**-ого, -его**	э́того		на́шего		моего́		чьего́
Gen.	*-ogo*	**-ого, -его**		э́того		на́шего		моего́		чьего́
Prep.	*-om*	**-ом, -ем**		э́том		на́шем		моём		чьём

Singular: Feminine

Nom.	*-a*	**-а/-я**	э́та	на́ша	моя́	чья́
Acc.	*-u*	**-у/-ю**	э́ту	на́шу	мою́	чью́
Gen.	*-oj/-ej*	**-ой/-ей**	э́той	на́шей	мое́й	чье́й
Prep.	*-oj/-ej*	**-ой/-ей**	э́той	на́шей	мое́й	чье́й

Plural

Nom.	*-i*	**-и**	э́ти	на́ши	мои́	чьи́
Acc.	*-i*	**-и**	э́ти	на́ши	мои́	чьи́
(anim.)	*-ix*	**-их**	э́тих	на́ших	мои́х	чьи́х
Gen.	*-ix*	**-их**	э́тих	на́ших	мои́х	чьи́х
Prep.	*-ix*	**-их**	э́тих	на́ших	мои́х	чьи́х

4.4 Summary of Adjective Declensions

Stem-Stressed

	Masculine	Neuter	Feminine	Plural
Nom.	но́вый	но́вое	но́вая	но́вые
Acc.	но́вый	но́вое	но́вую	но́вые
	но́вого			но́вых
Gen.	но́вого		но́вой	но́вых
Prep.	но́вом		но́вой	но́вых

---

[1] Note that тво́й and сво́й are declined like мо́й; ва́ш is declined like на́ш.

Ending-Stressed

Nom.	молодо́й		молодо́е	молода́я	молоды́е
Acc.	молодо́й		молодо́е	молоду́ю	молоды́е
	молодо́го				молоды́х
Gen.		молодо́го		молодо́й	молоды́х
Prep.		молодо́м		молодо́й	молоды́х

Additional Sample Declensions

Nom.	большо́й		большо́е	больша́я	больши́е
Acc.	большо́й		большо́е	большу́ю	больши́е
	большо́го				больши́х
Gen.		большо́го		большо́й	больши́х
Prep.		большо́м		большо́й	больши́х

Nom.	ру́сский		ру́сское	ру́сская	ру́сские
Acc.	ру́сский		ру́сское	ру́сскую	ру́сские
	ру́сского				ру́сских
Gen.		ру́сского		ру́сской	ру́сских
Prep.		ру́сском		ру́сской	ру́сских

Nom.	хоро́ший		хоро́шее	хоро́шая	хоро́шие
Acc.	хоро́ший		хоро́шее	хоро́шую	хоро́шие
	хоро́шего				хоро́ших
Gen.		хоро́шего		хоро́шей	хоро́ших
Prep.		хоро́шем		хоро́шей	хоро́ших

5.0 The Reflexive Possessive Pronoun **свой**

Whenever the subject of a sentence or clause is also the possessor of the object, Russians may use the possessive pronoun **свой** to indicate possession.

Вчера́ я чита́л твой докла́д.	Yesterday I read your paper.
Вчера́ *я* чита́л **свой** докла́д.	Yesterday *I* read *my (own)* paper.
Вчера́ **ты** чита́л **свой** докла́д.	Yesterday *you* read *your* paper.

When the subject of a sentence or clause is in the third person, свой is the only means of indicating reflexive possessive. Свой does not occur with this meaning in the nominative case, since it is never used as an attribute of the subject of a sentence or clause.

Я читáю **свою́** кни́гу.	*I* read *my* (*own*) book.
Ты́ читáешь **свою́** кни́гу.	*You* read *your* (*own*) book.
Мы́ читáем **свою́** кни́гу.	*We* read *our* (*own*) book.
Вы́ читáете **свою́** кни́гу.	*You* read *your* (*own*) book.
О́н читáет **свою́** кни́гу.	*He* reads *his* (*own*) book.

but:

О́н читáет **его́** кни́гу.	*He* reads *his* (*someone else's*) book.

Note the use of свóй in a complex sentence.

Я́ знáю, что **моя́** мáма лю́бит **свою́** профéссию.	*I* know that *my* mother loves *her* profession.
— Что́ **вы́** ду́маете о **свое́й** профéссии?	"What do *you* think about *your* profession?"
— Я́ ду́маю, что **моя́** профéссия о́чень интерéсная.	"*I* think that *my* profession is a very interesting one."

6.0 General Questions in Reported Speech

In a reported general question (a question requiring the answer "yes" or "no"), the word or phrase under question is shifted to the beginning of the clause and is followed by the unstressed particle **ли**, which corresponds to the English "whether" (or the colloquial "if"). The particle is never stressed, and is pronounced as if attached to the preceding word.

Observe the following direct and reported questions and their English equivalents. Note that in Russian the intonational centers remain on the word under question despite the shifts in word order.

(a) Direct General Question:

Тáня спрáшивает И́горя: «Ты́ знáешь фами́лию э́того актёра?»	Tanya asks Igor, "Do you know that actor's name?"

Reported General Question:

Тáня спрáшивает И́горя, знáет ли о́н фами́лию э́того актёра.	Tanya asks Igor whether he knows that actor's name.

(b) Direct General Question:

И́ра спрáшивает Пéтю: «Ты́ бы́л вчерá на лéкции?»	Ira asks Petya, "Were you at the lecture yesterday?"

Reported General Question:

Ѝра спра́шивает Пе́тю, бы́л ли
о́н на ле́кции вчера́.

Ira asks Petya whether he was
at the lecture yesterday.

(c) Direct General Question:

Ма́ша спра́шивает: «Еле́на
Фёдоровна давно́ рабо́тает в
институ́те?»

Masha asks, "Has Yelena
Fyodorovna been working at the
institute for a long time?"

Reported General Question:

Ма́ша спра́шивает, давно́ ли
Еле́на Фёдоровна рабо́тает в
институ́те.

Masha asks whether Yelena
Fyodorovna has been working at
the institute for a long time.

Unit X

The Dative Case. Expression of Age. Impersonal Constructions. The Relative Pronoun
кото́рый.

1.0 The Dative Case

The dative case is used to designate an *indirect* receiver of the action of a verb, the
object of certain intransitive verbs (i.e. verbs which do not take a direct object) and the logical
subject of impersonal sentences. In subsequent lessons, the use of the dative with prepositions will be discussed.

1.1 The Dative Singular of Nouns

All first declension nouns take *-u* (**-у/-ю**) in the dative; the dative of second and third
declension nouns is identical with the prepositional.

The Dative Singular of Nouns

			First Declension			
Nom. Dat.	-ø/-o -u	**-у/-ю**	му́ж му́жу	го́сть го́стю	сло́во сло́ву	зда́ние зда́нию
		Second Declension			Third Declension	
Nom. Dat.	-a -'e(-i)	**-е (-и)**	ла́мпа ла́мпе	дере́вня дере́вне	а́рмия а́рмии	-ø -i	**-и**	две́рь две́ри

1.2 The Dative Case of Personal and Interrogative Pronouns

Nom.	я	ты́	о́н / оно́	она́	мы́	вы́	они́	кто́	что́
Dat.	мне́	тебе́	ему́	е́й	на́м	ва́м	и́м	кому́	чему́

1.3 Pronouns and Adjectives in the Dative

The dative pronoun and adjective endings are: *-оти* (**-ому** / **-ему**) for the masculine and the neuter, and *-oj / -ej* (**-ой** / **-ей**) for the feminine. In ending-stressed adjectives the stress in the dative falls on the penultimate syllable of the ending: молодо́му; in ending-stressed pronouns the stress in the dative falls on the final syllable of the ending: моему́.

		Masculine/Neuter				
Nom.	-ø/-o	мо́й/мое́	на́ш/на́ше	э́тот/э́то	но́вый/ но́вое	молодо́й/ молодо́е
Dat.	*-оти* -ому/-ему	моему́	на́шему	э́тому	но́вому	молодо́му
		Feminine				
Nom.	-a	моя́	на́ша	э́та	но́вая	молода́я
Dat.	*-oj/-ej* -ой/-ей	мое́й	на́шей	э́той	но́вой	молодо́й

1.4 Uses of the Dative

1.41 An *indirect object* denotes the indirect receiver of the action of the verb.

Учи́тель продиктова́л упражне́ние
моему́ бра́ту Анто́ну.

.The teacher dictated the
exercise to my brother Anton.

Ка́рл Ива́нович расска́зывал **на́м** свою́ исто́рию.	Karl Ivanovich told us his story.
Мы́ сказа́ли **Со́фье Миха́йловне** об э́том.	We told Sofya Mikhailovna about it.

Like their English counterparts, a number of Russian verbs may take both accusative and dative objects: дава́ть / да́ть "to give", объясня́ть / объясни́ть "to explain", пока́зывать / показа́ть "to show", покупа́ть / купи́ть "to buy".

Со́ня купи́ла **сы́ну но́вый фотоаппара́т.**	Sonya bought her son a new camera.
Ли́за до́лго объясня́ла **мне́** зада́чу.	Liza explained the problem to me for a long time.
Серге́й показа́л **сестре́** свою́ но́вую маши́ну.	Sergei showed his new car to his sister.
О́н да́л ста́рую **маши́ну своему́ дру́гу Бори́су.**	He gave the old one to his friend, Boris.

1.42 Special Verbs Governing the Dative

A small group of intransitive verbs governs the dative. Verbs belonging to this group must be memorized, since there is no parallel construction in modern English (note, however, some parallel with German):

звони́-/позвони́-	"call"
отвеча́й-/отве́ти-	"answer"
помога́й-/ помо́чь (irreg.)	"help"
ве́ри-/пове́ри-	"believe"
сове́това-/посове́това-	"advise, counsel"
меша́й-/помеша́й-	"disturb, hinder"
удивля́й-ся/удиви́-ся	"be surprised"

Я́ ва́м позвоню́ за́втра в ше́сть.	I shall call you tomorrow at six.
О́н мне́ отве́тил.	He answered me.
Ми́ша на́м ча́сто помога́ет.	Misha often helps us.
Я́ ва́м не ве́рю.	I don't believe you.
О́льга Петро́вна посове́товала на́м прочита́ть свою́ статью́.	Olga Petrovna advised us to read her article.
Не меша́й мне́!	Don't bother me!
Ма́ша удиви́лась тала́нту своего́ ребёнка.	Masha was surprised by her child's talent.

1.43. The verb нравиться/понравиться is used to express the speaker's liking for a person or thing. It is a very commonly used verb in Russian.

Это мне нравится.	I like this.
Он ей понравился.	She liked him.
Я знаю, что он вам понравится.	I know you will like him.

Note carefully that the agent (experiencer) in the above construction is in the *dative* case; whereas the logical object takes the nominative.

1.5 Expression of Age

Age is expressed in Russian by means of a dative construction:

— Сколько вам лет?	"How old are you?"
— Мне девятнадцать лет.	"I am nineteen years old."

As is usual after a quantifier, the verb is in the neuter singular; the word for "year" is in the nominative singular after один or its compounds (год), the genitive singular after 2, 3, 4 or their compounds (года), and the genitive plural elsewhere (лет). (See VIII, 2.11-2.13.)

Мне двадцать один год.	I am 21 years old.
Моему дяде тридцать шесть лет.	My uncle is 36 years old.
Ему было двадцать девять лет семь лет тому назад.	He was 29 years old 7 years ago.
Скоро Кларе будет двадцать два года.	Soon Clara will be 22 years old.
Вам был тридцать один год тогда.	You were 31 years old then.

2.0 Impersonal Sentences

An impersonal sentence in Russian has no grammatical subject and its predicate is invariably in the *neuter singular.* Since English cannot have a sentence without a subject, the English equivalents of Russian impersonal sentences usually have an "it" or "there" for a subject. In Russian impersonal sentences, however, there is no subject of any sort (neither the personal pronoun оно nor the demonstrative это). The kernel of the sentence is the predicate — in many cases a form identical to an adverb or neuter short-form adjective, or a verb or another part of speech. Tense is conveyed by **было** (past), ø (present) or **будет** (future). Impersonal predicates may also have direct objects, infinitive complements, adverbial modifiers, prepositional phrases or subordinate clauses.

Impersonal sentences constitute an important and very frequent class of utterances in Russian. They describe actions or states which impinge upon the speaker "from without":

physical conditions, emotional states and conditions which do not depend upon the speaker's will.

Тепло́.	It is warm.
Здесь тепло́.	It is warm there.
Здесь ско́ро бу́дет тепло́.	It will soon be warm here.
Здесь бы́ло тепло́.	It was warm here.
Зимо́й у нас в до́ме бы́ло тепло́.	In the winter it was warm in our house.

When a logical subject (the perceiver or experiencer) is specified, it always stands in the *dative case:*

Ему́ бы́ло тепло́.	He was warm.
Мари́и бы́ло ве́село.	Mariya felt happy.
Им бу́дет ску́чно.	They will be bored.
На ле́кции Ви́ктору бы́ло интере́сно.	It was interesting for Victor at the lecture.

2.1 Impersonal Sentences with Modal Words as Predicates

2.11 The word **мо́жно** means "may", "it is permitted" or "it is possible". The accompanying verb will always appear in the infinitive.

— Здесь мо́жно кури́ть?	"Is it permitted to smoke here?"
— Мо́жно.	"Yes, it is."
— Мо́жно нам взять ва́шу ру́чку?	"May we borrow your pen?"
— Да, пожа́луйста.	"Yes, certainly."
Больно́му уже́ мо́жно гуля́ть.	The patient is already allowed to walk.
В э́том до́ме мо́жно бы́ло жить и зимо́й.	It was possible to live in that house even in the winter.

2.12 The opposite of мо́жно is **нельзя́**, which denies permission or states objective impossibility.

В больни́це нельзя́ кури́ть.	Smoking is not permitted in the hospital.
В э́той ко́мнате нельзя́ рабо́тать.	It is impossible to work in this room.
— Мо́жно взять ваш журна́л?	"May I borrow your journal?"
— К сожале́нию, нельзя́. Я его́ не прочита́л.	"Unfortunately, no; I haven't finished reading it."

2.13 Надо and **нужно** are identical in meaning and usage in modern Russian and convey necessity or obligation.

Мне́ на́до купи́ть газе́ту.	I must buy a newspaper.
Мне́ ну́жно получи́ть кни́ги по по́чте.	I must collect my books at the post office.

2.2 Other Predicates

Certain words which were historically nouns or other parts of speech have also come to function as predicates in impersonal sentences. As in the examples above, the past and future tenses of these predicates are expressed by бы́ло and бу́дет, respectively.

Пора́ обе́дать.	*It is time* to have dinner.
Мне́ **жа́ль** Ли́зу.	*I feel sorry* for Liza.
Мне́ **бы́ло жа́ль** Ли́зу.	*I felt sorry* for Liza.
Мне́ **бу́дет жа́ль** Ли́зу.	*I shall feel sorry* for Liza.

3.0 The Relative Pronoun **кото́рый** and Relative Clauses

Russian has one virtually "all-purpose" relative pronoun — **кото́рый,** which is declined like a stem-stressed adjective. Кото́рый corresponds to the English "who", "which" and "that", and its case is determined by its syntactic function in the clause it introduces; it agrees in number and gender with its antecedent in the main clause. Note that the relative clause is always preceded by a comma.

Э́то **специали́ст, кото́рый** рабо́тает в на́шем институ́те.	This is the specialist who works at our institute.
Зда́ние, кото́рое нахо́дится на э́той пло́щади, постро́или весно́й.	The building which is located in this square was built last spring.
Студе́нты, кото́рые живу́т в э́том общежи́тии, отдыха́ли ле́том на Кавка́зе.	The students who live in that dormitory vacationed in the Caucasus in the summer.
Де́вушка, кото́рая рабо́тала в библиоте́ке, у́чится в на́шем университе́те.	The girl who used to work at the library studies at our University.
Студе́нт, кото́рого мы́ ви́дели вчера́ ве́чером, хоро́ший спортсме́н.	The student we saw last night is a fine sportsman.
Де́вушка, кото́рую мы́ ви́дели вчера́ в теа́тре, у́чится в университе́те.	The girl we saw at the theater yesterday studies at the University.

Во́т зда́ние, **кото́рое** постро́ил архите́ктор Казако́в.	There is the building which the architect Kazakov built.
Я рабо́тала в **шко́ле**, о́коло **кото́рой** нахо́дится стадио́н.	I used to work at the school near which the stadium is located.
Я зна́ю **ма́льчика**, у **кото́рого** е́сть така́я соба́ка.	I know a boy who has such a dog.

3.1 Note the difference between the following two English sentences:

"This is the brother, who is living in Chicago" and
"This is the brother who is living in Chicago".

The contrast is one of a non-restrictive relative clause (the first relative clause merely adds that the brother happens to reside in Chicago) versus a restrictive relative clause (the second relative clause specifies the brother who lives in Chicago as opposed to the one who lives, say, in Hutchinson). In Russian, the restrictive meaning may be conveyed by adding to the phrase containing the original antecedent the demonstrative pronoun **тот**. Note the translation of the two sentences just examined. (Russian requires the comma in both the cases).

Э́то бра́т, кото́рый живёт в Чика́го. (non-restrictive)
Э́то **то́т** бра́т, кото́рый живёт в Чика́го. (restrictive)

4.0 The -*avaj*- (-**авай**-) Verb Type

Verbs of this non-productive class have the alternation - *aváj/-aj*- throughout the present tense (but *not* in the imperative) and belong to the first conjugation.

дава́й- "give" (Imperfective)

Infinitive: дава́ть

Imperative: Дава́й! Дава́йте!

Past:	Present:		Future:
дава́л	даю́	даём	бу́ду дава́ть
дава́ла	даёшь	даёте	бу́дешь дава́ть
дава́ло	даёт	даю́т	бу́дет дава́ть, etc.
дава́ли			

5.0 The Irregular Verb **да́ть** "give" (Perfective)

Infinitive: да́ть

Imperative: Да́й! Да́йте!

Past:	Present:		Future:	
да́л	(none)		да́м	дади́м
дала́			да́шь	дади́те
да́ло			да́ст	даду́т
да́ли				

6.0 The preposition **по**

The preposition **по** governing the dative case has a variety of meanings. Its usage with verbs of motion is described below in XI, 2.5.

6.1 When followed by a noun denoting a branch of science or field of work, the preposition **по** means "in the field of" or "on".

Ни́на — специали́ст **по ру́сской исто́рии.**	Nina is a specialist in (the field of) Russian history.
Профе́ссор Ма́рков прочита́л ле́кцию **по матема́тике.**	Professor Markov gave a lecture on mathematics.
Дже́йн написа́ла но́вую статью́ **по органи́ческой хи́мии.**	Jane has written a new article on organic chemistry.

6.2 Note also the use of **по** in certain adverbial constructions.

(a) **по** "according to":

Ка́к **по-ва́шему?**	What is your opinion?
По-мо́ему, э́то ску́чно.	In my opinion, this is boring.
(Note stress!)	

(b) **по** "by", "on":

Мы́ говори́ли **по телефо́ну.**	We spoke by telephone.
Я́ слы́шал э́то **по ра́дио.**	I heard it on the radio.
Ми́ша ви́дел э́то **по телеви́зору.**	Misha saw this on television.

7.0 It is worth while to note here the occurrence of the particle **по-** (not the preposition), which is used to form adverbs ending in *-sk'i* (**-ски**). Compare with adjective stems ending in *-sk'ij* (**-ский**):

ру́сский — по-ру́сски	(in) Russian
англи́йский — по-англи́йски	(in) English
неме́цкий — по-неме́цки	(in) German
францу́зский — по-францу́зски	(in) French

Remember that, like other adverbs, these words are indeclinable.

Unit XI

Prepositions and Adverbs of Place and Direction of Action. Verbs of Motion. The Second Prepositional Ending **-у́**. Expressing Real Condition. **То́же** and **та́кже**.

1.0 Prepositions and Adverbs of Place and Direction of Action

By means of different case endings, Russian distinguishes between the location of a given action and the direction, destination or endpoint of that action.

When denoting direction, nouns used with the preposition **на** or **в** take the *accusative case;* when denoting place, the same nouns take the *prepositional case.* Several other prepositions in Russian will also be seen to exhibit this dual (directional/locational) function, depending on the case which follows them.

Compare the following examples:

Ма́ша рабо́тает **в институ́те.**	Masha works *at* the institute.
Ма́ша идёт **в институ́т.**	Masha is on her way *to* the institute.
Ми́ша был **на конце́рте.**	Misha was *at* the concert.
Ми́ша ча́сто хо́дит **на конце́рты.**	Misha often goes *to* concerts.

Unlike contemporary English, separate adverbs are used in Russian to specify the place or direction of action.

А́нна живёт **здесь.**	Anna lives *here.*
А́нна идёт **сюда́.**	Anna is on her way *here.*

1.1 Forms and Examples

Study the following prepositional phrases and adverbs of place and direction.

Direction *(accusative)*		Location *(prepositional)*	
куда́?	where? (whither?)	где́?	where?
сюда́	here (hither)	зде́сь	here
туда́	there (thither)	та́м	there
домо́й	home(ward)	до́ма	at home
в шко́лу	to school	в шко́ле	at school
на заво́д	to the factory	на заво́де	at the factory
в теа́тр	to the theater	в теа́тре	at/in the theater

Ма́льчики игра́ют в па́рке.		The boys are playing in the park.
Ма́льчики иду́т в па́рк.		The boys are going to the park.

— Где́ рабо́тает ва́ш бра́т?	"Where does your brother work?"
— О́н рабо́тает на по́чте.	"He works at the post office."

— Куда́ идёт ва́ш бра́т?	"Where is your brother going?"
— О́н идёт на вокза́л.	"He is on his way to the train station."

1.2 Noun Constructions

The meaning of direction or destination also arises when nouns preceded by **в** or **на** are used after certain other nouns:

биле́т в теа́тр	a ticket for the theater
окно́ в са́д	a window opening into the garden
путеше́ствие в А́фрику	a trip to Africa
экску́рсия на фа́брику	an excursion to a factory

2.0 Verbs of Motion

Among Russian verbs (including those denoting movement of various kinds), a special group, known as *verbs of motion,* is distinguished. Verbs of motion differ from all others in that they have *two imperfective forms:* one indicates that the motion takes place in a single direction (marking *unidirectional* motion), the other does not, and usually denotes random motion, movement in more than one direction, or movement "there and back" (marking *multidirectional* motion). There are a total of 14 pairs of verbs of motion, the most important of which are the following:

Unidirectional	Multidirectional	
идти́ (irreg.)	*ходй-*	go (on foot), walk
е́хать (irreg.)	*е́зди-*	go (by vehicle)
нёс-'	*носй-*	carry (on foot)
вёз-'	*возй-*	carry (by vehicle)

The present unit will focus exclusively on the distinction between these two imperfective forms: perfective motion verbs will be discussed in Unit XII. Note also that Russian motion verbs, unlike English ones, clearly distinguish between motion (or "going") on foot, or under one's own power, and motion by vehicle, or by means of another source of power (car, train, bus, horse, bicycle, etc.). In most cases involving these verbs, the speaker must indicate means of "going" by choosing either the verb denoting self-generated motion, or the corresponding verb marking externally-generated motion. The English equivalent will not always mark this distinction. Compare:

Óн идёт в шко́лу.	He's going/on his way (walking) to school.
Óн е́дет в шко́лу.	He's going/on his way (driving, riding, etc.) to school.

2.1 Usage of Verbs of Motion

A native speaker of Russian uses the unidirectional verb when he or she wants to specify action in progress in one direction. Hence, the question "Where are you going?" requires the unidirectional verb: Куда́ вы **идёте**? (if the person is on foot) or Куда́ вы **е́дете**? (if going by vehicle).

The multidirectional verb conveys notions such as those involving random motion, round trips, and motion in which the act itself is the center of focus (e.g. "The child can walk already" Ребёнок уже́ **хо́дит**., "John loves to drive." Джо́н лю́бит **е́здить**.).

Examples:

Unidirectional

На у́лице:

— Куда́ ты **идёшь**, Ната́ша?	"Where are you going, Natasha?"
— Я **иду́** в институ́т. А вы?	"I'm on my way to the Institute. And you?"

— Я **иду́** домо́й, а Пе́тя идёт в библиоте́ку.

"I'm going home, and Petya's going to the library."

На вокза́ле:

— Куда́ вы́ **е́дете**, Никола́й Петро́вич?

"Where are you going, Nikolai Petrovich?"

— Я́ **е́ду** в Му́рманск на конфере́нцию. А вы́?

"I'm going to Murmansk to a conference. And you?"

— Мы́ **е́дем** в Ленингра́д на пра́ктику.

"We're on our way to Leningrad for practical training."

Multidirectional

Ка́ждый де́нь Áнна **хо́дит** в шко́лу.	Anna goes to school every day.
Ребёнок уже́ **хо́дит.**	The child can walk already.
Джо́н лю́бит **е́здить.**	John loves to drive (or ride).
Ты́ вчера́ **ходи́ла** в шко́лу?	Did you go to school yesterday?
Я́ ча́сто **хожу́** в теа́тр.	I often *go* to the theater.
Я́ люблю́ **ходи́ть.**	I enjoy *walking.*
Вчера́ я́ **ходи́л** в теа́тр.	Last night I *went* to the theater.
Ле́том мы́ **е́здили** в Кры́м.	In the summer we *went* to the Crimea.
Ка́ждую суббо́ту мы́ **хо́дим** в кино́.	We *go* to the cinema every Saturday.
Кто́ э́то **хо́дит** о́коло ва́шего до́ма?	Who is that person *walking around* near your house?

Contrast:

Unidirectional	Multidirectional

Present Tense

О́н **идёт** и поёт.	О́н **хо́дит** по ко́мнате и поёт.
He *is on the way* and singing.	He *is walking around* the room and singing.
Я́ **иду́** в па́рк.	Я́ **хожу́** по па́рку.
I *am on my way* to the park.	I *am walking about* in the park.

Past Tense

Я встре́тила А́нну, когда́ она́ **шла́**
в библиоте́ку.
I met Anna when she *was on the way*
to the library.
Когда́ мы́ **е́хали** домо́й, мы́
вспомина́ли, ка́к зову́т э́того
молодо́го челове́ка.
As we *were riding* home,
we tried to remember the name
of that young man.

Вчера́ ве́чером я́ **ходи́л**
по па́рку.
Yesterday evening I
walked about in the park.
Когда́ мы́ **е́здили** на Чёрное
мо́ре, мы́ всегда́
приглаша́ли на́ших друзе́й.
Whenever we *went* to
the Black Sea, we always
invited our friends.

Special Cases

The unidirectional verb is required in connection with certain inanimate nouns. Take careful note of the following:

Идёт до́ждь.	It is raining.
Идёт сне́г.	It is snowing.
Вре́мя идёт.	Time is passing.
Сего́дня идёт фи́льм.	There's a film showing today.

Once again, keep in mind that both the unidirectional and multidirectional forms of verbs of motion are *imperfective*. The *perfective* form (see the next unit) may be formed by adding the prefix **по-** (or some other prefixes) to the unidirectional stem.

2.2 Forms of Verbs of Motion

Four pairs of verbs of motion are introduced in the present unit, including two with ø-suffix stems ending in **c** and **з**, and two irregular verbs.

2.21 Non-Suffixed Verbs in **c** or **з** (Also see appendix VI, IIB2)

Stem: *нёс-* "carry" (on foot), *imperfective; unidirectional*

Infinitive: нести́   Imperative: Неси́! Неси́те!

Past: Present: Future:

нёс   несу́   несём   бу́ду нести́
несла́   несёшь   несёте   бу́дешь нести́
несло́   несёт   несу́т   бу́дет нести́, etc.
несли́

Stem: *вёз-* "carry" (by vehicle), *imperfective; unidirectional*

Infinitive: везти́   Imperative: Вези́! Вези́те!

Past:	Present:		Future:
вёз	везу́	везём	бу́ду везти́
везла́	везёшь	везёте	бу́дешь везти́
везло́	везёт	везу́т	бу́дет везти́, etc.
везли́			

2.22 The Irregular Verbs идти́ and е́хать

идти́ (*irreg.*) "go (on foot), walk" *imperfective, unidirectional*

Infinitive: идти́   Imperative: Иди́! Иди́те!

Past:	Present:		Future:
шёл	иду́	идём	бу́ду идти́
шла́	идёшь	идёте	бу́дешь идти́
шло́	идёт	иду́т	бу́дет идти́, etc.
шли́			

е́хать (*irreg.*) "go (by vehicle)" *imperfective, unidirectional*

Infinitive: е́хать   Imperative: Поезжа́й! Поезжа́йте!

Past:	Present:		Future:
е́хал	е́ду	е́дем	бу́ду е́хать
е́хала	е́дешь	е́дете	бу́дешь е́хать
е́хало	е́дет	е́дут	бу́дет е́хать, etc.
е́хали			

2.3 Present Tense Forms with Future Meaning

The regular imperfective future of unidirectional verbs is rarely used. However, the present tense forms of unidirectional verbs quite often have future meaning, similar to the usage in English.

За́втра ве́чером мы́ **идём** в теа́тр.	Tomorrow evening we are going to the theater.
Сего́дня мы́ **е́дем** к ма́ме.	Today we are going to see Mother.

Present tense forms of other imperfective verbs may also be used to express future.

За́втра я́ **чита́ю** докла́д.	Tomorrow I am giving a paper.

The use of present tense forms to express future is restricted to those statements about which the speaker is more or less certain or indeed categorical. The introduction of any modal words (e.g. хочу́, могу́), which diminish the certainty that the action will take place, excludes the possibility of using present tense forms in this sense.

За́втра я́ **е́ду** в Бо́стон.	I am going to Boston tomorrow.

But:

За́втра я́, мо́жет бы́ть, **пое́ду**[1] в Бо́стон.	Perhaps I will go to Boston tomorrow.

2.4 на + *the Prepositional* Used to Express Means of Transportation

Means of transportation is expressed in Russian by the preposition **на** followed by the prepositional case of the noun denoting the type of vehicle involved. Note that in English the preposition "in", "on" or "by" is used to convey this meaning.

Я́ е́ду в институ́т **на авто́бусе.**	I go to the institute *by* bus.
Мы́ е́дем в Кры́м **на по́езде.**	We're traveling to the Crimea *on* a train.
О́н хорошо́ е́здит **на ло́шади.**	He is good *at* horseback riding.
Мы́ е́дем в Ки́ев **на маши́не.**	We are going to Kiev *by* car.

When the speaker wishes to emphasize the fact that he or she is walking, or going "on foot", as opposed to going by some means of transport, he or she adds the adverb of manner **пешко́м** to the regular walking verb. For example:

— Ва́ня, ты́ обы́чно е́здишь на рабо́ту на авто́бусе?	"Vanya, do you usually take the bus to work?"
— Не́т, / я́ всегда́ хожу́ **пешко́м.**	"No, I always walk [*lit.* go on foot]."

---

[1] Пое́ду is the future tense form of the perfective verb пое́хать.

2.5 The Preposition **по** + *the Dative Case*

The preposition **по** is commonly used with verbs of motion and corresponds to the English "along", "about", "throughout" or "in". (See also X, 6.)

Мы́ ходи́ли **по го́роду.**	We strolled *around* the city.
Анто́н ме́дленно шёл **по у́лице.**	Anton walked *along* the street slowly.
Я́ люблю́ ходи́ть **по ле́су.**	I love to walk about *in* the forest.

3.0 Grammar for Reading. The Second Prepositional Ending **-у́**

When used with a spatial or temporal meaning, a few masculine nouns (mostly monosyllabic) take the ending **-у** besides the regular prepositional case ending. Among the nouns we have encountered so far, the following have the second prepositional ending **-у.** (Note that the ending is always stressed, regardless of the stress pattern of the noun.)

ле́с "wood", "forest"	— в лесу́
са́д "garden"	— в саду́
го́д "year"	— в году́
бе́рег "shore"	— на берегу́
мо́ст "bridge"	— на мосту́
шка́ф "cupboard"	— в шкафу́
Кры́м "the Crimea"	— в Крыму́

Compare the prepositional case forms and their usage in the following examples. (Note how the ending **-у** signals a spatial or temporal meaning of the masculine nouns.)

Мы́ до́лго стоя́ли **на мосту́.**	We stood on the bridge for a long time.
Вы́ слы́шали **о но́вом мо́сте,** кото́рый стро́ят о́коло Красноя́рска?	Have you heard about the new bridge which is being built near Krasnoyarsk?
Студе́нты рабо́тают **в саду́.**	The students are working in the garden.
Они́ разгова́ривают **о ботани́ческом са́де** МГУ.	They are talking about the Botanical Gardens at Moscow State University.

4.0 "If" Clauses (Expressing Real Condition)

The conjunction **е́сли** "if" introduces a clause of (real) condition. (For non-real conditions, see below, XV, 5.0.)

Éсли я зна́ю сло́во, то я не смотрю́ его́ в словаре́.	If I know a word, then I don't look it up in the dictionary.
Éсли вы́ прочита́ли уро́к, то вы́ поймёте мо́й вопро́с.	If you have read the lesson, then you will understand my question.

When the main (consequence) clause follows the if-clause, the conjunction **то́** may be used at its beginning; **то́** may be disregarded in translation or rendered by "then".

Note that in English the tense of the if-clause may be relative. For example, a *present* tense form is used with "if" to express a future condition.

Éсли о́н **бу́дет** за́втра на собра́нии, то я его́ **спрошу́.**	If he *is* at the meeting tomorrow, I *will ask* him.
Éсли она́ **придёт** за́втра, то я её **спрошу́** об э́том.	If she *comes* tomorrow, I *will ask* her about that.

5.0 То́же and та́кже

There are two Russian words which correspond to the English "also": **то́же** and **та́кже.** Their use is connected with the distribution of old information within the given context (see I, 7.0). Although there are some contexts in which either adverb may be occur, as a general rule **то́же** introduces *old* information, whereas **та́кже** introduces *new* information. In conjunction with this, **то́же** itself always carries the intonational center, while **та́кже** never does. Only **та́кже** can convey the meaning "besides" and "at the same time".

Compare the following examples and note that the old information introduced by **то́же** is actually redundant, whereas the information introduced by **та́кже** cannot be omitted without destroying the meaning of the sentence.

Джéйн сейчáс идёт в шко́лу.	Jane is now on her way to school.
Я то́же иду́ в шко́лу.	I am also on my way to school.

or:

Я то́же.	I am too.

Андрéй собирáет мáрки. Олéг то́же собирáет мáрки, / а та́кже значки́.	Andrei collects stamps. Oleg also collects stamps, and badges, besides.

Ми́ша óчень лю́бит Ленингрáд. Я то́же люблю́ Ленингрáд, / но я та́кже люблю́ Москву́.	Misha likes Leningrad very much. I also like Leningrad, but I like Moscow too.

Антóн хорошó говорит
по-английски. Егó сестрá
тóже хорошó говорит
по-английски, / а тáкже по-
францýзски.

Anton can speak English well.
His sister can also speak English
well; besides, she can speak
French.

Unit XII

Adverbs and Prepositions of Place and Direction of Action. Prefixed Verbs of Motion. The
Dative Plural. The First-Person Imperative.

1.0 Adverbs and Prepositions of Place and Direction of Action

Adverbs and prepositions occurring with verbs denoting movement from one place to
another may express the point of departure or the end-point or destination (see XI, 1).

к у д á? "where (to)?"
сюдá "here", "hither"
тудá "there", "thither"
в (+ acc.) "to"
на (+ acc.) "to"
к (+ dat.) "to the home /
place of" (followed by a
noun denoting a person)

о т к ý д а? "from where?"
отсюда "from here"
оттýда "from there"
из (+ gen.) "from"
с (+ gen.) "from"
от (+ gen.) "from the home /
place of" (followed by a noun
denoting a person)

Note that the preposition **к** + *the dative case* is used to denote motion (the question
к у д á? "where [to]?") with the same expressions with which **у** + *the genitive case* denotes
rest (the question г д é? "where?").

Óля, кудá ты́ идёшь?
Olya, where are you going (to)?
Волóдя, иди сюдá!
Volodya, come here!
Идý в шкóлу.
Идý на завóд. } **в/на** (+ acc.)
Идý к товáрищу. **к** (+ dat.)
Студéнты идýт в клýб.
Лю́ди идýт на рабóту.
Мы́ идём к профéссору Петрóву.

Бóря, откýда ты́ идёшь?
Borya, where are you coming from?
Уходи отсюда, ты́ мнé мешáешь!
Get out of here, you bother me!
Идý из шкóлы.
Идý с завóда. } **из/с/от** (+ gen.)
Идý от товáрища.
Студéнты идýт из клýба.
Лю́ди идýт с рабóты.
Мы́ идём от профéссора Петрóва.

Summary Table of Place Prepositions

г д é? "where?"	к у д á? "where (to)?"	о т к ý д а? "from where?"
в (+ prep.) в гóроде **на** (+ prep.) на вокзáле **у** (+ gen.) у отцá	**в** (+ acc.) в гóрод **на** (+ acc.) на вокзáл **к** (+ dat.) к отцý	**из** ⎫ **с** ⎬ (+ gen.) из гóрода **от** ⎭ с вокзáла от отцá

Писáтель бы́л на Урáле.   Николáй бы́л у врачá.
Писáтель éдет на Урáл.   Николáй идёт к врачý.
Писáтель éдет с Урáла.   Николáй идёт от врачá.

2.0 Prefixed Verbs of Motion

The addition of a prefix to a verb of motion provides a more specific characterization of the nature of the motion.

2.1 The Prefixes **при-** and **у-**

When added to a motion-verb stem, the prefix **при-** produces the more precise meaning of motion *toward* or *to* a point of reference (which is very often the speaker) [e.g. **приходи́ть** "come", **приезжáть** "arrive (by vehicle)"]. The prefix **у-** signals just the opposite — motion *away* from a point of reference (which is also often the speaker) [e.g. **уходи́ть** "leave, depart (on foot)", **уезжáть** "leave, depart (by vehicle)"]. Cf. the following examples.

Ми́ша чáсто приезжáет к нáм.	Misha often visits us.
Америкáнский балéт скóро уéдет в Еврóпу.	The American Ballet will soon leave for Europe.
Óн ужé ушёл домóй.	He has already gone home.
Врáч скóро придёт.	The doctor will soon be here.
— Гдé вáш сы́н?	"Where is your son?"
— Óн уéхал в Бóстон учи́ться.	"He has gone to Boston to study."

When added to a multidirectional stem, prefixes form an imperfective verb; when added to a unidirectional stem, they form a perfective verb. Once prefixed, the motion verb no longer makes the semantic distinction between uni- and multidirectional motion; like most Russian verbs, it marks only notions of perfective and imperfective action. Although the prefixed stems are similar in form to their unprefixed counterparts, some formal differences must be memorized.

Study the following groups of motion verbs, paying careful attention to the formal similarities and differences between unprefixed (multidirectional and unidirectional) and prefixed (imperfective and perfective) forms. (Forms with deviations are underlined).

2.2 Forms of Prefixed Verbs of Motion (revision)

Multidirectional	Prefixed Imperfectives		(also)
ходи́-	*приходи́-*	приходи́ть	(*уходи́-*)
е́зди-	*приезжа́й-*	приезжа́ть	(*уезжа́й-*)
носи́-	*приноси́-*	приноси́ть	(*уноси́-*)
вози́-	*привози́-*	привози́ть	(*увози́-*)

Unidirectional	Prefixed Perfectives		(also)
<u>идти́</u>	<u>прийти́</u> (*irreg.:* при<u>ду́</u>т, пришёл)		
But:	уйти́ (*irreg.:* у<u>й</u>ду́т, ушёл)		(пойти́)
<u>е́хать</u>	<u>прие́хать</u> (*irreg.:* прие́дут)		(уе́хать, пое́хать)
нёс-́	*принёс-́*	принести́	(*унёс-́*, *понёс-́*)
вёз-́	*привёз-́*	привезти́	(*увёз-́*, *повёз-́*)

Pay particular attention to the underlined items in the above chart.

(a) Memorize the infinitives **прийти́**, **уйти́** and **пойти́**, and the corresponding future tense forms приду́т, уйду́т and пойду́т. In the past tense the prefixes **при-**, **у-** and **по-** are added to шёл, шла́, шло́, шли́ without any changes.

(b) Note that the multidirectional *е́зди-* does not undergo normal prefixation; instead, prefixes are added to *-езжа́й-*.

(c) All prefixed multidirectional verbs are imperfective; all prefixed unidirectional verbs are perfective.

(d) The imperative of (по)е́хать is поезжа́й, поезжа́йте!

2.3 The Prefix **по-**

The prefix **по-** is added to unidirectional verbs of motion to form *perfectives* specifying the *beginning of motion* without reference to what happens next.

— Где́ Ва́ня? "Where is Vanya?"
— Его́ зде́сь не́т, о́н пошёл домо́й. "He's not here, he went home."

The prefix **по-** may also signal a *shift* or *change in motion*:

О́н шёл ме́дленно, пото́м пошёл бы́стро.	He was walking slowly, then went fast.
О́н е́хал пря́мо, пото́м пое́хал нале́во.	He drove straight, then went to the left.

In the future tense *only*, a third meaning is also possible: the speaker may express his intention to undertake a specific action or journey:

За́втра я́ пойду́ домо́й.	Tomorrow I will go home.
О́н ско́ро пое́дет в Москву́.	He'll soon make a trip to Moscow.

Besides, **по-**forms are used to convey supposed or probable completion of action.

— Где́ Ви́ктор?	"Where is Victor?"
— О́н пошёл в магази́н.	"He went to the store." (i.e. he went off to the store; as far as the speaker knows, he is either in the store or on the way there)
— Где́ А́нна?	"Where is Anna?"
— Она́ пое́хала в библиоте́ку.	"She went (by vehicle) to the library."

3.0 The Dative Plural

3.1 Nouns

The dative plural ending for all Russian nouns is -*am* (spelled **-ам/-ям**). Stress in the dative plural is the same as in other oblique case (gen., prep., etc.) forms.

			1st Decl.			2nd Decl.	3rd Decl.
Nom. Pl.	-*i, -a*		столы́	го́сти	о́кна	ка́рты	тетра́ди
Dat. Pl.	-*am*	**-ам, -ям**	стола́м	гостя́м	о́кнам	ка́ртам	тетра́дям

3.2 Modifiers

The dative plural ending of pronouns and adjectives is -*im* (**-ым/-им**).

Nom. Pl.	-*i*		они́	э́ти	мои́	ва́ши	но́вые	больши́е
Dat. Pl.	-*im*	**-ым, -им**	и́м	э́тим	мои́м	ва́шим	но́вым	больши́м

The dative plural forms of the pronouns те́ "those" and все́ "all", "everyone" are те́м and все́м, respectively.

Compare the following dative singular and plural forms.

Я́ уже́ позвони́л свое́й сестре́.	I have already called up my sister.
Я́ уже́ позвони́л свои́м сёстрам.	I have already called up my sisters.
Ги́д пока́зывал па́мятник иностра́нному тури́сту.	The guide showed the monument to the foreign tourist.
Ги́д пока́зывал па́мятник иностра́нным тури́стам.	The guide showed the monument to the foreign tourists.

4.0 The Preposition **че́рез** with Units of Time and Space

The preposition **че́рез** governs the accusative case. When followed by a spatial or temporal unit, it conveys the meaning "in", "after", or "across" that unit. Study the following examples:

О́н к на́м придёт че́рез ча́с.	He will arrive at our place in an hour.
У на́с экза́мены че́рез неде́лю.	We have exams in a week.
Че́рез киломе́тр вы́ уви́дите ста́рый до́м.	After a kilometer you'll see an old house.

Note the additional meaning of "every other (+ unit of time or space)":

(писа́ть) че́рез стро́чку	(to write) every other line
че́рез де́нь	every other day

5.0 The First-Person Imperative

The first-person imperative is a common form of invitation or exhortation which involves both the speaker and the addressee in the performance of the action.

Formation of the first-person imperative is determined by the aspect of the verb in question. For *imperfectives* the pattern is: дава́й(те) + infinitive.

Дава́й рабо́тать.	Let's work.
Дава́йте отдыха́ть.	Let's rest.
Дава́йте не бу́дем говори́ть об э́том.	Let's not talk about that.

For *perfectives* the pattern is: дава́й(те) + first person plural.

Дава́йте отдохнём!	Let's take a rest.
Дава́й напи́шем но́вое сочине́ние.	Let's write a new essay.

In the perfective first-person imperative the word давай may be omitted.

Напи́шем но́вое сочине́ние!   Let's write a new essay.
Пойдём в кино́!   Let's go to the movies.

The first-person imperative of unprefixed unidirectional imperfective verbs is invariably formed without the accompanying давай(те).

Идём в кино́!   Let's go to the movies.

Unit XIII

The Instrumental Case. The Voice and the Particle -ся. Verbs of Studying and Learning. The Reflexive Pronoun себя́.

1.0 The Instrumental Case: Usage and Formation

1.1 Equational Sentences

Sentences of the A = B type ("John is a fireman", "Anton was a student" and also "Pyotr became director" or "Her face seemed pale") are termed "equational sentences" in this commentary. When the link verb in Russian is a present tense form of **бы́ть** "to be" (and, as you know, is normally omitted), the second member of the equation (like the first) takes the nominative.

Анто́н студе́нт.   Anton is a student.

Whenever the link verb is any verb form other than the ø-present tense of бы́ть, the *second* member of the equation takes *the instrumental.*

Анто́н бу́дет студе́нт**ом**.   Anton will be a student.
Анто́н бы́л студе́нт**ом**.   Anton was a student.

Other common link verbs include:

явля́й-ся (явля́ться) "be" (bookish)

станови́-ся/ста́н- (станови́ться/ста́ть) "become"

каза́-ся/показа́-ся (каза́ться/показа́ться) "seem".

Study the following examples:

Му́рманск явля́ется се́верным по́ртом.	Murmansk is a northern port.
В э́том году́ мо́й бра́т ста́л студе́нтом.	This year my brother became a student.
Актри́са О́льга Кни́ппер была́ жено́й Че́хова.	The actress Olga Knipper was Chekhov's wife.
Ри́мский-Ко́рсаков бы́л замеча́тельным композитором и дирижёром.	Rimsky-Korsakov was a renowned composer and conductor.

1.2 The instrumental case also expresses the agency or instrument of action.

А́ня откры́ла две́рь ключо́м.	Anya opened the door with a key.
В Новосиби́рск мы́ пое́дем по́ездом.	We'll travel to Novosibirsk by train.

1.3 The instrumental is required after certain prepositions with the following meanings:

с(о) "accompanied by", "along with", "with"

Зо́я е́здила в дере́вню со свои́м отцо́м.	Zoya traveled to the country with her father.
Воло́дя пи́л ча́й с са́харом.	Volodya drank tea with sugar.
Я́ с интере́сом прочита́л ва́шу кни́гу.	I read your book with interest.

пе́ред(о) "in front of"

Пе́ред на́шим до́мом большо́й са́д.	There is a large garden in front of our house.

на́д(о) "over", "above"

Над столо́м висе́л портре́т де́душки.	Grandfather's portrait hung over the desk.

под(о) "under", "below"

Под де́ревом сиде́л ма́ленький ма́льчик.	A small boy was sitting under the tree.

1.31 The preposition **за** "behind", "beyond" denotes location when followed by the instrumental case and direction when followed by the accusative.

За мно́й стоя́л высо́кий   But: A tall man was standing
челове́к.   behind me.
Мы́ пое́хали за́ город.   We drove to the country.

1.4 Some Verbs Requiring the Instrumental Case

занима́й-ся (занима́ться) (ч е́ м) спо́ртом "do", "pursue", "be engaged in/occupied with", "participate"
руководи́- (руководи́ть) (ч е́ м) семина́ром "conduct", "direct"
интересова́-ся (интересова́ться) (ч е́ м) му́зыкой "be interested in"

1.5 The Instrumental Case of Nouns

First declension nouns take the ending -*om* (spelled **-ом/-ём/-ем**), second declension nouns take -*oj* (spelled **-ой/-ёй/-ей**), and third declension nouns -*ju* (**-ью**). In the instrumental plural, nouns of all declensions take the ending -*am'i* (spelled **-ами/-ями**).

The Instrumental Case of Nouns

Singular				
First Declension				
Nom.	-ø/-o	сто́л	геро́й	окно́	зда́ние
Instr.	-om **-ом**	столо́м	геро́ем	окно́м	зда́нием

Second Declension			Third Declension	
Nom.	-a	ка́рта	дере́вня	-ø	две́рь
Instr.	-oj **-ой, -ей**	ка́ртой	дере́вней	-ju **-ью**	две́рью

Plural					
Nom.	-i, -a	столы́	геро́и	о́кна	зда́ния	ка́рты
		дере́вни	две́ри			
Instr.	-am'i **-ами, -ями**	стола́ми	геро́ями	о́кнами	зда́ниями	ка́ртами
		дере́внями	дверя́ми			

1.6 The Instrumental Case of Pronouns and Adjectives

Instrumental forms of the personal pronouns are as follows:

Nom.	я	ты	он/оно	она	мы	вы	они
Instr.	мной	тобой	им	ей	нами	вами	ими

Pronoun and adjective singular endings are *-im* (**-им**) for the masculine and neuter, and *-oj/-ej* (**-ой/-ей**) for the feminine; in the instrumental plural the endings is *-im'i* (**-ими**).

| | Masculine/Neuter | | | | | Interrogative Pronouns | | |

Nom.	этот/это	мой	твой	наш	ваш	кто	что	чей
Instr.	этим	моим	твоим	нашим	вашим	**кем**	**чем**	чьим

Feminine

Nom.	эта	моя	твоя	наша	ваша
Instr.	этой	моей	твоей	нашей	вашей

Plural

Nom.	эти	мои	твои	наши	ваши
Instr.	этими	моими	твоими	нашими	вашими

Adjectives in the Instrumental Case:

Masculine/Neuter

Nom.	новый/новое	молодой/молодое	хороший/хорошее	большой/большое
Instr.	новым	молодым	хорошим	большим

Feminine

Nom.	новая	молодая	хорошая	большая
Instr.	новой	молодой	хорошей	большой

Plural

Nom.	новые	молодые	хорошие	большие
Instr.	новыми	молодыми	хорошими	большими

1.7 Grammar for Reading. Surnames in the Instrumental Case

   In the instrumental singular, masculine surnames ending in *-in* (**-ин**) and *-ov* (**-ов**) take the ending of *pronouns*. As you know, in all the other cases masculine surnames have *noun* endings; therefore the instrumental case constitutes an exception. Feminine surnames ending in *-ina* (**-ина**) and *-ova* (**-ова**) take the adjective ending *-oj* (**-ой**) and thus decline just like pronouns.[1]

Я́ говори́л с Бори́сом Степа́новичем Ивано́вым и его́ жено́й, Мари́ной Анто́новной Ивано́вой.	I spoke with Boris Stepanovich Ivanov and his wife, Marina Antonovna Ivanova.

2.0 Voice and the Particle **-ся**

   Voice in Russian specifies the nature of the relationship between the *logical object* of the sentence and the *action* expressed by the verb. Russian distinguishes:

the *active* voice [Subject/Agent + Predicate + Object]:

Лабора́нт составля́ет програ́мму.	The lab assistant is making up a syllabus.

and the *passive* voice [Subject/Object + Predicate + Agent]:

Програ́мма составля́ется лабора́нтом.	The syllabus is being made up by the lab assistant.

   Whenever the logical object of the sentence is promoted grammatically to *subject* position (or otherwise shunted out of its normal accusative slot in the sentence), the (imperfective) verb takes on the particle -ся (spelled -ся after consonantal endings and -сь after vocalic endings); agency being expressed, in turn, by *the instrumental case*:

Active voice (Acc. object)	NOM. (agent)	VERB	ACC. (object)

Passive voice (Nom. object)	NOM. (object)	VERB	( )	INSTR. (agent)

---

[1]See Unit VII, 3.21

For example:

Экономи́сты реша́ют   э́тот вопро́с.
(agent)   (object)

Э́тот вопро́с реша́ется ( )   экономи́стами.
(object)   (agent)

2.10 Conjugation Pattern of Verbs with -ся

Stem: *встре́ти-ся*

Infinitive: встре́титься[1]

Imperative: Встре́ться! Встре́тьтесь!

Past:	Present:	Future:	
встре́тился	(none)	встре́чусь	встре́тимся
встре́тилась		встре́тишься	встре́титесь
встре́тилось		встре́тится	встре́тятся
встре́тились			

2.11 Implied Object

The particle **-ся** may also indicate an implied object. Such an object is "implied" either in the semantics of the verb or in the context of the utterance. *Reflexive* meaning is the most common example of contextually implied objects. Hence, in the sentence Я мо́юсь. "I am taking a bath/shower. I am washing myself." the implied object is identical with the subject. Note some other examples:

Ми́ша одева́ется.	Misha dresses himself.
Йра мо́ется.	Ira is taking a bath/shower.

With plural subjects the action may be mutual or reciprocal.

Ученики́ встреча́ются по́сле шко́лы.	The students meet (each other/ one another) after school.
Мы ча́сто ви́димся.	We often see each other/one another.

2.12 When the reciprocal nature of an action is to be emphasized, a special reciprocal phrase — друг дру́га — is used, in which only the second element changes for case, declining like a noun. If the phrase is the object of a preposition, the preposition is placed in between the two units.

---

[1] Note that in pronunciation **-ться** and **-тся** are *not* differentiated: [ццъ].

Они́ лю́бят дру́г дру́га.	They love each other.
Они́ говоря́т дру́г о дру́ге.	They talk about each other.
Они́ боя́тся дру́г дру́га.	They are afraid of one another.
Мы́ ча́сто прихо́дим дру́г к дру́гу.	We often come to each other's house.
Вы́ должны́ сиде́ть дру́г за дру́гом.	You ought to sit one behind the other.

2.2 Lexicalized -ся

A small group of Russian verbs never occur without the particle **-ся**, which, in these instances, has lost its grammatical function and become completely lexicalized. Memorize the following verbs with a lexicalized **-ся** and their case government.

боя́-ся (боя́ться) (ч е г о́) "be afraid", "fear"

надея́-ся (наде́яться) (н а   ч т о́) "hope"

смея́-ся (смея́ться) (н а д   ч é м) "laugh (at)", "make fun (of)"

нра́ви-ся (нра́виться) (к о м у́) "like", "be pleased (with)"

2.3 Summary of the Use of -ся

As a practical guide to rendering Russian verb forms with **-ся** in English, it may be useful to consider the following points:

1. Passive Meaning:

Э́то сло́во произно́сится студе́нтами по-ру́сски.	This word is pronounced by the students in Russian.

(The object is promoted to nominative position; the agent, if present, is in the instrumental case.)

2. Reflexive Meaning.

Ма́рк одева́ется.	Mark is getting dressed (is dressing himself).

(The object is implied; it is identical with the subject.)

3. Reciprocal Meaning.

Они́ ча́сто ви́делись.	They often saw one another.

(Objects and subjects are identical.)

4. Intransitive Meaning.

Óн мнóго смеётся.

He laughs a lot.

(This Russian verb never occurs without **-ся**.)

3.0 Verbs of Studying and Learning (Summarized)

1. The verb *учи̌-ся* (учи́ться) is generally used in modern Russian to mean "be enrolled" in any sort of educational institution.

Вы́ у́читесь в шкóле и́ли рабóтаете?	Do you go to school or work?
Я учу́сь в строи́тельном институ́те.	I am a student at the Civil Engineering Institute.
Кóля всё ещё у́чится.	Kolya still goes to high school.
Мáрк у́чится на вторóм ку́рсе университéта.	Mark is a sophomore at the university.

2. The verb pair with the particle **-ся**, *учи̌-ся/научи̌-ся* (учи́ться/научи́ться) "learn" also takes the dative of the subject matter under study or an infinitive complement.

Я учу́сь тáнцам.
Я учу́сь танцевáть. } I am learning dances.

3. In the specialized meaning "memorize", *учи̌-* (учи́ть) takes an accusative object of the thing memorized. The perfective counterpart of *учи̌-* with this meaning is *вы́учи-* (вы́учить).

Ники́та у́чит э́ти словá.	Nikita is memorizing these words.
Óн вы́учил всé словá.	He has memorized all the words.

4. *учи̌-/научи̌-* "to teach", usually used in referring to more informal teaching and tutoring situations outside of academics, e.g.:

Маргари́та Пáвловна кáждый дéнь у́чит нáс немéцкому языку́.	Margarita Pavlovna teaches us German every day.
Игорь Константи́нович научи́л меня́ игрáть на скри́пке.	Igor Konstantinovich taught me how to play the violin.

5. The transitive verb *преподавáй-* (преподавáть) means "teach" or "instruct". Its use is restricted to academic subjects beyond the primary school level.

Ма́рк Анто́нович преподаёт ру́сский язы́к в Политехни́ческом институ́те.	Mark Antonovich teaches Russian at the Polytechnic Institute.

6. The pair of transitive verbs *изуча́й-/изучи́-* (изуча́ть/изучи́ть) means "make a thorough study of" an academic subject.

Профе́ссор Ма́рков изуча́ет исто́рию на́шего го́рода.	Professor Markov is making research into the history of our town.

7. The intransitive verb *занима́й-ся* (занима́ться) "be occupied with", "be engaged in" is used with respect to a wide variety of educational, occupational and leisure pursuits. It is the usual means of conveying the meaning of "majoring" at the undergraduate level.

Йра занима́ется америка́нской литерату́рой.	Ira is studying (majoring in) American literature.
Я́ занима́юсь ру́сским языко́м.	I am studying Russian. (More advanced study, including graduate or professional study, would require the verb изуча́ть).
Джо́н занима́ется спо́ртом.	John participates in sport activities.
Та́ня занима́ется бале́том, а её сестра́ Мари́на занима́ется му́зыкой.	Tanya studies ballet, and her sister Marina studies music.

Also note the following meaning of **занима́ться**:

— Ми́ша до́ма?	"Is Misha at home?"
— Да́, до́ма.	"Yes, he is."
— Что́ о́н де́лает?	"What is he doing?"
— Занима́ется.	"He is doing his homework."
Ви́ктор лю́бит занима́ться в библиоте́ке.	Victor likes to work at the library.

4.0 The Reflexive Pronoun **себя́**

The reflexive pronoun **себя́** "oneself" has neither gender, nor number, nor nominative case form. It expresses the relation of the agent (subject) of the sentence or clause towards itself. Себя́ has the following form: acc.-gen. **себя́**, dat.-prep. **себе́**, instr. **собо́й.**

О́н о́чень лю́бит себя́.	He is very fond of himself.
Я́ не люблю́ говори́ть о себе́.	I don't like to talk about myself.
Оле́г купи́л себе́ портфе́ль.	Oleg has bought himself a briefcase.
Возьми́те с собо́й портфе́ль!	Take your briefcase with you!
Она́ ушла́ к себе́.	She went off to her own place.

Unit XIV

Clauses of Purpose. Third-Person Imperative. Case of the Object of a Negated Transitive Verb. Negative Pronouns and Nouns. Double Negation in Russian. Summary of Time Expressions. Telling Time by the Clock.

1.0 Clauses of Purpose

Clauses of purpose are normally introduced in Russian by the conjunction **чтобы** (unstressed and pronounced as a single accentual unit with the following word). For emphasis, a clause of purpose may be introduced by the phrase **для того(,) чтобы**.

Formally, there are two types of clauses of purpose.

1.1 When both clauses have the same subject, the pattern is:

чтобы + infinitive

Мы пошли на концерт, чтобы послушать французскую певицу.	*We* went to the concert to hear the French singer.
Я позвонил Со́не, чтобы пригласи́ть её на обе́д.	*I* called Sonya to invite her to dinner.

1.2 When the subject in the clause of purpose is different from that of the main clause, the pattern is:

чтобы + past tense form of the verb

Мы пошли́ к Ви́ктору, чтобы **он** помо́г нам гото́виться к экза́менам.	*We* went to Victor's so that *he* could help us prepare for the exams.
Ученики́ принесли́ тетра́ди, чтобы **учи́тель** посмотре́л их.	*The school students* brought their notebooks for *the teacher* to look at.

1.3 The same formulas apply to constructions expressing volition (e.g. хоте́ть):

Я́ хочу́ пое́хать в Ита́лию.	I want to go to Italy.
Я́ хочу́, чтобы ма́ма пое́хала в Ита́лию.	I want Mama to go to Italy.

2.0 The Third-Person Imperative

The Russian third-person imperative corresponds to English expressions of volition beginning with the word "Let (him, her, etc.) ..." or "Have (him, her, etc.) ...". It is obtained by placing the word пусть (or, colloquially, пускай) before the noun or pronoun (in the nominative) denoting the desired performer of the action concerned. Cf. the following examples:

Пусть Роберт закроет дверь.	Have Robert close the door.
Пусть Петя отдыхает.	Let Petya rest.
Пусть дети играют в саду,	Let the children play in the garden
если хотят.	if they want.

3.0. Case of the Object of a Negated Transitive Verb

As a rule, negated transitive verbs in Russian have objects in *the genitive case,* rather than the accusative. Compare:

Учитель объяснил правило.	The teacher explained the rule.
Учитель **не** объяснил **правила.**	The teacher didn't explain the rule.
Профессор создал свою теорию.	The professor created his (own) theory.
Профессор **не** создал **своей теории.**	The professor did not create his (own) theory.

When the object of a negated transitive verb occurs as a pronoun, the genitive case is obligatory. Compare:

Это сказала Анна.	*Этого* Анна не говорила.
Что он знает?	**Чего** он не знает?
Он понял **всё.**	Он не понял **ничего.**

4.0 Negative Pronouns and Adverbs. Double Negation in Russian.

Negative adverbs and pronouns are formed by means of the prefix **ни-**. Compare:

Adverbs:	когда →	никогда	"never"
	где →	нигде	"nowhere" (locational)
	куда →	никуда	"nowhere" (directional)
Pronouns:	кто →	никто	"no one, nobody"
	что →	ничто	"nothing"
	какой →	никакой	"no kind (of)", "not any" (used as

modifier)

The double negative is the rule in Russian: negative pronouns and adverbs occur only in conjunction with a *negated* verb:

Я **никогда́ не́** был в Пари́же.	I have never been in Paris.
Э́той кни́ги **не́т нигде́**.	That book isn't anywhere.
Сего́дня я́ **никуда́ не** пойду́.	I won't go anywhere today.

The pronouns никто́ and ничто́ are declined like кто́ and что́, the only exception being that ничто́ always uses the genitive spelling (чего́) for its accusative case.

Никто́ не чита́л э́ту кни́гу.	No one read this book.
Я́ здесь никого́ не зна́ю.	I don't know anyone here.
Я́ ничего́ не зна́ю об э́том.	I don't know anything about it.
Са́ша ничего́ никому́ не да́ст.	Sasha won't give anything to anyone.

5.0 Summary of Time Expressions

5.1 "The time is ..." in Russian is an equational *nominative* sentence.

Сейча́с ча́с.	It is now one o'clock.
Сейча́с уже́ у́тро.	It is already morning.
Вчера́ бы́л вто́рник.	Yesterday was Tuesday.
За́втра бу́дет четве́рг.	Tomorrow will be Thursday.
Сего́дня тридца́тое.	Today is the 30th.
За́втра бу́дет пе́рвое ма́я.	Tomorrow will be May 1.
Сего́дня пя́тница, тре́тье ма́я.	Today is Friday, May 3.
Сего́дня вто́рник, тридца́тое апре́ля ты́сяча девятьсо́т девяно́сто пе́рвого го́да.	Today is Tuesday, April 30, 1991.
Тогда́ ещё была́ весна́.	It was still spring then.
Сейча́с ты́сяча девятьсо́т девяно́сто пе́рвый го́д.	Now it is 1991.

5.2 "Time when" in Russian is expressed as follows:

в	(+ acc.)	(for periods of time *shorter* than a week)
на	(+ prep.)	(for "week")
в	(+ prep.)	(for periods of time *longer* than a week)

О́н прие́хал в ча́с.	He arrived at one o'clock.
Они́ рабо́тали во вто́рник.	They worked on Tuesday.
Она́ бу́дет здесь на э́той неде́ле.	She will be here this week.
На про́шлой неде́ле ва́с не́ было здесь.	You weren't here last week.

Óн приéдет на бýдущей недéле.	He'll come next week.
Мы́ ви́дели егó в э́том семéстре.	We saw him this semester.
Óн жи́л в восемнáдцатом вéке.	He lived in the 18th century.
Óн роди́лся в мáе.	He was born in May.
Óн роди́лся в ты́сяча девятьсóт десятом годý.	He was born in 1910.
but:	
Óн роди́лся десятого мáя ты́сяча девятьсóт десятого гóда.	He was born on May 10, 1910.

(The genitive is used to denote the date of an event.)

There are but two significant exceptions to this rule, both of which you have already learned: for seasons of the year the instrumental of the noun *without* a preposition is used;[1] as it is also used for parts of the day.

Óн приéхал лéтом / óсенью / зимóй / веснóй.	He arrived in the summer / autumn / winter / spring.
Онá рабóтала сегóдня ýтром.	She worked this morning.
Мы́ уви́димся сегóдня вéчером.	I'll see you tonight.
Мы́ тáм бы́ли вчерá вéчером.	We were there last night.
Бáбушка ужé давнó мáло спи́т нóчью.	For a long time now Grandmother has slept little at night.
Пéтя к нáм заходи́л сегóдня днём.	Petya stopped by to see us this afternoon.

5.21 The question в котóром часý? "when?" is answered by the **в** + *the accusative* construction.

Note that в полови́не вторóго is an exception to the **в** + *the accusative* rule.

5.3 "Time after" is expressed by **чéрез** + *the accusative*. "Ago" is rendered by the time phrase + **(томý) назáд** (the first element often being omitted in spoken Russian).

5.4 Note that in cases involving events, rather than time units, the construction пóсле + the

---

[1] In fact such nouns (in the instrumental) have now become adverbs.

genitive is used to express "after". Compare:

После оконча́ния институ́та Ми́ша пое́хал за грани́цу. (Он верну́лся че́рез го́д.)	After graduating from the Institute, Misha went abroad. (He returned after a year.)
По́сле ле́кции мы́ пошли́ в кафе́. (Че́рез не́сколько мину́т профе́ссор то́же пришёл туда́.)	After the lecture, we went to a cafe. (After several minutes, the professor also arrived there.)

5.50 Duration (How long did the action go on?)

(a) for *imperfective* verbs the time phrase is in the accusative without a preposition:

Мы́ рабо́тали всю неде́лю.	We worked the whole week.
Мы́ рабо́тали два́ часа́.	We worked two hours.
Он чита́л всю но́чь.	He read all night.
Мы́ та́м жи́ли го́д.	We lived there one year.
Он спа́л двена́дцать часо́в.	He slept for twelve hours.

(b) for *perfective* verbs the time during which something was accomplished is expressed by **за** + *the accusative*:

Он написа́л письмо́ за два́дцать мину́т.	He wrote the letter in twenty minutes.
Что́ вы́ сде́лали за э́то вре́мя?	What have you done over this period of time?

5.51 На + *the accusative* denotes a period of time over which the action is expected or intended to last.

Он прие́хал в Москву́ на́ год.	He arrived in Moscow for a year.
Он взя́л кни́гу на неде́лю.	He took the book for a week.
Мы́ останови́лись на мину́ту.	We stopped for a minute.

6.0 Telling Time by the Clock

The usual way of telling time in Russian is more complex than the 24-hour system discussed previously. (See IX, 1.31.) One construction is required to tell the time which falls within the first half of the hour and a different construction is used to tell the time within the second half of the hour.

6.1 In the first half of the hour one counts the minutes of the hour which is in progress. The time 1:05

is understood as five minutes (elapsed) of the *second* hour. (The first hour was from 12 to 1, the second is from 1 to 2, etc.) Hence:

12:05	пять минут пе́рвого
12:22	два́дцать две́ мину́ты пе́рвого
4:25	два́дцать пять (мину́т) пя́того[1]
9:03	три́ мину́ты деся́того

6.2. In the second half of the hour one names the hour in progress (with a cardinal numeral) "minus the number of minutes" left to elapse. The hour in progress is given after the number of minutes left to elapse. Thus, 1:55 would be "minus five minutes two", i.e. без пяти́ мину́т два́, "minus" being expressed by the preposition без and being followed by the genitive case of the number of minutes plus (optionally) the genitive of the word "minutes" (мину́т) or "minute" (мину́ты) in the case of "minus one minute + the hour in progress".

2:55	без пяти́ (мину́т) три́
1:40	без двадцати́ (мину́т) два́
6:51	без девяти́ (мину́т) се́мь
9:59	без одно́й мину́ты де́сять

6.3. "Time When" According to the Clock

To express *time when,* the preposition **в** + *the accusative* and the above forms are used.

О́н прие́хал в два́дцать мину́т пя́того.	He arrived at twenty minutes past four.

Before **без** the preposition **в** is invariably omitted.

Мы́ встре́тились без двадцати́ пяти́ во́семь (утра́).	We met at twenty-five minutes to eight (in the morning).

The Russian for "quarter" (of an hour) is че́тверть, which belongs to the third declension.

Мы́ договори́лись встре́титься в че́тверть шесто́го.	We agreed to meet at a quarter past five.
Они́ пришли́ без че́тверти четы́ре.	They came at a quarter to four.

The Russian for "half" (an hour) is полови́на[2]. It constitutes an exception to the "time when" rule, since it requires the prepositional case in expressing "at half past" (в полови́не пя́того).

Сеа́нс начина́ется в полови́не второ́го.	The performance begins at half past one.

---

[1] The word мину́т is generally omitted when the number of minutes left to elapse is divisible by 5.
[2] As in English, the word мину́та "minute" is never used after че́тверть and полови́на.

Unit XV

The Comparative and Superlative Degrees of Adjectives and Adverbs. The Indefinite Pronouns and Adverbs with the Particles **-то** and **-нибудь**. Direct and Reported Speech. Long-Form Verbal Adjectives. The Conditional Particle **бы**.

1.0 The Comparative and Superlative Degrees

As in English, Russian has two types of comparative and superlative adjectives — *compound* and *simple*.

1.1 Compound Comparatives and Superlatives

Compound comparatives of adjectives are obtained by adding the indeclinable word **бóлее** "more" or **мéнее** "less" to the unmodified (or "positive") form of the adjective. The adjective itself remains declinable:

Вóт бóлее интерéсная кнńга.	Here is a more interesting book.
Мы́ знáли бóлее интерéсных людéй.	We have known more interesting people.
Э́то, пожáлуй, мéнее интерéсный ромáн.	This is, perhaps, a not so interesting novel.

Compound superlatives are obtained by adding **сáмый** (declined like **нóвый**) to the positive form of the adjective:

Вóт нáш сáмый у́мный студéнт.	This is our most intelligent student.
Онń говорńли о сáмых скýчных вещáх.	They spoke about the most boring things.

Stylistically, the compound forms are more bookish than their simple counterparts, yet they are also more versatile. Only this form can be used when a comparative is joined directly to the noun it modifies (which in English generally follows the comparative):

Родńтели ходńли на бóлее интерéсный фńльм.	My parents went to the more interesting film.
Мáша купńла бóлее дешёвую машńну.	Masha bought a cheaper car.
Гńд расскáзывал о бóлее совремéнном здáнии.	The guide was talking about the more modern building.
Бóлее трýдное предложéние перевёл я́.	It was I who translated the more difficult sentence.

1.2 Simple Comparatives and Superlatives

Simple comparatives of adjectives and adverbs are more frequent in contemporary, conversational Russian, though they function exclusively as predicates. To form a simple comparative, the suffix **-e** or **-ee** (indeclinable) is added directly to the adjectival stem, replacing the ending of the positive form.

1.21 The vast majority of adjectives and adverbs form simple comparatives by means of this straightforward replacement. For example:

	Positive		Comparative
	adj.	*adv.*	
good-looking	краси́вый	краси́во	краси́вее
cheerful	весёлый	ве́село	веселе́е
fast	бы́стрый	бы́стро	быстре́е
warm	тёплый	тепло́	теплее́
cold	холо́дный	хо́лодно	холодне́е
interesting	интере́сный	интере́сно	интере́снее
important	ва́жный	ва́жно	важне́е

1.22 In stems ending in **д, т, г, к** or **х** alternation occurs (see alternation chart, V, 5.5) before the suffix **-e**. (Also, in monosyllabic stems ending in **ст,** the alternation **ст→щ** takes place and **-e** is added.)

	Positive		Comparative
	adj.	*adv.*	
hot	жа́ркий	жа́рко	жа́рче
loud	гро́мкий	гро́мко	гро́мче
soft	мя́гкий	мя́гко	мя́гче
simple	просто́й	про́сто	про́ще
frequent	ча́стый	ча́сто	ча́ще
clean	чи́стый	чи́сто	чи́ще
dear	дорого́й	до́рого	доро́же
stern	стро́гий	стро́го	стро́же
quiet	ти́хий	ти́хо	ти́ше
rich, wealthy	бога́тый	бога́то	бога́че

1.23 Irregular Forms

A third group of comparatives has irregular forms. Though it is small in number, the group contains many commonly used comparatives and thus must be committed to memory.

	Positive		Comparative
	adj.	*adv.*	
easy	лёгкий	легко́	ле́гче
high	высо́кий	высоко́	вы́ше
broad	широ́кий	широко́	ши́ре
far	далёкий	далеко́	да́льше
deep	глубо́кий	глубоко́	глу́бже
thin	то́нкий	то́нко	то́ньше
cheap	дешёвый	дёшево	деше́вле
long	до́лгий	до́лго	до́льше
narrow	у́зкий	у́зко	у́же
near	бли́зкий	бли́зко	бли́же
short	коро́ткий	ко́ротко	коро́че
rare	ре́дкий	ре́дко	ре́же
low	ни́зкий	ни́зко	ни́же

Suppletives

good	хоро́ший	хорошо́	лу́чше
bad	плохо́й	пло́хо	ху́же
big	большо́й	мно́го	бо́льше
small	ма́ленький	ма́ло	ме́ньше
early	ра́нний	ра́но	ра́ньше
late	по́здний	по́здно	по́зже
sweet	сла́дкий	сла́дко	сла́ще

1.24 In everyday Russian, the superlatives of adjectives and adverbs are obtained by adding the word **всех** (gen. pl. of весь) to the comparative form of the adjective or adverb: бо́льше всех, интере́снее всех.

A few adjectives also form high-degree "superlatives" by means of the suffixes **-ейш-, -айш-:** важне́йший, богате́йший, широча́йший. These superlatives occur only in literary Russian.

1.3 Special Forms of Comparatives and Superlatives

The comparatives of four long-form adjectives are not obtained by means of бо́лее: they are большо́й, ма́ленький, хоро́ший and плохо́й. The adjectives большо́й and ма́ленький have special comparatives: бо́льший and ме́ньший. The adjectives хоро́ший and плохо́й have special superlatives: лу́чший and ху́дший, respectively.

In addition to the regularly derived comparatives the adjectives ста́рый, молодо́й, высо́кий and ни́зкий have special comparative forms with more abstract meanings: ста́рший "elder", "senior"; мла́дший "younger", "junior"; вы́сший "upper", "superior" and ни́зший "lower", "inferior". The forms ста́рший and мла́дший are obligatory in Russian when referring to a person's age.

The superlatives of any of the above adjectives may be formed by means of са́мый (са́мый мла́дший, са́мый лу́чший), but, depending on context, they may have a superlative meaning by themselves.

Э́то моя́ ста́ршая сестра́.	This is my elder (eldest) sister.
О́н мо́й лу́чший дру́г.	He is my best friend.
Э́то мла́дший бра́т А́ни.	Here is Anya's younger brother.

In some phrases these adjectives have lost the meaning of the superlative degree.

Институ́т — э́то вы́сшее уче́бное заведе́ние (ву́з).	An institute is an institution of higher learning.
Она́ ста́ла ста́ршим преподава́телем.	She became a senior instructor.
Джо́н бы́л на́шим мла́дшим консульта́нтом.	John was our junior consultant.

1.31 Чём and the Intensifier Adverb гора́здо

The meaning of "than" may always be expressed in Russian comparisons by the conjunction **чём**.

Ве́ра умне́е, чем её ста́ршая сестра́.	Vera is smarter than her elder sister.
Ва́ня бе́гает быстре́е, чем Ко́ля.	Vanya runs faster than Kolya.

In addition, *after simple comparatives only*, "than" may be expressed by the genitive case, *without* any conjunction:

В э́том ми́ре не́т челове́ка лу́чше **его́.**	In this world there is no better person than he.
Маши́на Ро́берта доро́же **твое́й.**	Robert's car is more expensive than yours.

гора́здо is the intensifier adverb used with comparatives.

Сейча́с мы́ живём в гора́здо бо́лее интере́сном ме́сте, чем ра́ньше.	We now live in a much more interesting place than before.
Ди́ма зна́ет о Ле́рмонтове гора́здо бо́льше други́х.	Dima knows much more about Lermontov than the others.

1.4 Schematic View of Comparatives and Superlatives

A. Compound Form

1. Comparative: **бо́лее**

   ме́нее   +   positive

      Exceptions: бо́льший, ме́ньший, лу́чший, ху́дший

      Superlative: **са́мый** + positive

                      наиме́нее + positive (of inferiority)

B. Simple Form

1. Comparative: adjectival stem + suffix **-e** or **-ee**
2. Superlative: comparative + **всéх**

                  adjectival stem + suffix **-ейш-** or **-айш-** (bookish style only)

2.0 The Unstressed Particles **-то** and **-нибу́дь**

2.1 The particle **-нибу́дь** added to како́й, кто́, что́, когда́, где́ and куда́ creates an indefinite pronoun or adverb with the general meaning "some/any at all". Pronouns and adverbs incorporating the particle **-нибу́дь** more often than not are used in hortatory and interrogative sentences.

     In hortatory sentences, these pronouns and adverbs show that it is a matter of indifference to the speaker what (who) the agent, object or place of the action is or will be.

Ми́ша, да́й мне́, пожа́луйста, каку́ю-нибудь кни́гу.	Misha, please give me some book to read.
Расскажи́те на́м что́-нибудь о ва́шем сы́не.	Tell us something about your son.
Пое́дем куда́-нибудь в воскресе́нье.	Let's drive somewhere on Sunday.

     Pronouns and adverbs incorporating the particle **-нибу́дь** are often used in general questions.

Вы́ говори́ли с ке́м-нибудь о ва́шем прое́кте?	Have you spoken with anyone about your project?
О́н когда́-нибудь смеётся?	Does he ever laugh at all?
Мне́ сего́дня кто́-нибудь звони́л?	Did anybody call me today?

The particle **-нибу́дь** also is used: (1) when the object in question has not been selected, or may in fact not exist; (2) when there is a repeated action involving various objects but not one and the same.

2.2 The particle **-то** added to the same pronoun or adverb does not imply any alternative or choice, although the meaning is non-specified: the person, thing, place or time is definite, but the speaker does not choose to give the exact description (either because he doesn't want to or because he doesn't know).

У́тром ва́м кто́-то звони́л.	Someone called you this morning.
О́н тепе́рь живёт где́-то в Крыму́.	He now lives somewhere in the Crimea.
А́ня что́-то сказа́ла, но я́ не по́нял.	Anya said something, but I didn't understand.

Compare:

Я́ хочу́ что́-нибудь почита́ть.	I want to read something for a while.
Никола́й что́-то чита́л, а Ва́ля сиде́ла ря́дом.	Nikolai was reading something and Valya sat next to him.

In contrast to the English "any", the Russian particle **-нибу́дь** cannot be used in a negative sentence.

— Вы́ сейча́с **что́-нибудь** чита́ете?	"Are you reading *anything* now?"
— Не́т, я́ **ничего́ не** чита́ю.	"No, I am *not* reading *anything*." or: "No, I am reading *nothing*."

3.0 Direct and Reported Speech

The difference between direct and reported speech in English is shown in the following examples.

John *said*, "I *am* your friend." (Direct)
John *said* that he *was* my friend. (Reported)

Several changes are made in converting direct into indirect speech. In addition to appropriate adjustments of pronouns, when the main verb is in the past tense, verbs in reported speech are said to undergo a change of tense known as *back-shift*. (This back-shift may be absent in some contexts.)

> "Anna *is* strolling in the park," she said.
> She said that Anna *was* strolling in the park.
> "I *have* just *read* that book," said John.
> John said that he *had* just *read* that book.
> "I *will meet* our new professor tomorrow," said Mariya.
> Mariya said that she *would meet* our new professor tomorrow.

Unlike English, Russian does not have this tense alternation or back-shift. In reporting speech in Russian one should make sure that verbs in the reported speech preserve the tense of the original utterance.

Study the Russian renditions of the above three pairs of sentences.

> «А́нна **гуля́ет** в па́рке», — сказа́ла она́.
> Она́ сказа́ла, что А́нна **гуля́ет** в па́рке.
> «Я то́лько что **прочита́л** э́ту кни́гу», — сказа́л Джон.
> Джо́н сказа́л, что о́н то́лько что **прочита́л** э́ту кни́гу.
> «Я **встре́чу** на́шего но́вого профе́ссора за́втра», — сказа́ла Мари́я.
> Мари́я сказа́ла, что **встре́тит** на́шего но́вого профе́ссора за́втра.

3.10 Reported Questions

Like reported statements, reported questions in Russian preserve the tense of the original direct speech.

3.11 For questions which contain interrogative words (где́, кто́, что́, etc.) the original word order is preserved and the question word is preceded by a comma:

Direct Question:

> О́н спроси́л: «Где́ вы́ живёте?»　　He asked, "Where do you live?"

Reported Question:

> О́н спроси́л, где́ мы́ живём.　　He asked where we lived.

Direct Question:

Она́ спроси́ла: «Когда́ ты́ прочита́ешь э́ту статью́?»	She asked, "When will you finish reading that article?"

Reported Question:

Она́ хоте́ла зна́ть, когда́ я́ прочита́ю э́ту статью́.	She wanted to know when I would finish reading that article.

3.12 For questions which do not contain question words, a special word order is used: the word on which the logical stress falls (in most cases the predicate) + the unstressed particle **ли** "whether", "if" + subject:

Direct Question:

Он спроси́л: «Вы́ зна́ете его́ фами́лию?»	He asked, "Do you know his name?"

Reported Question:

Он спроси́л, зна́ю ли я́ его́ фами́лию.	He asked whether I knew his name.

Direct Question:

Оле́г спроси́л: «Он на́м отве́тит?»	Oleg asked, "Will he answer us?"

Reported Question:

Оле́г спроси́л, отве́тит ли о́н на́м.	Oleg asked whether he would answer us.

Note that in less formal English the word "whether" may occasionally be replaced by "if". In Russian е́сли is used *only* for introducing clauses of condition.

3.2 Reported Commands

All types of commands (first, second or third-person) are reported in Russian by changing the imperative verb to the *past tense* and using the conjunction **что́бы**.

«Возьми́ мо́й уче́бник», — сказа́л Андре́й.	"Take my textbook," Andrei said.

Андре́й сказа́л, чтобы я́ **взя́л** его́ уче́бник.	Andrei told me to take his textbook.
«Пу́сть она́ возьмёт мою́ кни́гу», — сказа́л Оле́г.	"Have her take my book," Oleg said.
Оле́г сказа́л, чтобы она́ **взяла́** его́ кни́гу.	Oleg told her to take his book.
«Дава́йте пое́дем на пля́ж», — сказа́л о́н.	"Let's drive to the beach," he said.
О́н сказа́л, чтобы мы́ **пое́хали** на пля́ж.	He told us to drive to the beach.

3.3 Summary of Rules for Reporting Speech

(1) Statements: preserve the tense of the original utterance.
(2) Questions: (a) with an interrogative word, preserve the tense of the original utterance;
　　　　　　(b) of the Yes/No type, have predicate + **ли** + subject word order.
(3) Commands, wishes, requests: чтобы + past tense form of the verb.

4.0 Grammar for Reading. Long-Form Verbal Adjectives

Long-form verbal adjectives take the place of both the relative pronoun кото́рый and the verb of the relative clause it introduces.

Специали́ст, **кото́рый чита́ет** ле́кцию, ско́ро ста́нет профе́ссором.	The specialist who is giving the lecture will soon become a professor.
Специали́ст, **чита́ющий** ле́кцию, ско́ро ста́нет профе́ссором.	The specialist giving the lecture will soon become a professor.

Clauses introduced by кото́рый in the nominative case are replaced by phrases with *active* verbal adjectives; clauses introduced by кото́рый in the accusative case are replaced by phrases with *passive* verbal adjectives. Passive verbal adjectives can be obtained only from certain transitive verbs.

There are present and past verbal adjectives. Since perfective verbs have no present tense, present tense verbal adjectives can be formed only from *imperfective* verbs. Conversely, past tense verbal adjectives are rarely formed from imperfective verbs.

4.10 Formation of Long-Form Verbal Adjectives

In the following schematic diagram present and past tense forms of both active and passive verbal adjectives are given.

4.11 Active Verbal Adjectives

Present Tense

(Alternation which normally occurs before any vocalic ending occurs here as well.)

1ˢᵗ Conjugation   2ⁿᵈ Conjugation

-ущ-ий (-ющ-ий)   **-ащ-ий (-ящ-ий)**

читáй- + ущ-ий   смотрḗ- + ащ-ий

читáющий   **смотря́щий**

Past Tense

(a) (after д, т, г, к, б, п or р): **-ш-ий**

ӳм/р- + ш-ий
у́мерший

(b) (after all others): **-вш-ий**

писǎ- + вш-ий
писáвший

4.12 Passive Verbal Adjectives

Present Tense

1ˢᵗ Conjugation   2ⁿᵈ Conjugation

-ем-ый   **-им-ый**
изучáй- + -ем-ый   *ви́де-* + им-ый
изучáемый   **ви́димый**

Past Tense

(a) (after suffixed stems in **-о-** and **-ну-**; after non-suffixed (ø) stems ending in **р, м, н, й,** or **в**):

-т-ый
зǎйм- + т-ый
зáнятый

(b) (after suffixed stems in **-и-**; after non-suffixed (ø) stems ending in **д, т, г, к, б** or **п**):

-енн-ый
спроси́- + енн-ый
спро́шенный

(c) (after all others): **-нн-ый**

написа́- + нн-ый
напи́санный

4.13 Stress in Long-Form Verbal Adjectives

Study the stress rules and examples for each type of verbal adjective. Note that among *present* tense verbal adjectives the stress is shifted to the left only in first conjugation active forms.

(1) Present Active: For first conjugation verbs, the stress falls on the same syllable as in the third person plural: *писа́-*: пи́шут — пи́шущий. For second conjugation verbs, the stress falls on the same syllable as in the infinitive: *смотре́-*: смотре́ть — смотря́щий.

(2) Past Active: The stress as in the past tense masculine: *написа́-*: написа́л — написа́вший; *у́м/р-*: у́мер — у́мерший.

(3) Present Passive: The stress as in the infinitive: *люби́-*: люби́ть — люби́мый.

(4) Past Passive: **(a) -т-** — the same pattern as in the past tense masculine: *за́йм-*: за́нял — за́нятый;

            (b) -ен- — the stress is shifted to the left if the stress in the present tense is shifting: *спроси́-*: спро́сят — спро́шенный;

            (c) -н- — the stress is shifted to the left for all post-root stressed stems: *написа́-*: напи́санный.

4.20 Usage of Long-Form Verbal Adjectives

Long-form verbal adjective phrases provide an economical replacement for relative clauses and have long been a staple of expository and scientific Russian writing. Phrases containing long-form verbal adjectives may take the place of relative clauses introduced by кото́рый either in the nominative case (active verbal adjective phrases) or in the accusative case (passive verbal adjective phrases).

4.21 A verbal adjective must agree in gender, number and *case* with its head word (whereas the relative pronoun кото́рый agrees with its head word only in gender and number).

Examine the endings of the *active* verbal adjectives in the following sentences and compare the sentences with verbal adjectives with those incorporating кото́рый.

Present:

Челове́к, выполня́ющий э́ту рабо́ту, до́лжен бы́ть хоро́шим специали́стом.	The man doing this job must be a good specialist.
Челове́к, кото́рый выполня́ет э́ту рабо́ту, до́лжен бы́ть хоро́шим специали́стом.	The man who does this job must be a good specialist.

Я зна́ю челове́ка, выполня́ющего э́ту рабо́ту. Я зна́ю челове́ка, кото́рый выполня́ет э́ту рабо́ту.	} I know the man who is doing this job.

Мы́ говори́ли с челове́ком, выполня́ющим э́ту рабо́ту. Мы́ говори́ли с челове́ком, кото́рый выполня́ет э́ту рабо́ту.	} We spoke with the man who is doing this job.

Past:

Я зна́ю люде́й, вы́полнивших э́ту рабо́ту. Я зна́ю люде́й, кото́рые вы́полнили э́ту рабо́ту.	} I know the people who did that job.

Мы́ говори́ли о лю́дях, вы́полнивших э́ту рабо́ту. Мы́ говори́ли о лю́дях, кото́рые вы́полнили э́ту рабо́ту.	} We spoke about the people who did that job.

4.22 Now, consider the following sentences involving passive verbal adjective phrases. Note how each takes the place of a relative clause introduced by кото́рый in the accusative. A present passive verbal adjective denotes an action factually or potentially undergone at the present time. Note the double **н** in long-form *past* passive verbal adjective.

Present:

Вóт кнúга, любúмая всéми мáленькими читáтелями.	Here is a book loved by all young readers.
Вóт кнúга, котóрую любят всé мáленькие читáтели.	Here is the book which all young readers love.

Past:

Вóт шкóла, пострóенная студéнческим отрядом.	Here is the school built by the student brigade.
Вóт шкóла, котóрую пострóил студéнческий отряд.	Here is the school which was built by the student brigade.
Я живý в дóме, пострóенном мойм отцóм.	I live in a house built by my father.
Я живý в дóме, котóрый пострóил мóй отéц.	I live in a house which my father built.

In scientific and journalistic Russian writing verbal adjective phrases may function as extended modifiers.

Пионéры решúли пригласúть в шкóлу недáвно приéхавшего в Москвý америкáнского писáтеля.	The pioneers decided to invite to school an American writer who had recently arrived in Moscow.

4.3 Special Notes on Verbal Adjective Formation

(1) Active verbal adjectives formed from verbs with the particle **-ся** always take the final **-ся**, never -**сь**. (Cf. V, 6.0.)
(2) Past active verbal adjectives of the irregular verb **идтú** and its prefixed derivatives are formed from the root **шед-**: нашéдший, прошéдший, ушéдший. Past passive verbal adjectives (both long and short) of verbs derived from the irregular verb **идтú** have unexpected stress: нáйденный, прóйденный.
(3) Note **е** instead of **ё** in перевéдший.

5.0 Grammar for Reading. The Conditional Particle **бы**

The unstressed particle **бы** represents the action or condition of an utterance as hypothetical, unlikely or contrary to fact. It is invariably followed by *the past tense* of the verb: sentences containing the particle **бы** do not distinguish tense. Note that each of the following Russian sentences corresponds to two English ones.

Éсли **бы** у меня́ была́ маши́на, я **бы пое́хал** на Кавка́з.	If I *had* a car, I *would drive* to the Caucasus. If I *had had* a car, I *would have driven* to the Caucasus.
Éсли **бы** Джо́н **пришёл**, о́н **бы** тебе́ **помо́г**.	If John *came*, he *would help* you. If John *had come*, he *would have helped* you.

However, context (e.g. the presence of adverbs of time) usually helps to specify the tense, thus ruling out all ambiguity as to the forms of the verbs to be used in the English translation.

Éсли **бы** вчера́ была́ хоро́шая пого́да, **мы́ пошли́ бы** гуля́ть.	If the weather *had been* good yesterday, we *would have gone* for a stroll.
Éсли **бы** о́н **пришёл** за́втра, я **бы рассказа́л** ему́ об э́том.	If he *came* tomorrow, I *would tell* him about it.

The particle **бы** with the past tense of a verb expresses the speaker's desire to perform the action of the verb.

Я́ **бы вы́пил** стака́н со́ка.	I *would drink* a glass of juice.

The particle **бы** and the preceding word are pronounced as a single accentual unit. **Бы** usually occurs after the first stressed word in the sentence or immediately after the verb.

Unit XVI

Short-Form Verbal Adjectives (Past Passive). Verbal Adverbs.

1.0 Short-Form Verbal Adjectives (Past Passive)

Short-form past passive verbal adjectives function as predicates or parts of predicates and ascribe to the head word (which is the subject of the sentence or clause in which they stand) the quality of action undergone. This form is very common in conversational Russian.

1.10 Formation of the short-form past passive verbal adjectives follows the same guidelines mapped out for their long-form counterparts in XV, 4.1:

(a) For non-suffixed (ø) stems ending in р, м, н, й or в; and also suffixed stems in -о- or -ну-, **-т** is added:

одéн- + т   →   **одéт**

(b) For ø stems in д, т, г, к, б or п; and also suffixed stems in -и-, **-ён** is added:

перевёg-́ + ён   →   **переведён**

(c) For all other stems, **-н** is added:

сдéлай- + н   →   **сдéлан**

1.11 As with the rules for the formation of the short-form past passive verbal adjectives, rules concerning stress also follow those guidelines for the long-form (cf. XV, 4.13):

(a) Forms ending in -т follow the verb's past tense stress pattern:

Fixed stress		Shifting stress	
одéт-	одéт	*зáйм-*	зáнят
	одéта		занятá
	одéто		зáнято
	одéты		зáняты

(b) Forms ending in -ён with shifting stress shift one syllable to the left of -ён. Stable stem stress remains as expected, while stable end stress falls as far right as possible.

Fixed stem stress		Fixed end stress		Shifting stress	
постро́й-	постро́ен	*перевёд-*	переведён	*спроси́-*	спро́шен
	постро́ена		переведена́		спро́шена
	постро́ено		переведено́		спро́шено
	постро́ены		переведены́		спро́шены

(c) Forms ending in **-н** always shift onto the root, regardless of whether or not the verb has shifting or fixed post-root stress.

Fixed Stress		Shifting Stress	
продиктова́-	продикто́ван	*написа́-*	напи́сан
	продикто́вана		напи́сана
	продикто́вано		напи́сано
	продикто́ваны		напи́саны

2.0 Grammar for Reading. Verbal Adverbs

2.1 Usage

Verbal adverbs (with their modifiers) take the place of subordinate clauses of manner ("how?"), cause ("why?"), condition ("if") or time ("when?"). The subject of a verbal adverb is always the same as that of the sentence or clause in which it stands. There are two kinds of verbal adverbs: imperfective, signaling that their action is simultaneous with that of the predicate verbs, and perfective, signaling that their action precedes that of the predicate verb.

2.2 Formation

Imperfective Verbal Adverbs

Basic stem + -*a* (spelled **-а** / **-я**) (with regular alternation where it occurs before any vocalic ending. Exception: -*avaj*-.)

чита́й-	+ -'*a*	чита́я
жйв-	+ -'*a*	живя́

Perfective Verbal Adverbs

>   Basic stem + -*v* (spelled **-в**)

>   Basic stem + -*vš i* (spelled **-вши**) from the verbs with particle -*ся*

прочита́й-	+-*в*	прочита́в
написа́-	+-*в*	написа́в
верну́-ся	+ -*вши-(сь)*	верну́вшись

  Study the following examples, paying particular attention to the tense in the English translations.

Гуля́я по бе́регу, Никола́й смотре́л на далёкие го́ры.	Strolling along the beach, Nikolai looked at the distant mountains.
Гото́вясь к экза́менам де́нь и но́чь, Ю́рий не забыва́л и спо́рт.	While preparing for his exams day and night, Yuri did not forget to do sports.
Не зна́я, что́ отве́тить, Анто́н вста́л и ушёл.	Not knowing what to answer, Anton got up and walked out.
Сда́в экза́мены, студе́нты пошли́ в кафе́.	Having passed their exams, the students went to a cafe.
Прочита́в фра́зу, учи́тель написа́л её на доске́.	Having read the sentence, the teacher wrote it on the board.

Phonetics

1.0 Russian Sounds: Consonants

Table of Russian Consonant Sounds

Method of formation		Place of formation					
		Bilabial	Labio-dental	Dental	Palato-alveolar	Palatal	Velar
Fricative			ф, в ф', в'	с, з с', з'	ш, ж щ	j	х
Occlusive	Plosive	п, б п', б'		т, д т', д'			к, г
	Affricative			ц	ч		
	Nasal	м м'		н н'			
	Lateral			л л'			
	Vibrant				р р'		

Table of English Consonant Sounds

Method of formation		Place of formation								
		Bilabial	Labio-dental	Dental	Alveo-lar	Post-alveo-lar	Palato-alveo-lar	Palatal	Velar	Glottal
Frica-tive		w	f, v	θ, ð	s, z	r	ʃ,ʒ	j		h
Occlusive	Plosive	p, b			t, d				k, g	
	Affrica-tive						tʃ, dʒ			
	Nasal	m			n				ŋ	
	Lateral				l					

1.10 The most typical feature of the Russian consonant system is the existence of two correlations: palatalized — non-palatalized phonemes and voiced — voiceless phonemes.

There are 12 pairs of palatalized ("soft") and non-palatalized ("hard") phonemes in Russian:

[п] — [п'], [б] — [б'], [м] — [м'], [ф] — [ф'], [в] — [в'], [т] — [т'], [д] — [д'], [с] — [с'], [з] — [з'], [л] — [л'], [н] — [н'], [р] — [р']¹

The meaning of a word may depend on whether it has a soft or a hard consonant. Compare:

ýгол "corner" — ýголь "coal", говори́т "(he) speaks" — говори́ть "to speak", ра́д "glad" — ря́д "row", е́ст "(he) eats" — е́сть "to eat", бы́л "was" — би́л "he beat."

---

¹Palatalization of consonants is indicated in transcription by an apostrophe (').

There are three pairs — [к] — [к'], [г] — [г'] and [х] — [х'] — which are not separate phonemes.

The remaining six consonants are *unpaired*. Three are hard — [ш], [ж], [ц] — and three are soft — [щ], [ч], [j]. (The phoneme [ж':] is not included here because it occurs rarely and is more often than not replaced in modern Russian by a long hard [ж:].)

1.11 Palatalized consonants are pronounced in the same way as their non-palatalized counterparts plus an additional articulation: the tongue arches toward the middle of the roof of the mouth (palate), as it does in the pronunciation of the vowel [и].

This reduces the size of the resonating chamber and produces a sound of a higher pitch. In pronouncing soft consonants the tongue assumes a more forward position than in the pronunciation of hard consonants, which increases the area of occlusion or closure. The front part of the tongue flattens and the lips are spread.

Examine the articulation charts of Russian consonants given below (page 445) and note the position of the tongue in pronouncing hard and soft consonants.

It is because of the similarity in formation that Russian soft consonants are often described by phoneticians as having an **и** nuance. Students will find a soft consonant easier to master if they begin by pronouncing it in position between two **и**-vowels, for in this case the middle part of the tongue will assume the necessary position automatically.

To many native speakers of English a palatalized consonant before the vowels [a], [o] and [y] may sound something like the corresponding hard consonant plus the consonant [j] ("jot"). Actually this "jot"-quality is *inseparable* from Russian soft consonants.

Failure to distinguish a soft consonant from its soft counterpart followed by [j] can lead to confusion in meaning. For example, compare the sound combinations of the *t'a* and *t'ja* type: дитя "child" — статья "article" or сéмя "seed" — семья "family", пéсо "peso" — пьéса "play", лёд "ice" — льёт "(he) pours".

1.12 No distinctive opposition of palatalized — non-palatalized consonants exists in English. English consonants can be palatalized to some degree before [j] and front vowels (i, e). Compare, for example: "mouse" — "muse", "voice" — "view", "put" — "pit", "pet". However, in English such distinctions do not serve to distinguish words.

The degree of palatalization is much greater in Russian than in English: a Russian soft consonant is palatalized throughout its entire length, whereas in English only the end of a consonant becomes palatalized.

When practicing Russian soft consonants, the student should achieve a complete palatalization, and not just replacing soft consonants by combinations of hard consonants plus a "jot". Avoid substituting affricate sounds, such as [ц], [ч], [д'з'], for the soft consonants [т'], [д']. Take special care when pronouncing soft consonants at the end of a word, before hard consonants and in alternate syllables containing soft and hard consonants (in one and the same word).

1.20 Voiced and Voiceless Consonants

There are 11 pairs of voiced and voiceless consonant sounds in Russian:

Voiceless: [п] [п'] [ф] [ф'] [с] [с'] [т] [т'] [ш] [к] [к']
Voiced:　[б] [б'] [в] [в'] [з] [з'] [д] [д'] [ж] [г] [г']

The remaining consonants are not paired as voiced — voiceless. Nine consonant sounds are voiced: [м], [м'], [н], [н'], [л], [л'], [р], [р'], [j], whereas four are voiceless: [ч], [ц], [х], [щ].

As in English, the opposition of voiced and voiceless consonants is crucial to the differentiation of words and their meaning. The voiceless — voiced pair *p—b* distinguishes the words **p**it and **b**it, for example. Compare the following pairs of words in Russian:

до́м "house"	то́м "tome"
кора́ "tree bark"	гора́ "mountain"
зу́б "tooth"	су́п "soup"
икра́ "caviar"	игра́ "game"
ста́ть "become"	сда́ть "hand in"
го́д "year"	ко́т "tom-cat"

1.21 In pronouncing voiced consonants, the vocal cords are tense and vibrate, whereas they do not participate in the production of voiceless consonants. The force of the outgoing breath and the degree of muscular tension is less in the production of voiced consonants (which are called *lenes*) than in the pronunciation of voiceless consonants (which are called *fortes*).

1.22 The phonological significance of the opposition "voiced — voiceless" in Russian and English is different. In Russian the "lax" — "tense" distinction is a redundant feature, accompanying the distinctive "voiced" vs. "voiceless" opposition, whereas in English the corresponding phonemes are opposed as "tense" vs. "lax", and "voiced" — "voiceless" is a redundant feature accompanying this distinctive opposition.

On the articulatory level the difference lies in the fact that Russian voiced consonants are voiced throughout the entire length of the sound, whereas English voiced consonants are semivoiced: only the end of the sound undergoes voicing, that is, the vocal cords begin vibrating only at the end of the articulation of the sound.

For English native speakers, the pronunciation of Russian voiced consonants presents a problem. When speaking Russian, they tend to substitute semivoiced consonants for voiced ones. Russians, however, perceive semivoiced consonants as voiceless. In fact voicing and tension correlate in the following way: the tenser the sound, the less voiced it is. In English, all the consonants, including voiced ones, are considerably tenser than in Russian. Pronouncing Russian voiced consonants with the muscular tension characteristic of their English counterparts automatically devoices them. To achieve the correct pronunciation of Russian voiced consonants, students should use less muscular tension than in English, always remembering that Russian consonants *are not as tense* as their English counterparts.

1.23 The phonetic behavior of voiced and voiceless consonants in Russian can be summarized in two rules.

1. At the end of a word before the pause all voiced consonants are pronounced voiceless. This contrasts with English, where no devoicing of consonants in this position occurs. The change is not represented in the spelling, therefore the word зуб "tooth" is pronounced [зýп] and rhymes with сýп "soup". Similarly:

дóг [дóк] "Great Dane"	rhymes with дóк "dock",
кóд [кóт] "code"	rhymes with кóт "cat", and
мýж [мýш] "husband"	rhymes with дýш "shower".

2. Within a consonant cluster the voicing quality of the final consonant determines the voicing of the entire cluster. A voiceless consonant becomes voiced when followed by a voiced consonant and a voiced consonant becomes voiceless when followed by a voiceless consonant. This change is not reflected in the spelling either. Compare the spelling and the phonetic transcriptions of the following words:

Voiceless to Voiced	Voiced to Voiceless
вокзáл [вагзáл] "train station"	автóбус [афтóбус] "bus"
сдáть [здáт'] "hand in"	лóжка [лóшкъ] "spoon"
футбóл [фудбóл] "soccer"	

In English, consonant assimilation follows a different pattern: the first consonant in a cluster determines the voicing quality of the following sound.

Remember that Russian unpaired voiced consonants — [р], [р'], [л], [л'], [м], [м'], [н], [н'] and [j] — do *not* cause voicing in a preceding voiceless consonant: слóй "layer" — злóй "malicious", икрá "caviar" — игрá "game", прáво "law" — брáво "bravo".

The hard — soft pair [в] — [в'] is subject to devoicing to [ф] — [ф'], but, like those listed above, does not itself cause a preceding consonant to become voiced.

Compare the phonetic value of [в] — [в'] before a voiceless consonant:

в шкафý pronounced as one word [фшкафý] "in the cupboard", автóбус [афтóбус] "bus", Кавкáз [кафкáс] "Caucasus"

and after a voiceless consonant:

твóй [твój] "yours", Москвá [масквá] "Moscow".

1.24 Note that in normal rapid speech voicing and devoicing may occur at word junctures:

на́ш до́м [нажддо́м] "our home", то́т заво́д [тодзаво́т] "that factory", Заво́д ту́т. [заво́тту́т][1] "The factory is here."

1.3 Articulation of Russian Consonants

1.30 The pronunciation of Russian consonant sounds is characterized by a general laxness of the mouth musculature as compared with the pronunciation of comparable English consonants. When speaking Russian, it is important to avoid the comparatively marked tenseness at the beginnings and ends of words, which is so characteristic of English pronunciation. It is essential to take note of the following special problem areas if you want your pronunciation to be free of the typical erroneous articulations which contribute to an English accent in Russian.

1.31 The Consonants [м], [ф], [в], [п], [б], [г], [к]

These consonants differ very little from their English counterparts [m], [f], [v], [p], [b], [g], [k]. It is sufficient for the student to keep in mind three basic facts about the pronunciation of these sounds:
(1) they are pronounced without tension in the mouth musculature irrespective of their position in a word;
(2) they all tend to weaken in position at the end of a word;
(3) the consonants [п] and [к] are pronounced *without aspiration.* (Compare the non-aspirated p's and k's in "**sp**ark", "**sk**ate", "a**pp**le" and their aspirated counterparts in "**p**ark", **p**ot, "**K**ate", "**c**aught", pronounced with a noticeable puff of air after them.)

1.32 The Consonants [н], [т], [д]

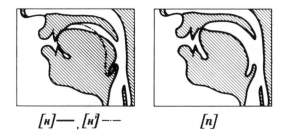

[н]——,[н]---   [n]

The Russian consonants [н], [т] and [д] are dental sounds, pronounced with the tip of the tongue lowered and touching the lower front teeth and the fore part of the tongue

---
[1] Note that the double consonant is pronounced as *one* long consonant.

pressed against the upper ridge of teeth. The English counterparts of these consonants [n], [t], [d] are alveolar, pronounced with the tip of the tongue pressed gently against the alveoli. The English dentals in the words "brea**d**th" and "ni**n**th" are close to the Russian [д] and [н], respectively. Note also that the Russian [т], unlike its English counterpart, is pronounced without aspiration. Avoid the English nasal (as in "thi**ng**") in pronouncing Russian [н]; cf. тáнк and "tank".

Pronouncing Russian dental consonants as alveolar ones lends Russian speech a peculiar English accent. What is more important, however, is the fact that the articulation of the consonants [н], [т], [д] with the tip of the tongue raised upwards hinders palatalization of soft consonants.

1.33 The Consonants [c], [з]

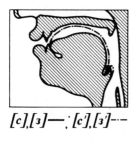

[c],[з] — ; [c'],[з']---

The Russian consonants [c] and [з] are dental, whereas the English [s] and [z] are alveolar. In Russian the tip of the tongue is lowered to the lower teeth. In pronouncing the English [s] and [z], the tongue is brought close to the alveolar ridge.

1.34 The Consonants [ш], [ж]

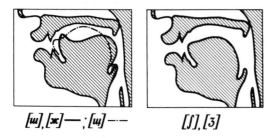

[ш], [ж] — ; [ш] ---   *[ʃ], [ʒ]*

The Russian consonant [ш] is pronounced with the tip of the tongue raised to the back of the alveoli. The back part of the tongue is raised and retracted. The lips are protruded.

In pronouncing the English [ʃ], [ʒ], the tip of the tongue is brought near to the upper teeth, the middle part of the tongue is raised to the hard palate and the tongue is pushed more forward than in the articulation of the Russian [ш]. The English consonants [ʃ], [ʒ] sound more soft than the Russian [ш], [ж]. To pronounce a correct Russian [ш], the tongue, with the tip raised, should be retracted slightly so that the tip of the tongue be placed behind the alveoli.

To achieve this articulation, it is useful to practice pronouncing the Russian [ш], [ж] in combination with a velar ([к] or [г]) or a back vowel ([o] or [y]), in the pronunciation of which the tongue assumes the necessary position automatically.

[ш] and [ж] are hard consonants; although the spelling rule requires the letter **и** after them, its pronunciation will always be [ы]. In addition, the sound [ш] is spelled by the letter **ч** in the words что [**шт**о́] "what", ску́чно [ску́**шн**ъ] "(one is) bored", коне́чно [кан'е́**шн**ъ] "of course" and in a small number of others.

1.35 The Consonant [л]

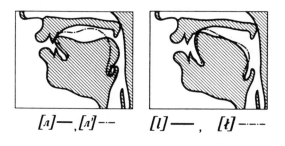

[л]—, [л]---   [l]— , [ł]----

In pronouncing the Russian hard [л], the tip of the tongue is lowered to the lower teeth, the fore part of the tongue is pressed against the upper teeth, and the back part of the tongue is raised and retracted. To pronounce [л], one should place the tip of the tongue at the lower teeth or between the upper and lower teeth.

In pronouncing the English [l], the tip of the tongue is pressed against the alveolar ridge.

By comparison, the English [l] sounds softer to a native Russian, but not as soft as the Russian soft [л'].

Pronouncing combinations of [л] and [г], [к], [o], [y] may prove useful in practicing the sound [л]: лко, лку, кло, оло, улу, лго, лгу, гло, глу, па́лка, по́лка, до́лго.

1.36 The Consonant [p]

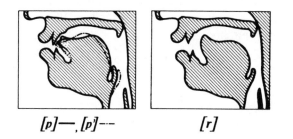

[p]—, [p]---   [r]

The tip of the tongue vibrates near the alveoli. By contrast, the initial [r] in American English is pronounced with the forward part of the tongue bent downward and relatively tense and immobile. To achieve the Russian [p], the tip of the tongue must be relaxed and able to vibrate freely. Combinations of [p] with the consonants [т], [д], such as тра, дра may help develop this free vibration.

1.37 The Consonant [j] ("jot")

"Jot" is a consonant sound, which is tenser than its English counterpart, and is pronounced with the tongue slightly more arched. For practical purposes it is useful to distinguish "jot" in a syllable under stress (tense "jot") and in an unstressed syllable and after a vowel (lax "jot"). Under stress "jot" is pronounced with more tension and force than the initial y-sound in the English "you": я́ "I", Я́лта "Yalta".
The lax "jot" in modern Russian is a glide: мо́й "my", война́ "war".

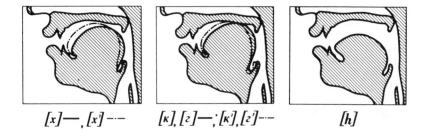

[x]— , [x] --·-   *[к], [z]—; [к], [z]--·-*   *[h]*

1.38 The Consonant [x]

The consonant [x] is a velar, produced like [к], but with the tongue lowered slightly, so that the air passes through the opening formed between the back part of the tongue and the back part of the palate. The tip of the tongue is near the lower teeth, but does not touch them. The throat is relaxed. Avoid a harsh scraping sound and do not confuse [x] with [к]. The Russian [x] resembles the Scottish "ch" in "lo**ch**". Compare [x] with the English [h] (as in "**h**ave"), which is quite different from the Russian [x].
Since in the pronunciation of [x] the tongue is raised to the same height as in the articulation of the vowel [y], it is possible to use this vowel for mastering the Russian [x]. When pronouncing [y], make the tongue very tense and increase the force of the air stream.

1.39 The Consonant [ч]

The consonant [ч] is an affricate. It has a complex fused articulation, for it begins with an

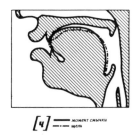

[ч] ══ *момент смычки*
‑∙‑ *щель*

occlusion between the front part of the tongue and the alveoli which then turns into a stricture. The consonant [ч] is an unpaired soft consonant. It is softer than the corresponding English sound.

1.3.11 The Consonant [щ]

The consonant [щ] is a fricative, produced with the tip of the tongue moved more forward and down, and the front part of the tongue more flattened than in the articulation of [щ]. The lips are protruded. The consonant [щ] is a soft long sound. It is designated by the letter **щ** and sometimes by the consonant clusters **сч, зч** and **жч** (unless they occur at morpheme junctures): **счáстье** [щáс'т'jь] "happiness", **счёт** [щóт] "score", **мужчúна** [мущúнъ] "man". Cf.: **считáть** [щитáт'] "count", but **считáть** [считáт'] "compare a copy with the original text".

1.3.12 The Consonant [ц]

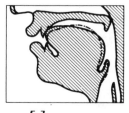

[ц] ══ *момент смычки*
‑∙‑ *щель*

The consonant [ц] is a hard affricate, which begins with an occlusion as in [т] and then turns into a fricative at the same point. It is a fused complex sound and not a combination of the sounds [т] and [c] as the English "ts" in "its".

The usual way of representing this sound in Cyrillic is with the letter **ц**. The sound may also be represented by the consonant clusters **тц, дц, тс, дс, тьс.** For example: двáдцать "twenty", дéтский "children's", городскóй "city", "urban", боя́ться "to fear".

1.3.13 Take note of the following consonant clusters which include silent consonants:

вств [ств] — здрáвствуйте [здрáствуjт'и], чýвствовать [чýствъвът']

здн [зн] — пóздно [пóзнъ], прáздник [прáз'н'ик]

стн [сн] — грýстно [грýснъ], учáстник [учáс'н'ик]

стл [сл] — счастлúвый [щисл'úвый]

лнц [нц] — сóлнце [сóнцъ]

1.4 Vowels

1.40 Table of Russian Vowel Sounds

Height of tongue in mouth	Articulating part of tongue		
	Front	Central	Back
High	и		у
Mid	э		о
Low		а	

Table of English Vowel Sounds

Height of tongue in mouth	Articulating part of tongue		
	Front	Central	Back
High	i: i		u u:
Higher Mid	e	ə : ə	o
Lower Mid	ɛ		ʌ ɔ:
Low	æ a		ɔ ɑ:

As is seen from the chart, English possesses a considerably larger number of vowel sounds than does Russian. Russian lacks vowel pairs differentiated by length, and it has no diphthongs.

When practicing Russian vowels, the student should keep in mind the fact that they are short even in stressed position and are still shorter when unstressed. Russian stressed vowels must in no case be identified with English long vowels. Native speakers of English tend to pronounce stressed Russian vowels as long ones and, as a result, make them diphthongized, as they are accustomed to do with English stressed vowels. Lengthening of vowels should be avoided in Russian.

The five vowels are represented as [a], [э], [o], [y] and [и].

1.41 The vowel [a] is pronounced with the tongue flat and the tip of the tongue behind the lower teeth.

1.42 The vowel [э] is a front vowel similar to "e" in the English word "vet", but is pronounced with the mouth open wider. The lips are neutral.

1.43 The vowel [o] is pronounced with the lips protruded and rounded. The back part of the tongue is raised toward the back palate, the tip of the tongue retracts. Hence, the Russian [o] is further back than the corresponding English vowel.

1.44 The vowel [y] requires that the lips be still more rounded and protruded than in pronouncing the Russian [o]. Note that in pronouncing the Russian vowel sequence [o] — [y] the tongue and the lips move in opposite directions: the tongue moves back, while the lips move forward. The tongue retracts further than in the pronunciation of the English **oo** in "boot".

1.45 The vowel [и] differs little from the first sound in the English word "each".

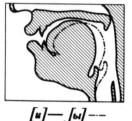

[и]— ,[ы] ---

1.46 The vowel [ы] is an unrounded back vowel. In pronouncing [ы] the tongue is raised high and retracts. The lips are neutral. Begin to produce the sound [ы] by pronouncing the Russian [y], then spread the lips as in the pronunciation of [и]: [y] — [ы].

In normal rapid speech [и] at the beginning of a word is pronounced [ы] when the preceding word ends in a hard consonant: сын Иван [сы́ныва́н], в институ́те [вынституте].

1.47 Consonant environments produce phonetic variations in the five vowel sounds. For example, the arching of the tongue in the articulation of a soft consonant is clearly perceived in the preceding or following vowel. The influence of a preceding hard consonant on the basic [и] is the most dramatic. Compare also the differences in vowel quality in the following examples: то́т — тётя, ма́сса — мя́со, ра́д — ря́д.

2.0 Russian Stress

In both English and Russian stress is dynamic. The quantitative and qualitative relationship of syllables within a Russian word is determined by stress. The stressed syllable is longer and tenser than the unstressed syllables. Unstressed syllables are not identical in respect to strength: the syllable immediately before the stressed one changes quantitatively not so much as the other unstressed syllables in the word, which are still less tense.

Stress can fall on any syllable in a word. Every word in Russian thus provides a definite pattern of relative strength of syllables.

Special attention should be paid to the quantitative relationship between the stressed and unstressed syllables in a word.

English has a different pattern of strength distribution in a word: unstressed syllables next to the stressed one are characterized by less strength than the stressed syllable, but marginal syllables in polysyllabic words may have a secondary stress. Besides there is a tendency in modern English to pronounce the final unstressed syllable in a word with more energy than the preceding one. When speaking Russian, native English speakers tend to pronounce the final unstressed syllable in the word more energetically than necessary (as they are accustomed to do in English), which makes it sound to Russians as a second stressed syllable.

2.10 Reduction of Vowels

All unstressed vowels undergo quantitative changes. The vowels [a], [o] and [э] also change in quality. The vowels [и] and [у] undergo no qualitative changes.

2.11 Vowel Reduction after Hard Consonants

As has been noted above, the quality of the vowels [a], [o] and [э] changes in *unstressed* syllables. After *hard consonants* the vowels [a] and [o] undergo qualitative changes according to two rules:

(1) [a] and [o] are pronounced as [a] in the syllable immediately before the stressed one (pretonic position) and also when at the beginning of a word. They sound similar to the stressed [a], but are shorter, less tense and their articulation is not so "clear-cut"; e.g. вода́ [вада́] "water", Анто́н [анто́н] "Anton", она́ [ана́] "she".

The vowel [э] is pronounced as [ы] in unstressed syllables; e.g. жена́ [жына́] "wife", цена́ [цына́] "price".

(2) Elsewhere, [a] and [o] following a hard consonant are reduced to [ъ], which re-

sembles the English final sound in "summer"; e.g. ма́ма [ма́мъ] "mother", э́то [э́тъ] "it", А́нна [а́ннъ] "Anna". The sound [ъ] is even shorter and less tense and clear than its unstressed variety [a].

2.12 Vowel Reduction after Soft Consonants

After paired soft consonants (and also after [ч], [щ] and [o]), the vowels [a], [o] and [э] are pronounced [и]. The only noteworthy exception to this rule occurs in grammatical endings, which are usually pronounced [ъ]; e.g. о́сень [о́с'ин'] "autumn", "fall", де́сять [д'е́с'ит'] "ten", тётя [т'о́т'ъ] "aunt".

2.13 Summary of the Reduction of Vowels

After Hard Consonants

1. Under stress:	[a] [o]	[э]	[ы]	[y]
2. In syllable before the stressed one:	[a]		[ы]	[y]
3. Elsewhere:	[ъ]		[ы]	[y]

After Soft Consonants

1. Under stress:	[a] [o]	[э]	[и]	[y]
2. Not under stress:	[и]		[и]	[y]

With rare exceptions, every Russian word has no more than *one stressed syllable,* which throughout this text will be indicated by the acute accent mark[1]. Stress patterns in nouns are taken up throughout the text and summarized in Appendix (pp. 468-471) of this commentary.

2.2 Shifting Stress

Shifting stress in inflectional (i.e. declensional, conjugational, etc.) paradigms is a characteristic feature of Russian. Most Russian words (about 96 per cent of the Russian vocabulary) have fixed stress. However, there are many words with shifting stress, i.e. words in whose declension, conjugation, changing for the degrees of comparison, etc. the stress moves (or "shifts") from the stem to the ending or vice versa.

Nouns have eight shifting stress patterns in their declensional paradigm.[2] Two of these patterns apply only to a few words.

---

[1] In normal written Russian and in printed texts stress is never marked (except very rare cases when the unmarked word may sound ambiguous). However, stress is indicated in dictionaries.
[2] See Appendix, p. 468. Verb stress is discussed in sections dealing with verb formation and inflexion.

The main types of shifting stress patterns in the noun declensional paradigm reflect the accentual opposition between the singular and the plural: fixed stress on the stem (A) in the singular vs. fixed stress on the ending (B) in the plural: мо́ре "sea" — моря́ "seas" (this pattern covers only masculine and neuter nouns); fixed stress on the ending (B) in the singular vs. fixed stress on the stem (A) in the plural: письмо́ "letter" — пи́сьма "letters", окно́ "window" — о́кна "windows" (this pattern covers masculine, feminine and neuter nouns).

Shifting stress (C) in the singular is not typical of nouns: there are only 31 feminine nouns belonging to this pattern. The pattern represents an opposition between the accusative and the other cases: the stress on the stem in the accusative vs. the stress on the ending in all the other forms: рука́ "hand and/or arm", руки́, руке́, ру́ку, руко́й, о руке́. Shifting stress in the plural (C) reflects the opposition between the nominative (and the accussative of inanimate nouns), stressed on the stem, and the oblique cases stressed on the ending: го́ры "mountains", го́р, гора́ми, о гора́х.

Stress in Russian serves to differentiate between the forms of a word, e.g. го́рода "of a city" — города́ "cities", мо́ря "of the sea" — моря́ "seas", письма́ "of a letter" — пи́сьма "letters", руки́ "of the hand and/or the arm" — ру́ки "hands and/or arms".

There are several hundred nouns whose genitive singular and nominative plural are distinguished only by stress.

As a rule, shifting stres occurs in unsuffixed commonly used words with a monosyllabic or disyllabic stem. Rarely used suffixed words and recently borrowed suffixed words, and also suffixed words with polysyllabic stems generally have fixed stress.

There are six basic shifting stress declensional patterns: AB, BA, AC, BC, CA and CC[1]. (See Appendix: Stress Patterns in Russian Nouns, p. 468)

3.0 Russian Sentence Intonation

In contemporary spoken Russian one can distinguish seven basic intonational constructions (IC): IC-1, IC-2, IC-3, IC-4, IC-5, IC-6 and IC-7[2]. In each intonational construction the stressed, the pretonic and the post-tonic parts can be distinguished.

Each intonational construction in characterized by a particular movement of tone and pitch, which coincides with the point of emphasis of each sentence (the intonational center). (See also Analysis I, 7.0 for more information on emphasis and Russian word order.) The intonational center coincides with the stressed syllable of the most important word within the sentence. After describing the contours of each intonational construction, we shall be using only the numerical superscript of the appropriate IC to identify intonational centers throughout the rest of the text.

---

[1] For more information on Russian stress, see Ф е д я н и н а   Н.А. Ударение в современном русском языке. М., 1976.

[2] For more information on pronunciation and intonation in Russian, see Б р ы з г у н о в а Е.А. Звуки и интонация русской речи. М., 1983.

3.1 Intonational Construction 1 (IC-1)

IC-1 is the designation for the intonational contour characteristic of the Russian declarative sentence.

Это мама.　　　　　　　　　　This is Mother.

IC-1 is characterized by the intonational center pronounced with a sharply falling tone.

The portion of the sentence preceding the intonational center is pronounced with a level medium tone, smoothly and without pauses. The portion of the sentence after the intonational center remains on a low pitch.

The intonational contour of an English declarative sentence is different. Compare:

Я живу в Лондоне.

and:

I live in London.

The tone of the pretonic part gradually falls after the first stressed syllable. The tone continues to fall after the stressed part, but not so sharply as in Russian and the pitch interval is smaller at the intonational center.

In natural speech, the fall can be preceded by a rise above the normal pitch, accompanied by a lengthening of the stressed vowel.

The sharp fall of the tone in a Russian declarative sentence presents a problem to English speakers, since in English a sharp fall has a nuance of impoliteness. English speakers of Russian tend to raise the tone of the post-tonic part of a Russian sentence above the low level. This should be avoided.

The intonational center of IC-1 can be on any word clarifying the meaning of the sentence. Compare:

Это мо́й до́м.	It is my house.
Это мо́й до́м.	It is *my* house.
Я студе́нт.	I am a student.
Я то́же студе́нт.	I am also a student.
И я́ студе́нт.	I am a student, too.

The pretonic and post-tonic parts of a sentence must be pronounced smoothly and without pauses.

3.2 Intonational Construction 2 (IC-2)

IC-2 is used in interrogative sentences containing a question word.

Кто э̃то̃?   Who is it?

The stressed part is pronounced with a slightly rising tone and greater emphasis (denoted by the thick line). The post-tonic part is pronounced on a low pitch with a slight fall on the last syllable (as in IC-1). The intonational center is not necessarily on the question word; it can be at any other word that clarifies the meaning of the sentence:

Где́ ма̊ма?   Where is Mother?

Do not raise the tone of the post-tonic part above the low level.

The intonational contour of an English question of this type is similar to that of the declarative sentence.

Answers to questions may be either long or short.

1. — Ка̊к ва́с зову́т?   "What is your name?"
   — Меня́ зову́т А́нна.   "My name is Anna."

2. — Ка̊к ва́с зову́т?   "What is your name?"
   — А́нна.   "Anna."

Short answers are characteristic of oral speech. Answers are pronounced with IC-1.

3.3 Intonational Construction 3 (IC-3)

IC-3 is used in interrogative sentences which do not contain a question word.

Мама до̃ма̃?   Is Mother at home?

The pretonic part is pronounced with a level medium tone. At the stressed part the tone rises sharply from a higher than mid level. The post-tonic part is pronounced at a low pitch with a slight fall at the last syllable.

English questions of this type are pronounced with a quite different intonation.

Compare the intonational contours of Russian and English questions without a question word:

Вы живёте в Ло̃ндо̃не̃?   **Do you live in London?**

In English, the tone of the pretonic part falls gradually beginning with the first stressed syllable, the tone rises gradually on the stressed part and continues to rise on the post-tonic part right to the end of the question.

A sharp rise of the tone of the stressed part in questions of this type presents great difficulty for English speakers, who tend to pronounce the stressed part of the question with an insufficiently high and sharp rise. Another typical difficulty is that they raise the tone on the post-tonic part instead of pronouncing the post-tonic part on the low level.

The position of the intonational center in IC-3 is determined by the meaning of the question.

— Э́то ва́ш сы́н?— Да́, сы́н.   "Is it your *son*?" "Yes, it is my son."

— Э́то ва́ш сы́н?— Да́, мо́й.   "Is it *your* son?" "Yes, it is *my* son."

3.4 Intonational Construction 4 (IC-4)

IC-4 is used in interrogative sentences with the conjunction **a**.

— Ка́к вы́ живёте?   "How are you?"
— Спаси́бо, хорошо́.   "I'm fine, thank you.
   А вы́? А Ната́ша?   And you? And Natasha?"

The portion of the sentence before the intonational center is pronounced on a medium pitch, sometimes with a slight fall, especially before the intonational center coincides with the final syllable, the tone starts on a lower pitch and then gradually rises within the syllable. If the intonational center does not coincide with the end of the sentence, then the intonational center is pronounced with the falling tone; and the portion of the sentence which follow it, with the rising one.

This type of intonation presents no problem for English speakers, since a gradual rise of tone is characteristic of English questions without a question word.

3.5 Intonational Construction 5 (IC-5)

IC-5 is used in evaluative sentences.

Кака́я сего́дня пого́да! What (wonderful) weather we are having today!

In IC-5 there are two intonational centers: the first one is pronounced with a rising tone, which keeps rising right up to the second center, on which the tone falls.

3.6 Syntagmatic Division of Sentences

A Russian sentence may consist of one or more intonational units — syntagms. Each syntagm is characterized by an intonational contour of its own and may represent either a complete or an incomplete thought. Syntagms can be final or non-final. The syntagmatic division of a sentence depends primarily on its syntactic structure. Syntagmatic division of sentences is considered the basic one. There may be "extra" divisions, dictated by the speaker's emotive attitude towards the utterance, by his wish to emphasize a part of the utterance.

3.7 Declarative Sentences

3.71 A simple unextended declarative sentence is usually pronounced as a single unit: Ка́тя Ивано́ва — студе́нтка. "Katya Ivanova is a student."
   An extra division may be made in cases when some part of the sentence is omitted.

   Ка́тя Ивано́ва — / студе́нтка.[1]

   Simple extended declarative sentences or major syntagms may be divided in speech into shorter syntagms. Thus, adverbial modifiers in initial position are usually pronounced as a separate syntagm.

На се́вере страны́ / мно́го у́гля.	There is much coal in the north of the country.
В нача́ле э́того го́да / Ви́ктор Петро́вич был в Пари́же.	Early this year Victor Petrovich was in Paris.
В про́шлом году́ / мы отдыха́ли на ю́ге.	Last year we vacationed in the South.
В ко́мнате моего́ това́рища на стене́ / виси́т больша́я ка́рта ми́ра.	On the wall of my friend's room there is a large map of the world.
В ко́мнате моего́ това́рища / на стене́ виси́т больша́я ка́рта ми́ра.	In my friend's room there is a large map of the world on the wall.

   When a declarative sentence consists of several syntagms, the non-final syntagms are pronounced with IC-3 or 4 to express an incomplete thought.

---

[1] The stroke / is used to indicate the syntagmatic division of sentences.

Ка́тя Ивано́ва — / студе́нтка.   На се́вере страны́ / мно́го угля́.
Ка́тя Ивано́ва — / студе́нтка.   На се́вере страны́ / мно́го угля́.

The choice of IC-3 or IC-4 is not determined by semantic considerations: IC-3 is more typical of the conversational style, whereas IC-4 is usually used in the official style.

The final syntagms of declarative sentences are pronounced with IC-1.

3.72 Sentences with juxtapositions

Э́то теа́тр, / а э́то музе́й.   This is a theater, and that
is a museum.

То́м живёт в Ло́ндоне,   Tom lives in London, and John
/ а Джо́н в Чика́го.   in Chicago.

In non-final syntagms IC-1, IC-3 or IC-4 may be used.
IC-3 and IC-4 give more stress to the juxtaposition than IC-1.
In sentences containing more than two juxtapositions one extra division is possible:

То́м / живёт в Ло́ндоне, / а Джо́н в Чика́го.

3.73 Sentences Containing a Contrast

Никола́й не исто́рик, /   Nikolai is not a historian;
а фи́зик.   he is a physicist.

The non-final syntagm is pronounced with IC-3 or IC-4.

3.74 Sentences Containing Enumerations

Enumerations are pronounced with various types of IC: IC-1, IC-3 or IC-4. The final element of an enumeration is invariably pronounced with IC-1.

Я   говорю́   I speak
    по-ру́сски, /   Russian,
    по-англи́йски, /   English,
    по-францу́зски /   French

и   and
    по-неме́цки.   German.

Я́ говорю́ по-ру́сски, / по-англи́йски, / по-францу́зски / и по-неме́цки.
Я́ говорю́ по-ру́сски, / по-англи́йски, / по-францу́зски / и по-неме́цки.

Longer enumerations can be divided additionally, especially before the conjunction **и**.

В Моско́вском университе́те у́чатся
студе́нты из ра́зных стран: / из
Áнглии / и Аме́рики, /
из Ита́лии / и Фра́нции.

Students from various countries
study at Moscow University: from
Britain and America, and from
Italy and France.

3.75 Complex Declarative Sentences

Complex declarative sentences are pronounced as major syntagms when both the main
and the subordinate clauses contain a new fact.

1. Я не зна́ю, где́ живёт А́нна.
   Я зна́ю, что о́н бо́лен.
   Я ду́маю, что о́н не посту́пит
   в университе́т.

   I don't know where Anna lives.
   I know that he is ill.
   I think he won't manage to
   enter university.

2. Когда́ я слу́шаю му́зыку, / я
   отдыха́ю.
   Когда́ я ко́нчу шко́лу, / я бу́ду
   поступа́ть в университе́т.

   When I listen to music, I relax.

   When I graduate from high
   school, I'll try to enter
   university.

3. Éсли у ва́с бу́дет свобо́дное
   вре́мя, / посмотри́те э́тот
   фильм.
   Éсли я бу́ду ле́том в Москве́, /
   я позвоню́ ва́м.

   If you have free time, go and
   see that film.

   If I visit Moscow in the
   summer, I'll call you up.

4. Дже́йн хорошо́ говори́т
   по-ру́сски, / потому́ что до́лго
   жила́ в Москве́.

   Jane speaks Russian well
   because she lived in Moscow
   for a long time.

5. Серге́й лю́бит исто́рию,
   / поэ́тому о́н поступи́л на
   истори́ческий факульте́т.

   Sergei is fond of history;
   that's why he entered the
   History Department.

6. Мы́ бы́ли на конфере́нции, /
которая была́ в Ленингра́де.

We attended the conference
which took place in Leningrad.

3.76 Sentences Containing an Explanation

The words of the reporter following the reported speech do not constitute a separate syntagm.

«За́втра ле́кции не бу́дет», —
сказа́ла Ка́тя.

"There will be no lecture
tomorrow," said Katya.

Appositives and explanations are usually included in the same syntagm as the words they clarify or explain.

В Ки́еве, столи́це Украи́ны, /
мно́го па́мятников ста́рой ру́сской
архитекту́ры.

Kiev, the capital of the Ukraine,
has many monuments of old
Russian architecture.

В Ки́еве, столи́це Украи́ны, /
мно́го па́мятников ста́рой ру́сской
архитекту́ры.

The capital of the Ukraine, Kiev,
has many monuments of old
Russian architecture.

Кни́гу, кото́рую вы́ мне́ да́ли,
/ я́ ещё не прочита́л.

I haven't yet read the book you
lent me.

Кни́гу, кото́рую вы́ мне́ да́ли,
/ я́ ещё не прочита́л.

I haven't yet read the book which
you lent me.

В до́ме, где жи́л
Л.Н. Толсто́й, / тепе́рь музе́й.

The house in which Lev Tolstoy
lived is now a museum.

В до́ме, где жи́л Л.Н.Толсто́й,
/ тепе́рь музе́й.

The house Lev Tolstoy lived in is
now a museum.

В Зи́мнем дворце́, постро́енном
в XVIII ве́ке, / сейча́с нахо́дится
Эрмита́ж.

The Winter Palace, built in the
18th century, now houses the
Hermitage.

Студе́нты, / верну́вшись о́сенью в институ́т, / расска́зывали о своём путеше́ствии по Сре́дней Азии.	After returning to the institute in the autumn, the students talked about their tour of Central Asia.

Longer appositives and verbal adjective and verbal adverb constructions are usually pronounced as major syntagms.

Эту пье́су написа́л А.П. Че́хов, / изве́стный ру́сский писа́тель.	This play was written by Chekhov, a renowned Russian writer.

3.8 Interrogative Sentences

3.81 Alternative Questions

Interrogative sentences with the conjunction **и́ли** "or" are pronounced as two syntagms: the first one with IC-3 and the second with IC-2.

Вы живёте в Москве́ / и́ли в Ки́еве?	Do you live in Moscow or in Kiev?
Ваш оте́ц инжене́р / и́ли врач?	Is your father an engineer or a doctor?

3.82 Interrogative sentences with a nuance of command are pronounced with IC-4, which in this case makes the question sound formal and official.

Ва́ше и́мя? Фами́лия? Ваш биле́т?	Your name, please. Your last name, please. Your ticket, please.

3.83 Repeated Questions

Repeated questions are pronounced with IC-3.

— Когда́ нача́ло конце́рта?	"When does the concert begin?"
— В во́семь часо́в.	"At eight o'clock."

— Когда³?	"When?"
— В во́семь часо́в.¹	"At eight o'clock."

3.9 Greetings, vocatives, requests, commands, offers, expressions of gratitude, congratulations, wishes and invitations are pronounced with IC-2 or IC-3.

Ната́ша!²	Natasha!
Здра́вствуй!²	Hello!
До́брый де́нь!²	Good afternoon!
До свида́ния.²	Good-by!
Извини́те,² / где́ здесь метро́?²	Can you tell me the way to the subway, please?
Скажи́те,² пожа́луйста, / А́нна до́ма?³	Is Anna at home, please?

Polite requests are pronounced with IC-3; and commands, with IC-2.

Да́йте,³ пожа́луйста, биле́т.	Your ticket, please.
Закро́йте³ окно́.	Shut the window.
Пиши́те!²	Write!
Не кури́те² здесь!	Don't smoke here!
Закро́йте² окно́!	Shut the window!

Invitations are pronounced with IC-3 or IC-2.

Дава́й³ пойдём в кино́.	Let's go to the movies.
Дава́йте² игра́ть в ша́хматы.	Let's play chess.
Приходи́те² к на́м ве́чером.	Come to see us tonight.
Приходи́те² к на́м.³	Come to see us.

Congratulations and wishes are pronounced with IC-2.

Поздравля́ю² ва́с.	Congratulations.
Жела́ю² сча́стья.	I wish you happiness.

Appendix I

Representation of Russian Sounds and Letters with the Letters of the Roman Alphabet

There are various systems for representing Russian sounds and letters with symbols other than Cyrillic letters. The choice of system depends upon the purpose a particular transcription must serve. Throughout this text letters of the Roman alphabet are used in two ways: (1) Italicized Roman letters designate basic sounds of Russian (phonemic transcription) as part of the analysis of the sound system and the structure of Russian words. (See Analysis, Unit I, 1.1.) (2) Non-italicized Roman letters are used to spell out Russian titles, names, etc. as a substitute for Cyrillic letters. The latter use is called transliteration and is necessary whenever one expresses words of a language with an alphabet different than one's own (e.g., Arabic, Chinese, Greek, etc.).

Practice among scholars, librarians, journalists, translators and other specialists who must regularly transliterate Russian words with Roman letters varies considerably. Slavic specialists in Europe and America generally employ a system of transliteration which offers unambiguous one-to-one equivalents for Cyrillic symbols, using Roman letters and the diacritic ˇ (haček). This system is labeled "Type I" below. Type I transliteration has little currency outside the community of Slavists; for that reason, an alternative transliterative system has been adopted for this text, which corresponds essentially to that encountered in standard translations of the Russian classics and in the modern press (Type II). In the course of studying Russian the student is likely to encounter both types of transliteration. It is hoped that students and teachers will themselves select the system best suited for their needs.

Cyrillic	Type I	Type II	Cyrillic	Type I	Type II
а	a	a	р	r	r
б	b	b	с	s	s
в	v	v	т	t	t
г	g	g	у	u	u
д	d	d	ф	f	f
е	e	e (ye)	х	x	kh
ё	ë	yo	ц	c	ts
ж	ž	zh	ч	č	ch
з	z	z	ш	š	sh
и	i	i	щ	š č (š :)	shch
й	j	y (i)	ъ	—	—
к	k	k	ы	y	y
л	l	l	ь	'	y (before vowel)
м	m	m	э	è	e
н	n	n	ю	ju	ju
о	o	o	я	ja	ya
п	p	p			

Examples:

Cyrillic	Type I	Type II
Пётр Ильи́ч Чайко́вский	Pëtr Il'ič Čajkovskij	Pyotr Ilyich Tchaikovsky
Никола́й Васи́льевич Го́голь	Nikolaj Vasil'evič Gogol'	Nikolai Vasilyevich Gogol
Фёдор Миха́йлович Достое́вский	Fëdor Mixajlovič Dostoevskij	Fyodor Mikhailovich Dosto(y)evsky
Серге́й Васи́льевич Рахма́нинов	Sergej Vasil'evič Raxmaninov	Sergei Vasilyevich Rakhmaninov

Summary Table of Noun Endings

Singular

1st Declension

Case	*translit*	**Cyr. ending**	завóд	мáльчик	*translit*	окнó
Nom.	*-ø*		завóд	мáльчик	*-o*	окнó
Acc.	*-ø / -a*		завóд	мáльчика	*-o*	окнó
Gen.	*-a*	**-а**	завóда	мáльчика	*-a*	окнá
Prep.	*-'e*	**-е**	завóде	мáльчике	*-'e*	окнé
Dat.	*-u*	**-у**	завóду	мáльчику	*-u*	окнý
Instr.	*-om*	**-ом**	завóдом	мáльчиком	*-om*	окнóм

2nd Declension

Case	*translit*	**Cyr. ending**	газéта
Nom.	*-a*	**-а**	газéта
Acc.	*-u*	**-у**	газéту
Gen.	*-i*	**-ы**	газéты
Prep.	*-'e*	**-е**	газéте
Dat.	*-'e*	**-е**	газéте
Instr.	*-oj*	**-ой**	газéтой

3rd Declension

Case	*translit*	**Cyr. ending**	двéрь
Nom.	*-ø*	**ø**	двéрь
Acc.	*-ø*	**as Nom. or Gen.**	двéрь
Gen.	*-'i*	**-и**	двéри
Prep.	*-'i*	**-и**	двéри
Dat.	*-'i*	**-и**	двéри
Instr.	*-'ju*	**-ью**	двéрью

Plural

1st Declension

Case	*translit*	**Cyr. ending**	завóд	мáльчик
Nom.	*-i / -a*	**-ы, -и, -а**	завóды	мáльчики
Acc.	*-i / -a*	**as Nom. or Gen.**	завóды	мáльчиков
Gen.	*-ov* / *ø/-ov/-ej*	**ø, -ов, -ей**	завóдов	мáльчиков
Prep.	*-ax*	**-ах, -ях**	завóдах	мáльчиках
Dat.	*-am*	**-ам, -ям**	завóдам	мáльчикам
Instr.	*-ami*	**-ами, -ями**	завóдами	мáльчиками

2nd Declension

Case	*translit*	**Cyr. ending**	óкно	газéта
Nom.	*-i / -a*	**-ы, -и, -а**	óкна	газéты
Acc.	*-i / -a*	**as Nom. or Gen.**	óкна	газéты
Gen.	*ø/-ov/-ej*	**ø, -ов, -ей**	óкон	газéт
Prep.	*-ax*	**-ах, -ях**	óкнах	газéтах
Dat.	*-am*	**-ам, -ям**	óкнам	газéтам
Instr.	*-ami*	**-ами, -ями**	óкнами	газéтами

3rd Declension

Case	*translit*	**Cyr. ending**	двéрь
Nom.	*-i / -a*	**-ы, -и, -а**	двéри
Acc.	*-i / -a*	**as Nom. or Gen.**	двéри
Gen.	*ø/-ov/-ej*	**ø, -ов, -ей**	дверéй
Prep.	*-ax*	**-ах, -ях**	дверя́х
Dat.	*-am*	**-ам, -ям**	дверя́м
Instr.	*-ami*	**-ами, -ями**	дверя́ми

Summary Table of Pronoun Declension

Personal Pronouns

	я	ты	он / оно	она	мы	вы	они
Nom.	я	ты́	о́н / оно́	она́	мы́	вы́	они́
Acc.	меня́	тебя́	его́	её	на́с	ва́с	и́х
Gen.	меня́	тебя́	его́	её	на́с	ва́с	и́х
Prep.	обо мне́	о тебе́	о нём	о не́й	о на́с	о ва́с	о ни́х
Dat.	мне́	тебе́	ему́	е́й	на́м	ва́м	и́м
Instr.	мно́й	тобо́й	и́м	е́й	на́ми	ва́ми	и́ми

Interrogative Pronouns

Nom.	кто́	что́
Acc.	кого́	что́
Gen.	кого́	чего́
Prep.	о ко́м	о чём
Dat.	кому́	чему́
Instr.	ке́м	че́м

Demonstrative and Possessive Pronouns

Masculine and Neuter

		э́тот э́то	мо́й моё	на́ш на́ше	че́й чьё	ве́сь всё	то́т то́
Nom.	ø/-o	э́тот э́то	мо́й моё	на́ш на́ше	че́й чьё	ве́сь всё	то́т то́
Acc.	ø/-o	э́тот э́то	мо́й моё	на́ш на́ше	че́й чьё	ве́сь всё	то́т то́
Gen.	-ogo	э́того	моего́	на́шего	чьего́	всего́	того́
Prep.	-om	э́том	моём	на́шем	чьём	всём	то́м
Dat.	-omu	э́тому	моему́	на́шему	чьему́	всему́	тому́
Instr.	-im	э́тим	мои́м	на́шим	чьи́м	все́м	те́м

Feminine

		э́та	моя́	на́ша	чья́	вся́	та́
Nom.	-a	э́та	моя́	на́ша	чья́	вся́	та́
Acc.	-u	э́ту	мою́	на́шу	чью́	всю́	ту́
Gen.	-oj/-ej	э́той	мое́й	на́шей	чьей	все́й	то́й
Prep.	-oj/-ej	э́той	мое́й	на́шей	чьей	все́й	то́й
Dat.	-oj/-ej	э́той	мое́й	на́шей	чьей	все́й	то́й
Instr.	-oj/-ej	э́той	мое́й	на́шей	чьей	все́й	то́й

Plural

Nom.	*-i*	на́ши	э́ти	мо́й	чьй	всё	тё
Acc.	*-i*	на́ши	э́ти	мо́й	чьй	всё	тё
Gen.	*-ix*	на́ших	э́тих	мо́йх	чьйх	всéх	тéх
Prep.	*-ix*	на́ших	э́тих	мо́йх	чьйх	всéх	тéх
Dat.	*-im*	на́шим	э́тим	мо́йм	чьйм	всéм	тéм
Instr.	*-im'i*	на́шими	э́тими	мо́йми	чьйми	всéми	тéми

Summary of Adjective Declensions

	Stem-Stressed			Ending-Stressed		
	Masculine / Neuter	Feminine	Plural	Masculine / Neuter	Feminine	Plural
Nom.	нóвый / нóвое	нóвая	нóвые	молодóй / молодóе	молодáя	молодьíе
Acc.	нóвый / нóвое	нóвую	нóвые	молодóй / молодóе	молодýю	молодьíе
Gen.	нóвого	нóвой	нóвых	молодóго	молодóй	молодьíх
Prep.	нóвом	нóвой	нóвых	молодóм	молодóй	молодьíх
Dat.	нóвому	нóвой	нóвым	молодóму	молодóй	молодьíм
Instr.	нóвым	нóвой	нóвыми	молодьíм	молодóй	молодьíми

Additional Sample Declensions

	Masc.	Neut.	Fem.	Plural
Nom.	большо́й	большо́е	больша́я	больши́е
Acc.	большо́й	большо́е	большу́ю	больши́е
Gen.	большо́го	большо́го	большо́й	больши́х
Prep.	большо́м	большо́м	большо́й	больши́х
Dat.	большо́му	большо́му	большо́й	больши́м
Instr.	больши́м	больши́м	большо́й	больши́ми

	Masc.	Neut.	Fem.	Plural
Nom.	ру́сский	ру́сское	ру́сская	ру́сские
Acc.	ру́сский	ру́сское	ру́сскую	ру́сские
Gen.	ру́сского	ру́сского	ру́сской	ру́сских
Prep.	ру́сском	ру́сском	ру́сской	ру́сских
Dat.	ру́сскому	ру́сскому	ру́сской	ру́сским
Instr.	ру́сским	ру́сским	ру́сской	ру́сскими

	Masc.	Neut.	Fem.	Plural
Nom.	хоро́ший	хоро́шее	хоро́шая	хоро́шие
Acc.	хоро́ший	хоро́шее	хоро́шую	хоро́шие
Gen.	хоро́шего	хоро́шего	хоро́шей	хоро́ших
Prep.	хоро́шем	хоро́шем	хоро́шей	хоро́ших
Dat.	хоро́шему	хоро́шему	хоро́шей	хоро́шим
Instr.	хоро́шим	хоро́шим	хоро́шей	хоро́шими

Appendix III

Stress Patterns in Russian Nouns

A two-place symbol will be used to designate each type of stress pattern: the first place refers to the singular; the second place to the plural. Within each place:

A indicates stress fixed on the stem[1].

B indicates stress fixed on the ending.

C indicates the one possible shift of stress in the singular or plural:

singular — stress is shifted to the root (initial syllable) in the *feminine accusative only*.

plural — stress is shifted to the root (initial syllable) in the *nominative* (and the *accusative* if the latter is identical with the nominative) *only*.

In all other forms stress remains fixed on the post-root syllable.

Thus, there are logically nine possible types, of which eight actually exist in Russian:

	AA	AB	AC
Nom.	кни́га	са́д	две́рь
Acc.	кни́гу	са́д	две́рь
Gen.	кни́ги	са́да	две́ри
Prep.	кни́ге	са́де	две́ри
Dat.	кни́ге	са́ду	две́ри
Instr.	кни́гой	са́дом	две́рью
Nom.	кни́ги	сады́	две́ри
Acc.	кни́ги	сады́	две́ри
Gen.	кни́г	садо́в	двере́й
Prep.	кни́гах	сада́х	дверя́х
Dat.	кни́гам	сада́м	дверя́м
Instr.	кни́гами	сада́ми	дверя́ми

---

[1] Stem stress in the plural that is opposed to ending stress in the singular (i.e. types BA and CA) always falls on the final stem syllable, not counting the inserted vowel of the genitive plural. Thus: высота́ — высо́ты, меньшинство́ — меньши́нства; письмо́ — пи́сьма — пи́сем, ремесло́ — ремёсла — ремёсел.

	BA	BB	BC
Nom.	жена́	язы́к	губа́
Acc.	жену́	язы́к	губу́
Gen.	жены́	языка́	губы́
Prep.	жене́	языке́	губе́
Dat.	жене́	языку́	губе́
Instr.	жено́й	языко́м	губо́й
Nom.	жёны	языки́	гу́бы
Acc.	жён	языки́	гу́бы
Gen.	жён	языко́в	гу́б
Prep.	жёнах	языка́х	губа́х
Dat.	жёнам	языка́м	губа́м
Instr.	жёнами	языка́ми	губа́ми

	CA	CB	CC
Nom.	зима́	No nouns of this	доска́
Acc.	зи́му	stress type are	до́ску
Gen.	зимы́	attested in	доски́
Prep.	зиме́	Russian	доске́
Dat.	зиме́		доске́
Instr.	зимо́й		доско́й
Nom.	зи́мы		до́ски
Acc.	зи́мы		до́ски
Gen.	зи́м		досо́к
Prep.	зи́мах		доска́х
Dat.	зи́мам		доска́м
Instr.	зи́мами		доска́ми

The Vocabulary of the Textbook contains 120 nouns with shifting stress.

Pattern AB

áдрес (-á)
бéрег (-á)
вéк (-á)
вéчер (-á)
врéмя *n.* (*nom. pl.* временá)
глáз (-á)
гóлос (-á)
гóрод (-á)
дáр
дéло (-á)
дирéктор (-á)
дóктор (-á)
дóм (-á)
дрýг (*nom. pl.* друзья́)
и́мя (*nom. pl.* именá)

лéс (-á)
мáстер (-á)
мéсто (-á)
мóре (-я́)
мóст
мýж (*nom. pl.* мужья́)
нéбо (*nom. pl.* небесá)
нóмер (-á)
óстров (-á)
óтпуск (-á)
пóезд (-á)
профéссор (-á)
ря́д
сáд
слóво (-á)

снéг (-á)
сýп
сы́н (*nom. pl.* сыновья́)
сы́р
учи́тель (-я́)
хлéб (-á)
хóлод (-á)
хóр
цвéт (-á)
чáс
шкáф

Pattern BA

веснá
винó
войнá
высотá
длинá

женá
красотá
лицó
окнó
письмó

семья́
сестрá (*gen. pl.* сестёр)
странá
числó

Pattern AC

вéщь *f.*
вóлос
гóд (and AB)
гóспиталь
гóсть
двéрь *f.*
дерéвня

зýб
кáмень
нóвость *f.*
нóчь *f.*
óвощи *pl.*
плóщадь *f.*
пóрт

рóль *f.*
смéрть *f.*
сóль *f.*
чáсть *f.*

Pattern BB

враг

платóк (*gen. sing.* платкá)

врáч

плáщ

декáбрь

потолóк (*gen. sing.* потолкá)

дéнь

продавéц (*gen. sing.* продавцá)

дóждь

пýть (*gen. sing.* путú)

женúх

рýбль

звонóк (*gen. sing.* звонкá)

сентя́брь

значóк (*gen. sing.* значкá)

словáрь

карандáш

статья́

конéц (*gen. sing.* концá)

стóл

конькú

ýгол (*gen. sing.* углá)

корáбль

ученúк

лёд (*gen. sing.* льдá)

феврáль

москвúч

цветóк (*gen. sing.* цветкá, *pl.* цветы́)

нóж

четвéрг

ноя́брь

этáж

октя́брь

язы́к

отéц (*gen. sing.* отцá)

янвáрь

певéц (*gen. sing.* певцá)

BC: No nouns of this stress type are included in the Vocabulary.

CA: водá
      зимá

CC: головá
      горá
      доскá
      земля́
      ногá
      рекá
      рукá
      средá
      стенá

Appendix IV

Irregular Plurals

1.1. The plural of a small number of masculine and neuter nouns is formed by adding the suffix -*j*- followed by the nominative plural ending -*a*. In memorizing these special forms it is helpful to distinguish root-stress types (CVC'*j* + plural ending) from the four nouns in Russian which have suffix-stress (CVC'*j* + stressed ending). The genitive plural of root-stressed *'j*-plurals is formed by adding -*ov*; the genitive plural of ending-stressed *'j* plurals is formed by adding ø (zero-ending).

1.12 Root-stressed plurals in *'j*.

brát-	Nom.	-'*j-a*	бра́тья
"brother"	Acc.	- '*j-ov*	бра́тьев
	Gen.	-'*j-ov*	бра́тьев
	Prep.	-'*j-ax*	бра́тьях

stúl-	Nom.	-'*j-a*	сту́лья
"chair"	Acc.	-'*j-a*	сту́лья
	Gen.	-'*j-ov*	сту́льев
	Prep.	-'*j-ax*	сту́льях

There are about 20 other nouns of this type.

1.13 Ending-stressed plurals in '*j*:

muž-	Nom.	-'*j-*	-*á*	мужья́
"husband"	Acc.	[é]*j*	-ø [fill-vowel]	муже́й
	Gen.	[é]*j*	- ø " "	муже́й
	Prep.	-'*j-*	-*áx*	мужья́х

sinov-	Nom.	-'*j-*	-*á*	сыновья́
"son"	Acc.	[é]j	- ø [fill-vowel]	сынове́й
	Gen.	[é]j	- ø " "	сынове́й
	Prep.	-'*j-*	-*áx*	сыновья́х

druz-	Nom.	-'j-	-a	друзья́
"friend"	Acc.	[é]j	- ø	друзе́й
	Gen.	[é]j	- ø	друзе́й
	Prep.	-'j-	-áx	друзья́х

There is one other ending-stressed 'j-plural in Russian: *kn'áz'* "prince" — pl. *kn'az'já*: кня́зь — князья́.

1.2 Nouns ending in *-an'in* denote members of social or ethnic groups and their nominative plural ends in *-an'e*, the genitive plural in *-an-ø*: гражданѝн "citizen" (*m.*), англича́нин "Englishman", крестья́нин "peasant":

	Singular	Plural
Nom.	граждани́н	гра́ждане
Acc.-Gen.	граждани́на	гра́ждан
Prep.	граждани́не	гра́жданах
Dat.	граждани́ну	гра́жданам
Instr.	граждани́ном	гра́жданами

1.3 The plural of **челове́к** "man", "person" is: лю́ди, люде́й, лю́дях, лю́дям, людьми́.

1.4 The Russian for "child" is **ребёнок.** Its plural is **де́ти:**

	Singular	Plural
Nom.	ребёнок	де́ти
Acc.-Gen.	ребёнка	дете́й
Prep.	ребёнке	де́тях
Dat.	ребёнку	де́тям
Instr.	ребёнком	детьми́

1.5 И́мя "name" and **вре́мя** "time" are neuter; their plurals are formed with the help of the infix **-ен-,** with the nominative ending in **-а:**

Plural

Nom.-Acc.	имена́	времена́
Gen.	имён	времён
Prep.	имена́х	времена́х
Dat.	имена́м	времена́м
Instr.	имена́ми	времена́ми (See Analysis VII, 4.2)

1.6 The word **де́ньги** "money" is always plural: де́ньги, де́ньги, де́нег, деньга́х, деньга́м, деньга́ми.

1.7 The word **часы́** "watch" or "clock" is invariably plural: часы́, часы́, часо́в, часа́х, часа́м, часа́ми.

1.8 In all plural forms of **сосе́д** "neighbor" *d* changes to *d'*: сосе́ди, сосе́дей, сосе́дей, сосе́дях, сосе́дям, сосе́дями.

1.9 The genitive plural of **сестра́** (BA) and **дере́вня** has an unexpected stress on the fill vowel: сестёр and дереве́нь. Otherwise they are regular.

Appendix V

Numerals

1.0 Cardinal Numerals:

1	оди́н,	9	де́вять	18	восемна́дцать
	одна́, одно́	10	де́сять	19	девятна́дцать
2	два́, две́	11	оди́ннадцать	20	два́дцать
3	три́	12	двена́дцать	21	два́дцать оди́н
4	четы́ре	13	трина́дцать	22	два́дцать два́
5	пя́ть	14	четы́рнадцать	23	два́дцать три́
6	ше́сть	15	пятна́дцать	24	два́дцать четы́ре
7	се́мь	16	шестна́дцать	25	два́дцать пя́ть
8	во́семь	17	семна́дцать	26	два́дцать ше́сть

27	двáдцать сéмь	80	вóсемьдесят	700	семьсóт
28	двáдцать вóсемь	90	девянóсто	800	восемьсóт
29	двáдцать дéвять	100	стó	900	девятьсóт
30	трúдцать	200	двéсти	1000	тысяча
40	сóрок	300	трúста	2000	двé тысячи
50	пятьдесят	400	четыреста	3000	трú тысячи
60	шестьдесят	500	пятьсóт	4000	четыре тысячи
70	сéмьдесят	600	шестьсóт	5000	пять тысяч

1.01 Spelling rule: Numerals up to 40 have **ь** at the end; those after 40 have **ь** in the middle of the word: пятнáдцать — пятьдесят, пятьсóт; семнáдцать — сéмьдесят, семьсóт.

1.1 21, 32, 43, etc. are formed by adding the digit to the ten: двáдцать одúн (однá, однó), трúдцать двá (двé), сóрок трú, etc.

1.2 Тысяча "thousand" is a regular feminine noun (but see 3.0 below); further thousands are regular too: двé тысячи, трú тысячи, пять тысяч, сóрок тысяч.

1.3 Миллиóн "million" and **миллиáрд** (or **биллиóн**) "thousand million" are regular masculine nouns and decline accordingly: двá миллиóна, пять миллиóнов; трú миллиáрда, девянóсто миллиáрдов.

1.4 Remember that in writing numerals, a comma is used in Russian where a decimal point is used in English. Thus, 32,5 means "thirty-two and a half" in Russian. Thousands are marked off either by a period or by a space. For example: 6.229.315 or 6 229 315 (cf. the English 6,229,315).

1.5 Ordinal Numerals:

1	пéрвый	11	одúннадцатый	30	тридцáтый
2	вторóй	12	двенáдцатый	40	сороковóй
3	трéтий	13	тринáдцатый	50	пятидесятый
4	четвёртый	14	четырнадцатый	60	шестидесятый
5	пятый	15	пятнáдцатый	70	семидесятый
6	шестóй	16	шестнáдцатый	80	восьмидесятый
7	седьмóй	17	семнáдцатый	90	девянóстый
8	восьмóй	18	восемнáдцатый		
9	девятый	19	девятнáдцатый		
10	десятый	20	двадцáтый		

100	со́тый	600	шестисо́тый
200	двухсо́тый	700	семисо́тый
300	трёхсо́тый	800	восьмисо́тый
400	четырёхсо́тый	900	девятисо́тый
500	пятисо́тый	1000	ты́сячный

2.1 The Russian ordinal numerals corresponding to 21st, 32nd, 43rd, etc. are composed of the *cardinal* representing the ten and the *ordinal* representing the digit: два́дцать пе́рвый (-ое, -ая, -ые), три́дцать второ́й, со́рок тре́тий; се́мь ты́сяч семьсо́т седьмо́й, etc.

2.2 The Russian 2000th, 3000th, etc. are formed on the pattern of the hundreds: двухты́сячный, трёхты́сячный, пятиты́сячный, шеститы́сячный, etc.

3.0 The declension of the numeral 1 is given in Unit VIII, 2.11.

2, 3 and 4 have similar declensions: these (1-4) are the only numerals with special forms for the animate accusative.

The numerals 5-20, and 30 are regular nouns of the 3rd declension.

40, 90 and 100 have a simple declension which has only two forms, a nominative-accusative and a genitive-prepositional-dative-instrumental.

The numeral **полтора́** "one and a half" has in addition a feminine nominative-accusative form (полторы́).

50, 60, 70, 80 and the hundreds are treated as compound words, each part following its own declension pattern, although they are written and pronounced as single words.

1000 is a normal second declension noun; however, beside the normal instrumental case form ты́сячей, the form ты́сячью is encountered.

3.1

Nom.	два́ *m. / n.*, две́ *f.*	три́	четы́ре	Nom.-Acc.	полтора́ *m. / n.*,
Acc.	(as Nom. or Gen.)	(as Nom. or Gen.)	(as Nom. or Gen.)		полторы́ *f.*
Gen.-Prep.	двух́	трёх	четырёх	Gen.-Prep.-	полу́тора
Dat.	двум́	трём	четырём	Dat.-Instr.	
Instr.	двумя́	тремя́	четырьмя́		

Nom.-Acc.	пя́ть	во́семь	пятна́дцать	три́дцать	со́рок	девяно́сто	сто́
Gen.-Prep.-Dat.	пяти́	восьми́	пятна́дцати	тридцати́	сорока́	девяно́ста	ста́
Instr.	пятью́	восьмью́	пятна́дцатью	тридцатью́			

3.2 Remember that in the numerals пятьдеся́т (50), шестьдеся́т (60), се́мьдесят (70), во́семьдесят (80) and the hundreds, there is potentially a secondary stress. However, the stress marked in the paradigm always remains primary.

In the forms containing трёх and четырёх the two dots over the ё indicate this secondary stress, and the fact that the vowel **e** is pronounced **o**: *tr'oxsot* (трёхсо́т).

Nom.-Acc.	пятьдеся́т	пятьсо́т	две́сти	три́ста	четы́реста
Gen.	пяти́десяти	пятисо́т	двухсо́т	трёхсо́т	четырёхсо́т
Prep.	пяти́десяти	пятиста́х	двухста́х	трёхста́х	четырёхста́х
Dat.	пяти́десяти	пятиста́м	двумста́м	трёмста́м	четырёмста́м
Instr.	пятью́десятью	пятьюста́ми	двумяста́ми	тремяста́ми	четырьмяста́ми

3.3 In numerals compounded of the elements given above, each elements is declined; e.g.:

Nom.-Acc.	пя́ть ты́сяч две́сти шестьдеся́т четы́ре (рубля́)
Gen.	пяти́ ты́сяч двухсо́т шести́десяти четырёх (рубле́й)
Prep.	пяти́ ты́сячах двухста́х шести́десяти четырёх (рубля́х)
Dat.	пяти́ ты́сячам двумста́м шести́десяти четырём (рубля́м)
Instr.	пятью́ ты́сячами двумяста́ми шестью́десятью четырьмя́ (рубля́ми)

4.0 Ordinal numerals are declined like adjectives, except the word for "third", which has the following forms:

Nom.	тре́тий	тре́тье	тре́тья	тре́тьи
Acc.	(as Nom. or Gen.)	тре́тье	тре́тью	(as Nom. or Gen.)
Gen.	тре́тьего		тре́тьей	тре́тьих
Prep.	тре́тьем		тре́тьей	тре́тьих
Dat.	тре́тьему		тре́тьей	тре́тьим
Instr.	тре́тьим		тре́тьей	тре́тьими

4.1 In a compound ordinal only the final element is declined: в ты́сяча две́сти девяно́сто тре́тьем году́ "in 1293".

5.0 For the syntax of the cardinal numerals, see VIII, 2.10

Appendix VI

Summary List of All Russian Verb Types

Every Russian verb form consists of:

a root (CVC) + verb classifier (suffix) + ending

basic stem

Suffixed stems equal CVC + suffix. Non-suffixed stems equal CVC + ø.

1. Suffixed Stems

SECOND CONJUGATION

проси́-	1. *-и-*	Alternation in 1st pers. sing.only; thousands of verbs, mostly transitive.	проси́ть прошу́, про́сишь, про́сят
ви́де-	2. *-е-*	Alternation in 1st pers. sing.only; about 50 verbs, mostly intransitive.	ви́деть ви́жу, ви́дишь, ви́дят
слы́ша-	3. *-жа-*	Note that *жа* represents **жа, ша, ща, ча** plus 2 *я-* (*ja-*)verbs: стоя́ть, боя́ться; about 30 verbs, mostly intransitive.	слы́шать слы́шу, слы́шишь, слы́шат

FIRST CONJUGATION

писа́-	4. *-а-*	Alternation *throughout* the present tense; about 60 verbs.	писа́ть пишу́, пи́шешь, пи́шут
наде́я-ся	*-я-(-ja-)*	No alternation possible; 12 verbs.	наде́яться наде́юсь, наде́ешься, наде́ются

ждá-	-а-	*preceded by a non-syllabic root;* no alternation occurs; in some stems an *j* or *t* is inserted between stem consonants; 15 verbs.	ждать жду́, ждёшь, жду́т
диктовá-	5. -ова-	Alternation (-*ова*- with -*уй*-) *throughout* present tense; thousands of verbs, many of which have stems borrowed from foreign languages.	диктовáть дикту́ю, дикту́ешь, дикту́ют
читáй-	6. -ай-	Thousands of verbs, all imperfective.	читáть читáю, читáешь, читáют
умéй-	7. -ей-	Hundreds of verbs, mostly intransitive.	умéть умéю, умéешь, умéют
усну́-	8. -ну- (-ну-)[1]	Hundreds of verbs, mostly intransitive.	усну́ть усну́, уснёшь, усну́т
давáй-	9. -авай-	Alternation -*авáй*- with -*ай*-' in the present tense but not in *the imperative;* only 3 verbs.	давáть даю́, даёшь, даю́т
боро̆-ся	10. -о-	Alternation *p/p'* throughout the present tense; in all stems stress is shifted back to left; 4 verbs + 1 irreg. verb.	боро́ться борю́сь, бóрешься, бóрются

---

[1](-*ну*-) indicates a subclass of Number 8 in which the suffix -*ну*- disappears in past tense forms: ги́бнуть — ги́б, ги́бла, ги́бли.

II. Non-Suffixed Stems[1] (About 100 in all; all are 1st conjugation)

A. Resonant stems (i.e. stems ending in *н*, *р* or *м*) or stems in *v* or *j*.

жив-	1. -*в*-	3 verbs.	жи́ть живу́, живёшь, живу́т
де́н-	2. -*н*-	4 verbs; all stem-stressed.	де́ть де́ну, де́нешь, де́нут
кро́й-	3. -*ой*-	5 verbs; all stem-stressed; alternation of *о* with *и* (**ы**) before consonantal endings.	кры́ть кро́ю, кро́ешь, кро́ют
ду́й-	-*й*-	4 verbs; all stem-stressed.	ду́ть ду́ю, ду́ешь, ду́ют

Non-Syllabic Stems

пь̆/й	-*й*-	preceded by a non-syllabic root (*и* added before consonantal endings); 5 verbs.	пи́ть пью, пьёшь, пьют (пе́й!)
ў-м/р-	4. -*р*-	preceded by a non-syllabic root; alternation of *р* with *ере* before *ть* and with *ер* before other consonants; in masc. past *л* is dropped; 3 verbs.	умере́ть умру́, умрёшь, умру́т о́н у́мер, она́ умерла́

---

[1]Stress mark over non-suffixed stems refers to the past tense. Unless specially indicated, stress in the present tense falls on the endings.

нӑ-чн-	5a. *-м-* or *-н-*	preceded by a non-syllabic root; *м* or *н* changes to *'а* before any consonantal ending; 5 verbs.	нача́ть начну́, начнёшь, начну́т
	5b. *-йм/ним*	changes to *ня* before consonantal endings	
по̆-йм	*-йм-*	Non-syllabic root occurring after prefixes ending in a vowel.	поня́ть, пойму́, поймёшь, пойму́т
с-нйм-	*-ним-*	Variant of *-йм-* used after prefixes ending in a consonant. NB: Shifting stress in both tenses.	снять сниму́, сни́мешь, сни́мут

B. Obstruent stems (i.e. stems in *д, т, г, к* or *б)* or stems in *с* or *з* — no others occur.

ве̌д-'	1. *-д-* or *-т-*	*д* or *т* changes to *с* before infinitive. Omission of *д* or *т* in past is regular; 14 verbs.	вести́ веду́, ведёшь, веду́т
ве̌з-'	2. *-з-* or *-с-*	In masc. past *л* is dropped; other consonantal endings simply added without omissions; 7 verbs.	везти́ везу́, везёшь, везу́т вёз, везла́, везли́
те̌к-'	3. *-г-* or *-к-*	Alternation before ё: *г* or *к* + inf. *ть* becomes *ч*. In masc. past *л* is dropped, other consonantal endings added without omissions; 11 verbs.	те́чь теку́, течёшь, теку́т тёк, текла́, текли́

грёб-¹	4. -б-	б changes to с in infinitive; in masc. past л is dropped, other consonantal endings added without omissions; 2 verbs.	грести́ гребу́, гребёшь, гребу́т грёб, гребла́, гребли́

Inventory of Irregular Verbs

I. Suffixed stems

хоте́ть: хочу́, хо́чешь, хо́чет, хоти́м, хоти́те, хотя́т

бежа́ть: бегу́, бежи́шь, бежи́т, бежи́м, бежи́те, бегу́т; беги́!

спа́ть: сплю, спишь, спят; спал, спала́

II. Non-suffixed stems

пе́ть: пою́т

взя́ть: возьму́т; взя́л, взяла́, взя́ло, взя́ли

бы́ть: бу́дут

е́хать: е́дут; поезжа́й!

идти́: иду́т; шёл, шла́, шло́, шли́

се́сть: ся́дут

расти́: расту́т; ро́с, росла́

ле́чь: ля́гут; ля́г!

мо́чь: могу́, мо́жет, мо́гут; мо́г, могла́

ошиби́ться: ошибу́тся; оши́бся, оши́блась

III. Irregular

да́ть: да́м, да́шь, да́ст, дади́м, дади́те, даду́т; да́й! да́л, дала́, да́ло

е́сть: е́м, е́шь, е́ст, еди́м, еди́те, едя́т; е́шь! е́л, е́ла

ENGLISH

RUSSIAN

А а

а *conj. & part.* and, but, whereas, 3, 4
а́вгуст August, 3
автобус bus, 1
а́втор author, 5
адвока́т lawyer, 2
а́дрес AB (-а́) address, 5
акаде́мик academician, 12
акти́вно actively, 12
акти́вный active, 13
алло́ hello, 2
альпини́зм mountain climbing, 13
альпини́ст(-ка) mountain climber, 13
америка́нец American, 3
америка́нка American, 3
америка́нский American, 3
ана́лиз analysis, 12
англи́йский English, 3
англича́нин Englishman, 3
англича́нка Englishwoman, 3
апре́ль April, 3
апте́ка pharmacy, 1
а́рмия army, 16
арти́ст(-ка) actor, artist, 5
архео́лог archeologist, 10
археоло́гия archeology, 10
архите́ктор architect, 6
архитекту́ра architecture, 6
архитекту́рный architectural, 8
аспира́нт (post) graduate student, 8
астрона́вт astronaut, 15
аудито́рия classroom, 3
афи́ша poster, 14

Б б

ба́бушка grandmother, 13
ба́нк bank, 3
бале́т ballet, 5
баскетбо́л basketball, 10
баскетболи́ст(-ка) basketball player, 13

бассе́йн swimming-pool, 13
бе́г running, race, 13
бе́гать *бе́гай-* (*multidirect.*) run, 9
бе́дный poor, 7
бежа́ть *irreg.* (*unidirect.*) run, 11
без (+ *gen.*) without, 13
белору́сский Byelorussian (White Russian), 10
бе́лый white, 8
бе́рег AB (-а́) shore; bank, 5
библиоте́ка library, 2
биле́т ticket, 4
био́лог biologist, 2
биологи́ческий biological, 3
биоло́гия biology, 3
бога́тство wealth, 15
бога́тый rich, wealthy, 7
бо́кс boxing, 13
боксёр boxer, 13
бо́лее more, 15
боле́знь *f.* illness, 13
бо́лен (больна́, -ы́) sick, ill, 9
боле́ть[1] *боле́-* hurt, be painful, ache, 9
боле́ть[2] *боле́й-* 1. ч е́ м be ill (with); 2. з а
   к о г о́ — ч т о́ root (for), support 13
больни́ца hospital, 2
больно́й *noun* sick person, patient, 9
бо́льше more, 12
большинство́ majority, 9
большо́й large, big, great, 3
боро́ться *боро̀-ся imp.* п р о́ т и в   к о г о́
   — ч е г о́,   з а   ч т о́ struggle, fight, 10
боти́нки *pl.* (*sing.* боти́нок) (ankle high) boots, 16
боя́ться *боя̀-ся imp.* к о г о́ — ч е г о́ fear, 9
бра́т (*pl.* бра́тья) brother, 2
бра́ть *б/ра̀-,* беру́т / **взя́ть** *irreg.* take; ~ на
   пе́рвое order as a first course, 8
брю́ки *pl. only* trousers, 16
бу́дущее *noun* future; the future, 12
бу́дущий future, 13
бу́ква letter, 8
бутъ́лка bottle, 12

буфе́т snack bar, lunch counter, 6

быва́ть[1] *быва́й*- / побыва́ть visit, 11

быва́ть[2] *быва́й*- г д е́ occur, be (from time to time), 16

бы́вший former, 10

бы́стро fast, quickly, 2

бы́стрый fast, rapid, 4

быть *irreg.* г д е́, к е́ м be, 4, 13

В в

в (+ *prep.*) in, 2; (+ *acc.*) into, to, 11

ваго́н train car, 1

ва́жный important, 9

ва́за vase, 8

ваш your(s), 1

вдруг suddenly, 13

ве́жливый polite, 7

везде́ everywhere, 5

везти́ *вёз-́* *imp.* (*unidirect.*) take, carry (by conveyance), 11

век АВ (-а́) century, age, 7

вели́кий great, 7

велосипе́д bicycle, 11

ве́рить *ве́ри*- / пове́рить к о м у́, в о ч т о́ believe, 12

верну́ться, 12 *see* возвраща́ться

ве́село cheerfully, happily, 10

весёлый happy, cheerful, 8

весна́ ВА spring, 15

весно́й in the spring, 4

вести́ *вёд-́* *imp.* (*unidirect.*) lead (on foot), 11; вести́ рабо́ту carry on work, 16

весь, вся, всё; все́ whole, entire, all, 9

ве́тер wind, 13

ве́чер АВ evening, party 4, 8

вече́рний evening, 14

ве́чером in the evening, 2

вещь *f.* АС thing, 16

взро́слый *adj. & noun* adult, 8

взять, 8 *see* брать

вид[1] н а ч т о́ view; type, sight, 14

вид[2] kind, 13

ви́деть *ви́де*- / уви́деть к о г о́ — ч т о́ see, 5, 6

ви́лка fork, 15

вино́ ВА wine, 10

винова́т guilty, 9

висе́ть *висе́*- *imp.* hang, 5

включа́ть *включа́й*-/включи́ть *включи́*- turn on, 8

вку́сный tasty, delicious, 12

вме́сте together, 6

внима́тельно attentively, 6

внук grandson, 10

во вре́мя (+ *gen.*) during, 10

во-вторы́х in the second place, secondly, 9

вода́ СА water, 5

води́ть *води́*- *imp.* (*multidirect.*) к о г о́ — ч т о́ lead (on foot), 11

возвраща́ться *возвраща́й-ся* / верну́ться *верну́-ся* return, 12

во́здух air, 15

вози́ть *вози́*- *imp.* (*multidirect.*) к о г о́ — ч т о́ carry (by conveyance), 11

возмо́жность *f.* possibility, 16

война́ ВА war, 10

вокза́л train station, 7

вокру́г around, 16

волейбо́л volleyball, 10

волейболи́ст (-ка) volleyball player, 13

во́лосы *pl.* АС hair, 15

вон (там) over there, 1

во-пе́рвых in the first place, firstly, 9

вопро́с question, 9

восемна́дцать eighteen, 5

во́семь eight, 2

во́семьдесят eighty, 5

восемьсо́т eight hundred, 6

воскресе́нье Sunday, 10

воспи́тывать *воспи́тывай*- / воспита́ть *воспита́й*- к о г о́ — ч т о́ educate, bring up, 13

восто́к east, 4

восьмо́й eighth, 3

вот here, 1

впервы́е for the first time, 9

впечатле́ние impression, 14

враг ВВ enemy, 16

врач ВВ doctor, physician, 2

вре́мя *n.* AB time, 7

все *pl.* everybody, all, 12

всё everything, 12

всё в поря́дке everything is all right, 9

всегда́ always, 6

вспомина́ть *вспоминáй-* / вспо́мнить *вспóмни-* к о г о́ — ч т о́, о ч ё м / *subordinate clause* recollect, remember, 4, 6

встава́ть *вставáй-*/ вста́ть *встáн-* get up, rise, 9

встре́ча meeting, 12

встреча́ть(ся) *встречáй-(ся)* / встре́тить(ся) *встрéти-(ся)* meet (with), 9, 13

вто́рник Tuesday, 9

второ́й second, 3

в-тре́тьих in the third place, thirdly, 9

вхо́д entrance, entry, 13

входи́ть *входѝ-*/ войти́ *irreg.* enter (on foot), 13

вчера́ yesterday, 2

вы́ you, 2

выбира́ть *выбирáй-* / вы́брать *вы́б/ра-* ч т о́ — к о г о́ select, elect, 9

выи́грывать *выѝгрывай-* /вы́играть *вы́играй-* win, 13

выража́ть *выражáй-* / вы́разить *вы́рази-* (себя́) express (oneself), 14

высо́кий high, tall, 4

вы́ставка exhibition, 7

выступа́ть *выступáй-* / вы́ступить *вы́ступи-* come forward, appear, 7

выступле́ние appearance; speech, 14

вы́ход exit, 13

выходи́ть *выходѝ-* / вы́йти *irreg.* exit, go out (on foot), 13

Г г

га́з (natural) gas, 5

газе́та newspaper, 1

галере́я gallery, 4

где́ where, 1

гео́граф geographer, 5

геогра́фия geography, 5

географи́ческий geographical, 6

гео́лог geologist, 8

геологи́ческий geological, 3

геро́й hero, 8

геройня heroine, 14

гимна́стика gymnastics, 13

гимна́ст (-ка) gymnast, 13

гла́вное *noun* the main thing, 9

гла́вный main, 6

гла́з AB (-á) eye, 9

гла́сность *f.* glasnost, openess, 9

глубо́кий deep, 15

глу́пый foolish, stupid, 15

говори́ть[1] *говорѝ-* *imp.* о к о́ м — о ч ё м speak, 2

говори́ть[2]*говорѝ-* / сказа́ть *сказà-* ч т о́, к о м у́, о ч ё м / *subordinate clause* say, tell, 6

го́д AC (*gen. pl.* ле́т) year, 5, 8

голова́ CC head, 9

го́лос AB (-á) voice, 14

голубо́й light-blue, 16

гора́ CC mountain, 4

горе́ть *горѐ-* *imp.* be on fire, 16

го́рный mountain, 4

го́род AB (-á) city, town, 2

городско́й city, 5

горя́чий hot, 16

гости́ница hotel, 2

го́сть AC guest, 8

госуда́рственный state, public, 3

госуда́рство state, 14

гото́в ready, 10

гото́вить *готóви-* / приго́товить ч т о́ prepare, 6

гото́виться *готóви-ся* / подгото́виться к ч е м у́ prepare (for), 13

гра́дус degree, 15

гра́мотный literate, 8

гри́пп flu, 9

гро́мко loudly, 7

гру́ппа group, 13

гру́стный sad, 10

гру́стно (it is) sad, sadly, 14

гря́зный dirty, 15

гуля́ть *гуляѝ-* *imp.* stroll, walk, 4

Д д

да́ yes, 1

дава́ть *дава́й-* / да́ть *irreg.* ч т о́, к о м у́ give, 10

дава́й(те) игра́ть let's play (*imp.*), ~ пое́дем let's go (*p.*) 12

дава́йте познако́мимся let's get acquainted, 7

давно́ long ago, for a long time, 5

да́же even, 13

далёкий far, distant, 16

да́льше further, 9

дари́ть *дари̌-* /подари́ть give (a gift), 10

два́ two, 2

два́дцать twenty, 5

двена́дцать twelve, 5

дверь *f.* AC door, 11

две́сти two hundred, 6

движе́ние movement, 13

де́вочка girl (pre-adolescent), 7

де́вушка girl (over 15), 3

девяно́сто ninety, 5

девятна́дцать nineteen, 5

девя́тый ninth, 3

де́вять nine, 2

девятьсо́т nine hundred, 6

де́душка grandfather, 13

действи́тельно really, indeed, 14

дека́брь BB December, 3

де́лать *де́лай-* /сде́лать ч т о́ do, make, 2, 6

де́ло AB matter, affair, business, 9

де́нь BB day, 6

де́нь рожде́ния birthday, 8

де́ньги *pl. only* money, 8

дереве́нский village, 8

дере́вня AC village, country, 2

де́рево (*pl.* дере́вья) tree, 11

деревя́нный wood, wooden, 11

деся́тый tenth, 3

де́сять ten, 2

де́ти *pl. only* children, 5

де́тский children's, 9

де́тство childhood, 10

дива́н sofa, couch, divan, 5

дире́ктор AB (-а́) director, 12

дирижёр conductor, 7

длина́ BA length, 15

дли́нный long, 15

для (+ *gen.*) for, 8

днём in the afternoon, 2

до́брый kind, good, 14

до́брый де́нь (ве́чер) good afternoon (evening), 4

до́брое у́тро good morning, 4

дово́льный pleased, satisfied (with), 14

до́ждь BB rain, 13

дое́хать *irreg. p. (unidirect.)* reach (by conveyance), 13

докла́д paper, report, 6

до́ктор AB (-а́) doctor, 9

докуме́нт document, 6

документа́льный documentary, 6

до́лго for a long time, 6

до́лжен, должна́, -ы́ ought, should, 8

до́м AB (-а́) house, building, 1

до́ма at home, 1

домо́й to one's house, homewards, 11

доро́га road, 11

дорого́й 1. dear, 13; 2. expensive, 8

до свида́ния good-by, 2

до́чка daughter, 7

дре́вний ancient, old, 8

дру́г AB (*pl.* друзья́) friend, 2

дру́г дру́га each other, one another, 9

друго́й different, (an)other, 4

дру́жеский friendly, 7

ду́мать *ду́май-* /поду́мать о ко́м — о чём /*subordinate clause* think, 5, 15

Е е

его́ his, 2

еди́ный биле́т (monthly) ticket (for all forms of public transportation), 15

её her, 2

е́здить *е́зди-* *imp. (multidirect.)* go (by conveyance), drive, 11

е́сли if, 11

е́сть[1] there is, 7

е́сть[2] *irreg.* eat, 8

éхать *irreg. imp. (unidirect.)* go (by conveyance), drive, 11

ещё still, yet, 5

Ж ж

жа́ль (it is) a shame, 16

жда́ть *жда̀-* / **подожда́ть** к о г о́ — ч е г о́ wait; expect, 12

жела́ть *желáй-* / **пожела́ть** к о м у́, ч е г о́ wish, desire, 15

жёлтый yellow, 8

жена́ BA wife, 1

жена́т married, (one) has a wife, 15

же́нщина woman, 3

жи́знь *f.* life, 8

жи́тель inhabitant, 8

жи́ть *жѝв-* *imp.* live, 2

журна́л journal, magazine, 2

журнали́ст (-ка) journalist, 2

З з

забыва́ть *забывáй-* / **забы́ть** *irreg.* к о г о́ — ч т о́ forget, 10

заво́д factory, 1

за́втра tomorrow, 6

за́втрак breakfast, 9

за́втракать *зáвтракай-* / **поза́втракать** breakfast, 8

заговори́ть *заговори́-* *p.* start talking, 8

зада́ча problem, task, 6

закрыва́ть *закрывáй-* / **закры́ть** *закрóй-* close, 11

за́л hall, large room, 8

замеча́ть *замечáй-* / **заме́тить** *замéти-* к о г о́ — ч т о́ note, notice, 9, 16

занима́ться *занимáй-ся* imp. г д е́, ч е́ м be occupied, have as occupation, pursuit; work; study, 9; participate in, 13

заня́тие classes, 6

за́пад west, 4

запе́ть *irreg. p.* start singing, 8

запомина́ть *запоминáй-* / **запо́мнить** *запóмни-* ч т о́ remember, memorize, 10

засмея́ться (*see* смея́ться) begin to laugh, 8

заче́м why, 14

защища́ть *защищáй-* /**защити́ть** *защитú-* к о г о́ — ч т о́ defend, 16

зва́ть з/*вá-* (зову́т) *imp.* call, 7; **Ка́к ва́с зову́т?** What is your name? 7

звони́ть *звони́-* /**позвони́ть** к о м у́ call up, telephone, 6

звуча́ть *звучá-* sound, 14

зда́ние building, 3

зде́сь here, 1

здоро́вый healthy, sturdy, 9

здоро́вье health, 5; **Ка́к ва́ше здоро́вье?** How are you?, 5

здра́вствуй(те) hello, 2

зелёный green, 8

земля́ CC (*gen. pl.* земéль) 1. earth; 2. land, 9

зима́ CA winter, 15

зи́мний winter, 14

зимо́й in the winter, 2

знако́миться *знакóми-ся* /**познако́миться** с к е́ м — с ч е́ м be acquainted, be introduced, 9, 13

знако́мый *adj. & noun* acquaintance, 3

знамени́тый famous, 7

зна́ть *знáй-* *imp.* к о г о́ — ч т о́/*subordinate clause* know, 2

значе́ние meaning, 15

значо́к BB badge, pin, 8

золото́й golden, 16

зо́на zone, 15

зо́нт umbrella, 16

зу́б AC tooth, 9

И и

и *conj.* and, 1

игра́ть *игрáй-* *imp.* в о ч т о́ play, 10

идти́ *irreg. imp. (unidirect.)* go (on foot) 11; до́ждь идёт it is raining, 13; фи́льм идёт a film is on/showing, 14

из (+ *gen.*) out of, from, 12

извини́(те) excuse me, 1

изменя́ть(ся) *изменя́й -(ся)* / **измени́ть(ся)** *измени̂-(ся)* change, 14

изуча́ть *изучáй-* / **изучи́ть** *изучи̂-* ч т о́ study deeply, 5, 6

и́ли or, 2

име́ть *име́й- imp.* ч т о́ have, possess; ~ успе́х be a success, 14

и́мя *n. АВ (gen. sing. и́мени)* name, 7

инжене́р engineer, 2

иногда́ sometimes, 7

иностра́нец foreigner, 8

иностра́нный foreign, 4

институ́т institute, 1

инструме́нт instrument, 14

интере́с interest, 14

интере́сы *pl.* interests, 9

интере́сно interesting(ly), 4

интере́сный interesting, 3

интересова́ть(ся) *интересова́ - (ся) imp.* к е́ м — ч е́ м be interested, 13

иска́ть *иска́- imp.* к о г о́ — ч т о́ look for, search, 10

иску́сственный artificial, 9

иску́сство art, 8

испа́нец Spaniard, 14

испа́нский Spanish, 15

исполня́ть *исполня́й- / исполнить исполни-* ч т о́ perform, 14

испо́льзовать *испо́льзова- imp. & p.* ч т о́ utilize, use, 7

исто́рик historian, 2

истори́ческий historical, 3

исто́рия history, 3

италья́нец Italian, 14

их their(s); them, 2

ию́ль July, 3

ию́нь June, 3

К к

к (+ *dat.*) to, toward, 12

кабине́т office, study, 6; лингафо́нный ~ language lab, 6

ка́ждый every, each, 6

ка́жется *parenth.* it seems, 9

каза́ться *каза́-ся imp.* ч е́ м seem, appear, 13

ка́к how, 2

Ка́к ва́с зову́т? What is your name?, 3

Ка́к ва́ше здоро́вье? How are you?, 5

Ка́к ва́ши дела́? How are things?, 4

ка́к всегда́ as always, 6

Ка́к вы́ себя́ чу́вствуете? How do you feel?, 9

како́й what kind of, which, 3

како́й-нибудь any, 15

како́й-то some, 15

ка́мень AC rock, stone, 12

кана́л canal, 16

кандида́т candidate, 12

кани́кулы *pl. only* vacation, 13

капита́н captain, 13

каранда́ш BB pencil, 2

ка́рта map, 2

карти́на picture, 5

ка́сса cashier's box, 1

ката́ться *ката́й-ся imp. (multidirect.)* roll; ride (by conveyance), 13

кафе́ *indecl.* cafe, 7

кварти́ра apartment, 2

киломе́тр kilometer, 13

кино́ *indecl.* movie theater, cinema, 5

кинотеа́тр movie theater, 8

кла́сс classroom; class; grade (in school), 5

класси́ческий classical, 14

кла́сть *клад- / положи́ть положи́-* ч т о́, к у д а́ place (in a lying position), 12

кли́мат climate, 5

клу́б club, 3

кни́га book, 1

кни́жный book, 8

когда́ when, 3, 6

ко́лледж college, 13

колле́кция collection, 8

кома́нда (athletic) team, 10

коме́дия comedy, 8

ко́мната room, 1

компози́тор composer, 5

компью́тер computer, 14

коне́ц BB end, 5

коне́чно *parenth.* of course, 7

конкре́тный concrete, specific, 12

ко́нкурс competition, 14

консервато́рия conservatory, 7

консульта́ция consultation, 12

контро́льная рабо́та quiz, 9
конфере́нция conference, 6
конце́рт concert, 4
конча́ть(ся) *конча́й-(ся)* / **ко́нчить(ся)** *ко́нчи-(ся)* end, 6, 13
коньки́ *pl. only* BB skates, 13
копе́йка kopeck, 8
кора́бль BB ship, 9, 11
коридо́р corridor, 11
космона́вт cosmonaut, astronaut, 9
ко́смос cosmos, 9
костю́м suit (of clothes), 16
кото́рый which, who, that, 10
ко́фе *m., indecl.* coffee, 5
ко́шка cat, 1
краси́вый beautiful, handsome, 3
кра́сный red, 8
красота́ BA beauty, 5
кра́ткий short, brief, 7
кре́сло armchair, 9
крестья́нин peasant, 7
кру́пный large, 13
к сожале́нию *parenth.* unfortunately, 10
кто́ who, 1
кто́-нибудь somebody, anybody, 15
кто́-то somebody, 15
куда́ where, 11
куда́-нибудь somewhere, 15
куда́-то somewhere, 15
культу́ра culture, 5
культу́рный cultural; cultured, 11
купи́ть *see* покупа́ть buy, 8
кури́ть *кури́-* imp. smoke, 10
ку́рс course of study, year in college, 5, 6

Л л

лаборато́рия laboratory, 3
лаборато́рный laboratory, 6
ла́мпа lamp, 5
лёгкий easy; light, 15
легко́ easily; (it is) simple, 14
лёд (*gen.* льда́) BB ice, 13
лежа́ть *лежа́-* imp. lie, be in lying position, 2

лека́рство medicine, 9
ле́кция lecture, 4
ле́с AB (-а́) forest, 5
лета́ть *лета́й-* imp. (*multidirect.*) fly, 11
лете́ть *лете́-* imp. (*unidirect.*) fly, 11
ле́тний summer, 14
ле́то summer, 7
ле́том in the summer, 2
лётчик pilot, flyer, 9
лечи́ть *лечи́-* / вы́лечить к о г о́ — ч т о́ treat, 14
ли *interrog. part* whether, 9
литерату́ра literature, 5
лицо́ BA face; person, 9
ло́жка spoon, 15
лу́чше better, 12
лы́жи *pl. only* skis, 13
люби́мый favorite, 5
люби́ть *люби́-* к о г о́ — ч т о́ / *inf.* love, like, 5
лю́ди *pl.* people, 5

М м

магази́н store, 1
ма́й May, 3
ма́ленький small, little, 3
ма́ло little, few, 4
ма́льчик boy (under 15), 7
ма́ма mama, 1
ма́рка postage stamp, 8
ма́рт March, 3
маршру́т route, itinerary, 12
ма́стер AB (-а́) master; foreman, 13
матема́тик mathematician, 2
матема́тика mathematics, 5
математи́ческий mathematics, mathematical, 12
материа́л material, 6
ма́тч match, game, competition, 13
ма́ма mother, 7
маши́на automobile, 1
медици́нский medicine, medical, 9
ме́дленно slowly, 7
междунаро́дный international, 14

ме́нее less, 15

меню́ menu, 10

ме́сто AB place, 4

ме́сяц month, 6

мета́лл metal, 15

ме́тр meter, 15

метро́ *indecl.* subway, 7

мечта́ dream, 16

мечта́ть *мечта́й- imp.* dream, wish, 9

миллио́н million, 8

ми́нус minus, 15

мину́та minute, 8

мир[1] world, 5

мир[2] peace, 6

мла́дший younger; junior, 11

мно́го much, 4

мо́жет бы́ть *parenth.* perhaps, 5

мо́жно (it is) possible, (it is) permitted, 10

мо́й my, mine, 1

молодёжь *f.* youth, young people, 12

молодо́й young, 3

мо́лодость *f.* youth, 12

молоко́ milk, 10

мо́ре AB *see*, 4

моро́женое ice-cream, 11

моро́з frost, 16

москви́ч BB Muscovite, 3

моско́вский Moscow, 8

мо́ст AB bridge, 11

мочь / смо́чь *irreg.* be able to, 7

му́ж AB (*pl.* мужья́) husband, 1

мужчи́на man, 7

музе́й museum, 3

му́зыка music, 5

музыка́льный musical, 10

музыка́нт musician, 7

мультфи́льм animated cartoons, 14

мы we, 2

мя́со meat, 8

Н н

на (+ *prep.*) (*place*) on, upon, at, 2, 4, 11, 14; (+ *acc.*) (*destination*) to, 11, 14

над (+ *instr.*) above, over, 13

наде́яться *надея́-ся imp.* н а ч т о́ wish; hope, 16

на́до (it is) necessary, 10

наза́д ago, back, 6

назва́ние name, 8

называ́ть *называ́й- /* назва́ть *наз/ва̋* name, 15

называ́ться *называ́й-ся* be called, 8

нале́во to the left, 11

написа́ть, 6 *see* писа́ть

напра́во to the right, 11

наприме́р for example, 7

напро́тив opposite, 2

нарисова́ть, 6 *see* рисова́ть

наро́д people, nation, 7

наро́дный people's, folk, 5

настоя́щее (вре́мя) present (time), 16

нау́ка science, 8

нау́чный scientific, 6

находи́ть *находи̋- /* **найти́** *irreg.* к о г о́ — ч т о́ find, 10

находи́ться *находи̋-ся imp.* г д е́ be located, be found, 5

национа́льность *f.* nationality, 16

национа́льный national, 9

нача́ло beginning, 5

начина́ть(ся) *начина́й-ся /* **нача́ть(ся)** *на̋чн- (начн-́ся)* begin, 7, 13

на́ш our(s), 1

не not, 1

не́бо AB sky, heaven, 16

небольшо́й not large, small, 4

неве́ста bride, fiancée, 13

неда́вно not long ago, recently, 9

недалеко́ от (+ *gen.*) not far from, 10

неде́ля week, 6

недорого́й inexpensive, 8

неинтере́сный uninteresting, 4

не́который some, 13; не́которое вре́мя (for) some time, 14

некраси́вый plain, 4

нельзя́ (it is) not permitted, (it is) impossible, 10

нема́ло considerable quantity, much, 16

не́мец German, 3

неме́цкий German, 3

не́мка German, 3

немно́го some, little, 5

необыкнове́нный unusual, 16

неожи́данно unexpectedly, 16

неофициа́льный unofficial, informal, 7

непло́хо not bad(ly), 4

неплохо́й not bad, quite good, 4

непоня́тный incomprehensible, 8

непра́вильно incorrect, 6

не́сколько several, 8

неста́рый not old, new, 4

нести́ *нёс-* imp. (*unidirect.*) carry (on foot), 11

не́т no, 1

не́фть f. petroleum, 15

нигде́ nowhere, 14

ни́зкий low, 15

никогда́ never, 14

никто́ no one, 14

ничего́ nothing; all right, that's O.K., fine, 4; ничего́ осо́бенного nothing special, 6

ничто́ nothing, 14

но conj. but, however, 9

но́вость f. AC news, 10

но́вый new, 3

но́ж BB knife, 15

но́мер AB (-а́) number; issue, 2

носи́ть *носи̌-* imp. (*multidirect.*) carry (on foot), 11

но́чь f. AC night, 11

но́чью at night, 11

ноя́брь BB November, 3

нра́виться *нра́ви-ся* / **понра́виться** к о м у́ pleasing to; like, 12

ну́жен necessary, 12

О о

о (+ *prep.*) about, 4

обе́д dinner, 11

обе́дать *обе́дай-* / **пообе́дать** have dinner, 8

обеща́ть *обеща́й-* / **пообеща́ть** promise, 14

образова́ние education, 14

обра́тно back, backwards, 12

обсужда́ть *обсужда́й-* / **обсуди́ть** *обсуди́-* ч т о́ discuss, 6

обсужде́ние discussion, 6

общежи́тие dormitory, 3

объясня́ть *объясня́й-* / **объясни́ть** *объясни́-* ч т о́ explain, 8

обы́чно usually, 4

обяза́тельно without fail, 7; surely, 12

о́вощи pl. AC vegetables, 11

огро́мный huge, enormous, 15

одева́ться *одева́й-ся* / оде́ться *оде́н-ся* dress, 16

оде́жда clothing, 16

оди́н one; alone, 2

одина́ковый similar, 9

оди́ннадцать eleven, 5

одна́жды once, at one time, 7

о́зеро (pl. озёра) lake, 15

ока́нчивать *ока́нчивай-* / око́нчить *око́нчи-* finish, graduate, 12

океа́н ocean, 5

окно́ BA window, 1

о́коло (+ gen.) around, near, 5

оконча́ние completion, 6

октя́брь BB October, 3

о́н, она́, оно́; они́ he, she, it; they, 1

опа́здывать *опа́здывай-* / **опозда́ть** *опозда́й-* be late, 8

о́пера opera, 5

опера́ция operation, 9

опя́ть again, 8

организа́ция organization, 6

организова́ть *организова́-* imp. & p. ч т о́ organize, 6

оригина́льный original, 15

освеща́ть *освеща́й-* / **освети́ть** *освети́-* ч т о́ illuminate, light, 15

освобожда́ть *освобожда́й-* / **освободи́ть** *освободи́-* к о г о́ — ч т о́ liberate, free, 16

о́сень fall, autumn, 15

о́сенью in the autumn, 6

основа́ть *основа́-* imp. ч т о́ found, establish, 9

основа́тель founder, 16

осо́бенно especially, 9

осо́бый special, unique, 9

остава́ться *остава́й-ся* / **оста́ться** *оста́н-ся* remain, stay, 14 оставля́ть *оставля́й-* / оста́вить *оста́ви-* к о г о́ — ч т о́ leave, 15

остано́вка stop, 11

о́стров AB (-а́) island, 11

от (+ *gen.*) from, 12

отве́т answer, 11

отвеча́ть *отвеча́й-* / **отве́тить** *отве́ти-* к о м у́ answer, 2, 7

отдыха́ть *отдыха́й-* / **отдохну́ть** *отдохну́-* rest; relax; vacation, 2, 6

оте́ц BB father, 2

открыва́ть *открыва́й-* / **откры́ть** *откро́й-* ч т о́ open, 8

откры́тие opening, discovery, 15

откры́тка postcard, 8

отку́да from where, 12

отку́да-нибудь from somewhere, 15

отку́да-то from somewhere, 15

отме́тка mark, grade, 10

отря́д detachment, brigade, 6

отту́да from there, 12

о́тчество patronymic, 7

официа́льный official, formal, 7

о́чень very, 2

оши́бка mistake, 10

П п

пальто́ *indecl.* coat, 16

па́мятник monument, 6

па́мять *f.* memory, 10

пара́д parade, 16

па́рк park, 3

певе́ц BB singer, 14

певи́ца singer, 14

педагоги́ческий pedagogic, teacher training, 4

пейза́ж landscape, scenery, 15

пе́рвый first, 3

перево́д translation, 10

переводи́ть *переводи́-* / перевести́ *перевёд-* ч т о́ translate, 5, 6

перево́дчик interpreter, translator, 2

пе́ред (+ *instr.*) before, in front of, 13

передава́ть *передава́й-* / **переда́ть** *irreg.* ч т о́,

к о м у́ convey, 10; ~ по ра́дио broadcast, 15

переда́ча broadcast, 13

перестро́йка perestroika, restructuring, 9

пери́од period, 6

пе́сня song, 6

пе́ть / **спе́ть** *irreg.* ч т о́ sing, 4, 6

писа́тель writer, 3

писа́ть *писа́-* / **написа́ть** ч т о́ write, 5, 6

пи́сьменный written, 8

письмо́ BA letter, 1

пи́ть *п̌/й-* / **вы́пить** *вы́п/й-* drink, 6

пла́вание swimming, 13

пла́вать *пла́вай-* (*multidirect.*) swim, 4

пла́н plan, schedule, 14

пласти́нка (phonograph) record, 8

плато́к BB kerchief, 2

пла́тье dress, 8

пла́щ BB raincoat, 16

пло́хо bad(ly), 2

плохо́й bad, 3

пло́щадь *f.* AC square, 8; area, surface, 15

плы́ть *плы́в-* (*unidirect.*) swim, 11

плю́с plus, 15

по (+ *dat.*) on, along, according to, 11

по-англи́йски (in) English, 2

побе́да victory, 13

победи́тель victor, winner, 14

побежда́ть *побежда́й-* / **победи́ть** *победи́-* win, conquer, 13

побыва́ть, *see* **быва́ть**

по-ва́шему in your opinion, 15

повторя́ть *повторя́й-* / **повтори́ть** *повтори́-* repeat, 7

поговори́ть *поговори́-* *p.* have a talk, 13

пого́да weather, 4

по́д (+ *instr.*) under, below, 13

пода́рок gift, 8

подгото́виться, 13 *see* **гото́виться**

подгото́вка preparation, 12

подру́га friend, 2

по-друго́му otherwise, in a different way, 14

поду́мать *поду́май-* *p.* think (a little), 15

по́езд AB (-а́) train, 4

поéздка trip, 16

поéхать *irreg. p. (unidirect.)* go (by conveyance), 12

пожáлуйста please, 2

пóздно late, 9

поздравлять *поздравляй-* / поздрáвить *поздрáви-* к о г ó   с   ч é м congratulate someone on the occasion of, 15

познакóмиться, 9 *see* **знакóмиться**

пойти *irreg.* go, set off, 12

покá so long, bye now, 6

покáзывать *покáзывай-* / **показáть** *показа̑-* к о м ý,   ч т ó show, 7

покупáть *покупáй-* / **купи́ть** *купи̑-* ч т ó buy, 8

поликли́ника polyclinic, 9

поли́тика politics, 5

пóлка shelf, 2

пóлностью completely, 14

пóлный full, 7

получáть *получáй-* / **получи́ть** *получи̑-* ч т ó receive, 6

пóлюс pole, 15

пóмнить *пóмни- itp.* remember, 10

помогáть *помогáй-* / **помóчь** *irreg.* к о м ý help, 10

по-мóему in my opinion, 15

понедéльник Monday, 9

по-немéцки (in) German, 2

понимáть *понимáй-* / **поня́ть** *пóйм-* к о г ó — ч т ó understand, 2

по-нóвому in a new way, 14

поня́тный comprehensible, 8

популя́рность *f.* popularity, 14

популя́рный popular, 6

по-рáзному differently, in different ways, 14

пóрт AC port, 7

портрéт portrait, 5

портфéль brief-case, 2

по-рýсски (in) Russian, 2

по-свóему in one's own way, 14

посещáть *посещáй-* / **посети́ть** *посети̑-* к о г ó — ч т ó visit, 6

посещéние visit, 6

пóсле (+ *gen.*) after, 6

послéдний final, last, 15

послýшать *послýшай-* listen to, 14

посмотрéть, 6 *see* **смотрéть**

постоя́нный permanent, regular, 14

пострóить, 6 *see* **стрóить**

поступáть *поступáй-* / **поступи́ть** *поступи̑-* к у д á enter, enroll; act, 5, 6

посылáть *посылáй-* / послáть *послá-* (пошлю́т) ч т ó, к о м ý,   к у д á send, 12

потóм then, after that, later, 4

потомý что because, 6

по-францýзски (in) French, 2

похóжий на (+ acc.) similar to, 14

почемý why, 6

почитáть *почитáй- p.* read (a little), 15

пóчта post office, 2

почти almost, 9

поэ́зия poetry, 15

поэ́т poet, 7

поэ́тому therefore, 13

появля́ться *появля́й-ся* / **появи́ться** *появи̑-ся* appear, 7

прáв right, 8

прáвда truth, 13

прáвильно (it is) correct, correctly, 5

прáвый right, 15

прáздник holiday, 10

прáктика practical training, practice, 4

практи́ческий practical, 6

предлагáть *предлагáй-* / предложи́ть *предложи̑-* ч т ó   к о м ý propose, 12

предложéние sentence, 8

президéнт president, 13

прекрáсно (it is) magnificent, 10

прекрáсный beautiful, excellent, 10; splendid, magnificent, 12

преподавáтель instructor, 13

привéт hello, 6; greetings, 15

приглашáть *приглашáй-* / **пригласи́ть** *пригласи̑-* к о г ó, к у д á invite, 8

приглашéние invitation, 16

приготóвить, 6 *see* **готóвить**

приезжáть *приезжáй-* / **приéхать** *irreg.* arrive (by conveyance), 12

принимáть *принимáй-* / **приня́ть** *при̑м-*

accept; **принима́ть лека́рство** take medicine, 9

приноси́ть *приносѝ-* / **принести́** *принёс-́*
ч т о́ bring (on foot), 12

приро́да nature; countryside, 4

приро́дный natural, 15

присыла́ть *присыла́й-* / **присла́ть** *присла̀-*
(пришлю́т) ч т о́ к о м у́ send, 12

приходи́ть *приходѝ-* / **прийти́** *irreg.*
come, arrive (on foot), 12

прия́тно (it is) pleasant; pleasantly, 3

прия́тный pleasant, 10

пробле́ма problem, 9

проводи́ть *проводѝ-* / **провести́** *провёд-́*: ~
вре́мя pass (time) 12, 14; ~ экспериме́нт make
an experiment, ~ иссле́дования carry on
(research), 12

програ́мма program, 8

программи́рование programming, 10

продаве́ц BB salesman, seller, 12

продолжа́ть *продолжа́й-* / **продо́лжить**
продо́лжи- ч т о́ / *inf.* continue, 14

проездно́й биле́т (monthly) ticket, 15

проезжа́ть *проезжа́й-* / **прое́хать** *irreg.* pass by,
through (by conveyance), 15

прое́кт project, draft, 19

про́за prose, 15

прои́грывать *прои́грывай-* / **проигра́ть**
проигра́й- lose (a game), 13

произведе́ние work, production, 16

производи́ть *производѝ-* / **произвести́**
произвёд-́ (впечатле́ние)
produce (an impression), 14

происходи́ть *происходѝ-* / **произойти́** *irreg.*
take place, occur, 15

промы́шленный industrial, 6

проси́ть *просѝ-* / **попроси́ть** к о г о́ / *inf.* ask,
request, 14

проспе́кт avenue, 5

просто́й simple, 8

про́тив (+ *gen.*) against, 11

профессиона́льный professional, 6

профе́ссия profession, 7

профе́ссор AB (-á) professor, 2

проходи́ть *проходѝ-* / **пройти́** *irreg.* pass, 14,
15

проце́сс process, 16

прочита́ть, 6 *see* **чита́ть**

про́шлый past, last, 6

пря́мо straight, directly, 11

психоло́гия psychology, 10

пти́ца bird, 15

пусто́й empty, 11

путеше́ственник traveler, 16

путеше́ствие trip, journey, 16

путеше́ствовать *путеше́ствова-* travel, 16

пье́са play, drama, 10

пятна́дцать fifteen, 5

пя́тница Friday, 9

пя́тый fifth, 3

пя́ть five, 2

пятьдеся́т fifty, 5

пятьсо́т five hundred, 6

Р р

рабо́та work, 2

рабо́тать *рабо́тай-* *imp.* work, 2

рабо́чий *noun* worker, 4

ра́д (one is) glad, 5

ра́дио *indecl.* radio, 5

ра́з time, instance: ещё ра́з once more, 7

разви́тие development, 15

разгова́ривать *разгова́ривай-* *imp.* talk,
converse, 6

разгово́р conversation, 13

ра́зный various, different, 8

разреша́ть *разреша́й-* / **разреши́ть** *разреши́-*
ч т о́, к о м у́ / *inf.* allow, permit, 15

райо́н district, 5

ра́но (it is) early, 9

ра́ньше earlier, 2

расска́з story, 5

расска́зывать *расска́зывай-* / **рассказа́ть**
рассказа̀- ч т о́, к о м у́, о ч ё м / *subordinate clause* relate, tell, 4, 6

расти́ *irreg.* / **вы́расти** grow, 15

ребёнок (*pl.* де́ти) child, 5

ребя́та *pl.* (*colloq.*) guys, lads, 10

револю́ция revolution, 6

ре́дко rarely, 4

результа́т result, 14

река́ CC river, 5

респу́блика republic, 3

реставри́ровать *реставри́рова- imp.* restore, 6

рестора́н restaurant, 4

реце́пт prescription, 9

реша́ть *реша́й-* / **реши́ть** *реши́-* ч т о́ / *inf.*
decide, resolve, 6

реше́ние decision, resolution, 6

рисова́ть *рисова́-* / **нарисова́ть** ч т о́ draw, 4,
6

рису́нок drawing, 14

роди́тели *pl.* parents, 4

роди́ться *роди́-ся p.* be born, 9

родно́й own, kindred, 13

рожде́ние birth, 15

ро́за rose, 8

ро́ль *f.* AC role, part, 11

рома́н novel, 5

ру́бль BB ruble, 8

рука́ CC hand, arm, 9

руководи́тель leader, 9

руководи́ть *руководи́- imp.* к е́ м — ч е́ м
lead, direct, 13

ру́сский Russian, 3

ру́чка pen, 2

ры́ба fish, 8

ря́д AB row, line, series, 14

ря́дом next to, nearby, 2

С с

с (+ *gen.*) from, off, 12; (+ *instr.*) (together) with, 13

са́д AB garden, 1

сади́ться *сади́-ся* / **се́сть** *irreg.* sit down, 9

сала́т lettuce; salad, 12

самолёт airplane, 4

самостоя́тельно one one's own, 12

са́мый the very, most (*used to form superl. deg. of
adjectives*), 9

сантиме́тр centimeter, 15

светло́ (it is) light, (it is) bright, 11

све́тлый light, bright, 13

свобо́дный free, 7

сво́й one's own, 9

сдава́ть *сдава́й- imp.:* ~ экза́мен take an exam, 9

сда́ть *irreg. p.:* ~ экза́мен pass an exam, 9

сде́лать, 6 *see* **де́лать**

сеа́нс performance, showing, 9

себя́ oneself, 13

се́вер north, 4

сего́дня today, 2

седьмо́й seventh, 3

сезо́н season, 14

сейча́с (right) now, 2

секре́т secret, 14

се́кция section, 13

семина́р seminar, 6

семна́дцать seventeen, 5

се́мь seven, 2

се́мьдесят seventy, 5

семьсо́т seven hundred, 6

семья́ BA family, 2

сентя́брь BB September, 3

серьёзно serious, seriously, 6

серьёзный serious, 9

сестра́ BA (gen. pl. сестёр) sister, 2

сигаре́та cigarette, 3

сиде́ть *сиде́- imp.* sit, be sitting, 9

си́ла strength, 13

си́льный strong, 13

симпати́чный nice; pleasant(-looking), 5

си́ний dark blue, 8

систематизи́ровать *систематизи́рова- imp.*
ч т о́ systematize, 10

сказа́ть, 6 *see* **говори́ть**[2]

ско́лько how many, how much, 8; ско́лько
вре́мени? 1. how long? 2. what is the time?, 9

ско́ро soon, 9

скро́мно modestly, 12

сла́бый weak, 13

сла́ва glory, 13

сле́ва on the left, 2

сле́дующий following, 13

сли́шком too, 9

слова́рь BB dictionary, 2

сло́во AB word, 6

сло́жный complex, 9

слу́шать *слу́шай- imp.* listen (to), 2

слы́шать *слы́ша-* *imp.* hear, 7

сме́лый brave, 14

смея́ться *смея́-ся* / засмея́ться laugh, 8

смотре́ть *смотрѐ-* / **посмотре́ть** ч т о́ look, watch, 6

снача́ла from the beginning, at first, 4

сне́г AB (-á) snow, 13

соба́ка dog, 1

собира́ть *собира́й-* / **собра́ть** *соб/ра̀-* ч т о́ pick, 5; collect, 6

собира́ться *собира́й-ся* / собра́ться *соб/ра̀-ся* gather together, 12; + *inf.* get ready, 16

собы́тие event, 16

сове́товать *сове́това-* / посове́товать к о м у́ / *inf.* advise, 14

сове́тский Soviet, 3

совреме́нник contemporary, 16

совреме́нный contemporary, 5

совсе́м at all, 14

согла́сен agreed, 14

создава́ть *создава́й-* / **созда́ть** *irreg.* ч т о́ create, found, 6

созда́ние creation, 12

созда́тель creator, founder, 9

со́лнце sun, 16

со́ль *f.* AC salt, 10

сообща́ть *сообща́й-* / сообщи́ть *сообщи́-* к о м у́, о ч ё м inform, 10

соревнова́ние competition, 13

со́рок forty, 5

сосе́д (*pl.* сосе́ди) neighbor, 14

сохраня́ть *сохраня́й-* / сохрани́ть *сохрани́-* ч т о́ preserve, 15

социалисти́ческий socialist, 8

социа́льный social, 7

социо́лог sociologist, 2

социоло́гия sociology, 10

спаси́бо thank you, 1

спа́ть *irreg.* sleep, 15

спекта́кль performance, 6

специали́ст specialist, 12

специа́льность *f.* specialty, speciality; occupation, 13

спеши́ть *спеши́-* *imp.* hurry, 11

споко́йно calmly, peacefully, 11

спо́рить *спо́ри-* / поспо́рить с к е́ м, о ч ё м argue, 9

спо́рт sport(s), 13

спорти́вный sport(s), athletic, 13

спортсме́н (-ка) athlete, 13

спра́ва on the right, 2

спра́шивать *спра́шивай-* / **спроси́ть** *спросѝ-* к о г о́, о ч ё м ask (a question), question, 2, 6

спу́тник satellite, 9

сра́зу at once, 13

среда́ CC Wednesday, 9

ста́вить *ста́ви-* / **поста́вить** ч т о́, к у д а́ put, place in a vertical standing position, 3, 12

стадио́н stadium, 3

стака́н glass, 16

ста́нция station, 12

стара́ться *стара́й-ся* / постара́ться + *inf.* try, attempt, 14

стари́нный old, 14

ста́рший elder; senior, 11

ста́рый old, 3

ста́ть *ста́н-* *p.* become, 13

статья́ BB article, 4

стена́ CC wall, 5

стихи́ *pl.* verse, 10

сто́ hundred, 5

сто́ить *сто́и-* *imp.* cost, 8

сто́л BB table, 2

столи́ца capital, 3

столо́вая dining-room, cafeteria, canteen, 11

стоя́ть *стоя́-* *imp.* stand, be standing, 5

страна́ BA country, 4

страни́ца page, 3

стро́итель builder, 6; инжене́р-стро́итель civil engineer, 6

строи́тельный building, construction, 6

строи́тельство construction, building, 13

стро́ить *стро́и-* / **постро́ить** ч т о́ build, 6

студе́нт (-ка) student, 1, 2

студе́нческий student, 3

сту́л (*pl.* сту́лья) chair, 2

суббо́та Saturday, 9

сувени́р souvenir, 8

с удово́льствием with pleasure, 13

су́п soup, 8
су́ффикс suffix, 7
сце́на stage, 14
счастли́вый happy, 9
сча́стье happiness, 12
счита́ть *счита́й- imp.* consider, 14
сы́н AB (*pl.* сыновья́) son, 1, 4
сы́р AB cheese, 10
сюда́ here, to this place, 11

Т т

тайга́ taiga, 15
та́к thus, so, 9
та́к же, ка́к just as, 9
та́к что so, 9
тако́й such (a), 3
тако́й же, ка́к the same (kind) as, 9
такси́ *indecl., n.* taxi, 11
тала́нт talent, 10
тала́нтливый talented, gifted, 12
тало́н coupon, 15
та́м there, 1
та́нец dance, 13
танцева́ть *танцова́- imp.* dance, 4
тво́й your(s), 1
тво́рчество creation, creative work, 16
теа́тр theater, 2
те́кст text, 6
телеви́зор TV set, 5
телегра́мма telegram, 15
телефо́н telephone, 6
темно́ (it is) dark, 11
температу́ра temperature, 9
те́ннис tennis, 10
тепе́рь now, 8
тепло́ (it is) warm; warmly, 10
тёплый warm, 5
террито́рия territory, 15
теря́ть *теря́й- / потеря́ть* ч т о́ lose, 10
тетра́дь *f.* notebook, 8
те́хника technology, 12
тётя aunt, 10
това́рищ friend, comrade, 4

тогда́ then, at that time, 6
то́же also, 2
то́лько only, 4
то́т, та́, то́; те́ that; those, 3
то́чно exactly, 9
тради́ция tradition, 6
трамва́й streetcar, trolley car, 11
тра́нспорт transport, transportation, 12
тре́нер coach, trainer, 13
тренирова́ть(ся) *тренирова́-ся imp.* train, 13
трениро́вка training, 13
тре́тий third, 3
три́ three, 2
три́дцать thirty, 5
трина́дцать thirteen, 5
три́ста three hundred, 6
тролле́йбус trolleybus, 11
тру́д BB labor, 13
тру́дность *f.* difficulty, 15
тру́дный difficult, 5
туда́ to that place, there, 11
тури́ст tourist, 8
ту́т here, 1
ты́ you, 2
ты́сяча thousand, 6

У у

у + gen. near; in the possession of, 7
уве́рен certain, sure, 16
увлека́ться *увлека́й-ся / увле́чься увлёк-́ся*
    ч é м be keen (on), 13
у́голь coal, 5
удивля́ться *удивля́й-ся / удиви́ться удиви́-*
    ся ч е м у́ be surprised at, 10
удо́бно convenient, 15
удово́льствие: с удово́льствием with pleasure,
    13
уезжа́ть *уезжа́й- / уе́хать irreg.* depart (by
    conveyance), 12
уже́ already, 6
у́жин supper, 8
у́жинать *у́жинай- / поу́жинать* have supper, 8
у́зкий narrow, 15

узнава́ть *узнава́й-* / узна́ть *узна́й-* ч т о́ / *subordinate clause* find out, 7

украи́нский Ukrainian, 14

у́лица street, 4

улыба́ться *улыба́й-ся* / улыбну́ться *улыбну́-ся* smile, 9

уме́ть *уме́й- imp.* be able to, 13

умира́ть *умира́й-* / умере́ть *у̀м/р-* die, 16

у́мный intelligent, 14

университе́т university, 3

университе́тский university, 4

упражне́ние exercise, 3

уро́к unit in a textbook; lesson, class, 1, 2, 3

усло́вия *pl.* conditions, 12

успева́ть *успева́й-* / успе́ть *успе́й-* have time, 16

успе́х success, 13

успе́шно successfully, 14

устава́ть *устава́й-* / уста́ть *уста́н-* be tired, 16

у́тренний morning, 14

у́тро morning, 2, 8

у́тром in the morning, 2

уходи́ть *уходѝ-* / уйти́ *irreg.* leave (on foot), 12

уча́ствовать *уча́ствова- imp.* в ч ё м take part (in), 12

уча́стник participant, 14

уче́бник textbook, 3

учени́к BB school student, 5

учени́ца school student, 5

учёный scholar, scientist, 7

учи́тель AB (-я́) (school) teacher, 5

учи́тельница (school) teacher, 13

учи́ться *учѝ-ся imp.* be enrolled as a student, + *inf.* learn, study, 6, 13

Ф ф

фа́брика factory, 4

факульте́т faculty, department (division of a university), 3

фами́лия last name, surname, 3

февра́ль BB February, 3

фигури́ст(-ка) figure skater, 13

фи́зик physicist, 2

фи́зика physics, 3

физи́ческий physical, physics, 3

физкульту́ра physical education, 13

фило́лог philologist, 2

филологи́ческий philological, 3

фило́соф philosopher, 8

фи́льм film, movie, 3

фотогра́фия photograph, 5

францу́женка Frenchwoman, 3

францу́з Frenchman, 3

францу́зский French, 3

фрукто́вый fruit; ~ са́д orchard, 16

фру́кты *pl.* fruit, 8

футбо́л soccer, 10

футболи́ст soccer player, 13

футбо́льный soccer, 13

Х х

хи́мик chemist, 2

хими́ческий chemical, 3

хи́мия chemistry, 3

хиру́рг surgeon, 9

хле́б bread, 10

ходи́ть *ходù - imp.* (*multidirect.*) go (on foot), 11

хоккеи́ст hockey player, 13

хокке́й hockey, 13

хокке́йный hockey, 13

хо́лод cold, 15

хо́лодно (it is) cold; coldly, 10

холо́дный cold, 5

хо́р choir; chorus AB, 13

хоро́ший good, 3

хорошо́ good, fine, well, 2

хоте́ть *irreg. imp.* + *inf.* want, 3

худо́жник artist, 4

Ц ц

цве́т AB (-á) color, 8

цвето́к (*pl.* цветы́) BB flower, 8

це́нтр center, 2

центра́льный central, 8

Ч ч

ча́й AB tea, 5
ча́с AB hour, 6 (BB after numerals)
ча́сто often, 4
ча́сть *f.* AC part, 14
часы́ *pl. only* watch, clock, 8
че́й, чья́, чьё, чьй whose, 2
челове́к man, 3
че́м than, 15
чемпио́н champion, 10
че́рез (+ *acc.*) in, after; across, 12
чёрный black, 8
четве́рг BB Thursday, 9
четвёртый fourth, 3
четы́ре four, 2
четы́реста four hundred, 6
четы́рнадцать fourteen, 5
число́ BA number, date, 9
чи́стый clean, 15
чита́тель reader, 8
чита́ть *чита́й-* / **прочита́ть** ч т о́ read, 2, 6
что [1] what, 1; **Что́ но́вого?** What's new? 6
что [2] that, 5
что́бы (in order) that, 14
что́-нибудь something, 15
что́-то something, 15
чу́вствовать *чу́вствова-* / **почу́вствовать** себя́ (хорошо́, пло́хо) feel (well/bad), 9
чужо́й not one's own, someone else's, foreign, 13

Ш ш

ша́нс chance, 14
ша́пка hat, cap, 1
шахмати́ст (-ка) chess player, 13
ша́хматы *pl.* chess, 10
шестна́дцать sixteen, 5
шесто́й sixth, 3
ше́сть six, 2
шестьдеся́т sixty, 5
шестьсо́т six hundred, 6
широ́кий wide, 15
шкаф AB cabinet, cupboard, 5
шко́ла school, 2
шко́льник schoolboy, 11
шко́льница schoolgirl, 13
шко́льный school, 10
шофёр driver, 15
шути́ть *шути́-* / **пошути́ть** joke, 14

Э э

экза́мен examination, 9
экзамена́тор examiner, 14
эконо́мика economics, 5
экономи́ст economist, 2
экономи́ческий economic, 3
экску́рсия excursion, 7
экспеди́ция expedition, 15
экспериме́нт experiment, 14
энерги́чный energetic, 14
эта́ж BB floor, story, 3
э́тика ethics, 8
э́то this (is), 1
э́тот, э́та, э́то, э́ти this, 3

Ю ю

юг south, 4
ю́мор humor, 10

Я я

я I, 2
явля́ться *явля́й-ся itp.* ч е́ м be, appear, 13
язы́к BB language, 6
янва́рь BB January, 3

A a

able: be able to мочь / смочь *irreg.*
about о (+ *prep.*)
above над (+*instr.*)
absolutely обязательно
Academy of Sciences Академия наук
according to по (+ *dat.*)
acquainted: be acquainted знакомить(ся) *знакоми-(ся)* / познакомить(ся)
acquaintance знакомый
across через (+ *acc.*)
act поступать *поступай-* / поступить *поступи-*
active активный
actor артист
address адрес
adult *adj.* & *noun* взрослый
advise советовать *советова-* / посоветовать
affair дело
after после (+ *gen.*); через (+ *acc.*)
afternoon: in the afternoon днём
again опять
against против (+ *gen.*)
ago назад
agreed согласен, согласна
air воздух
airplane самолёт
all весь, вся, всё, все
allow разрешать *разрешай-* / разрешить *разреши-*
almost почти
alone один, одна, -о, -и
along по (+ *dat.*)
aloud вслух
already уже
also тоже
always всегда
American американец *m.*, американка *f.*
analysis анализ
ancient древний
and и, а
another другой

answer[1] *noun* ответ
answer[2] *v.* отвечать *отвечай-* / ответить *ответи-*
apartment квартира
apparatus аппарат
apparently *parenth.* кажется
appear[1] (come into view) появляться *появляй-ся* / появиться *появи-ся*
appear[2] (seem) казаться *каза-ся*
April апрель
archeologist археолог
archeology археология
architect архитектор
architectural архитектурный
architecture архитектура
area район
armchair кресло
army армия
around вокруг; около
arrive (on foot) приходить *приходи-* / прийти *irreg.*, (by vehicle); приезжать *приезжай-* / приехать *irreg.*
art искусство
article статья ВВ
artist 1. художник; 2. артист *m.*, артистка *f.*
ask[1] (*a question*) спрашивать *спрашивай-* / спросить *спроси-*
ask[2] (*request*) просить *проси-* / попросить
astronaut астронавт
at на (+ *prep.*); **at home** дома
athlete спортсмен *m.*, спортсменка *f.*
atmosphere атмосфера
atom атом
attentively внимательно
August август
aunt тётя
Australia Австралия
author автор
automobile машина
autumn осень; **in the autumn** осенью
avenue проспект

B b

back наза́д, обра́тно

backwards наза́д, обра́тно

bad плохо́й

badge значо́к BB

badly пло́хо

ballad балла́да

ballet бале́т

banana бана́н

bank бе́рег

backetball баскетбо́л

basketball player баскетболи́ст *m.*,
баскетболи́стка *f.*

be бы́ть *irreg.*

bear: to be born роди́ться *роди́-ся*

beautiful краси́вый

beauty красота́

because потому́ что

become ста́ть *ста́н-*

before пе́ред (+ *instr.*); ра́ньше

begin начина́ть(ся) *начина́й-ся* / нача́ть(ся)
на́чн-(начн-́ся)

beginning нача́ло: **from the beginning** снача́ла

behind: leave ~ забыва́ть *забыва́й-* / забы́ть
irreg.

believe ве́рить *ве́ри-* / пове́рить: *whom?* (+ *dat.*);
in what? в (+ *acc.*)

bell звоно́к BB

best лу́чший

better лу́чше

bicycle велосипе́д

big большо́й

biochemistry биохи́мия

biological биологи́ческий

biologist био́лог

biology биоло́гия

bird пти́ца

black чёрный

blackboard доска́ CC

book кни́га

bookcase кни́жный шка́ф

boots (*ankle high*) боти́нки

border грани́ца

boxer боксёр

boxing бо́кс

boy (*under 15*) ма́льчик

boys and girls ребя́та

brave сме́лый

bread хле́б

breakfast[1] *noun* за́втрак

breakfast[2] *v.* за́втракать *за́втракай-* /
поза́втракать

bridge мо́ст AB

brief-case портфе́ль

bring (*on foot*) приноси́ть *приноси́-*, (*on foot*)
принести́ *принёс-*; (*by conveyance*)
привози́ть *привози́-*, (*by conveyance*)
привезти́ *привёз-*

brother бра́т (*nom. pl.* бра́тья)

build стро́ить *стро́и-* / постро́ить

building зда́ние, до́м

bus авто́бус

business де́ло

busy за́нят, -а́, -о, -ы

but но, а

buy покупа́ть *покупа́й-* / купи́ть *купи́-*

C c

cabinet шка́ф AB

cafe кафе́ *indecl.*

cafeteria столо́вая

call[1] (*name*) зва́ть *з/ва́-* (*3rd pers. pl.* зову́т)

call[2] (*phone*) звони́ть *звони́-* / позвони́ть (+ *dat.*)

called: be called называ́ться *называ́й-ся*

camp ла́герь (*nom. pl.* -я́) AB

capital столи́ца

car маши́на

care (*for sports*) занима́ться *занима́й-ся*
спо́ртом

carry (*on foot*) нести́ *нёс-* (*unidirect.*), (*on foot*)
носи́ть *носи́-* (*multidirect.*), (*by conveyance*)
везти́ *вёз-* (*unidirect.*), (*by conveyance*), вози́ть
вози́- (*multidirect.*)

cashier's box ка́сса

cat ко́шка

center це́нтр

centimeter сантиме́тр

century ве́к (*nom. pl.* -а́) AB

chair стул (*nom. pl.* стулья); кресло
champion чемпион
change изменяться *изменяй-ся* / измениться *измени-ся*
cheerful весёлый
cheese сыр AB
chemical химический
chemist химик
chemistry химия
chess шахматы
chess player шахматист *m.*, шахматистка *f.*
child *sing. only* ребёнок
childhood детство
children дети *pl. only* (детей, детях, детям, детьми)
children's детский
choir хор
cinema кино *indecl.*
circle кружок BB
city город (*nom. pl.* -á) AB
class занятия *pl.*
classroom[1] (*in a university or college*) аудитория
classroom[2] (*in grade school*) класс
clean чистый
climate климат
clock часы *pl. only*
close закрывать *закрывай-* / закрыть *закрой-*
clothing одежда
club клуб
coach тренер
coat пальто *indecl.*
coffee кофе *m., indecl.*
cold[1] *adj.* холодный
cold[2]: **it is cold** холодно
coldly холодно
collect собирать *собирай-* / собрать *соб/ра́-*
collection коллекция
college колледж
color цвет (*nom. pl.* -á) AB
come (*on foot*) приходить *приходѝ-* / прийти *irreg.*, (*by vehicle*) приезжать *приезжай-* / приехать *irreg.*
common общий
competition соревнования *pl.*; конкурс
completion окончание

composer композитор
comprehensible понятный
comrade товарищ
conclude кончаться *кончай-ся* / кончиться *кончи-ся*
concert концерт (на-*noun*)
conference конференция
congratulate поздравлять *поздравляй-* / поздравить *поздрави-*
construction detachment строительный отряд
contemporary *adj.* современный
continue продолжать *продолжай-* / продолжить *продолжи-*
converse разговаривать *разговаривай-*
correct: it is correct правильно
correctly правильно
cosmonaut космонавт
cost стоить *стои-*
country[1] страна BA
country[2] деревня AB
course: of course конечно
course of study курс
cultural культурный
culture культура
cup чашка
cupboard шкаф AB

D d

dance танцевать *танцова-*
dark тёмный
dark blue синий
date число BA
daughter дочка
day день (*gen. sing.* дня) BB
deal: a great deal много
dean's office деканат
dear дорогой
December декабрь BB
decide решать *решай-* / решить *реши-*
deep глубокий
defend защищать *защищай-* / защитить *защити-*
defense защита
degree градус
delicious вкусный

depart (*on foot*) уходи́ть *уходи̋-* / уйти́ *irreg.*, (*by vehicle*) уезжа́ть *уезжа́й-* / уе́хать *irreg.*

department (*of university*) факульте́т

describe опи́сывать *опи́сывай-* / описа́ть *описа̋-*

desire жела́ть *жела́й-* / пожела́ть

detachment: construction detachment строи́тельный отря́д

detail дета́ль *f.*

dialogue диало́г

dictionary слова́рь BB

die умира́ть *умира́й-* / умере́ть *ӳм/р-*

different друго́й

difficult тру́дный

dine обе́дать *обе́дай-* / пообе́дать

dining-room столо́вая

dinner обе́д; **have dinner** обе́дать, *see* **dine**

direct руководи́ть *руководи́-* (+ *instr.*)

directly пря́мо

director дире́ктор (*nom. pl.* -а́) AB

dirty гря́зный

discuss обсужда́ть *обсужда́й-* / обсуди́ть *обсуди̋-*

discussion обсужде́ние

distant далёкий

district райо́н

divan дива́н

do де́лать *де́лай-* / сде́лать

doctor[1] (*of science*) до́ктор (*nom. pl.* -а́) AB

doctor[2] (*physician*) врач BB, до́ктор (*nom. pl.* -а́) AB

documents *pl.* докуме́нты

dog соба́ка

door дверь *f.* AC

dormitory общежи́тие

draw рисова́ть *рисова́-* / нарисова́ть

drawing рису́нок

dream мечта́ть *мечта́й-*

dress[1] *noun* пла́тье

dress[2] *v.* одева́ться *одева́й-ся* / оде́ться *оде́н-ся*

drink пить *п̋/й-*/вы́пить *вы́п/й-*

driver шофёр

during во вре́мя (+ *gen.*)

E e

each ка́ждый; **each other** друг дру́га

earlier ра́ньше

early ра́но

earth земля́ CC

easily легко́

east восто́к (на-*noun*)

easy лёгкий

eat есть *irreg.*

economy эконо́мика

economist экономи́ст

education образова́ние

elder ста́рший

end[1] *noun* коне́ц BB

end[2] *v.* конча́ть(ся) *конча́й-(ся)* /ко́нчить(ся) *ко́нчи-(ся)*

enemy враг BB

engineer инжене́р

England А́нглия

English англи́йский; **in English** по-англи́йски

Englishman англича́нин

Englishwoman англича́нка

enroll поступа́ть *поступа́й-* / поступи́ть *поступи̋-*

enter[1] *see* **enroll**

enter[2] (*on foot*) входи́ть *входи̋-* / войти́ *irreg.*

entrance вход

entry вход

especially осо́бенно

establish основа́ть *основа́-*

even да́же

evening ве́чер AB, **in the evening** ве́чером

ever когда́-нибудь

every ка́ждый

everyone все

everything is all right всё в поря́дке

everywhere везде́

exam(ination) экза́мен

examiner экзамена́тор

excuse me извини́(те)

exercise упражне́ние

exhibition вы́ставка

exit[1] *noun* вы́ход

exit[2] *v.* выходи́ть *выходи̋-* / вы́йти *irreg.*

expect ждáть *ждà-* / подождáть (+ *gen.*)

expensive дорогóй

explain объяснять *объясняй-* / объяснить *объясни-*

exploration исслéдования *pl.*

F f

face лицó ВА

factory завóд (на-*noun*)

fail: without fail обязáтельно

family семья ВА

famous знаменитый

far далёкий; **not far from** недалекó от (+ *gen.*)

fast быстро

father отéц ВВ

favorite любимый

fear боя́ться *боя́-ся*

February феврáль ВВ

feel чувствовать *чувствова-* / почувствовать себя́

feeling чувство

few мáло

fight борóться *борò-ся*: **against** прóтив (+ *gen.*); **for** за (+ *acc.*)

film фильм

find находи́ть *находù-* / найти́ *irreg.*

find out узнавáть *узнавáй-* / узнáть *узнáй-*

fine хорошó

finish кончáть *кончáй-* / кóнчить *кóнчи-*

first сначáла; **for the first time** впервы́е

firstly во-пéрвых

fish ры́ба

fight полёт

floor[1] пóл АВ

floor[2] этáж ВВ

flower цветóк *sing.*, цветы́ *pl.* ВВ

flu грипп

fly летáть *летáй-* (*multidirect.*), летéть *летé-* (*unidirect.*)

folk нарóдный

fond: be fond of любить *любù-*

foolish глу́пый

foot ногá СС; **on foot** пешкóм

for для (+ *gen.*); к (+ *dat.*)

foreign инострáнный

foreigner инострáнец

forest лéс (*nom. pl.* -á) АВ

forget забывáть *забывáй-* / забы́ть *irreg.*

fork ви́лка

former бы́вший

formerly рáньше

found основáть *основà-*

founder основáтель

France Фрáнция

free (*of charge*) бесплáтный

French францу́зский; **in French** по-францу́зски

Frenchman францу́з

Frenchwoman францу́женка

frequently чáсто

freshman студéнт пéрвого ку́рса

Friday пя́тница

friend дру́г (*nom. pl.* друзья́) *m.* АВ; подру́га *f.*

from из, от, с (+ *gen.*); **from behind** из-за; **from here** отсю́да; **from there** оттýда; **from where** откýда

fruit фру́кты *pl.*

full пóлный

further дáльше

future бу́дущий

G g

gallery галерéя

game игрá ВА

garden сáд АВ

gather (*together*) собирáться *собирáй-ся*

general óбщий

geography геогрáфия

geological геологи́ческий

geologist геóлог

German[1] *adj.* немéцкий; **in German** по-немéцки

German[2] *noun* нéмец *m.*, нéмка *f.*

get получáть *получáй-* / получи́ть *получù-*

get on доéхать *irreg.* (*multidirect.*)

get up вставáть *вставáй-* / встáть *встáн-*

gift подáрок

girl[1] (*pre-adolescent*) дéвочка

girl² (*over 15*) де́вушка

give¹ дава́ть *дава́й-* / да́ть *irreg.*

give² a present дари́ть *дари́-* / подари́ть

go¹ (*on foot*) ходи́ть *ходи́-* (*multidirect.*), идти́ *irreg.* (*unidirect.*), (*by conveyance*) е́здить *е́зди-* (*multidirect.*), е́хать *irreg.* (*unidirect.*)

go² (*set off*) пойти́ *irreg.*

go out (*on foot*) выходи́ть *выходи́-* / вы́йти *irreg.*

good¹ *adj.* хоро́ший

good²: it is good хорошо́

good-by до свида́ния

good morning до́брое у́тро

graduate: graduate from high school ко́нчить *ко́нчи-* шко́лу

graduate student аспира́нт

grandfather де́душка

grandmother ба́бушка

grandson внук

great вели́кий, большо́й; a great deal мно́го

green зелёный

greetings приве́т

group гру́ппа

guest гость AC

guide гид

guilty винова́т, -а, -ы

gymnast гимна́ст *m.*, гимна́стка *f.*

gymnastics гимна́стика

H h

hair во́лосы *pl.* AC

half полови́на

hall зал

hand рука́ CC

handsome краси́вый

hang, be hanging висе́ть *висе́-*

happily ве́село

happy весёлый

hard: work ~ мно́го рабо́тать

hat ша́пка

he он

head голова́ CC

health здоро́вье

healthy здоро́вый

hear слы́шать *слы́ша-*

height высота́

hello¹ (*telephone usage*) алло́

hello² (*greeting*) здра́вствуй(те)

help помога́ть *помога́й-* / помо́чь *irreg.*

her(s) её

here¹ здесь, тут

here² (*demonstrative*) вот

here³ (*to this place*) сюда́

hero геро́й

heroine герои́ня

high высо́кий

hike: ходи́ть *ходи́-*, путеше́ствовать *путеше́ствова-*

hiker путеше́ственник

his его́

historian исто́рик

historical истори́ческий

history исто́рия

hobby хо́бби *indecl.*

hockey хокке́й

holiday пра́здник

home до́ма

homeward домо́й

hope наде́яться *наде́я-ся*

hospital больни́ца

hotel гости́ница

hour час BB

house дом (*nom. pl.* -а́) AB

how как; How are things? Как ва́ши дела́?; How do you feel? Как вы себя́ чу́вствуете?

however но, одна́ко

how much ско́лько

huge огро́мный

hurry спеши́ть *спеши́-*

hurt боле́ть *боле́-*

husband муж (*nom. pl.* мужья́) AB

I i

I я

if е́сли

ill бо́лен; be ill (*with*) боле́ть *боле́й-* (+ *instr.*)

important ва́жный

impossible: it is impossible нельзя́

impression впечатле́ние

in 1. в (+ *prep.*); 2. че́рез (+ *acc.*)

incorrect непра́вильно; непра́вильный

indeed действи́тельно

industrial промы́шленный

inform сообща́ть *сообща́й-* / сообщи́ть *сообщи́-*

in front of пе́ред (+ *instr.*)

inhabitant жи́тель

institute институ́т

instructor преподава́тель

intelligent у́мный

interest[1] *noun* интере́с

interest[2] *v.* интересова́ть *интересова́-*

interested: be interested интересова́ться *интересова́-ся*

interesting[1] *adj.* интере́сный

interesting[2]: **it is interesting** интере́сно

interestingly интере́сно

intermission антра́кт

into в (+ *acc.*)

introduce знако́мить *знако́ми-* / познако́мить

invite приглаша́ть *приглаша́й-* / пригласи́ть *пригласи́-*

iron желе́зо

island о́стров (*nom. pl.* -á) AB

issue но́мер (*nom. pl.* -á) AB

it оно́ *n.*, он *m.*, она́ *f.*

it seems *parenth.* ка́жется

Italian италья́нец

itinerary маршру́т

J j

January янва́рь BB

joke[1] *noun* шу́тка

joke[2] *v.* шути́ть *шути́-* / пошути́ть

journal журна́л

journalist журнали́ст *m.*, журнали́стка *f.*

July ию́ль

June ию́нь

just то́лько

just as та́к

K k

kerchief плато́к BB

kilometer киломе́тр

kind до́брый

knife но́ж BB

know зна́ть *зна́й-*

kopek копе́йка

L l

laboratory лаборато́рия

lake о́зеро (*nom. pl.* озёра)

lamp ла́мпа

language язы́к BB

large большо́й

last про́шлый

last name фами́лия

late по́здно; **be late** опа́здывать *опа́здывай-* / опозда́ть *опозда́й-*

laugh смея́ться *смея́-ся* / засмея́ться

lawyer адвока́т

lead[1] (*direct*) руководи́ть *руководи́-* (+ *instr.*)

lead[2] (*on foot*) вести́ *вёд-* (*unidirect.*), води́ть *води́-* (*multidirect.*)

learn[1] учи́ться *учи́-ся* / научи́ться

learn[2] (*commit to memory*) учи́ть *учи́-* / вы́учить

leave (*on foot*) уходи́ть *уходи́-* / уйти́ *irreg.*

leave behind забыва́ть *забыва́й-* / забы́ть *irreg.*

lecture[1] *noun* ле́кция (на-*noun*)

lecture[2] *v* чита́ть *чита́й-* ле́кцию

left ле́вый; **on the left** сле́ва; **to the left** нале́во

leg нога́ CC

less ме́нее

lesson уро́к (на-*noun*)

let's go дава́й(те) пойдём

letter бу́ква; письмо́ BA

library библиоте́ка

lie (*be in a lying position*) лежа́ть *лежа́-*

life жи́знь *f.*

light лёгкий

like[1] (*be pleasing to*) нра́виться *нра́ви-ся* / понра́виться

like[2] (*be fond of*) люби́ть *люби́-*

like[3]: **I would like** я хоте́л(а) бы

listen (to) слу́шать *слу́шай-*

literate гра́мотный

literature литерату́ра

little ма́ло

little ма́ленький; **a little** немно́го

live жи́ть *жив̀-*

located : be ~ находи́ться *находѝ-ся*

long дли́нный; **long since** давно́; **for a long time** до́лго; **long ago** давно́; **how long ... ?** ско́лько вре́мени ... ?

look смотре́ть *смотрѐ-*; **look for** иска́ть *искà-*

lose теря́ть *теря́й-*/ потеря́ть; (a game) прои́грывать *прои́грывай-* / проигра́ть *проигра́й-*

lot: a ~ мно́го

loudly гро́мко

love[1] *noun* любо́вь *f.* BB

love[2] *v.* люби́ть *люби́-*

lunch counter буфе́т

M m

magazine журна́л

magnificent; **it is magnificent** прекра́сно

main гла́вный; **main course** второ́е

major кру́пный

majority большинство́

make де́лать *де́лай-* / сде́лать

mama ма́ма

man челове́к

manage мо́чь / смо́чь *irreg.*

many мно́го, мно́гие

map ка́рта

March ма́рт

married жена́т

match ма́тч

mathematician матема́тик

mathematics матема́тика

matter де́ло AB

May ма́й

meaning значе́ние

meat мя́со

medicine[1] *noun* лека́рство

medicine[2] *noun* медици́на

medicine[3] *adj.* медици́нский

meet (*with*) встреча́ть(ся) *встреча́й-(ся)* / встре́тить(ся) *встре́ти-(ся)*

meeting встре́ча; собра́ние

memorize учи́ть *учѝ-* / вы́учить

memory па́мять *f.*

meter ме́тр

milk молоко́

million миллио́н

mine мо́й

minute мину́та

mistake оши́бка

modern совреме́нный

modest скро́мный

Monday понеде́льник

money де́ньги *pl. only* (де́нег, деньга́х, *etc.*)

month ме́сяц

more бо́лее; бо́льше

morning у́тро; **in the morning** у́тром

mother ма́ма

mountain гора́ CC

mountain climber альпини́ст(-ка)

mountain climbing альпини́зм

movie фи́льм

movie theater кинотеа́тр

much мно́го

museum музе́й

music му́зыка

my мо́й, моя́, моё, мои́

N n

name[1] *noun* и́мя (*gen. sing.* и́мени) *n.* AB

name[1]2 *v.* зва́ть *з/вà-* (*3rd pers. pl.* зову́т)

narrow у́зкий

nation наро́д

nature приро́да

near о́коло (+ *gen.*)

nearby ря́дом

necessary ну́жен, нужна́, ну́жно, нужны́; **it is necessary** на́до; ну́жно

never никогда́

new но́вый

news но́вость *f.* AC

newspaper газе́та

next сле́дующий; **next to** ря́дом

nice хоро́ший; симпати́чный

night ночь *f.* АС; **at night** но́чью

no нет

no one никто́

north се́вер (на-*noun*)

nose нос АВ

not не

notebook тетра́дь *f.*

nothing ничто́, ничего́

notice замеча́ть *замеча́й-* / заме́тить *заме́ти-*

novel рома́н

November ноя́брь ВВ

now тепе́рь, сейча́с

nowhere нигде́

number[1] число́ ВА

number[2] но́мер (*nom. pl.* -á) АВ

O o

occupation: заня́тие; **have as an occupation**
занима́ться *занима́й-ся* (+ *instr.*)

occupied: be occupied занима́ться *занима́й-ся*
(+ *instr.*)

occur быва́ть *быва́й-*

ocean океа́н

October октя́брь ВВ

office кабине́т

official официа́льный

often ча́сто

old ста́рый; дре́вний

older ста́рший

Olympic Games Олимпи́йские И́гры

on по (+ *dat.*); на (+ *prep., location;* + *acc., destination*)

once одна́жды

one оди́н; **one another** друг дру́га

one's own свой

only[1] *adv.* то́лько

only[2] *adj.:* **the only one** еди́нственный

open открыва́ть *открыва́й-* / откры́ть *откро́й-*

opera о́пера

opinion: in my opinion по-мо́ему; **in your opinion**
по-ва́шему

opposite напро́тив

or и́ли

orchestra орке́стр

organization организа́ция

organize организова́ть *организова́-*

original оригина́льный

other друго́й

otherwise (*in a different way*) по-друго́му

ought до́лжен, должна́, должно́, должны́

our наш, на́ша, на́ше, на́ши

over[1] над (+ *instr.*); бо́лее (+ *gen.*)

over[2]: be ~ ко́нчиться *ко́нчи-ся*

over there вон там

P p

page страни́ца

painful: be painful боле́ть *боле́-*

painting карти́на

palace дворе́ц ВВ

paper докла́д

parents роди́тели

park парк

part часть *f.* АС

participate in sport занима́ться *занима́й-ся*
спо́ртом

pass (*an exam*) сдать *irreg.*

passenger пассажи́р

past про́шлый

patient *noun* больно́й

patronymic о́тчество

peace мир

pen ру́чка

pencil каранда́ш ВВ

people[1] лю́ди *pl. only*

people[2] наро́д

performance сеа́нс; спекта́кль

perhaps мо́жет быть

period пери́од

permit разреша́ть *разреша́й-* / разреши́ть
разреши́-; **it is permitted** мо́жно; **it is not
permitted** нельзя́

person лицо́ ВА

pharmacy апте́ка

philological филологи́ческий

philologist фило́лог

philosopher филосо́ф

phone звони́ть *звони́-* / позвони́ть (+ *dat.*)
photograph фотогра́фия
physical физи́ческий
physicist фи́зик
physics фи́зика
picture карти́на
pilot лётчик
pin значо́к BB
place[1] *noun* ме́сто AB
place[2] *v. (in a lying position)* класть *клад-́* / положи́ть *положи́-*
plan пла́н
play[1] *(drama)* пье́са
play[2] *v.* игра́ть *игра́й-*
pleasant: it is pleasant прия́тно
pleasant-looking симпати́чный
pleasantly прия́тно
please пожа́луйста
pleasure: with pleasure с удово́льствием
polite ве́жливый
politeness ве́жливость *f.*
politics поли́тика
poor бе́дный
popular популя́рный, изве́стный
portrait портре́т
possibility возмо́жность *f.*
possible; it is possible мо́жно
postcard откры́тка
poster афи́ша
post office по́чта
practical training пра́ктика
practice пра́ктика
prepare[1] гото́вить *гото́ви-* / пригото́вить
prepare[2]: **prepare for** гото́виться *гото́ви-ся* к (+ *dat.*)
prescription реце́пт
previously ра́ньше
primer а́збука
printed печа́тный
probably мо́жет бы́ть
problem зада́ча
profession профе́ссия
professor профе́ссор

program переда́ча
promise обеща́ть *обеща́й-* / пообеща́ть
protected запове́дный

Q q

question[1] *noun* вопро́с
question[1] *verb* спра́шивать *спра́шивай-* / спроси́ть *спроси́-*
questionnaire анке́та
quickly бы́стро
quiet ти́хий
quiz контро́льная рабо́та

R r

race бе́г
radio ра́дио *indecl.*
rain до́ждь BB
raincoat пла́щ BB
read чита́ть *чита́й-* / прочита́ть
reader чита́тель
ready гото́в, -а, -ы
really действи́тельно
recall=recollect, *which see*
receive получа́ть *получа́й-* / получи́ть *получи́-*
recently неда́вно
recollect вспомина́ть *вспомина́й-* / вспо́мнить *вспо́мни-*
record *(for phonograph)* пласти́нка
red кра́сный
refreshment bar буфе́т
region райо́н
relax отдыха́ть *отдыха́й-* / отдохну́ть *отдохну́-*
relaxation о́тдых
remain остава́ться *остава́й-ся* / оста́ться *оста́н-ся*
remember[1] *(keep in the memory)* по́мнить *по́мни-*
remember[2] = recollect, *which see*
remember[3] *(memorize)* запомина́ть *запомина́й-* / запо́мнить *запо́мни-*
repeat повторя́ть *повторя́й-* / повтори́ть *повтори́-*

report докла́д

republic респу́блика

request проси́ть *проси̂-* / попроси́ть

research paper нау́чный докла́д

reserved запове́дный

reside жи́ть *жи̂в-*

resolve реша́ть *реша́й-* / реши́ть *реши̂-*

rest[1] *noun* о́тдых

rest[2] *v.* отдыха́ть *отдыха́й-* / отдохну́ть *отдохну̂-*

restaurant рестора́н

return возвраща́ться *возвраща́й-ся* / верну́ться *верну̂-ся*

revolution револю́ция

rich бога́тый

ride е́здить *е́зди-* (*multidirect.*)

right[1] *adj.:* **one is right** пра́в, -а́, -ы

right[2] *adj.* пра́вый; **on the right** спра́ва; **to the right** напра́во

right[3] *adv.:* **right now** сейча́с

ring up звони́ть *звони̂-* / позвони́ть (+ *dat.*)

rise встава́ть *встава́й-* / встать *встан̂-*

river река́ СС

road доро́га

rock ка́мень АС

room ко́мната

route маршру́т

ruble рубль ВВ

run бе́гать *бе́гай-*(*multidirect.*), бежа́ть *irreg.* (*unidirect.*)

running бе́г

Russian ру́сский; **in Russian** по-ру́сски

S s

sad гру́стный

salary зарпла́та

salesman продаве́ц ВВ

salt со́ль *f.* АС

satisfied (*with*) дово́льный (+ *instr.*)

Saturday суббо́та

say говори́ть *говори̂-* / сказа́ть *сказа̂-*

schedule пла́н

scholar учёный

school[1] *noun* шко́ла

school[2] *adj.* шко́льный

schoolboy шко́льник

schoolgirl шко́льница

school student учени́к *m.* ВВ, учени́ца *f.*

science нау́ка

scientific нау́чный

sea мо́ре АВ

search иска́ть *иска̂-*

secondly во-вторы́х

section се́кция

see ви́деть *ви́де-* / уви́деть

seem каза́ться *каза̂-ся*

self себя́

seller продаве́ц ВВ

seminar семина́р (на-*noun*)

send посыла́ть *посыла́й-* / посла́ть *посла̂-* (пошлю́т)

senior ста́рший

sentence предложе́ние

September сентя́брь ВВ

serious серьёзный

set off пойти́ *irreg.*

several не́сколько

shame: it is a shame жа́ль

she она́

shelf по́лка

shore бе́рег (*nom. pl.* -а́) АВ

short коро́ткий

should до́лжен, должна́, должно́, должны́

show пока́зывать *пока́зывай-* / показа́ть *показа̂-*

showing сеа́нс

sick бо́лен, больна́, больны́

silent: be silent молча́ть *молча̂-*

similar to... похо́жий на...

simple просто́й; **it is simple** про́сто

sing пе́ть *irreg.* / спе́ть *irreg.*

singer певе́ц *m.* ВВ, певи́ца *f.*

single еди́нственный

sister сестра́ (*gen. pl.* сестёр) ВА

sit, be sitting сиде́ть *сиде́-*

sit down сади́ться *сади̂-ся* / се́сть *irreg.*

skates коньки́ *pl.* ВВ

skis лы́жи *pl.*

sky не́бо

sleep спа́ть *irreg.*

slowly ме́дленно

small ма́ленький

smart у́мный

smoke кури́ть *кури́-*

so та́к

soccer футбо́л

soloist соли́ст

solve реша́ть *реша́й-* / реши́ть *реши́-*

some немно́го

sometimes иногда́

somewhere куда́-нибудь

son сы́н (*nom. pl.* сыновья́) АВ

song пе́сня

soon ско́ро

sophomore студе́нт второ́го ку́рса

sound[1] *noun* зву́к

sound[2] *v.* звуча́ть *звуча́-*

soup су́п АВ

south ю́г (на-*noun*)

southern ю́жный

Soviet сове́тский

Soviet Union Сове́тский Сою́з

space ко́смос

Spaniard испа́нец

Spanish испа́нский

speak говори́ть *говори́-*

special осо́бенный

splendid прекра́сный

spoon ло́жка

sports спо́рт

sportsman спортсме́н

spot ме́сто

spring весна́ ВА; **in the spring** весно́й

square пло́щадь *f.* АС

stadium стадио́н (на-*noun*)

stage сце́на

stamp (*postage*) ма́рка

stand: be standing стоя́ть *стоя́-*

star *adj.* звёздный

start начина́ть *начина́й-* / нача́ть *нач́н-*

state госуда́рственный

station ста́нция (на-*noun*)

stay остава́ться *остава́й-ся* / оста́ться

оста́н-ся

still ещё

stone ка́мень АС

stop остано́вка; **bus stop** остано́вка авто́буса

store магази́н

story[1] расска́з

story[2] (*of a building*) эта́ж ВВ

straight пря́мо

street у́лица

streetcar трамва́й

stroll гуля́ть *гуля́й-*

strong си́льный

struggle боро́ться *боро́-ся*

student[1] *noun* студе́нт *m.*, студе́нтка *f.*

student[2] *adj.* студе́нческий

study[1] кабине́т

study[2] изуча́ть *изуча́й-* / изучи́ть *изучи́-*;
   занима́ться *занима́й-ся* (+ *instr.*)

study group кружо́к ВВ

stupid глу́пый

subway метро́

success успе́х

successfully успе́шно

such тако́й

suddenly вдру́г

summer ле́то; **in the summer** ле́том

Sunday воскресе́нье

supper у́жин; **have supper** у́жинать *у́жинай-* /
   поу́жинать

sure уве́рен

surname фами́лия

swim пла́вать *пла́вай-* (*multidirect.*), плы́ть
   плы́в- (*unidirect.*)

swimming пла́вание

swimming-pool бассе́йн

T t

table сто́л ВВ

take[1] бра́ть *б/ра́-*, беру́т/взя́ть *irreg.*; **take part**
   уча́ствовать *уча́ствова-*; **take a streetcar, a**
   taxi е́хать *irreg.* на трамва́е, на такси́

take[2] (*an exam*) сдава́ть *сдава́й-*

talented тала́нтливый

talk[1] разгова́ривать *разгова́ривай-*

talk[2]: **have a talk** поговорить *поговори-*

tall высокий

task задача

tasty вкусный

taxi такси

tea чай

teacher (*school teacher*) учитель (*nom. pl.* -я) АВ

team команда

telegram телеграмма

telephone телефон

television телевизор

tell говорить *говори-* / сказать *сказа̂-*

tennis теннис

term paper курсовая работа

textbook учебник

than чем

thank you спасибо

that[1] *pron.* тот, та, то, те

that[2] *conj.* что; **in order that** чтобы

that is (*parenth.*) значит, то есть

theater театр

their(s) их

then[1] (*after that*) потом

then[2] (*at that time*) тогда

there is/are есть

there[1] (*location*) там

there[2] (*to that place, direction*) туда

therefore поэтому

they они

thing вещь *f.* АС

think думать *думай-*

this этот, эта, это, эти

this is это

three три

Thursday четверг ВВ

thus так

ticket билет

time[1] время (*gen. sing.* времени) *n.* АВ; **at one time** однажды; **for the first time** впервые

time[2] раз

tired: be tired уставать *уставай-* / устать *устан-*

to к (+ *dat.*)

today сегодня

together вместе

together with с (+ *instr.*)

tomorrow завтра

too слишком

tooth зуб АС

tourist турист

toward к (+ *dat.*)

train[1] *noun* поезд (*nom. pl.* -а) АВ

train[2] *v.* тренироваться *тренирова-ся*

train[3] *adj.*: **train car** вагон; **train station** вокзал

translate переводить *переводи̂-* / перевести *перевёг-*

translation перевод

travel езда

tree дерево (*nom. pl.* деревья)

truck машина

tsar царь

type вид

trip поездка

trolleybus троллейбус

Tuesday вторник

turn on включать *включай-* / включить *включи̂-*

U u

under под (+ *instr.*)

understand понимать *понимай-* / понять *пойм-*

unfortunately к сожалению

unit урок (на-*noun*)

university[1] *noun* университет

university[2] *adj.* университетский

upon на (+ *prep., location*; + *acc., destination*)

usually обычно

utilize использовать *использова-*

V v

vacation[1] отдых; отпуск (*nom. pl.* -а) АВ

vacation[2] каникулы *pl. only*

vacation[3] отдыхать *отдыхай-* / отдохнуть *отдохну-*

various разный

vase ваза

vegetables овощи *pl.* АС

verb[1] глагол

very[1] о́чень
very[2] са́мый; *also formant of superlative adjective*
view вид
village[1] *noun* дере́вня АС
village[2] *adj.* дереве́нский
visit быва́ть *быва́й-* / побыва́ть
voice го́лос (*nom. pl.* -а́) АВ
volleyball волейбо́л
volleyball player волейболи́ст(-ка)

W w

wait жда́ть *жда̀-* / подожда́ть (+ *gen.*)
waiter официа́нт
walk гуля́ть *гуля̀й-*
wall стена́ СС
want хоте́ть *irreg.*
war война́ ВА
warm[1] тёплый
warm[2]: it is warm тепло́
warmly тепло́
watch[1] часы́ *pl. only*
watch[2] смотре́ть *смотрѐ-* / посмотре́ть
water вода́ СА
we мы
weak сла́бый
wealth бога́тство
wealthy бога́тый
weather пого́да
Wednesday среда́ СС
week неде́ля
well хорошо́
well-known изве́стный
west за́пад (на-*noun*)
what что; what (kind of) како́й; What's new? Что
   но́вого?
when когда́
where где́; куда́
whereas а
which како́й, -а́я, -о́е, -и́е; кото́рый
white бе́лый

who кто́; кото́рый
whose че́й, чья́, чьё, чьи́
why заче́м; почему́
wide широ́кий
wife жена́ ВА; has a wife жена́т
win выи́грывать *выи́грывай-* / вы́играть
   вы́играй-
window окно́ ВА
wine вино́ ВА
winter[1] *noun* зима́ СА; in the winter зимо́й
winter[2] *adj.* зи́мний
wish[1] жела́ть *жела́й-* / пожела́ть (+ *dat.*, + *gen.*)
wish[2] мечта́ть *мечта́й-*
with с (+ *instr.*)
without без (+ *gen.*)
woman же́нщина
wonder *here:* спроси́ть *спросѝ-*
wood лес
wooden деревя́нный
word сло́во АВ
work[1] *noun* рабо́та
work[2] *v.* рабо́тать *рабо́тай-*
worker рабо́чий
world мир
write писа́ть *писа̀-* / написа́ть
writer писа́тель

Y y

year год (*gen. pl. after numeral is* лет) АС; year in
   college курс
yellow жёлтый
yes да
yesterday вчера́
yet ещё
you ты́ (*sing. & familiar*); вы́ (*pl. & formal*)
young молодо́й
your ва́ш, ва́ша, ва́ше, ва́ши (*pl. & formal*);
   тво́й, твоя́, твоё, твои́ (*sing. & familiar*)